CiteSpace:
Text Mining and Visualization in Scientific Literature
(Second Edition)

CiteSpace:
科技文本挖掘及可视化
（第二版）

李 杰　陈超美 ◎ 著

首都经济贸易大学出版社
Capital University of Economics and Business Press

·北京·

图书在版编目（CIP）数据

CiteSpace：科技文本挖掘及可视化/李杰，陈超美著. -- 2版. --北京：首都经济贸易大学出版社，2017.8
ISBN 978-7-5638-2683-4

Ⅰ.①C… Ⅱ.①李… ②陈… Ⅲ.①可视化软件 Ⅳ.① TP31

中国版本图书馆CIP数据核字（2017）第178308号

CiteSpace：科技文本挖掘及可视化（第二版）
李杰 陈超美 著

责任编辑	薛晓红
封面设计	砚祥志远·激光照排 TEL: 010-65976003
出版发行	首都经济贸易大学出版社
地　　址	北京市朝阳区红庙（邮编100026）
电　　话	（010）65976483　65065761　65071505（传真）
网　　址	http://www.sjmcb.com
E - mail	publish@cueb.edu.cn
经　　销	全国新华书店
照　　排	北京砚祥志远激光照排技术有限公司
印　　刷	唐山玺诚印务有限公司
开　　本	710毫米×1000毫米　1/16
字　　数	347千字
印　　张	19.75
版　　次	2016年1月第1版　**2017年8月第2版**　2022年1月总第15次印刷
书　　号	ISBN 978-7-5638-2683-4
定　　价	120.00元

图书印装若有质量问题，本社负责调换
版权所有　侵权必究

序一（第一版）

人类文明的进展之路，就是工具不断替代和补充人力之路。一开始，人们用工具代替双手双脚，将自身从繁重的体力劳动中解放出来；近年来，随着人工智能研究、大数据情报学研究、认知科学研究等方面的进展，人的脑力劳动也有望被广义的工具（包括计算机软件）所部分地代替或增效。

千百年来，人类的学习以记诵方式为主，听觉器官发挥着很大的作用。随着信息技术的飞速进步，可视化应用越来越普及，今后的学习越来越多地借助各种可视化手段，视觉器官将发挥前所未有的作用。由于视觉器官在单位时间内的信息吸收能力大大强于听觉器官，可视化方式成为主流学习方式后，人类的学习效率将大大提高，有可能带来一场认知革命。为了适应这样的进程，知识组织方式也必将走向可视化之路，图书情报研究人员在知识可视化征程中将发挥非常重要的作用。在这样的大背景下，应该承认，美国德雷塞尔大学计算机与情报学学院陈超美教授开发出广受欢迎的信息可视化软件 CiteSpace，是符合时代潮流的一项重要成就。

在人类发展的任何阶段，人的技术水平主要表现在两个方面：一是不断出现的、体现着最新技术成果的新工具，二是对已有工具的熟悉程度和掌握利用程度。这两方面都非常重要！对于中国的古人来说，能锻冶出干将、莫邪这样的宝剑，是了不起的；能像庖丁解牛那样熟练地用刀，也是了不起的。您瞧，"今臣之刀十九年矣，所解数千牛矣，而刀刃若新发于硎"，刀用了十九年了，解牛有几千头了，刀刃仍旧不钝、不卷，像新的一样，这里面有多深的功夫啊！对于今人来说，像陈超美教授这样开发出深受用户欢迎的 CiteSpace 软件，是了不起的成就；像首都经济贸易大学李杰博士这样把 CiteSpace 钻深钻透，能够写出 CiteSpace 的使用教程，也是相当难能可贵的！

本书两位作者都是学术园地的勤奋耕耘者。在完成本书时，李杰还是一名在读博士生，但已经发表了数十篇论文和两本著作。据李杰对 CiteSpace 软件更新手记的分析，自 CiteSpace 于 2003 年问世以来，至 2015 年 6 月 6 日，软件累计更新次数达 274 次。为便于计算，我们假定以 2003 年年中作为 CiteSpace 问世的起点，则 12 年来，该软件大约每 16 天就更新一次！一方面，这表明了陈超美教授的勤奋；另一方面也可以看出，由于 CiteSpace 深受广大用户欢迎，用户对它的期望值也越来越高，从而对陈教授产生了与时俱进、精益求精的推动力。

国内不知有多少人使用过 CiteSpace 软件，并根据该软件的分析结果发表了论文，但可能没有几人读过陈教授的四本著作。我呼吁，热爱 CiteSpace 的学人都应该好好读读这四本书，从而对陈教授的学术思想有更完整的把握：

1. (2011) Turning Points: The Nature of Creativity（转折点：创造力之性质）. Springer and Higher Education Press.

2. (2004) Information Visualization: Beyond the Horizon（信息可视化：走出地平线）. (2nd Edition). London: Springer.（Paperback: 2006）

3. (2003) Mapping Scientific Frontiers: The Quest for Knowledge Visualization. London: Springer，该书中译本《科学前沿图谱：知识可视化的探索》于 2014 年 7 月由科学出版社推出。

4. (1999) Information Visualisation and Virtual Environments（信息可视化与虚拟环境）. London: Springer-Verlag London.

笔者作为情报学领域的一名老兵，阅读、浏览过很多借助 CiteSpace 工具写出的论文，我一方面为该工具在中国的火爆而高兴；另一方面，也为其中相当一部分作者的懒惰而悲哀，因为他们的论文缺乏思想闪光点，只是通过 CiteSpace 的处理，简单地将有关数据展现得更漂亮而已。我相信，陈超美教授也不希望自己的软件只起到化妆品式的作用。今后如何杜绝这一类论文呢？首先，作者们应该知道，软件工具的设计者是有思想的，我们应该努力学习、把握他们的思想，如果自己不肯动脑筋，随便拽一个软件就用，也许论文是得以发表了，但对自己的学术进步并没有多大的助力。其次，CiteSpace 具有非常丰富的功能，而我们多数利用 CiteSpace 发表文章者，只涉猎了该软件功能的一点皮毛。因此，认真阅读此书，更全面地掌握这个软件，今后一定能使我们的研究如虎添翼。

我从 2015 年 2 月起被调到中国科学技术发展战略研究院工作，依依不舍地

序一

离开了情报学界。但本书两位作者仍然热情地邀请我作序,我感到,却之不恭,应允下来却惴惴然。草成数言,希望没有耽误读者的时间。

是为序。

中国科学技术发展战略研究院研究员

武夷山

2015 年 10 月 1 日

序二（第一版）

在科学探索中，无论是对于初出茅庐的年轻学者，还是对于训练有素的行家里手，最关注的莫过于在自己从事的知识领域，从海量的文献数据中了解到最感兴趣的主题及其科学文献，找到其中最为重要、关键的有效信息，弄清其过去与现在的发展历程，识别最活跃的研究前沿和发展趋势。

这些都是科学探索面临的首要难题。进入21世纪以来，一些信息可视化技术相继应运而生，为尝试解决这些难题进行了可贵的探测，提供了有益的线索。其中，由国际著名的信息可视化专家陈超美教授用Java语言开发的、基于引文分析理论的信息可视化软件CiteSpace，就是可以解决上述一系列难题的一种工具与技术。其突出特征在于把一个知识领域浩如烟海的文献数据，以一种多元、分时、动态的引文分析可视化语言，通过巧妙的空间布局，将该领域的演进历程集中展现在一幅引文网络的知识图谱上；并把图谱上作为知识基础的引文节点文献和共引聚类所表征的研究前沿自动标识出来，显示出图谱本身的可解读性。这两大基本特征就是我对CiteSpace知识图谱形态的概括："一图展春秋，一览无余；一图胜万言，一目了然。"

因此，该软件一经问世，就以其神奇的魅力征服了科学计量学界，受到广大学术界的青睐，迅速传播到中国和世界各地，被广泛应用于各个知识领域的可视化分析。如今，基于CiteSpace的知识图谱，如山花浪漫，技压群芳，异彩纷呈，成为知识世界百花园中盛开的一朵朵奇葩。

现在呈现在读者面前的《CiteSpace：科技文本挖掘及可视化》一书，不仅可以引领初学者步入CiteSpace之门，而且可以帮助有兴趣者进一步训练，熟练地掌握它，绘制出合格满意的知识图谱。本书作者是年轻的学者李杰和CiteSpace的开创者陈超美。本书在依据陈超美的CiteSpace英文版手册的基础上，借鉴和吸收了陈悦、陈超美等著《引文空间分析原理与应用：CiteSpace实用指南》（以

CiteSpace：科技文本挖掘及可视化

下简称《指南》）的成果，也包含了第一作者本人使用 CiteSpace 等信息可视化软件著述《安全科学知识图谱导论》的研究经验。这里不妨对中外三部 CiteSpace 手册性、普及性读物略加比较，以阐释这本著作出版的价值与必要性。

本书的主要内容，源自陈超美的 CiteSpace 英文手册和他在科学网博客上对上千条用户疑问的解答，以及李杰在科学网上对 CiteSpace 进展的积极响应与一系列示范。2015 年 11 月 26 日由陈超美本人将手册内容和 CiteSpace101 网站的资料，整理成电子书《How to Use CiteSpace》。该电子书反映了作者开发 CiteSpace 的初衷，分 10 章全面介绍了 CiteSpace 的各项功能、基本流程和操作细节，以及其他可视化软件的要点，并用了 180 多幅图谱和若干经典案例，娓娓道出了如何使用 CiteSpace 来绘制满意的知识图谱。手册和该书的内容，处处体现了作者着眼于用户的特点、使用和需求。作者明确表示：这本电子书的内容将不断更新完善，并与 CiteSpace 新版软件保持同步。1 个月之后的 12 月 26 日，《How To Use CiteSpace》修订版上网，新增了 4.0.R5 SE 版本的介绍与实例。这里有必要指出，CiteSpace 版本的每次更新，李杰大都迅速响应，认真学习，并小试身手，绘制的知识图谱规范而精美，不少已收入本书。我以为英语熟练的初学者可以直接阅读陈超美的电子书，并时时关注 CiteSpace 及电子书的版本更新。当然，如果对照本书阅览电子书，既可加深对此书有关操作内涵的理解，又可认识电子书有关功能扩展的意义和作用。

本书参考了《指南》一书，吸收了其中有关理论基础的论述。《指南》是陈超美作为大连理工大学长江学者讲座教授，率领 WISE 实验室团队率先在中国应用和推广 CiteSpace 知识可视化技术的经验总结。该书原先拟在 2009 年编著出版，但在著述过程中发现 CiteSpace 的传播应用非常迅速，并了解到部分期刊文献出现信息可视化工具"滥用""误用"的情况，CiteSpace 知识图谱良莠不齐，甚至不合格，严重损害了知识图谱的声誉。究其根源，主要是使用者对 CiteSpace 工具的认识不足，尤其对其方法论功能上的理解还有所欠缺和偏颇。因此，《指南》一书首先将开发和改进 CiteSpace 工具的背后所坚守的宏观哲学理念和相关理论基础向读者坦诚地披露出来，并从 CiteSpace 使用流程阐明其方法论功能的实现，最后专用一章针对 555 篇国内运用 CiteSpace 工具的调查情况，归纳出 39 个常见问题，一一解答如何纠偏与处理。从软件蕴涵的理论基础和运用中的问题症结，来阐述其使用流程，构成《指南》的特色。

序二

　　与 CiteSpace 英文手册或电子书和《指南》一书相比，《CiteSpace：科技文本挖掘及可视化》突出了 CiteSpace 区别于其他信息可视化软件的特色与优势，以及中国用户的特殊需求。这在很大程度上得益于第一作者李杰在其专著《安全科学知识图谱导论》（后文简写为《导论》）撰写过程中，奠立了厚实的科学计量学及知识图谱理论基础。而这得到了合作者陈超美对《导论》的高度评价，从而形成两位作者的共识。陈超美在《导论》一书的序言中指出："李杰在本书中详细地展示了如何巧妙地运用一组最常用的科学图谱工具，包括加菲尔德的 HistCite、印第安纳大学的 SCI2、荷兰莱顿大学的 VOSViewer 和我的 CiteSpace，以及通用网络可视化软件 Pajek 和 Gephi，通过对中外相关文献的分析来了解安全科学的各个方面，为读者展示了灵活运用现有工具的能力。"无疑，多种工具在实际运用中的比较，显露出 CiteSpace 的独特功能与优势。

　　正是基于上述达成的共识，本书全面系统地陈述了正确使用 CiteSpace 软件的基本流程与操作程序，从数据来源与科技文本挖掘，到软件的界面功能与功能模块，并结合实际案例讲解 CiteSpace 的文献共被引分析与耦合分析、科研合作网络分析、共词分析与领域共现网络分析、网络叠加与双图叠加功能拓展，以及基于 CiteSpace 的火灾科学研究。本书全书洋溢出教程的显著特点，几乎每一个重要步骤和关键环节，都独具匠心地一一加注"小提示"，实现了整个使用流程的可操作性。全书分为八讲，每一讲末尾都列出一系列"思考题"，供读者自己复习、回味和总结，推进了知识可视化技术的广谱性。值得赞叹的是，本书除了插有大量的统计图表和软件界面截图外，还匹配了大量形态各异的 CiteSpace 知识图谱，令人信服地展现出一个又一个知识领域演进的"一图展春秋"意境，蕴涵着知识图谱的可解释性与可预见性。

　　我相信这部著作定会在 CiteSpace 知识可视化技术的传播普及中发挥巨大的作用。当然，在我看来，中外三本 CiteSpace 普及读本各有所长，本书突出软件全流程的可操作性，《指南》强调软件蕴藏的理论性和运行的针对性，电子书的原创性与软件功能拓展的同步性，均可在传播普及 CiteSpace 的过程中发挥各自优势、彼此配合、相得益彰、并行成长、升级再版；三本书的最大公约数是包含共同作者陈超美，显然其独著的《How to Use CiteSpace》以保持软件版本升级的原创性，始终扮演着主导引领的角色。

　　我曾经说过："视觉思维乃是 CiteSpace 系统不言而喻的主要思维方式。视觉在人类感知外部信息中起绝对主导的作用，图像又是视觉信息的第一要素。不能把视觉思维误解为传统的感性认识。视觉思维既可以是从感性视觉，到抽象思维，再到理性直观的螺旋式上升过程；也可以跨越感性视觉，直接把抽象信息与数据变换为可视化的空间结构与知识图谱。"①

  我们欣喜地看到，在大约 14 年间，基于知识单元的 CiteSpace 可视化软件从 1.0 版升级到 4.0 版，知识可视化技术正是以独到的视觉思维方式发展而不断更新换代。人们可以期待，随着视觉思维方式向深度和广度的变革，知识可视化技术必将进一步迈向新的发展阶段。

刘则渊

大连理工大学科学学与科技管理研究所

暨 WISE 实验室教授、博士生导师

2015 年 12 月 28 日于大连新新园

---

① 刘则渊.《科学前沿图谱：知识可视化探索》序.北京：科学出版社，2014.

目 录

第 1 讲　CiteSpace 总述　1

1.1　CiteSpace 的诞生　2
1.2　CiteSpace 的应用现状　8
1.3　需要注意的问题　23
1.4　问题的解答途径　24
1.5　本书逻辑结构及组成　25
　　思考题　28
　　本章小提示　28

第 2 讲　数据采集及数据处理　31

2.1　文献数据库　32
2.2　中文数据采集　32
2.3　外文数据采集　41
2.4　数据的预处理　53
　　思考题　64
　　本章小提示　65

第 3 讲　软件安装及界面功能　71

3.1　CiteSpace 下载与安装　72
3.2　CiteSpace 案例数据分析　74
3.3　界面及功能　77
3.4　项目的建立　115
3.5　数据分析关键步骤及解读　120
　　思考题　122
　　本章小提示　123

第 4 讲　共被引和耦合网络分析　137

4.1　共被引与耦合分析　138
4.2　被引文献的共被引分析　141

4.3 施引文献的耦合分析 …………………………………… 164
　　思考题 ……………………………………………………… 169
　　本章小提示 ………………………………………………… 169

第 5 讲　科研合作网络分析 …………………………………… 179

5.1 科学合作分析 …………………………………………… 180
5.2 合作网络分析 …………………………………………… 181
5.3 合作网络地理可视化 …………………………………… 187
　　思考题 ……………………………………………………… 194
　　本章小提示 ………………………………………………… 195

第 6 讲　主题和领域共现网络分析 …………………………… 199

6.1 词频和共词分析 ………………………………………… 200
6.2 关键词共现网络 ………………………………………… 202
6.3 术语的共现网络 ………………………………………… 204
6.4 领域的共现网络 ………………………………………… 207
　　思考题 ……………………………………………………… 209
　　本章小提示 ………………………………………………… 210

第 7 讲　CiteSpace 高级功能 ………………………………… 213

7.1 网络图层的叠加分析 …………………………………… 214
7.2 网络的结构变异分析 …………………………………… 217
7.3 期刊的双图叠加分析 …………………………………… 226
7.4 全文本挖掘及可视化 …………………………………… 232
7.5 CiteSpace 与 MySQL 结合 …………………………… 244
7.6 CiteSpace 与外部软件结合 …………………………… 247
　　思考题 ……………………………………………………… 261
　　本章小提示 ………………………………………………… 261

参考文献 …………………………………………………………… 264

附录 ………………………………………………………………… 271

第 1 讲

CiteSpace 总述

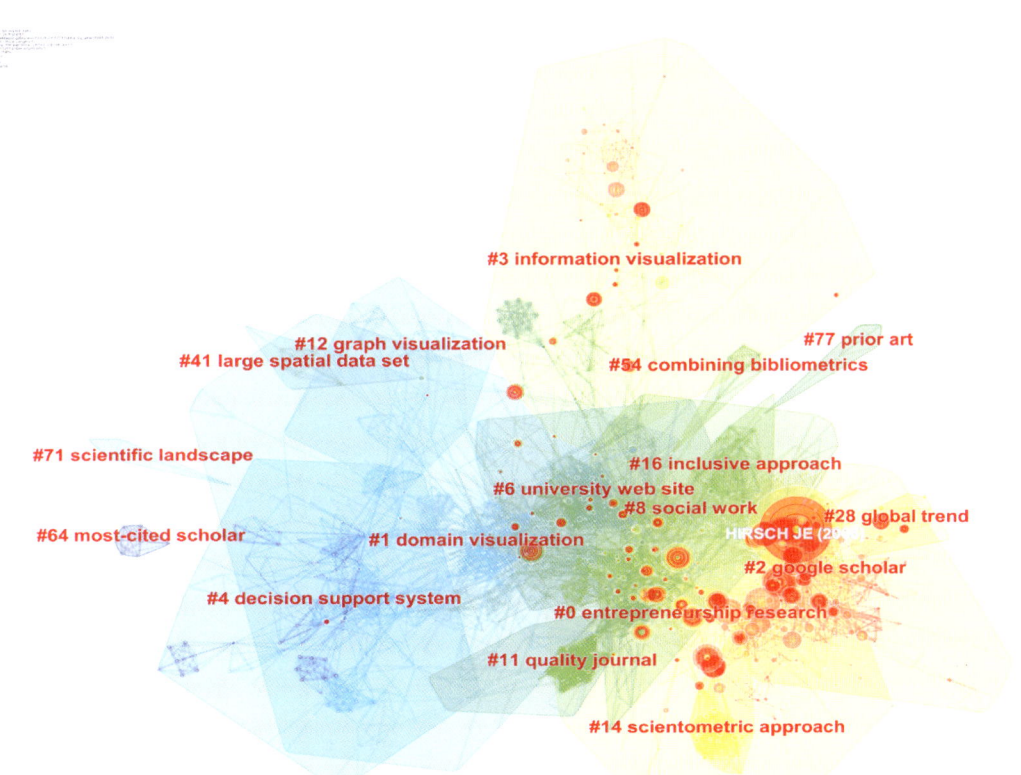

| CiteSpace：科技文本挖掘及可视化

1.1 CiteSpace 的诞生

陈超美（Chaomei Chen）教授是美国德雷赛尔大学计算机与情报学教授，从2008年开始担任大连理工大学长江学者讲座教授，同时也是 Drexel-DLUT 知识可视化与科学发现联合研究所（美方）所长。他被国内外同行专家评价为当代信息可视化与科学知识图谱学术领域中的国际顶尖级领军人物。2004年在"作者共被引分析（Authors Co-citation analysis，ACA）"的诞生地——美国德雷赛尔大学信息科学与技术学院，陈超美教授使用 Java 语言开发了 Information Visualization-CiteSpace 信息可视化软件。陈超美教授开发 CiteSpace 软件（最早称为 StarWalker 软件）的主要灵感来自库恩（Thomas Kukn，1962）的科学结构的演进，库恩主要的观点为"科学研究的重点随着时间变化，有些时候速度缓慢（incrementally）有些时候会比较剧烈（drastically）"，科学发展是可以通过其足迹从已经发表的文献中提取的。

CiteSpace 是 Citation Space 的简称，可译为"引文空间"。CiteSpace 是一款着眼于分析科学文献中蕴含的潜在知识，并在科学计量学（Scientometric）、数据和信息可视化（Data and information visualization）背景下逐渐发展起来的一款多元、分时、动态的引文可视化分析软件。由于是通过可视化的手段来呈现科学知识的结构、规律和分布情况，因此也将通过此类方法分析得到的可视化图形称为"科学知识图谱"（Mapping knowledge domains，MKD）。大连理工大学刘则渊教授将科学知识图谱定义为："科学知识图谱是以知识域（knowledge domain）为对象，显示科学知识的发展进程与结构关系的一种图像"。CiteSpace 软件最初专门针对文献的共引进行分析，并挖掘引文空间的知识聚类和分布。随着 CiteSpace 的不断更新，它已经不仅仅提供引文空间的挖掘，而且还提供其他知识单元之间的共现分析功能，如作者、机构、国家/地区的合作等。

陈超美和刘则渊教授及其在大连理工大学的网络—信息—科学—经济计量实验室（WISE）将 CiteSpace 的理论基础系统地总结为五个方面（陈悦等，2015）：

（1）托马斯·库恩的科学发展模式理论。

科学发展模式理论是库恩在1962年出版的专著《科学革命的结构》一书中首次提出，即科学发展是科学革命的历史过程（前科学→常规科学→科学危机→科学革命→新常规科学），科学发展的本质是常规科学与科学革命、积累范式与变革范式的交替运动过程。库恩理论关于发现的涌现、经典名著是科学的转折点等观点在CiteSpace生成图谱中得到实现，库恩的科学革命的结构是CiteSpace设计的哲学基础。

（2）普赖斯（Derek John de Solla Price）的科学前沿理论。

普赖斯的科学前沿理论是建立在贝尔纳的"科学发展模式的网状思想"和加菲尔德（Eugene Garfield）发明的"引文数据库"基础上，普赖斯在其《科学论文网络》（de Solla Price, D. J, 1965）中提出了"参考文献的模式标志科学研究前沿的本质"理论，并认为"研究前沿是基于新近研究成果，随着发展知识网络也会变得越来越密"。在CiteSpace中设计了从知识基础"共被引文献聚类"到研究前沿"施引文献"的映射。

（3）结构洞（Structure hole）和克莱因伯格突发探测技术。

结构洞理论来源于格兰诺维特（Granovetter, 1973）提出的"弱关系的强度"。在此基础上，美国芝加哥大学商学院社会学和战略学教授罗纳德·博特（Ronald S. Burt, 1992）在其发表的《结构洞：竞争的社会结构》中提出了结构洞的概念，并认为处于结构洞位置的个体通过信息过滤而能获得更多的竞争优势和创新能力。在CiteSpace中，使用节点在网络中的中介中心性来测度结构洞（Freeman, 1979; Brandes U, 2001）以及转折点（Turning points）。

Kleinberg在2002年提出了探测频率突增的算法。如果一篇论文的引文频次突然呈现急速增长，那么最稳妥的解释就是这篇论文切中了学术领域这个复杂系统中的某个要害部位。知识网络中这样的节点通常揭示了一项很有潜力或很让人感兴趣的工作。

（4）科学传播的最佳信息觅食理论（Information foraging theory）。

最佳信息觅食理论本身是最佳觅食理论的延伸，该理论描述信息搜索就像人类和动物捕获食物，认为我们在信息搜索中倾向于能量消耗最小化。在最优信息觅食理论和隐马尔科夫模型（Hidden Markove Model, HMM）基础上，陈教授等提出了一种集成视觉导航策略研究方法，来以最小搜索成本获取最大效益。

（5）知识单元离散与重组理论。

该理论是由我国科学计量学家赵红州等人于1984年在《科学学与科学技术管理》发表的"知识单元与指数规律"一文中提出的，他认为："任何一种科学创造过程，都是先把结晶的知识单元游离出来，然后再在全新的思维势场上重新结晶的过程"。

CiteSpace的设计理论是要"改变看世界的方式"。刘则渊教授通过对1972年著名科学哲学家卡尔·波普尔（Karl Popper）在《客观知识》中"三个世界理论"的总结，结合CiteSpace所发挥的知识可视化作用，认为CiteSpace对"世界3（知识世界）"的可视化，打通了人类从世界3向世界1（物理世界）的通道，为人们认识世界提供了一种新方式，有利于科学的新发现。这种认识与2007年图灵奖获得者吉姆·格雷（Jim Gray）在2007年1月11日加州山景城召开的NRC-CSTB（National Research Council-Computer Science and Telecommunications Board）会议中提出的第四范式——"数据密集型科学发现（Data-Intensive Scientific Discovery）"不谋而合。换句话说，在当前大数据时代，给我们使用已有数据进行新知识的生产提供了可能。

从陈超美教授的Google Scholar论文列表中可以了解到，其论文被引用最多的也是关于CiteSpace原理及其应用案例的经典论文CiteSpace Ⅱ: Detecting and visualizing emerging trends and transient patterns in scientific literature（中文译为：《CiteSpace Ⅱ：科学文献中新趋势与新动态的识别与可视化》，下文简称为CiteSpace经典文献），截至2017年2月17日已经被引用达1 409次（见

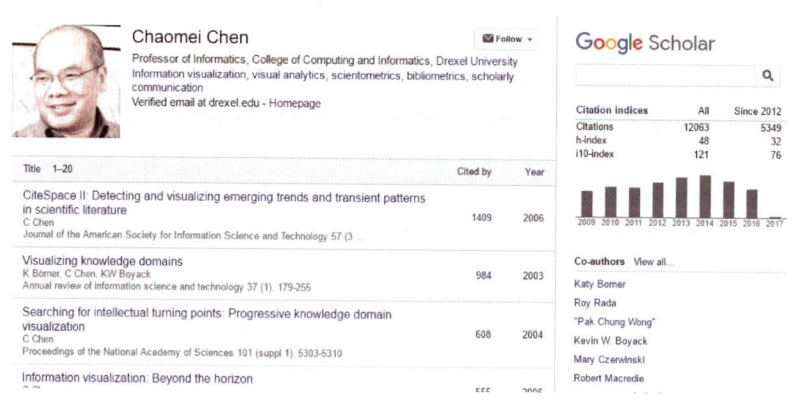

图1.1 陈超美教授Google Scholar主页

图 1.1)。该论文截至 2017 年 2 月 18 日在 Web of Science 核心库(下文简称为 WoS)中被引用了 349 次(见图 1.2)。

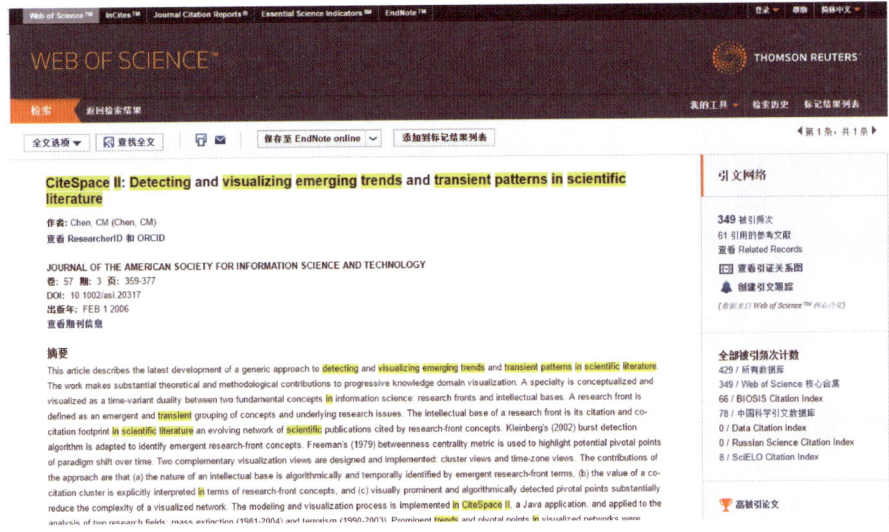

图 1.2　CiteSpace 经典文献在 WoS 中的引用情况

通过对 CiteSpace 使用过程状态的检测,得到了 2013 年 8 月至 2015 年 5 月的全球 CiteSpace 使用状态的分布,见图 1.3。能够明显地得到 CiteSpace 使用的三大区域,分别为亚洲、欧洲以及美国。在亚洲,中国对 CiteSpace 的使用占

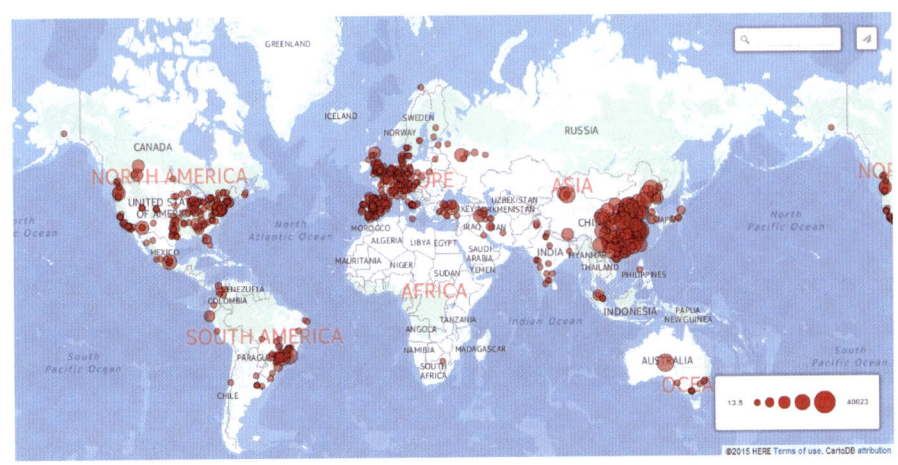

图 1.3　CiteSpace 用户城市的全球分布(2013 年 8 月至 2015 年 5 月)

了绝大部分。进一步对我国使用 CiteSpace 软件的城市分布视图进行局部放大，可参见图 1.4。

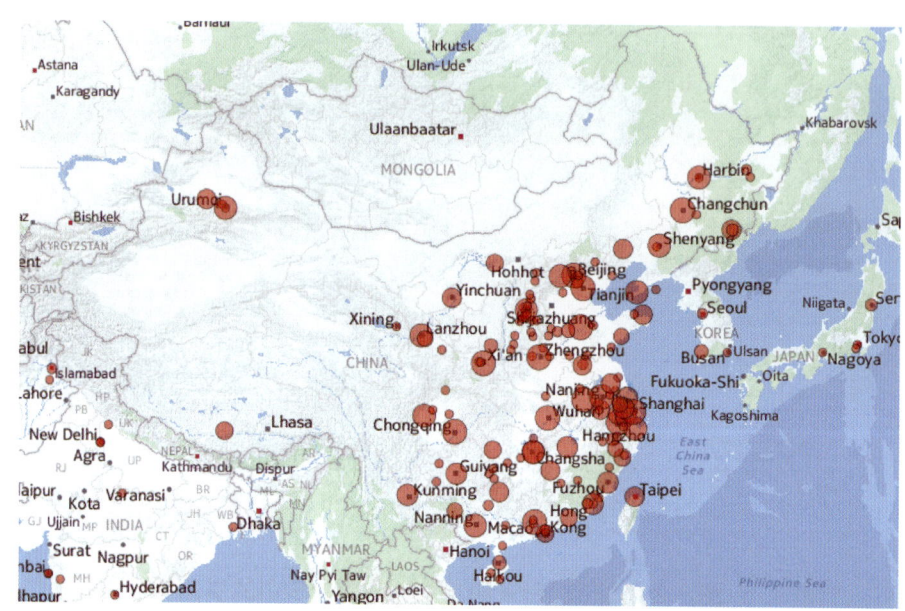

图 1.4　CiteSpace 在中国的使用分布

CiteSpace 记录了 88 个使用过程中的状态，统称为 events。比如，使用的版本，用户的 IP，聚类标签的选择和网络大小等等。图点的大小代表 events 的数量，可以在线打开该版本 http://cdb.io/1V940uI。

特别地，我们对近期 3.7 和 3.8 两个版本的使用情况进行了统计，具体参见表 1.1。结果显示，排在前列的国家或地区有中国、美国以及巴西。在世界城市使用的排名中，前 10 名的城市都来自中国，分别为北京、武汉、南京以及广州等。在这些版本中，"3.7.R8（64-bit）"是使用热度最高的。

表 1.1　CiteSpace 3.7R1 到 3.8R6 软件的使用情况

地理分布	Events 总和	我国城市分布	Events 总和	主要版本	Events
中国大陆	3 562 634	北京	730 684	3.7.R8（64-bit）	1 233 000
美国	117 045	武汉	384 249	3.8.R1（32-bit）	859 130

续表

地理分布	Events 总和	我国城市分布	Events 总和	主要版本	Events
巴西	96 697	南京	362 723	3.7.R7（32-bit）	628 888
西班牙	57 588	广州	222 408	3.8.R1（64-bit）	347 941
德国	33 338	上海	193 987	3.8.R5（64-bit）	300 210
英国	20 843	西安	138 912	3.7.R5（64-bit）	141 650
俄罗斯	18 368	杭州	128 165	3.7.R7（64-bit）	129 256
墨西哥	15 502	济南	110 139	3.8.R3（64-bit）	109 108
中国台湾省	10 594	沈阳	95 946	3.8.R4（64-bit）	108 706
加拿大	10 361	天津	87 282	3.7.R6（32-bit）	80 740
全球合计	4 049 650	中国大陆	3 562 634	以上版本合计	4 049 650

注：我国城市的排名前10名，也是全球城市的前10名。

利用CiteSpace提供的软件更新手记（Help → What's new），对软件更新的频次从年、月、日三个层面进行了统计，如图1.5所示。从2003年CiteSpace诞生以来截至2015年6月6日，软件累计更新274次。从年度更新的分布上来看，CiteSpace的更新次数在2003~2009年急速增长，2009年之后的更新总频次整体下降，并达到基本稳定。从更新的月份来看，CiteSpace在所有更新时间内的每月更新次数总数差距不大。在5月和12月更新的频次略高于其他月份。从以日为单位的统计来看，CiteSpace的更新主要在前半月和后半月各有一次高峰，分别在上半月的9号和下半月的27号。CiteSpace的更新分布情况，显示了CiteSpace的功能已经逐渐趋于稳定。即便如此，陈超美教授结合广大用户提供的反馈以及该领域的最新研究，还在不定期地对软件进行更新和完善。

上面的数据至少说明两点：

（1）CiteSpace的用户分布十分广泛，用户的数量十分庞大。

（2）陈超美教授在开发CiteSpace之后也在不懈地对软件进行更新和升级。

CiteSpace：科技文本挖掘及可视化

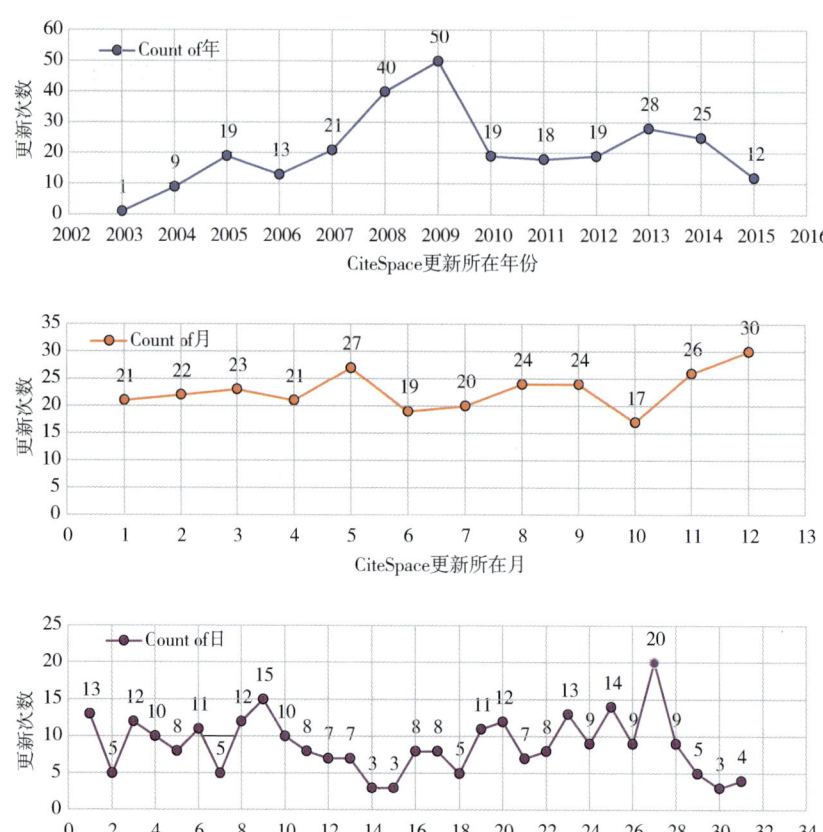

图 1.5　CiteSpace 更新所在年、月、日频次统计

注：图中的原始数据来源于 CiteSpace 功能与参数界面 Help → What's new 中，对时间信息进行了统计。统计时 2015 年的最近更新版本为 June 6, 2015，3.9.R9（64-bit）。

这两点就保证了 CiteSpace 的功能和可操作性会越来越好。任何人需要使用 CiteSpace 都可以到软件的主页免费下载。下面将重点介绍其下载和安装的步骤。

1.2　CiteSpace 的应用现状

陈悦等在《引文空间分析原理与应用》中对 CiteSpace 在国内的情况从应用

领域、分析的数据源、数据分析的时间长度以及所涉及的分析功能等进行了总结。CiteSpace 在国内的应用领域主要集中在图书馆与档案管理、管理科学与工程以及教育学方面；分析的数据源主要为 WoS、CSSCI 以及 CNKI；分析的时间长度有一半以上超过了 10 年；国内的学者使用 CiteSpace 主要是对研究热点、研究前沿和研究趋势进行探测。在研究中主要使用 CiteSpace 的文献共被引、共词网络以及作者共被引功能；在对生成的图谱的解读时主要针对高频节点、聚类知识群、高中介中心的节点和图谱的基本图例说明。从图谱的可视化的结果来看，存在图谱的结构过于拥挤或分散、节点过大或过小以及标签过大或过小的问题。从 CiteSpace 的应用现状来看，其潜在的多种功能还有很大的利用空间以及得到结果的可视化质量还能进一步通过本教程有所提高。

在此基础上，我们进一步对 CiteSpace 的应用情况做如下介绍。

1.2.1　CiteSpace 在科技论文中的应用

1.2.1.1　英文科技论文的应用分析

对文献 CiteSpace II: Detecting and visualizing emerging trends and transient patterns in scientific literature 进行检索，并通过 Web of Science 平台获取其 214 篇施引文献。对施引文献的文献引证报告进行分析，得到施引文献组成的文献集合的 H 指数为 20。每年引用 CiteSpace 经典文献的论文约在 20 篇左右，特别是在 2009 年和 2014 年，引用量超过了 30 篇。具体参见图 1.6 和图 1.7。

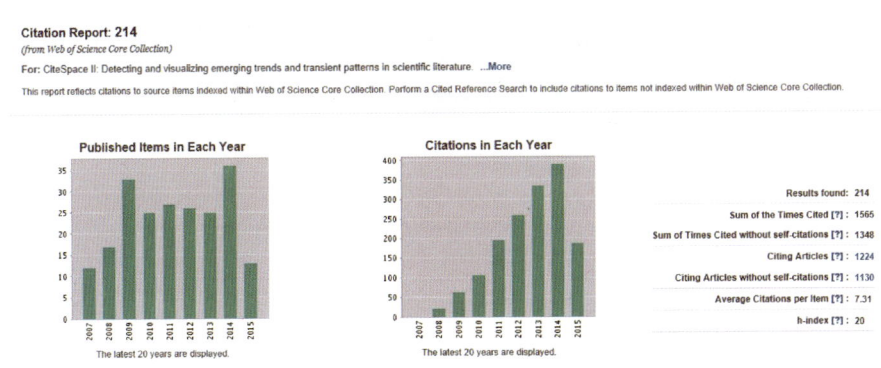

图 1.6　CiteSpace 施引文献的引证报告

1.	**Software survey: VOSviewer, a computer program for bibliometric mapping** By: van Eck, Nees Jan; Waltman, Ludo SCIENTOMETRICS Volume: 84 Issue: 2 Pages: 523-538 Published: AUG 2010	11	15	23	37	16	105	17.50
2.	**Betweenness centrality as an indicator of the interdisciplinarity of scientific journals** By: Leydesdorff, Loet JOURNAL OF THE AMERICAN SOCIETY FOR INFORMATION SCIENCE AND TECHNOLOGY Volume: 58 Issue: 9 Pages: 1303-1319 Published: JUL 2007	18	10	25	10	4	102	11.33
3.	**Informetrics at the beginning of the 21st century - A review** By: Bar-Ilan, Judit JOURNAL OF INFORMETRICS Volume: 2 Issue: 1 Pages: 1-52 Published: 2008	15	10	16	13	9	88	11.00
4.	**Impact factor: outdated artefact or stepping-stone to journal certification?** By: Vanclay, Jerome K. SCIENTOMETRICS Volume: 92 Issue: 2 Special Issue: SI Pages: 211-238 Published: AUG 2012	0	19	30	19	9	77	19.25
5.	**Simulation in manufacturing and business: A review** By: Jahangirian, Mohsen; Eldabi, Tillal; Naseer, Aisha; et al. EUROPEAN JOURNAL OF OPERATIONAL RESEARCH Volume: 203 Issue: 1 Pages: 1-13 Published: MAY 16 2010	8	16	18	15	9	70	11.67
6.	**An analysis of the academic literature on simulation and modelling in health care** By: Brailsford, S. C.; Harper, P. R.; Patel, B.; et al. JOURNAL OF SIMULATION Volume: 3 Issue: 3 Special Issue: SI Pages: 130-140 Published: SEP 2009	8	20	7	10	12	60	8.57
7.	**The Structure and Dynamics of Cocitation Clusters: A Multiple-Perspective Cocitation Analysis** By: Chen, Chaomei; Ibekwe-SanJuan, Fidelia; Hou, Jianhua JOURNAL OF THE AMERICAN SOCIETY FOR INFORMATION SCIENCE AND TECHNOLOGY Volume: 61 Issue: 7 Pages: 1386-1409 Published: JUL 2010	11	11	12	15	5	56	9.33
8.	**Applying Centrality Measures to Impact Analysis: A Coauthorship Network Analysis** By: Yan, Erjia; Ding, Ying JOURNAL OF THE AMERICAN SOCIETY FOR INFORMATION SCIENCE AND TECHNOLOGY Volume: 60 Issue: 10 Pages: 2107-	11	3	15	14	8	54	7.71

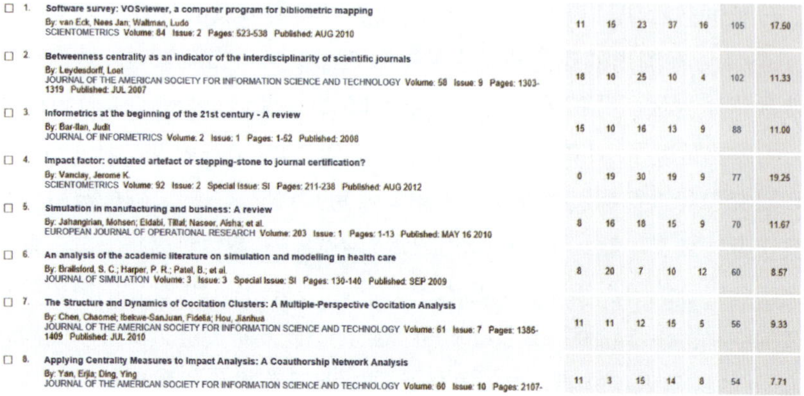

图 1.7　CiteSpace 施引文献中的高被引文献

李杰在《安全科学知识图谱导论》中，借助 WoS 平台对引用 CiteSpace 经典论文的施引文献科学领域分布（Field：WoS Categories）进行了初步的研究。结果显示，CiteSpace 在国际的科学研究中主要分布在计算机科学、信息科学以及医学等 60 个领域。2015 年 7 月 9 日检索的结果显示：CiteSpace 被应用的领域已经达到了 64 个。鉴于这种分类太细，我们通过 WoS 研究领域（Field：Research Areas），进一步对 CiteSpace 经典文献的施引文献研究领域分布进行了新的统计，结果是共包含 41 个领域（图 1．8）。这些领域中论文量比较多的有计算机科学（Computer Science，

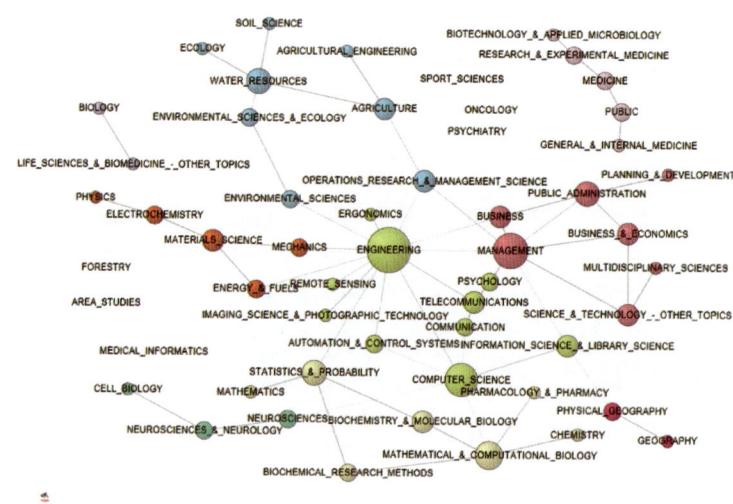

图 1.8　CiteSpace 施引文献的科学领域分布

144篇，占比67.290%），信息和图书馆学（Information Science Library Science，99篇，占比46.262%），工程（Engineering，33篇，占比15.421%）以及商业经济（Business Economics，13篇，占比6.075%）。通过CiteSpace分析得到领域的共现网络后，将网络导入Pajek进行可视化分析，得到领域Engineering，Management以及Computer Science有高的度中心性。

在CiteSpace中查看CiteSpace经典文献在科学领域Computer Science和Information Science & Library Science中应用的年度分布情况，发现在信息与图书馆领域从2008年迅速增加到2010的15篇以后，一直到2014年都保持在13~15篇（如图1.9所示）。在计算机科学领域中CiteSpace的应用波动相对信息与图书馆学要大，但在应用的论文量上相对计算机科学要高一些（如图1.10所示）。

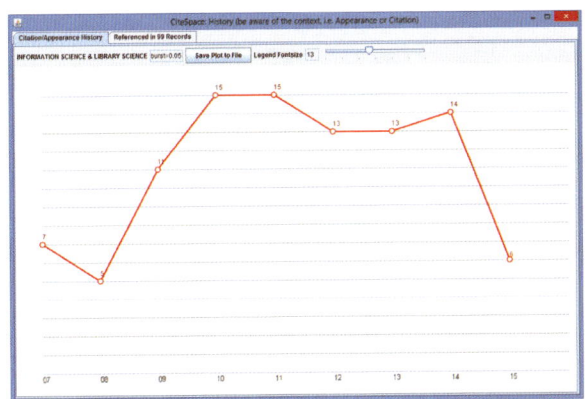

图1.9　信息与图书馆学领域CiteSpace的应用情况

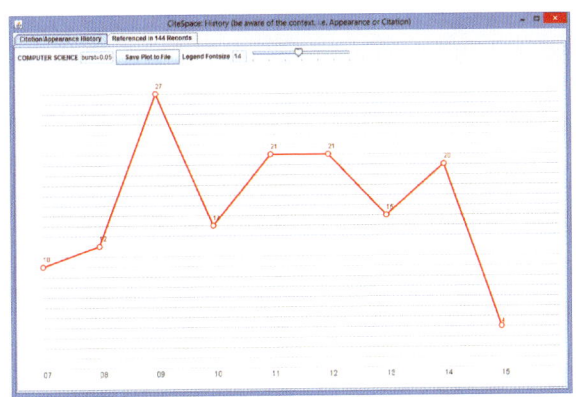

图1.10　计算机科学领域CiteSpace的应用情况

CiteSpace：科技文本挖掘及可视化

对 CiteSpace 施引文献的共词网络分析如图 1.11 所示。通过 Co-terms 的分析得到施引文献的主题主要涉及引证网络（Citation Network），引文数据库（Science Citation Index），信息科学（Information Science），研究领域（Research Field），研究前沿（Research Fronts），可视化分析（Visual Analysis），引证分析（Citation Analysis），共被引分析（Co-Citation Network，Co-Cited Reference）以及知识结构（Intellectual Structure）等方面。其中，频次最高的主题 Citation Network 的年度分布如图 1.12 所示，在 2009 年和 2010 年的频次最高为 4 次。

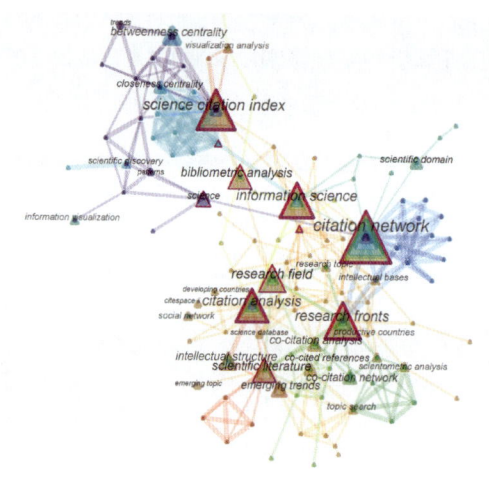

图 1.11　CiteSpace 英文施引文献的主题分布

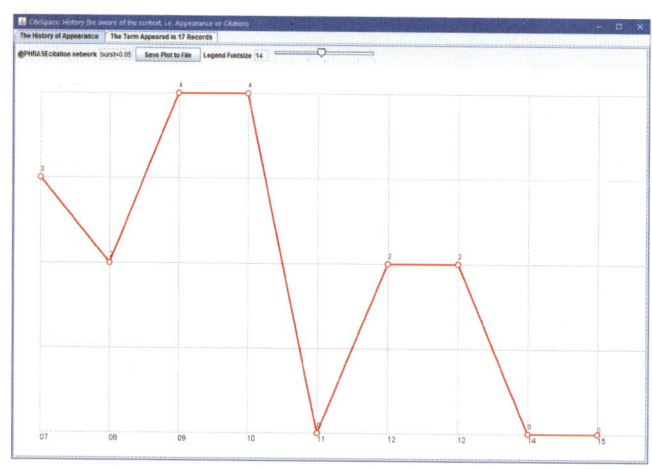

图 1.12　Citation Network 的年度词频分布

1.2.1.2 中文科技期刊论文的应用

2015年7月13日,通过中国知网提供的"文献"和"字段"检索功能,对CiteSpace软件在中文科学研究的应用进行了数据的检索和统计分析。在CNKI中,文献检索共集成了多个子数据库,包含中国学术期刊网络出版总库、特色期刊、中国博士学位论文全文数据库、中国优秀硕士学位论文全文数据库、中国重要会议论文全文数据库以及国际会议论文全文数据库等。对CiteSpace在中文科学研究中的应用情况统计如图1.13所示。结果显示:通过不同的检索策略得到CiteSpace软件在中文论文中的应用从2006~2014年呈增长趋势,反映了CiteSpace的应用越来越广泛。

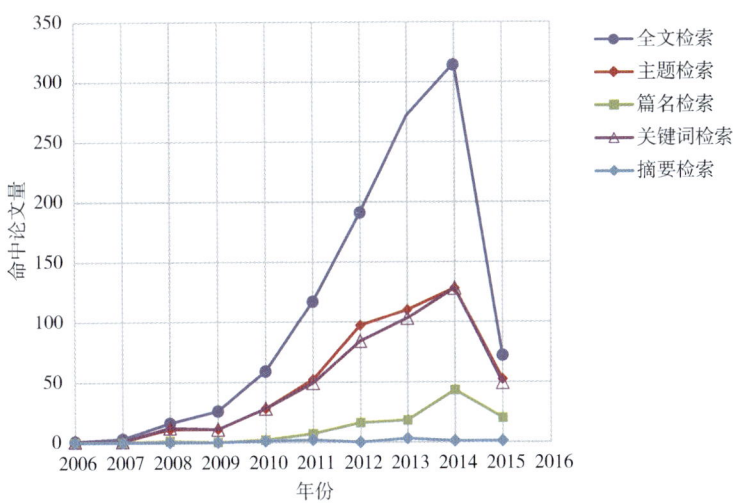

图1.13 CiteSpace施引文献量年度趋势

2015年7月5日使用CNKI对应用了CiteSpace的中文期刊施引文献进行检索,得到全文中涉及CiteSpace的论文有837篇,主题为CiteSpace的论文427篇(图1.14),论文标题中有CiteSpace的论文92篇,关键词中有CiteSpace的论文401篇。对主题为CiteSpace应用或研究的427篇论文按照被引频次进行排序,得到了CiteSpace应用的H指数为18(图1.15),H核文献(H-Core)列于表1.2。这说明这些使用CiteSpace进行研究的论文中至少有18篇论文已经被引用了18次。CiteSpace施引文献的H指数,反映了CiteSpace的二次影响。也就是

CiteSpace：科技文本挖掘及可视化

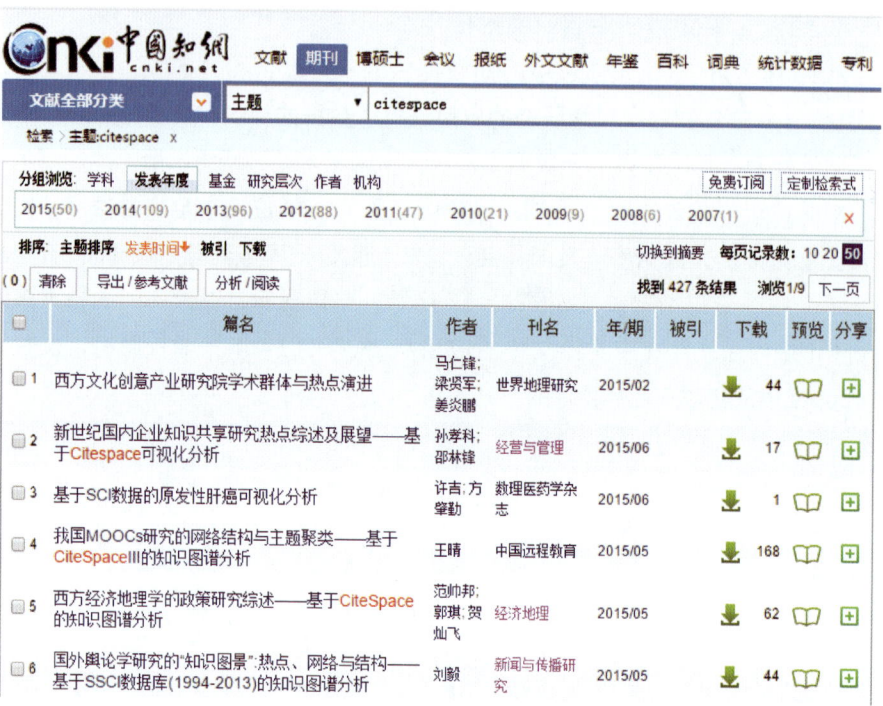

图 1.14　CiteSpace 中文期刊施引文献分布

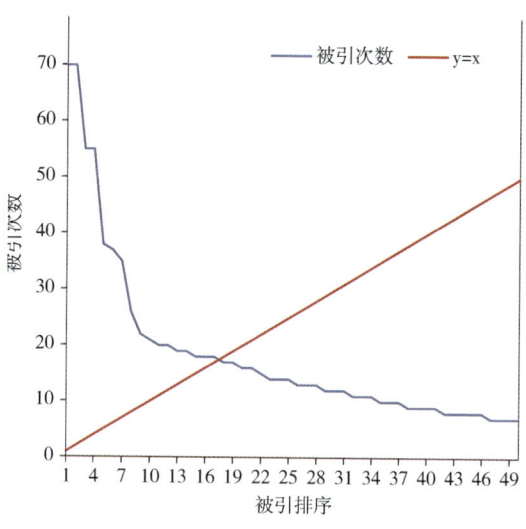

图 1.15　CiteSpace 的中文应用 H 指数

说，通过使用 CiteSpace 进行的相关研究，在其应用领域又得到进一步应用。此外，通过对中文期刊文献应用 CiteSpace 的情况进行统计，发现 CiteSpace 的用户主要集中在大连理工大学、武汉大学、大连大学、江苏大学、北京师范大学、西北大学、华中师范大学等高校；涉及领域排名前 5 位的是"图书情报与数字图书馆"、"计算机软件及计算机应用"、"科学研究管理"、"新闻与传媒"和"企业经济"；这些关于 CiteSpace 应用的论文主要发表在《现代情报》、《情报杂志》、《情报探索》、《情报科学》、《图书情报工作》、《科技管理研究》、《知识管理论坛》以及《医学信息学杂志》等期刊上；这些研究得到了国家自然科学基金、国家社会科学基金、高等学校博士学科点专项科研基金、长江学者奖励计划、中国博士后科学基金、国家科技支撑计划以及国家软科学研究计划等基金的支持。

表 1.2　CiteSpace 应用的高被引文献

篇名	作者	刊名	年/期	被引
国际科技政策研究热点与前沿的可视化分析	栾春娟	科学学研究	2009/02	70
战略管理学前沿演进可视化研究	侯剑华	科学学研究	2007/S1	70
图书馆学知识图谱分析	赵蓉英	中国图书馆学报	2011/02	55
文献计量学发展演进与研究前沿的知识图谱探析	赵蓉英	中国图书馆学报	2010/05	55
社会网络分析（SNA）研究热点与前沿的可视化分析	赵蓉英	图书情报知识	2011/01	38
基于 CiteSpace 研究科学知识图谱的可视化分析	肖明	图书情报工作	2011/06	37
基于 SCI 的基因操作技术国际前沿分析	栾春娟	技术与创新管理	2009/01	35
国际科学技术政策关键节点文献演进的可视化分析	侯剑华	科学学与科学技术管理	2008/11	26
基于 CiteSpace Ⅱ 的数字图书馆研究热点分析	卫军朝	图书馆杂志	2011/04	22
生态经济学研究前沿及其演进的可视化分析	刘则渊	西南林学院学报	2008/04	21
基于知识图谱的认知神经科学前沿与演化研究	张明华	军事医学科学院院刊	2010/01	20

续表

篇名	作者	刊名	年/期	被引
纳米技术研究前沿及其演化的可视化分析	侯剑华	科学学与科学技术管理	2009/05	20
基于Citespace Ⅱ的信息可视化文献的量化分析	周金侠	情报科学	2011/01	19
信息素养领域演进路径、研究热点与前沿的可视化分析	张士靖	大学图书馆学报	2010/05	19
CiteSpace软件应用研究的回顾与展望	侯剑华	现代情报	2013/04	18
知识交流研究现状可视化分析	邱均平	中国图书馆学报	2012/02	18
国际视野下胡麻研究的可视化分析	党占海	中国麻业科学	2010/06	18

进一步对CiteSpace施引文献的作者分布进行统计分析，如图1.16所示。结果显示CiteSpace的施引论文作者发文篇数主要集中在1篇，占比60.8%；有204个人发表了2篇关于CiteSpace的论文。这些论文作者的合作规模主要以两人合作为主，仅仅有26篇论文的作者超过了5人。整体上来看，CiteSpace施引

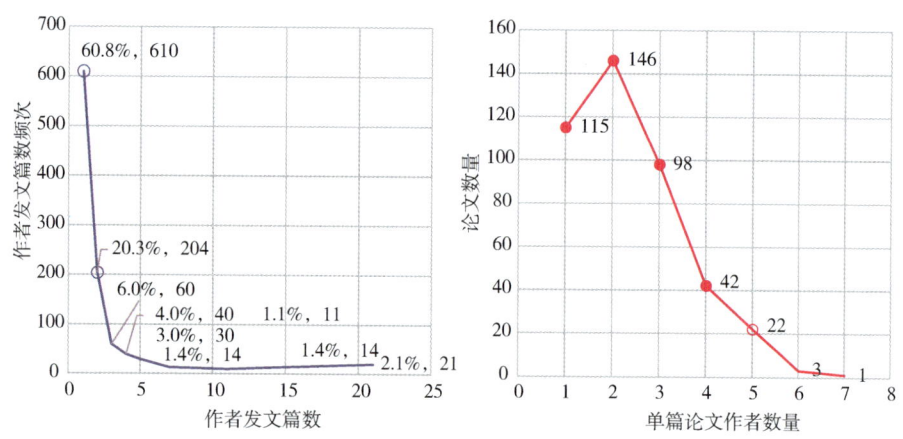

图1.16　CiteSpace施引文献作者分布

注：对作者的分析中有5行数据存在问题，这里没有进行修改。

文献合作论文还是占有多数。我们建议在使用 CiteSpace 过程中，能够将"专业背景 +CiteSpace 操作 + 科学计量理论与方法"三者有效结合。因此，使用 CiteSpace 进行科学研究时，合作所带来结果的完整性解读会使 CiteSpace 的应用更加规范。

进一步于 2015 年 7 月 9 日对中文的 427 篇施引文献进行了下载，对该部分论文数据使用 CiteSpace 进行主题分析如图 1.17 所示。虽然没有进行有些词汇的合并，也能明显地看到 CiteSpace 的词频最高，进一步单从"CiteSpace"和"知识图谱"的时间分布上来看都呈增长的趋势（见图 1.18，图 1.19）。考虑到收集数据时，2015 年的数据不全，因此趋势仅仅考虑 2007~2014 年。在作者的关键词中直接反映用户使用 CiteSpace 的关键词有"cite space"，"cite space Ⅱ"，"citespace Ⅱ"，"citespace Ⅲ"，"citespace Ⅱ软件"，"citespace 可视化分析"，"citespace 软件"以及"citespace 信息可视化"等 18 种写法。笔者在此建议，如果关键词中使用 CiteSpace，请统一写作"CiteSpace"为好。

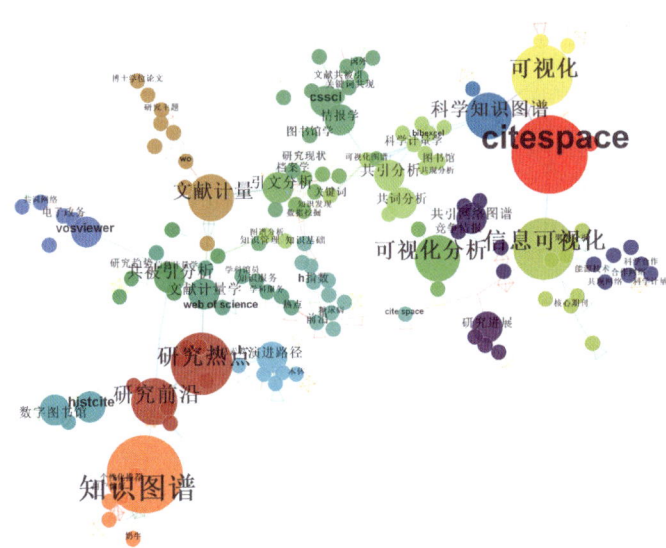

图 1.17　CiteSpace 中文施引文献的关键词分布

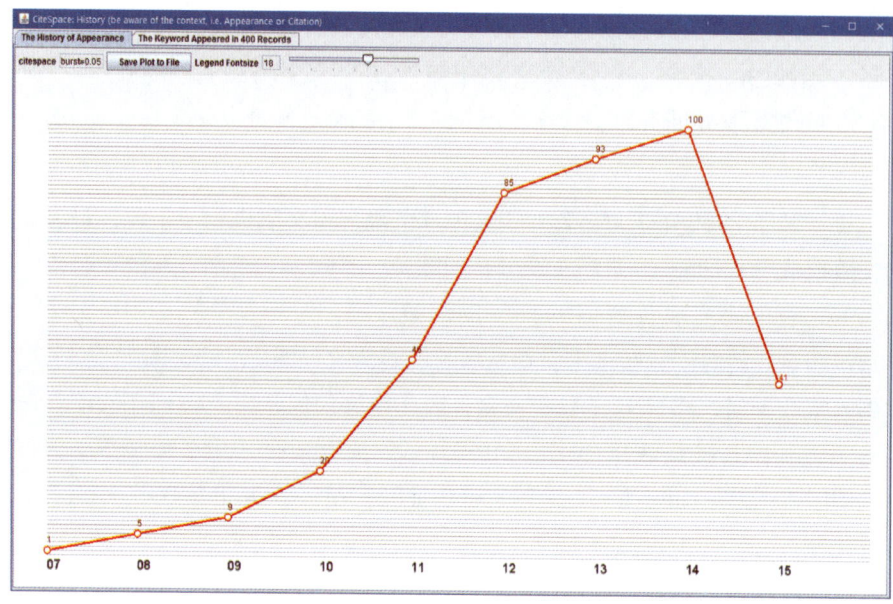

图 1.18 "CiteSpace"的年度分布

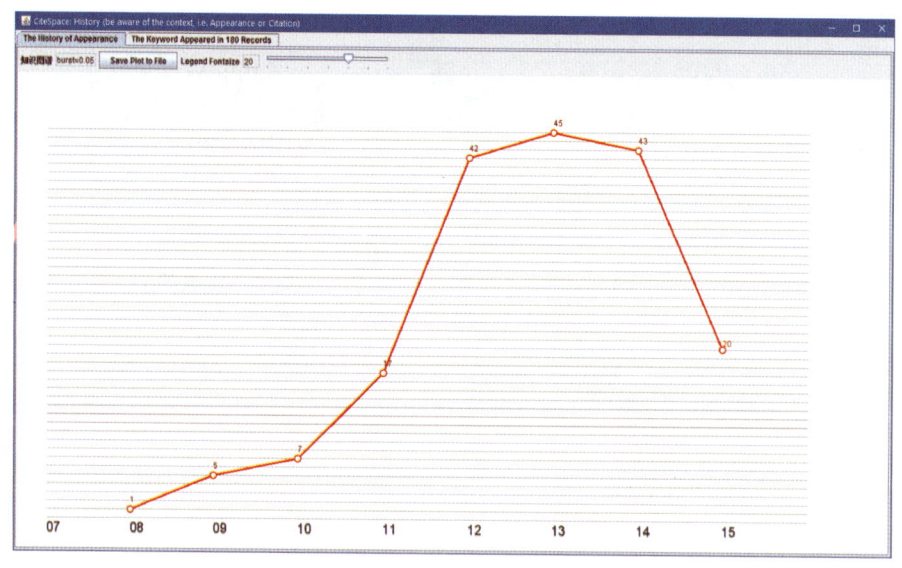

图 1.19 "知识图谱"词频的年度分布

从关键词共现网络还可以得到，CiteSpace 的主要应用领域为图书情报学领域。使用 CiteSpace 分析的这种方法通常被命名为"知识图谱"、"信息可视化"、

"可视化"、"科学知识图谱"以及"可视化分析"等，使用 CiteSpace 分析的研究目的有"研究热点"、"研究前沿"和"演进路径"；采用的方法有"文献计量"、"共被引分析"、"引文分析"、"共引分析"、"文献计量学"、"共引网络图谱"以及"共词分析"等。在中文论文的应用研究中，使用的数据库有 CSSCI 和 Web of Science，配合使用的软件有 VoSviewer、HistCite 和 BibExcel 等。

1.2.2　CiteSpace 在学位论文中的应用

自 CiteSpace 开发至今，其在中文的学位论文中得到了比较广泛的应用。2015 年 9 月 3 日通过中国知网学位论文全文检索，共得到涉及 CiteSpace 的 368 条结果（硕士论文 252 条，博士论文 116 条），主题检索得到的结果为 76 条（硕士论文 64 条，博士论文 12 条），题名检索的结果共有硕士论文 2 条记录。由此看来，CiteSpace 在学位论文中的应用也是较为广泛的。附录 5 中列出了 115 条使用了 CiteSpace 的中文硕士论文。特别地，通过中国知网和中科院学位论文系统整理了博士学位论文中应用了 CiteSpace 软件的成果，总结如表 1.3 所示，这些成果中有部分是对 CiteSpace 的系统性应用，值得 CiteSpace 的初学者学习和借鉴。

表 1.3 国内博士论文中对 CiteSpace 的应用

中文题名	作者	单位	学位年度
安全科学结构及主题演进特征研究	李杰	首都经济贸易大学	2016 年
基于文献的科技监测研究	朱亮	中国农业科学院	2015 年
非诈骗型非法集资犯罪范围研究	范淼	吉林大学	2015 年
环境扫描对企业知识创新的影响研究	支凤稳	吉林大学	2015 年
研究前沿探测及其演化分析方法与实证研究	张丽华	中科院文献情报研究中心	2015 年
基于文献计量分析的血友病护理研究	赵华	山西医科大学	2015 年
基于知识网络的精神医学科研合作研究	武颖	山西医科大学	2015 年
综合集成研讨厅体系下治疗方案的择优及其在 2 型糖尿病气阴两虚型中的实践	康财庸	北京中医药大学	2015 年
基于科学计量的图书情报科学产出、合作与影响研究	杰碧	北京理工大学	2015 年

续表

中文题名	作者	单位	学位年度
我国产学研共生网络治理研究	张雷勇	中国科学技术大学	2015年
基于知识图谱视域下我国运动训练理论研究的特征	王统领	北京体育大学	2015年
态度、行动与结构：福利中国的演进逻辑	臧其胜	南京大学	2014年
服务企业的服务创新管理机制研究	赖然	东华大学	2014年
变迁中的政治机会结构与政治参与	臧雷振	北京大学	2014年
中西医治疗2型糖尿病的知识图谱分析	王淑斌	北京中医药大学	2014年
科学论文的引用内容分析及其应用	刘盛博	大连理工大学	2014年
全文引文分析方法与应用	胡志刚	大连理工大学	2014年
基于SCI引文网络的知识扩散研究	王亮	哈尔滨工业大学	2014年
生物医学领域科研合作现状及预测研究	于琦	山西医科大学	2014年
新世纪中国课程与教学论的知识图谱研究	蒋菲	湖南师范大学	2014年
大豆科研实力的国际比较——基于文献计量分析视角	杨光明	中国农业科学院	2014年
我国护理学学科体系构建与发展策略研究	张艳	第二军医大学	2013年
未来高影响力科技论文的识别理论与方法研究	王海燕	中国科学院大学	2013年
中国医患危机管理体系构建研究	王佳	吉林大学	2013年
新技术跨产业转移研究	吴菲菲	北京工业大学	2013年
国外力量训练研究知识网络的结构及演化特征	赵丙军	上海体育学院	2013年
基于SCIE的国际针灸热点及合作团队研究	焦宏官	中国中医科学院	2013年
基于知识图谱的中国品牌理论演进研究	张锐	中国矿业大学	2013年
基于知识网络的肿瘤学衍生与发展研究	邵红芳	山西医科大学	2013年
我国管理科学学科演进的知识图谱研究	何超	湖南大学	2012年
中印上市医药公司核心竞争力评价研究	解小刚	天津大学	2012年

续表

中文题名	作者	单位	学位年度
基于知识单元的科学发现链式结构研究	滕立	大连理工大学	2012年
基于网络引证关系的知识交流规律研究	杨思洛	武汉大学	2011年
科技领域前沿计量探测方法研究	张英杰	中国科学院	2011年
中国技术管理学科演进发展状态研究	宋刚	大连理工大学	2011年
西方现代体育科学发展史论	王琪	福建师范大学	2011年
知识流动理论框架下的科学前沿与技术前沿研究	庞杰	大连理工大学	2011年
药品监管的多元参与：科学计量学的视角	李小宁	大连理工大学	2010年
引文分析学的知识计量研究	梁永霞	大连理工大学	2009年
工商管理学科演进与前沿热点的可视化分析	侯剑华	大连理工大学	2009年
力学期刊群内外关系与学科结构	陈立新	大连理工大学	2008年

此外，笔者通过国外的学位论文系统，检索到有多篇学位论文也应用了CiteSpace进行研究[①]。

---

❶ 包括：（1）Okeke, Lorenzo Okechukwu. Identification of Turning Points in the Research on Titanium Dioxide Production and Application. 2008；（2）Shapiro, Robert M. II, "Health Literacy: A Bibliometric and Citation Analysis" (2010). University of Kentucky Master's Theses. Paper 71；（3）Allendoerfer, Kenneth Robert. How information visualization systems change users' understandings of complex data. Drexel University. Ph.D. 2009；（4）Torres-Reyes, José Antonio Desarrollo científico de las Ciencias Sociales en México; análisis bibliométrico del período 1997-2006: Social Science Citation Index (SSCI-ISI) y CiteSpace., 2010 PhD Thesis, Universidad de Granada；（5）Dietz, Wolfgang. International Institutions in an Uncertain Environment. Diss. Heidelberg University, 2015.

1.2.3 CiteSpace 在学术专著中的应用

通过笔者调研，表 1.4 中的专著全部或者部分地应用了 CiteSpace，调研的结果发现，来自大连理工大学的学者所发表的著作占有很大比重，涉及的领域有安全科学、工商管理、教育学、情报学等领域。

表 1.4 应用 CiteSpace 的相关专著

作者	书名	出版社	出版时间
高飞	现代农业研究文献分析	中国计量出版社	2016 年
李杰	安全科学知识图谱导论	化学工业出版社	2015 年
王琪	西方体育科学学科演进的知识图谱分析	北京体育大学出版社	2015 年
蒋菲	21 世纪中国课程与教学论的知识图谱研究	华中师范大学出版社	2015 年
陈超美	科学前沿图谱：知识可视化探索	科学出版社	2014 年
侯剑华	大连市社会科学研究的知识图谱	吉林大学出版社	2014 年
侯剑华	工商管理知识体系演进与研究前沿	科学出版社	2014 年
陈悦	创新管理知识图谱	人民出版社	2014 年
高静美	组织变革研究：基于知识图谱与实地调研的交互验证	科学出版社	2013 年
王红君	中国品牌科学发展报告	中国经济出版社	2013 年
王志远	模糊偏好形成机制研究	中国社会科学出版社	2013 年
黄维	基于多方法融合的中国教育经济学知识图谱 1980-2010	经济科学出版社	2012 年
刘则渊	技术科学前沿图谱与强国战略	人民出版社	2012 年
梁永霞	引文分析学知识图谱	大连理工大学出版社	2012 年
许振亮	技术创新前沿图谱	大连理工大学出版社	2012 年
易高峰	崛起中的创业型大学：基于研究型大学模式变革的视角	上海交通大学出版社	2011 年
陈超美	转折点——创造性的本质	科学出版社	2011 年
刘则渊	科学知识图谱：方法与应用	人民出版社	2008 年

1.3 需要注意的问题

我们通过文献调研，发现当前 CiteSpace 在中文期刊论文以及部分英文论文中的使用还存在一些问题，对存在的问题总结如下：

（1）文献信息检索基础匮乏，不当的文献信息检索策略得到的数据或不能准确地反映所研究的内容。也就是说，在数据分析开始时，进行分析的数据就是存在问题的，那么得到的结果也一定是不准确的，也就是常说的"Rubbish in, Rubbish out"或"Garbage in, Garbage out（GIGO）"。

（2）对软件基本原理以及科学计量学的基本概念、原理和方法认识不够清楚，因此在对图谱解读时的语言有些不规范（有错误解读、过度解读和遗漏解读等现象）。另外，在使用 CiteSpace 进行研究时，并不是所有的用户对所分析的专业都是十分熟悉的，即使用户已经在专业领域内工作多年。这就要求在对图谱进行解读时要多向本专业领域的不同专家咨询，以避免自己个人或者少数专家对结果带有偏见或者解读不准确。

以上的要求就好像一位助理医生即使很熟悉利用 X 射线为病人来拍片子，但是最后还是离不开专业的医生来诊断。换句话说，就是经过专业的培训和长期的操作经验可以提升用户对 CiteSpace 使用的熟悉程度，但是当得到一幅幅科学 X 射线片子时，需要的是制图者有高水平的专业知识，这样才能通过科学知识图谱为大家讲述一个有趣的科学故事。

（3）在使用 CiteSpace 进行分析时得到的结果混乱。这种问题在科技论文中是比较常见的，明显的就是通过科技论文中提供的图谱，读者不能比较容易地得到论文中所论述的问题。也就是说，图谱放在论文中和没有放的效果是一样的。

造成结果混乱的原因可能是由图片的信息过载造成的。有些用户在一张网络图中既想表达聚类信息，又想表达节点的标签信息、突发性探测信息，这造成图谱的混乱，给阅读造成极大不便。有些学者将该问题归咎于目前期刊的印刷质量，我们认为这个问题并不是造成图谱混乱的主要问题。

此外，有不少的论文对数据采集过程、数据分析中参数的设置以及采用的

CiteSpace：科技文本挖掘及可视化

聚类方法表述不明。科学研究必须是能够让别人重复的，再者对特定数据使用 CiteSpace 进行的研究也是容易重复的。因此，在论文中要清楚地说明论文的数据来源、采集方法（包含采集时间、采集策略、数据库的选择等）、分析中的参数配置。

1.4 问题的解答途径

对于在 CiteSpace 学习过程中遇到的一些问题，可以通过陈超美教授中文版科学网博客进行查询，对于一些没有解答的问题，还可以在陈超美教授的页面留言[①]。截至 2015 年 7 月 22 日，已经有累计提问 1 571 个问题，大多数的问题得到了满意的答复（图 1.20）。

图 1.20　陈超美教授博客留言板对 CiteSpace 操作问题的解答

---

❶　陈超美教授科学网博客：http://blog.sciencenet.cn/u/ChaomeiChen

第 1 讲　CiteSpace 总述

用户还可以通过陈超美教授和李杰的科学网博客[①]了解一些 CiteSpace 成图展示（建议在自己实践之前多多参考一些图片的样式和编辑技巧）。

此外，李杰等创建的微信号"科学知识图谱学习社区"（二维码如图 1.21 所示），分享了大量与科学知识图谱相关的学习资料。

图 1.21　科学知识图谱学习社区（微信公众号）

细心的读者将会发现，本书特别添加的一些小提示有很大一部分来源于用户所提出的问题。最后，在必要的时候我们也会将大家反馈的使用疑问整理成具体的图文步骤分享于博客上。

1.5　本书逻辑结构及组成

本书的写作逻辑是以 CiteSpace 所提供的功能模块为主线，在前 3 讲中从使用、下载、功能等方面对 CiteSpace 的基本情况进行概述。从第 4 讲开始按照其提供的网络类型进行归类和按讲介绍。

第 1 讲：CiteSpace 总述。在学习一个软件之前，大家首先需要对这个软件的开发背景以及相关理论和应用现状进行一个大致的了解。虽然我们没有特别地强调 CiteSpace 能做什么，但是从我们列出的应用现状总结上，读者大致也能够

---

❶ 李杰科学网博客：http://blog.sciencenet.cn/u/jerrycueb

了解到 CiteSpace 所具有的功能。

第 2 讲：CiteSpace 分析所需的数据采集及数据处理。这是在学习 CiteSpace 之前的先修课，要知道哪些数据库是 CiteSpace 可以分析的，以及如何从数据库中采集所分析的数据，并对采集到的数据进行处理。

第 3 讲：CiteSpace 安装及界面功能。本讲主要是对 CiteSpace 安装过程、快速使用过程以及所包含的功能的全面介绍。用户可以在学习中就相关问题在本讲中查询，不需要对本讲内容按照先后顺序进行学习。

第 4 讲：共被引耦合分析功能。本讲是对 CiteSpace 自带的 Terrorism 数据所产生结果的介绍。用户可以在初次操作 CiteSpace 时直接跳到本讲进行学习。该讲也是 CiteSpace 最经典的功能解读，建议用户在使用文献共被引分析时对本讲进行全面的学习。

第 5 讲：CiteSpace 科研合作网络分析。本讲主要是通过科技论文中作者的共现来提取作者的合作网络。作者的合作网络在 CiteSpace 中共分为三个层次，分别为国家 / 地区、机构和作者。特别地，在 CiteSpace 中提供了结合 Google Earth 的地理可视化合作网络。

第 6 讲：CiteSpace 主题和领域的网络分析。本讲主要是对 CiteSpace 中的两种共词分析方法和科学领域的共现分析进行介绍。CiteSpace 中的两种共词分别为 co-keywords 和 co-terms，在使用中要注意两种方法的具体执行过程，以及分析中的重要问题。

第 7 讲：CiteSpace 高级功能补充。本讲主要是对 CiteSpace 具有的一些用户不常关注的和比较重要的一些功能的介绍，如网络叠加和期刊叠加，全文本挖掘和概念树等。

对本书逻辑架构和 CiteSpace 应用的简明过程的总结如图 1.22 所示。

第1讲 CiteSpace 总述

通过CiteSpace可以解答您所关注主题的下列情况：
（1）什么时间开始研究（when）？哪里研究强（where）？有哪些知名的学者（who）？该领域的合作如何（co-authorship）？
（2）某领域的研究主题的演进及其研究热点有哪些？领域的研究前沿、知识基础以及研究范式如何演变？
　　当然，CiteSpace所回答的问题不仅仅局限于上面所提到的。
　　有关CiteSpace应用现状请参见本书第1讲，有关案例演示可以参见本书功能模块详解及案例（第4讲~第7讲）。

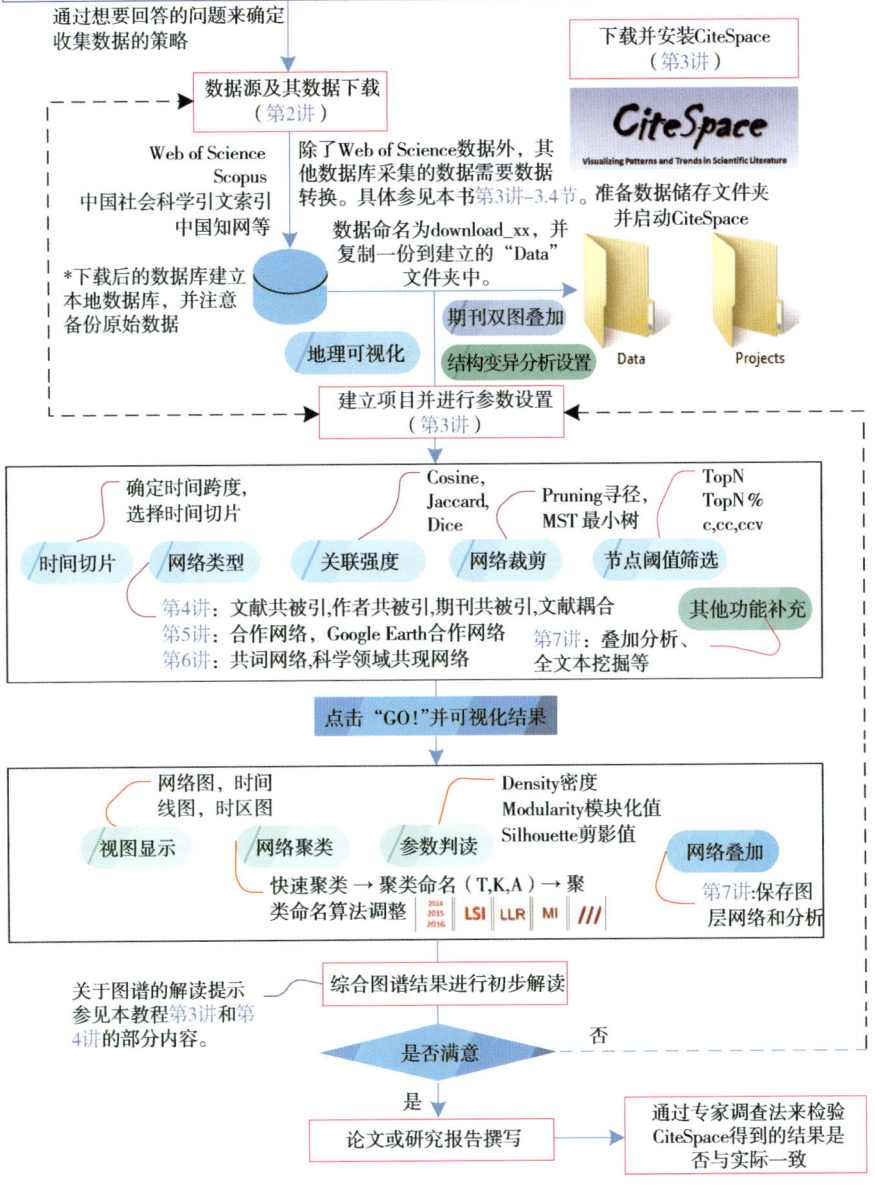

图 1.22　CiteSpace 应用的简明过程

CiteSpace：科技文本挖掘及可视化

思考题

1. 本章内容中多次提到了术语"施引（Citing）"和"被引（Cited）"，谈谈他们的具体含义是什么？

2. 谈谈你对 CiteSpace 的认识。（自己最早什么时候知道 CiteSpace，学习使用 CiteSpace 为解决哪些问题？）

3. 尝试通过中英文的全文数据库，检索近半年来使用 CiteSpace 的科技论文，分组各选择 1 篇进行讨论。

4. 当前已经有大量的中文硕博论文系统性地应用了 CiteSpace，硕士研究生请检索并下载 10 篇最有影响的应用 CiteSpace 的硕士学位论文进行学习；博士研究生下载 5 篇应用 CiteSpace 的博士学位论文进行学习和讨论。

5. 从你了解的科技论文来看，学者在应用 CiteSpace 中存在哪些明显的问题？你认为产生这些问题的原因是什么？

6. 通过网络查询"陈超美科学网博客"，借助有关 CiteSpace 的博文，初步了解 CiteSpace 的功能，整理后在课堂上讨论。

7. 通过中英文数据库(数据库自选)检索有关 CiteSpace 应用的文献分布情况，谈谈在这个领域哪些学者比较活跃，以及他们的专业背景。

8. 您还知道哪些科技文本挖掘及可视化的软件，谈谈它们的原理和应用。

本章小提示

小提示 1.1：CiteSpace 在 Pajek 中的可视化。

图 1.8 是通过 CiteSpace 分析后，在网络可视化界面的 Export 菜单中选择 Network→ Pajek（.net）来导出网络结果。聚类是使用 Pajek 提供的 Louvain 算法，节点的大小反映节点的度数，布局选择的是 Frucherman Reingold 2D。

第 1 讲　CiteSpace 总述

小提示 1.2：CiteSpace 的使用领域是否有限制。

CiteSpace 在适用领域上没有限制，即自然科学和社会科学的研究都可以进行分析。目前，CiteSpace 在自然科学领域用的比较多。主要原因是自然科学的发展、新理论、新概念、新发现等形形色色的变化比社会科学领域相对频繁，内容变化幅度大，也较容易捕捉。CiteSpace 的核心思想是体现这类变化，所以选材时自然会有这方面的考虑。另外，库恩的范式转移提供了一个主要理论依据。最初几年陈超美教授研究选取的案例都涉及这几类的变化：范式转移的领域（如弦论），证据的影响（物种灭绝），事件的影响（恐怖主义），科学前沿（再生医学），等等。总之，分析社会科学会有同等的价值，尤其是研究科学史、哲学史、社会网络、经济、体育、管理等领域，都值得深入分析表述。

小提示 1.3：节点时序信息的查询。

即查询节点信息的时间序列（引文年度分布或频次年度分布）。要得到某个节点在时间序列上的分布信息，可以在网络可视化界面点击鼠标左键选中要查看的节点，然后点击鼠标右键，选择菜单中的"Citation History"即可。

小提示 1.4：CiteSpace 中连线强度的初步认识。

在 CiteSpace 中提供了 3 种计算连线强度的方法，默认的算法为 Cosine。此外还可以选择 Dice 和 Jaccard 方法进行连线强度的测度。

小提示 1.5：检索策略的比较。

使用"全文"、"主题"、"篇名"以及"摘要"等字段检索是目前各个数据库最常用的检索方法。"全文检索"的意思就是所检索的某个词汇只要在整个论文中出现，就会加到检索记录中；"主题检索"通常是指所检索的词汇出现在"标题"或"摘要"或"关键词"中，结果就会被检索到；"篇名"检索就是检索的词汇仅仅出现在论文的题目中；"摘要检索"就是所检索的主题词出现在摘要中。当然，从信息检索的查全率和查准率来看，条件限定得严格，查准率就会很高，查全率会很低；条件限定宽泛，则查全率很高，查准率却会降低。在实际中到底选择哪种策略，则需要根据具体情况来定。在检索 CiteSpace 分析的数据时，建议采用比较宽泛的主题进行检索，检索方法通常都为"topic"检索。

小提示 1.6：CiteSpace 版本的更新。

CiteSpace 先后经历了 CiteSpace I（第一代），CiteSpace II（第二代）、CiteSpaceIII（第三代）、CiteSpace IV（第四代）以及最近的 CiteSpace V（第五代）。因此，在施引论文中会出现各种提法，关键词也是运用各异。为了方便后来的研究人员获取关于 CiteSpace 的施引文献进行学习，在使用 CiteSpace 作为关键词的时候建议统一使用"CiteSpace"。

第 2 讲

数据采集及数据处理

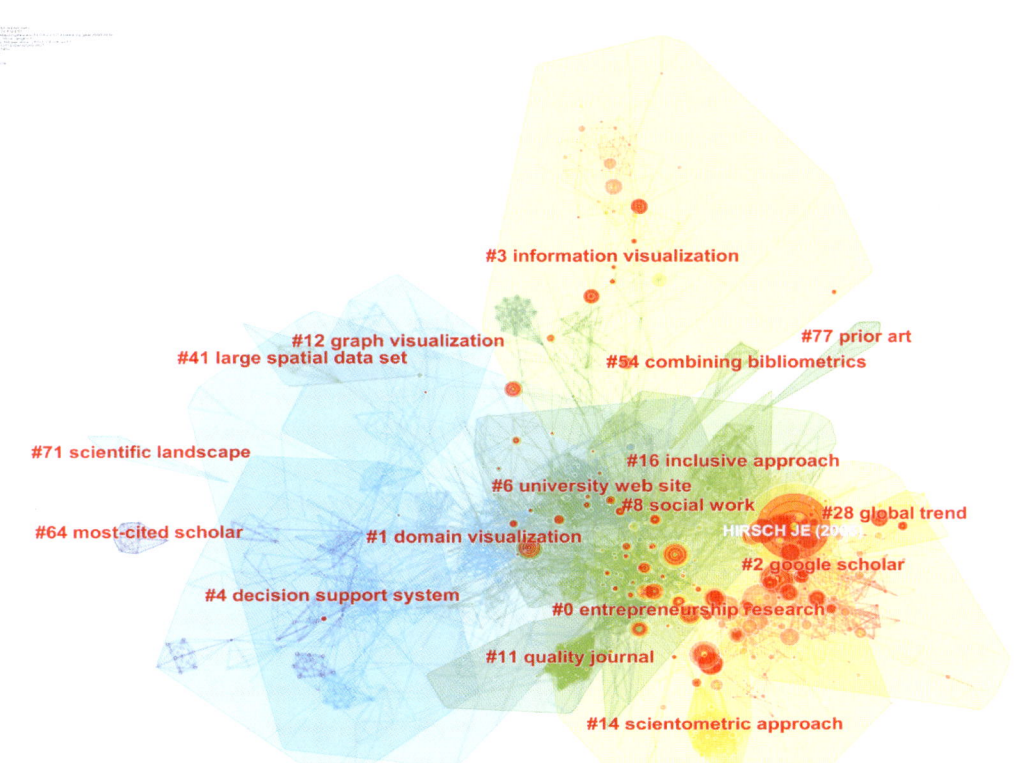

2.1 文献数据库

科技文本数据的采集是分析的基础,当前数据的采集主要是借助科技文献数据库,并采用成熟的文献检索策略进行。

数据分析与数据结构和数据组成联系密切。对于科技文本数据而言,索引型数据库通常收录了除正文以外的所有文献信息,而且还增加了数据库本身对论文的分类标引。当然,不同数据库的格式也有一定的差异性。相比而言,Web of Science(WoS)和Scopus的数据结构是最为完整的,Derwent和CSSCI次之,CNKI的完整性最小。由于CiteSpace分析的数据是以WoS数据为基础的,即其他数据库收集的数据都要先经过转换,成为WoS的数据格式才能分析。因此,下面对于一些文献题录的表示就用WoS的字段字母简称表示。通常用户收集的文献题录数据都会包含PT(文献类型)、AU(作者)、SO(期刊)、DE(关键词)、AB(摘要)、C1(机构)以及CR(参考文献)。需要注意的是:CNKI下载的数据没有参考文献信息。

2.2 中文数据采集

2.2.1 CNKI数据采集

第一步:进入中国知网首页。

登录中国知网首页www.cnki.net,进入检索界面(图2.1)。这里以2013年发表在《中国安全科学学报》上的科技论文为例。

第二步:数据检索策略构建。

点击首页右上角的"高级检索",进入高级检索页面(图2.2)。选择"来源期刊检索",在检索框来源期刊中输入"中国安全科学学报",匹配方式选择"精确",时间选择"2013"。

第 2 讲　数据采集及数据处理

图 2.1　中国知网首页

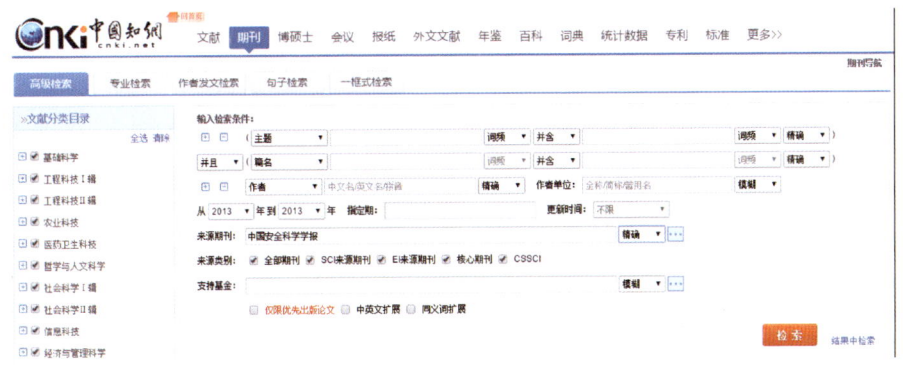

图 2.2　数据检索设置

第三步：得到检索结果并进行初步分析。

共检索到 374 条文献记录（图 2.3），但需要注意的是：CNKI 检索的结果中包含新闻、会议通知等信息，因此需要在数据收集时删除。为了方便进行手工删除，笔者建议可以在下载时逐页检查。

点击"学科"、"发表年度"、"基金"以及"研究层次"等，可以对数据的分布进行初步的分析，也可以对每页显示的记录进行设置，这里推荐选择每页显示 50 条，以便手工删除不符合要求的文献条目。

33

| CiteSpace：科技文本挖掘及可视化

图 2.3　中国知网文献检索结果页面

点击 □ 选择本页的 50 条记录，然后点击下一页，直到选中 374 条记录（注：CNKI 允许一次下载 500 条记录）。这里的"已选文献：50"代表已经选择的文献量为 50 篇，点击"下一页"逐页选定文献（图 2.4）。

图 2.4　数据下载项的选择

第四步：数据下载和保存。

第2讲　数据采集及数据处理

选中374条需要下载的数据记录后，点击数据结果页面的"导出/参考文献"进入数据的下载页面（图2.5）。使用CiteSpace进行分析的文献输出格式为"Refworks"（图2.6）。这里笔者建议输出"Refworks"和"Endnote"两种格式。前者可以进行文献可视化分析，而后者可以在论文写作时使用或用于其他文献计量软件的分析。最后，点击"导出"，下载文献。

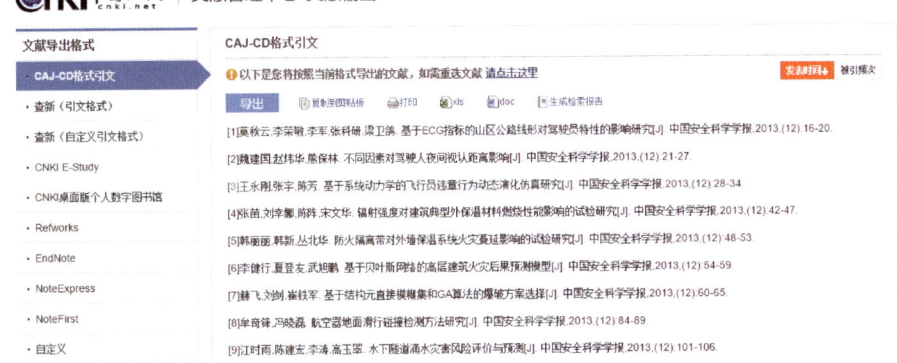

图2.5　数据下载界面

图2.6　数据样式及下载格式

若要剔除所下载论文的列表信息中的数据，可以点击页面中的"以下是您将按照当前格式导出的文献，如需重选文献请点击这里"来剔除数据。取消无关记

CiteSpace：科技文本挖掘及可视化

录的方法就是，点击某个记录前面的 ☑，使其变为 ☐ 即可，或点击记录后的 ×，来剔除数据（图2.7）。

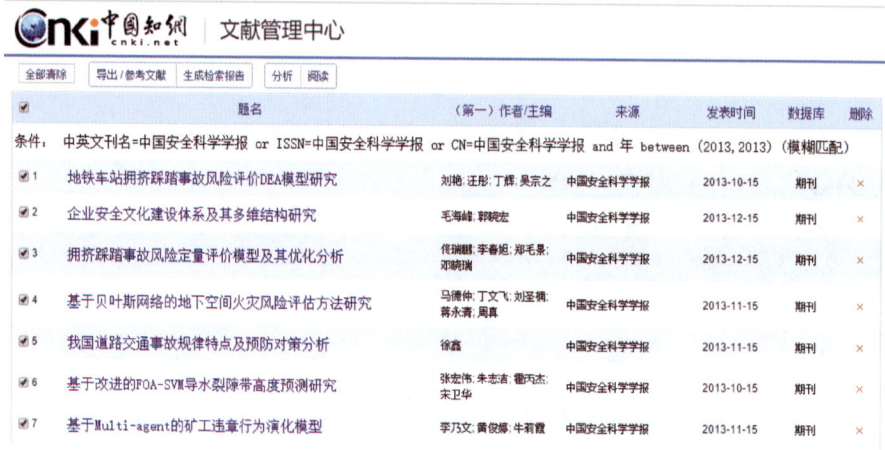

图2.7 无关信息的剔除页面

下载时对文献命名为 CiteSpace 需要的格式"download_XXXX"（图2.8）。

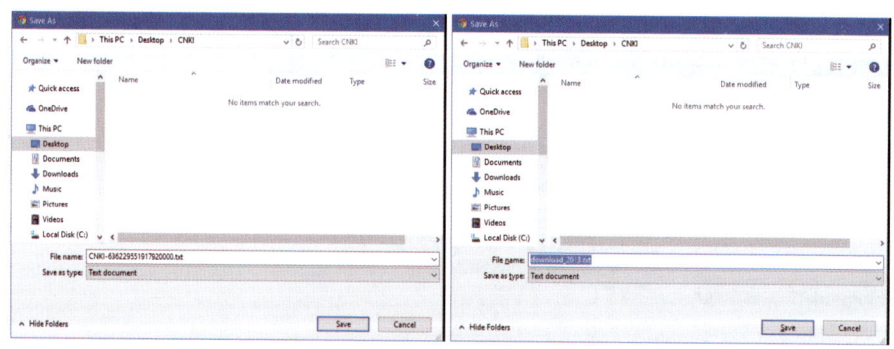

图2.8 数据的保存和命名

2.2.2 CSSCI 数据采集

第一步：进入 CSSCI 首页。

在 IE 浏览器中输入 http://cssci.nju.edu.cn/，进入 CSSCI 数据库首页（图2.9）。

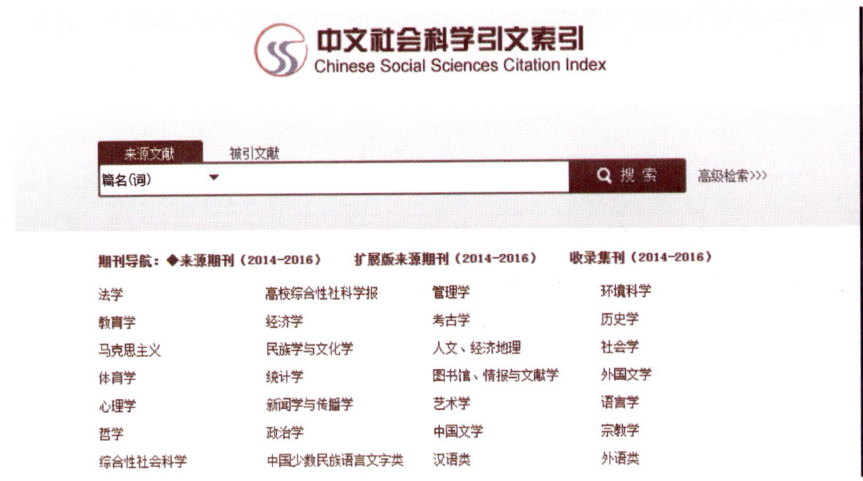

图 2.9　中文社会科学引文索引首页

第二步：数据检索和初步分析。

这里以检索和下载 2013 年发表在《管理科学学报》上的论文为例。

选择"高级检索"后进入界面（图 2.10）。来源期刊输入"管理科学学报"；检索字段选择"期刊名称"，匹配方式选择"精确"；时间选择"2013"；最后点击"检索"按钮，即可得到结果页面。

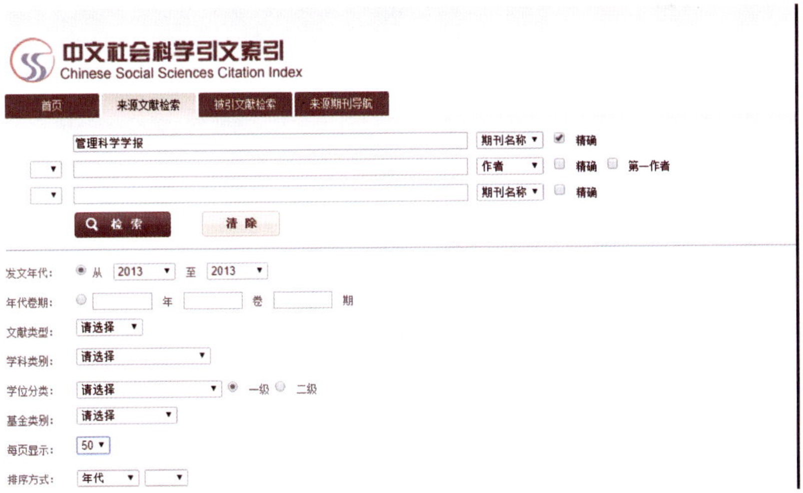

图 2.10　数据检索参数设置

CiteSpace：科技文本挖掘及可视化

在此页面可以得到检索的基本条件以及返回的记录数。共检索到2013年发表于管理科学学报的94篇论文。对于得到的结果可以进一步进行精炼，也可以作为基本的统计信息来使用（图2.11）。

图2.11　数据检索结果页面

第三步：数据的下载。

点击 ☑ 全部选择 可以选择当前页的50条记录，然后点击下一页，直到选中94条记录。点击页面最后一条记录后的"下载"，即可保存文件（图2.12）。

图2.12　结果的下载页面

在文件的保存阶段可以将数据的文件名称改为CiteSpace可识别的名称，即download_XXXX（图2.13）。

第 2 讲　数据采集及数据处理

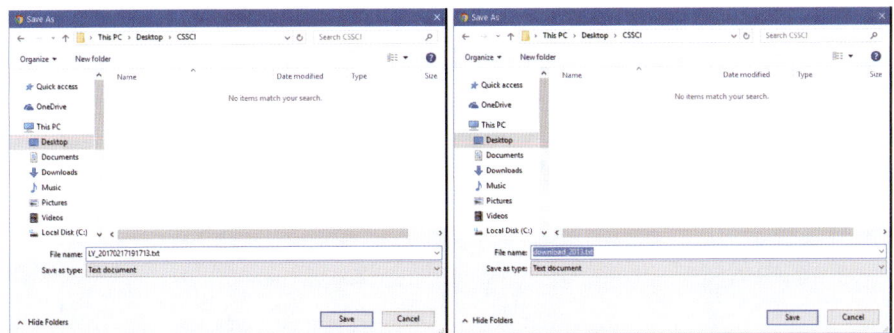

图 2.13　CSSCI 数据的保存

2.2.3　CSCD 数据采集

第一步：登录数据库。

登录 Web of Science 数据库后，在数据库中选择"中国科学引文索引数据库^{SM}"（图 2.14）。

图 2.14　登录中国科学引文索引数据库

第二步：数据检索条件的输入。

在检索界面中输入检索条件（图 2.15）。例如，在默认基本检索条件下，在检索框内输入"安全与环境学报"，后面的字段选择为"出版物名称"；出版

39

的时间条件设置为 2016。

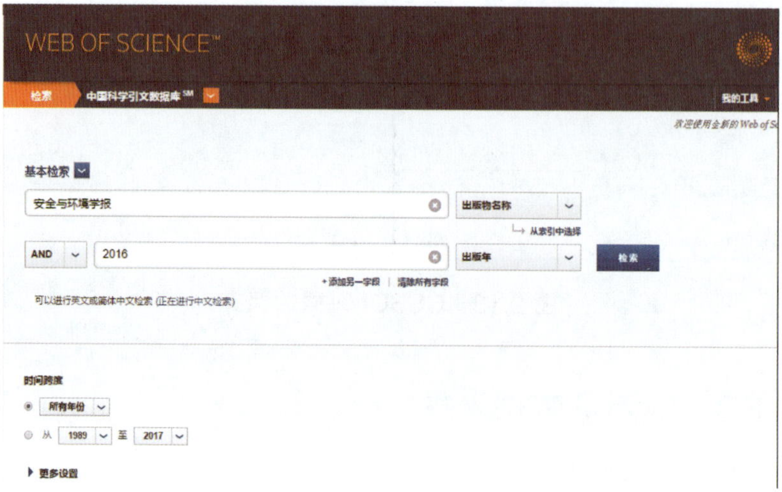

图 2.15 数据检索条件的设置

第三步：检索结果及导出。

检索共得到了 2016 年发表在《安全与环境学报》上面的 392 篇论文，在检索结果页面的左侧列出了检索结果更加详细的分布信息。在检索结果界面中，点击"保存为其他文件格式"（图 2.16）。

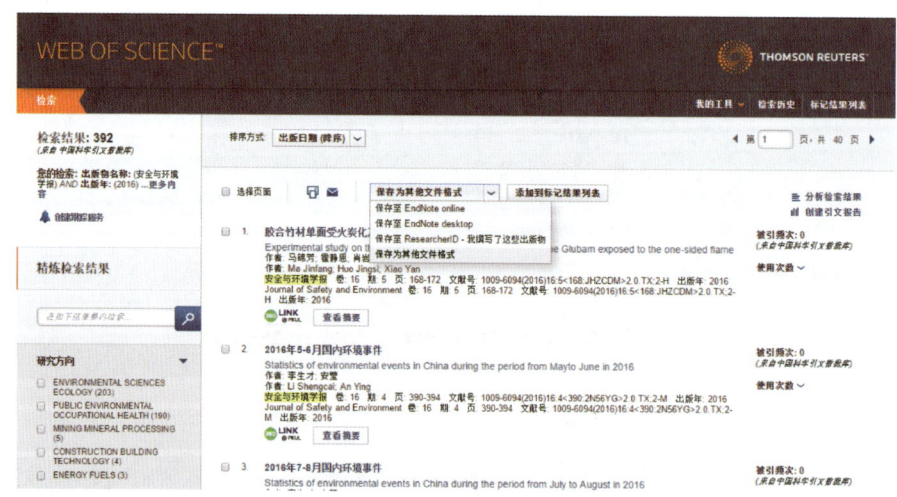

图 2.16 数据检索结果

在数据导出的界面中,输入要导出的数据编号。记录内容选择"全记录与引用的参考文献",文件格式选择"纯文本"(图 2.17)。点击"发送",将下载的 txt 文件保存在本地电脑的数据文件夹中。

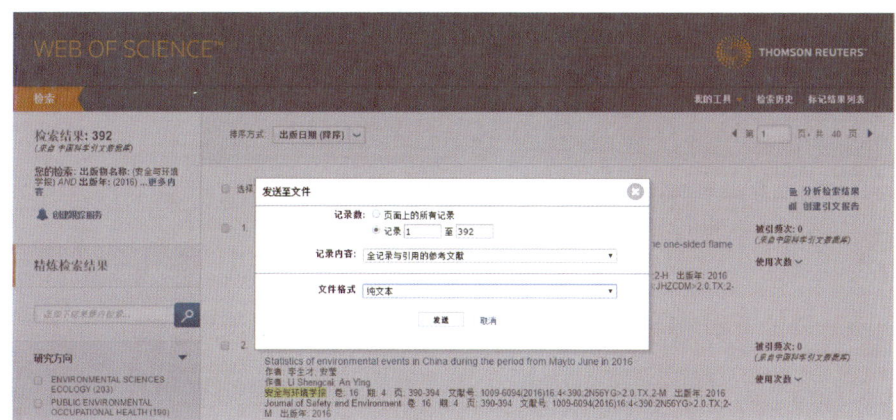

图 2.17　数据的导出

2.3　外文数据采集

2.3.1　WoS 数据采集

WoS 数据库相对于国内的文献数据库是较为昂贵的,因此在一些没有购买此数据库的高校或机构不能登录获取数据。此外,WoS 的数据最早回溯到了 1900 年,普通的高校在购买数据库时都没能完全购买所有年份的数据。据笔者了解,目前只有中国科学院大学购买了比较全的数据。当然,通常普通高校的数据也已经满足了基本的分析和科学研究的需求,对国内四所高校或机构购买的 WoS 数据的结果比较如图 2.18 所示。

第一步:登录 WoS 数据库首页。

如果用户所在高校(或机构)购买了 WoS 数据库,那么在 IE 中直接输入 www.webofknowledge.com 即可进入该数据库,或者从学校图书馆提供的电子资源列表中找到该数据库进入。默认情况下检索的数据会是"All Databases",

此时需要点击并选择"Web of Science™ Core Collection",即 WoS 核心库数据（图2.19）。

图 2.18　国内高校或研究机构购买 WoS 数据的调研

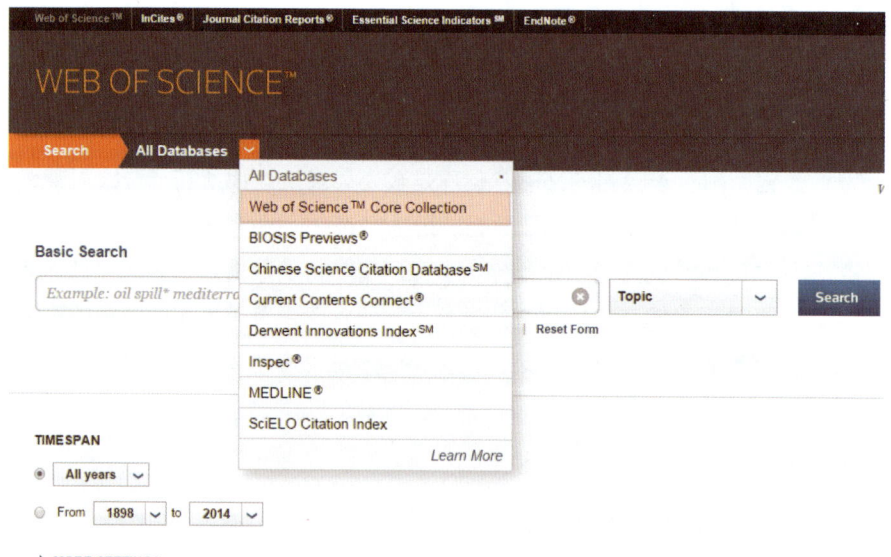

图 2.19　Web of Science 核心库

第二步：数据检索策略。

下面以检索截止到 2013 年发表在期刊 Safety Science 上的文献类型为 Article 的论文为例。使用简单检索的字段检索功能，检索字段选择 Publications name= Safety Science；Document type=Article；时间选择最长跨度；来源数据库可以选择默认（图 2.20）。

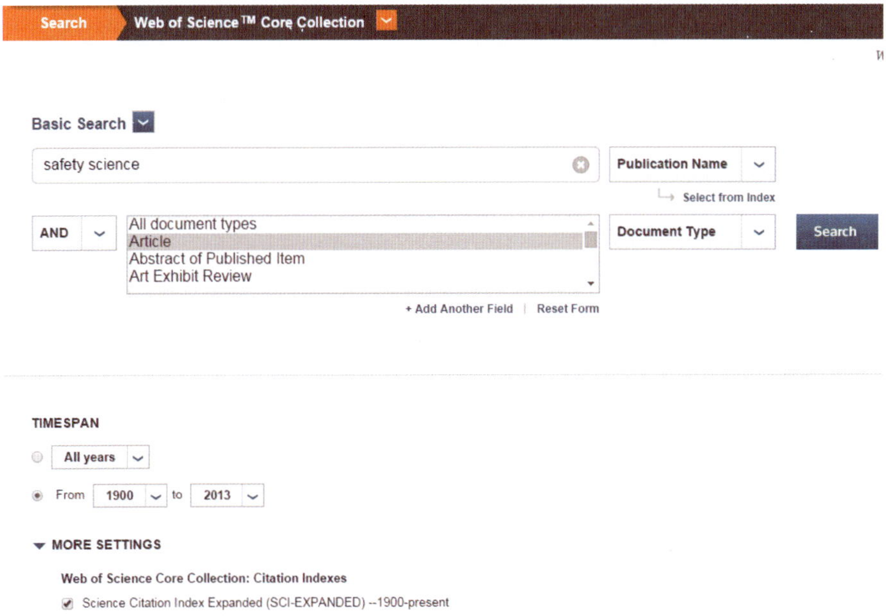

图 2.20　数据检索条件设置

第三步：结果及其基本分析。

当参数设置结束后，点击 Search 进行结果检索。检索共得到的文献量为 1 827 篇（图 2.21）。

需要特别强调的是：可以点击结果页面右上侧的 Analyze Results 对得到的 1 827 篇论文的分布进行描述性统计分析（图 2.22），得到论文年度分布、作者、机构、国家/地区、基金以及论文的科学分类等信息。通过 Save Analysis Data to File 可以将描述性统计结果导出为 txt 文档，并可进一步导入 Excel 中进行绘图分析。

该步骤可对作者、期刊、会议、领域、时间、发文国家/地区以及发文的语言等进行统计分析，建议用户在此获得数据集基本统计分析结果。

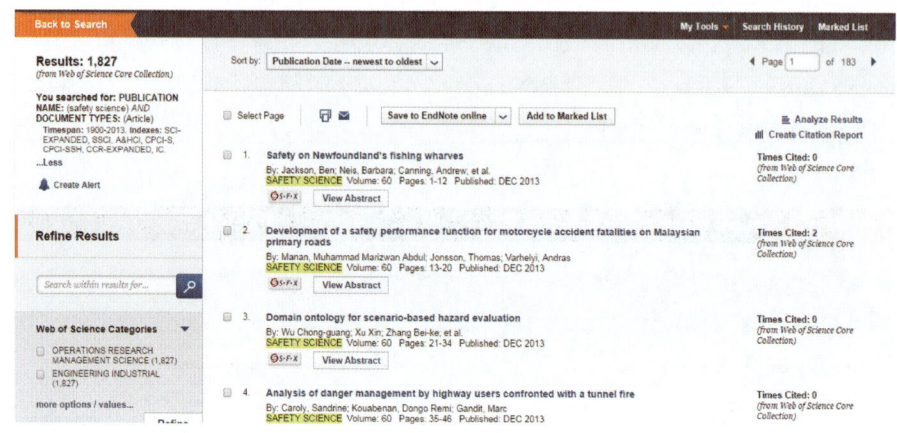

图 2.21　数据检索结果页面

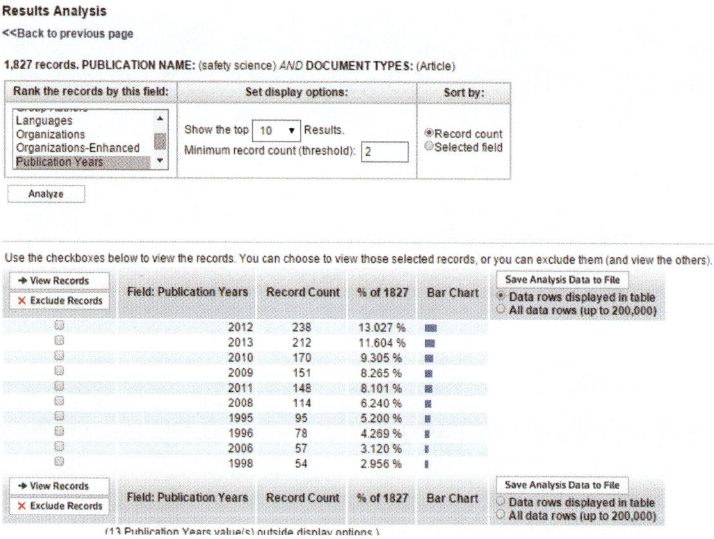

图 2.22　WoS 结果的描述性统计分析

第四步：数据的导出和保存。

目前 Web of Science 仅仅支持每次导出 500 条数据，因此若你的结果为 5 000 条，那么就需要重复10次导出过程。具体的导出步骤为：在导出功能区选择 Save to Other File Formats（当然如果你需要其他格式的文件，也可以在此选择），进入数据导出页面（图2.23）。

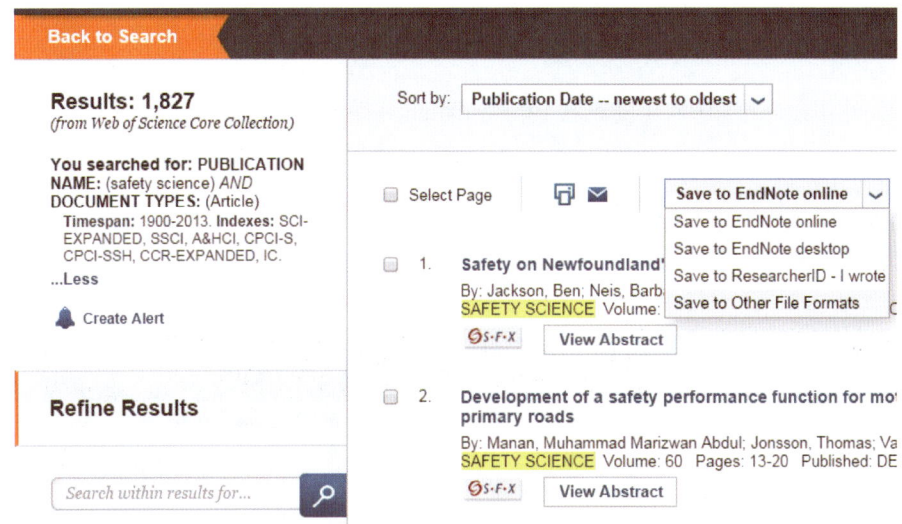

图 2.23　数据导出功能区

在数据导出页面中需要对相关参数进行设置，如我们首先导出前500条记录。在 Records 中输入1和500，在 Record Content 中选择 Full Record and Cited References，在 File Format 中选择 Plain Text，点击 Send 即可下载前500条数

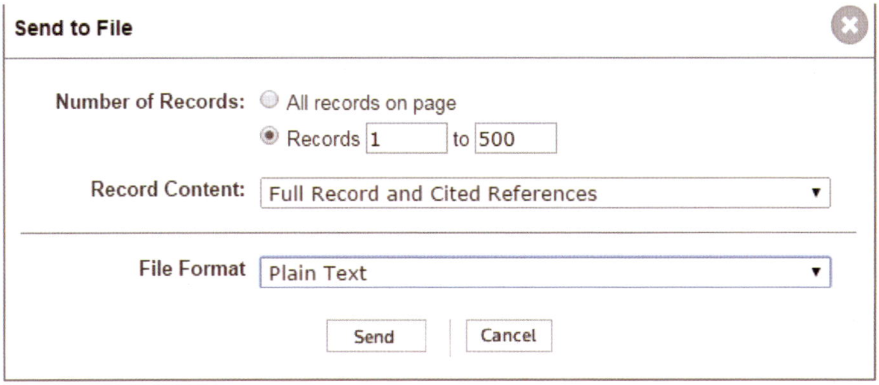

图 2.24　WoS 数据导出页面设置

据(图2.24),并按照CiteSpace要求的格式保存为"download_XXX"。笔者推荐保存为类似"download_1-500"的样式,那么上面的数据下载完后的样式就为"download_1-500,download_501-1000,download_1001-1500,download_1501-1827"…

2.3.2 Scopus 数据采集

这里以采集2014年发表在Safety Science期刊上的论文为例进行说明。

第一步:登陆Scopus数据库首页,并检索2014年发表在Safety Science上的文献题录数据。在检索框中输入"0925-7535",检索字段选择"ISSN",点击检索按钮(图2.25)。

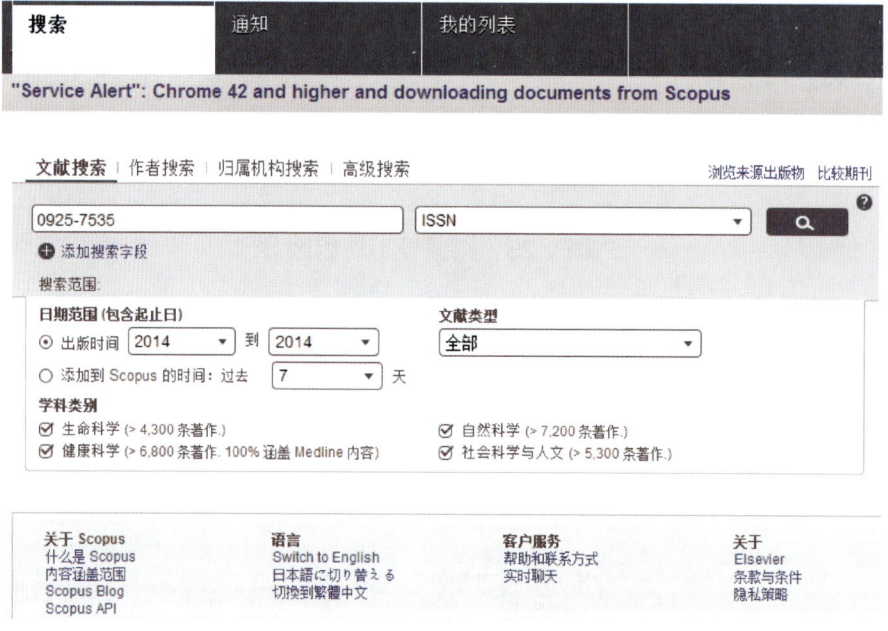

图2.25 Scopus主页及其相关设置

第二步:结果页面反馈得到2014年发表在Safety Science上的250篇论文。用户可以在左侧的信息栏中对数据的基本分布进行描述性统计分析(图2.26)。

第三步:选中要下载的数据后,在页面上点击导出。进入数据的导出页面,在页面上选择导出的数据格式为RIS格式,数据导出的信息为"所有可用信息",点击"导出"。下载结束后会得到一个后缀名为 .ris 的文件（图 2.27）。

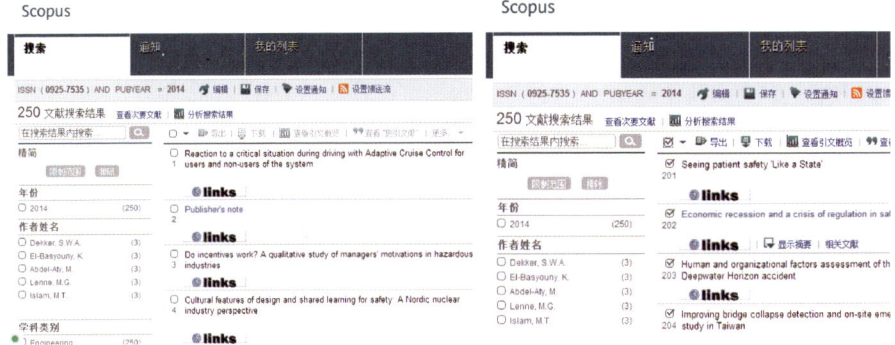

图 2.26 检索结果页面及结果选择

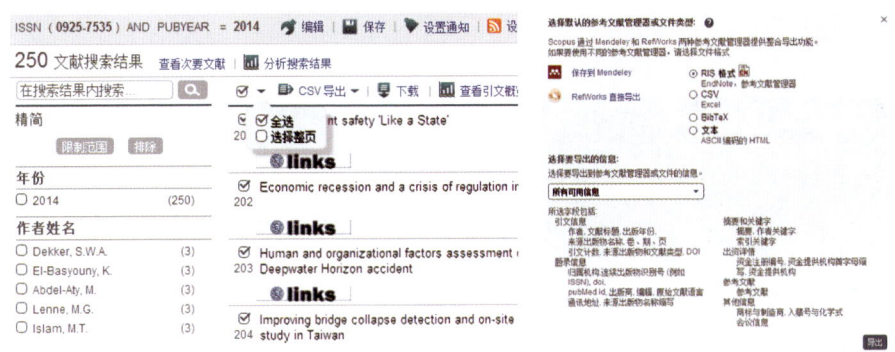

图 2.27 Scopus 数据的导出页面

2.3.3 Derwent 专利数据

第一步：登录 Derwent 专利数据库。

可以通过登录 Web of Science 后，选择专利数据库 Derwent Innovations Index。具体如图 2.28 所示。这里以检索专利标题中含有电动车的文献为例。检索专利标题中含有"Electric Vehicle*"的数据，时间设定为 2014 年，并按照下载 Web of Science 文献数据的方法下载。

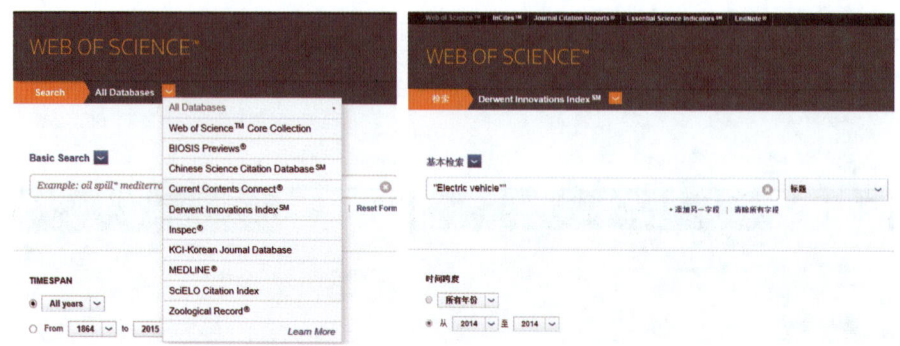

图2.28　Derwent 专利数据库首页

第二步：数据结果及下载。

Derwent 数据下载的位置和方法与 Web of Science 科技论文文献数据下载的一致（图2.29）。

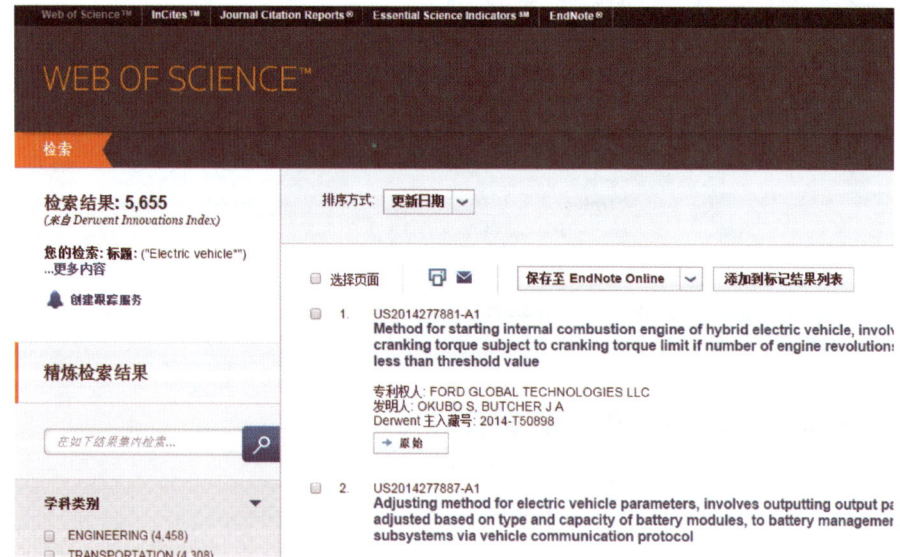

图2.29　专利数据检索结果

2.3.4 OA 数据采集

2.3.4.1 PubMed 数据采集

PubMed 搜索引擎[①]是美国 NCBI（国家生物技术信息中心）开发的免费生物医学信息检索系统，该引擎的数据库来源为 MEDLINE，核心主题为医学，也包括其他与医学相关的领域，如护理学或者其他健康学科。

在 CiteSpace 的页面直接可以对来自 PubMed 的数据进行检索和分析。

第一步：在 CiteSpace 功能与参数页面，将分析的数据定位到 PubMed。这里以 CiteSpace 提供的现成的检索式为例（hypertension [mh]-高血压），直接点击 Search 进行检索（［mh］代表 MeSH heading）。页面中默认的数字 25 代表从数据库中检索数据时每年最多提取 25 条，那么 2008~2012 年总共得到的分析数据就有 125 篇（图 2.30）。

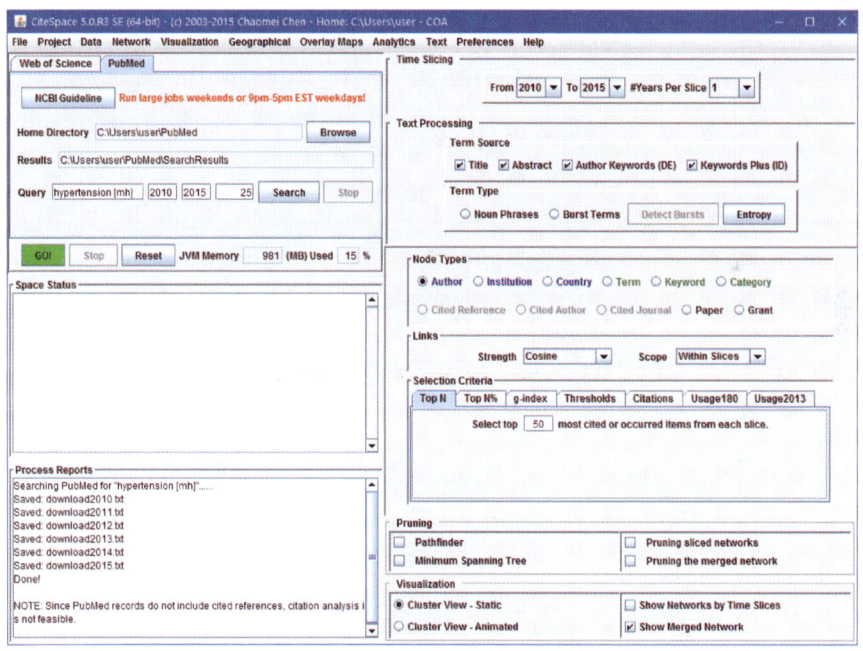

图 2.30　从 PubMed 中获取数据

---

❶ PubMed 访问网址：http：//www.ncbi.nlm.nih.gov/pubmed/
在 CiteSpace5.0 R5 SE 版本中删除了 PubMed 功能界面，在菜单栏 Data → Import/Export 将 PubMed 中增加了 Xml 格式数据转据转换为 WoS 格式的功能。

第二步:与 Web of science 的数据分析类似,设置好参数后点击"GO"即可。这里分析获取数据的 Term(图 2.31),主要步骤和方法参见本书第 6 讲。

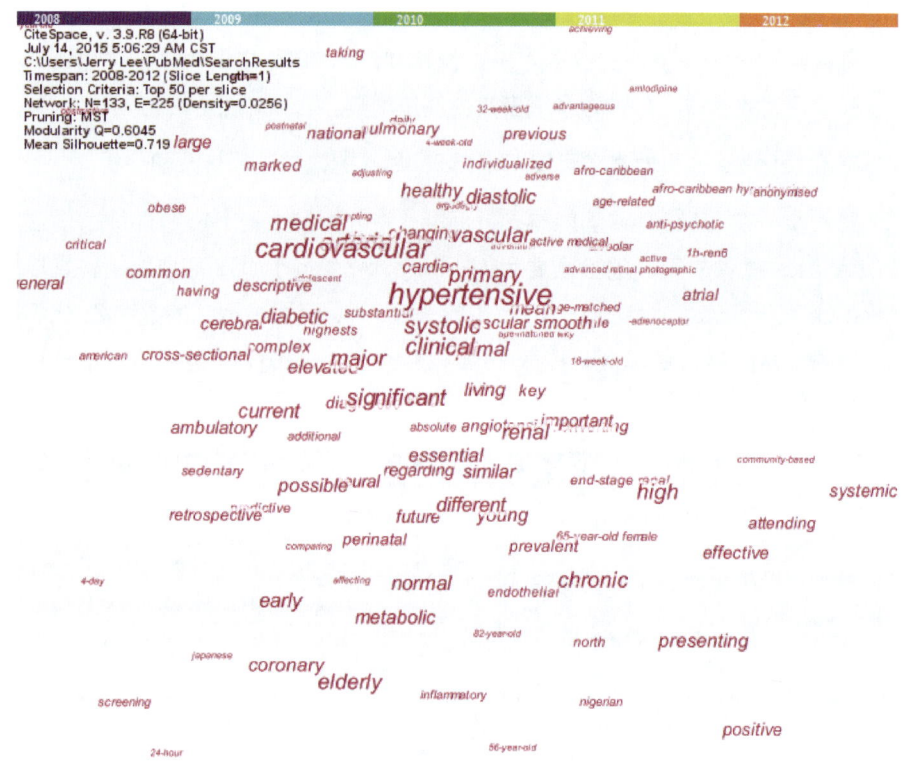

图 2.31　hypertension 主题的共现图谱

需要注意的是,由于从 PubMed 数据库得到的文献题录中不包含论文的参考文献,因此使用 PubMed 进行文献的共被引、作者的共被引和期刊的共被引分析时会出现错误。

此外,CiteSpace 提供的 ADS,arXiv 和 NSF 为免费开放的数据库,因此可以直接通过 CiteSpace 嵌入的数据检索功能完成检索和转换。

2.3.4.2　ADS 天文学—物理学数据采集

ADS 的数据检索和数据转换界面,如图 2.32 所示。用户在数据检索前,需要输入要检索的时间范围[Publication Data between(MM/YYYY)and(MM/YYYY)]

第 2 讲　数据采集及数据处理

以及要检索的主题（Title Search 和 Text Search），点击 Download 开始下载数据。此时在 ".CiteSpace" 文件夹中会出现一个 ADS 的文件夹，随着数据下载，该文件夹会出现一个 ".xml" 的文本文件。等待下载结束后，点击 "Count Records" 会显示一共下载了多少数据记录。

图 2.32　ADS 数据检索和数据转换界面

2.3.4.3　arXiv 天文学—物理学数据采集

arXiv 的数据检索界面如图 2.33 所示。首先需要点击 Browse 定位一个数据保存的文件夹，然后设置要下载的文献时间。例如我们这里采集最近 7 天上传到 arXiv 上的文献（检索时间为 2015 年 7 月 25 日），Articles posted on arXiv (astro-ph) over the last 7 days，最后点击 "Download" 即可。使用该界面下载的数据不需要转换，直接可以分析。

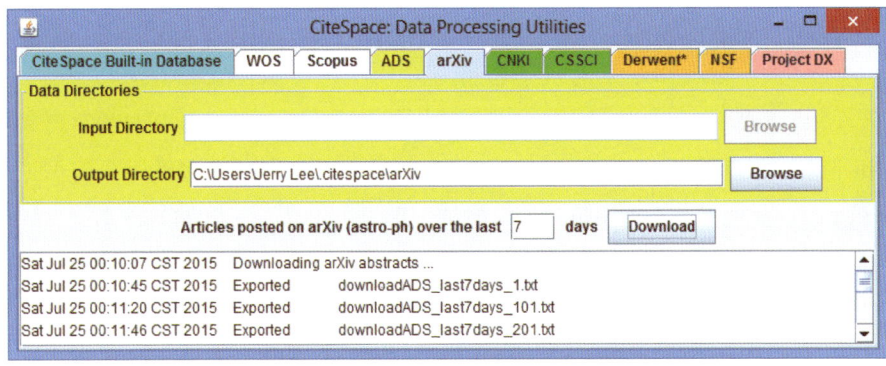

图 2.33　arXiv 数据检索界面

对得到的7天的科技论文数据进行主题词的共现分析，结果如图2.34所示。

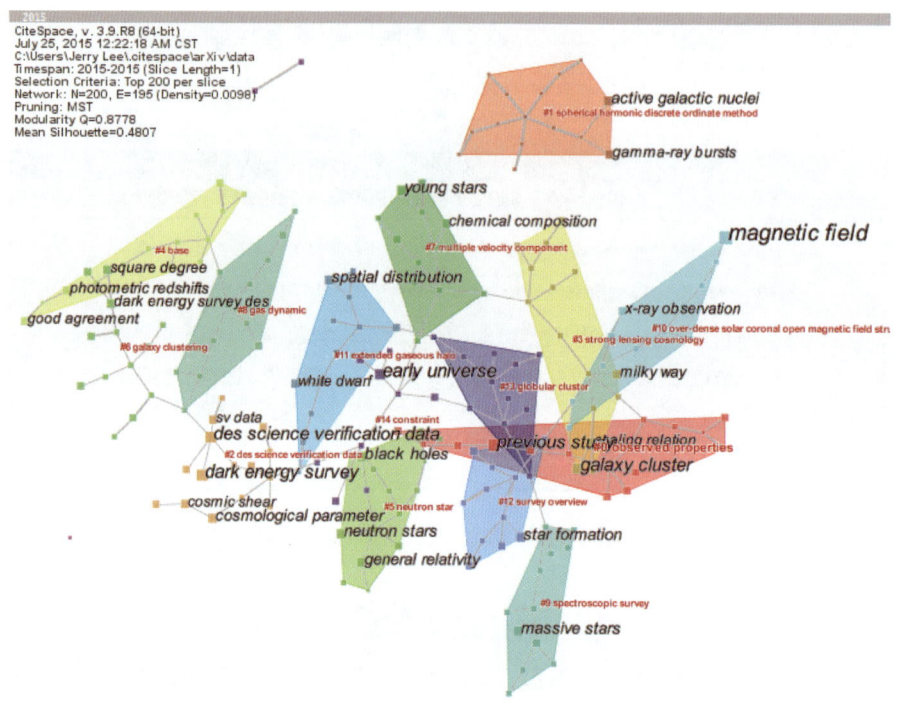

图2.34 近一周的arXiv论文主题分布

arXiv与之前所提到的收费数据库相比，其最大的优势就在于能够比传统索引数据库更加提前得到最新的科学研究情况。因为提交到arXiv的论文很多都是在审的论文，这就保证了数据的时效性。

2.3.4.4 美国科学基金会数据库

NSF的数据不能通过CiteSpace界面直接下载，需要登录到NSF的主页来检索和下载。在IE中输入http：//www.nsf.gov/awardsearch即可到达NSF首页（图2.35）。在首页的检索框中输入要检索的主题"safety"，等待数据库返回结果。

最后，得到有关safety的基金资助的结果如图2.36所示。该数据库仅仅显示3 000条结果，因此如果你的检索结果大于3 000条，建议你通过左侧提供的限制条件进行精炼。NSF数据可以导出为CSV，XML，Excel或Text格式，这里推荐保存的格式为XML格式。

第 2 讲 数据采集及数据处理

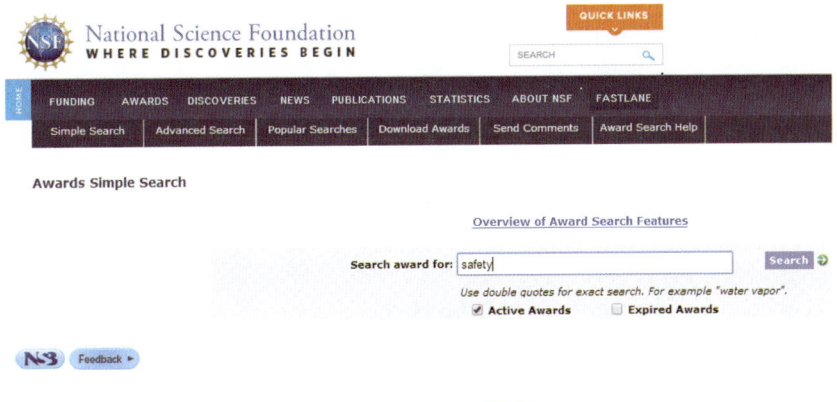

图 2.35 NSF 首页

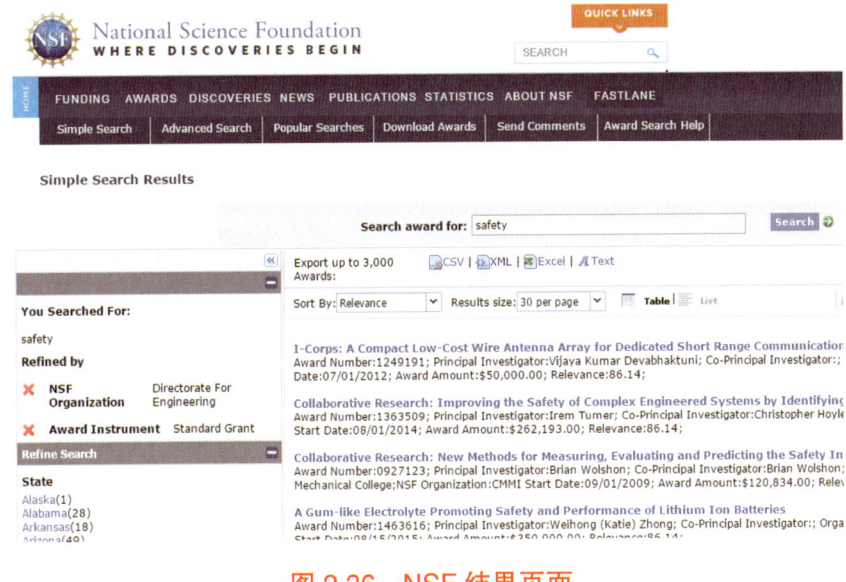

图 2.36 NSF 结果页面

2.4 数据的预处理

由于不同数据库厂商所提供下载的数据格式有所差异，为了能够使用 CiteSpace 对不同数据库的数据进行分析，CiteSpace 专门提供了数据的转换界面，用于将 CNKI、CSSCI 以及 SCOPUS 等数据转换为 Web of Science 数据格式，供

CiteSpace：科技文本挖掘及可视化

CiteSpace 进行分析。

进入 CiteSpace 数据预处理功能模块的步骤为：运行 CiteSpace 后，选择功能参数区菜单栏的 Data → Import/Export，即可得到数据的预处理界面。目前 CiteSpace 可以对 WOS, arXiv, CNKI, CSSCI, Derwent（专利数据），NSF（美国国家科学基金会），Scopus, SDSS 等数据进行预处理。

2.4.1 WoS 数据过滤与除重

2.4.1.1 数据的过滤

点击 CiteSpace 功能参数区的 Data 菜单，选择 Filter 后按照提示操作即可。例如我们要从已经下载好的"Big Data"数据集中，专门提取出属于 Computer Science 学科领域的数据（此处的学科领域字段为 SC 字段，是 WoS 在线分析的 Research Areas 模块）。点击 Filter 后会提示加载所要提取数据的文件夹，加载后会遇到第一个提示框，输入"computer science"点击 OK（图 2.37）。后面还会接

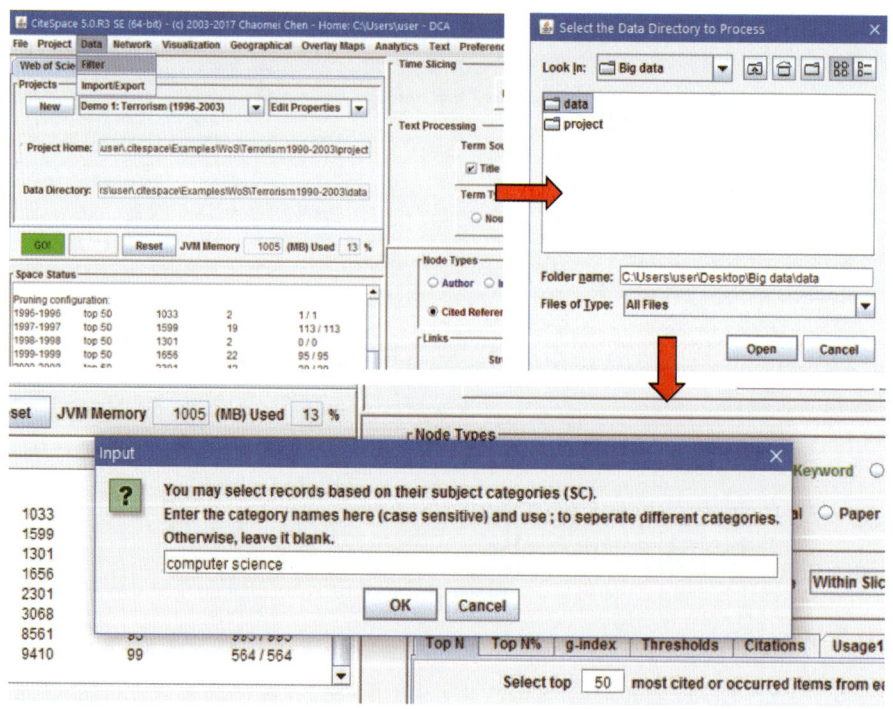

图 2.37　CiteSpace 中的数据筛选功能

第 2 讲　数据采集及数据处理

着分别显示需要筛选的其他条件，依次为"Author's institutions"→"Citation threshold"→"Document Type"，这些条件除了 Author's institutions 用空白值以外，其他都用默认值。如"Citation threshold"默认值为 0。"Document Type"默认值为 Article, Review, Proceedings Paper。

Filter 过程结束后会在原始数据的文件夹中得到一个"Filter"文件夹（图 2.38），里面提取了原始数据中分布在"computer science"学科领域中的数据，CiteSpace 也对这些数据进行了分时处理（将相同时间的数据归类到同样的 txt 文档中）。此过程结束后，在 CiteSpace 功能参数区的 Process Reports 中会显示处理的整体结果，例如：Category Name Freq/Computer Science 1820 的结果。

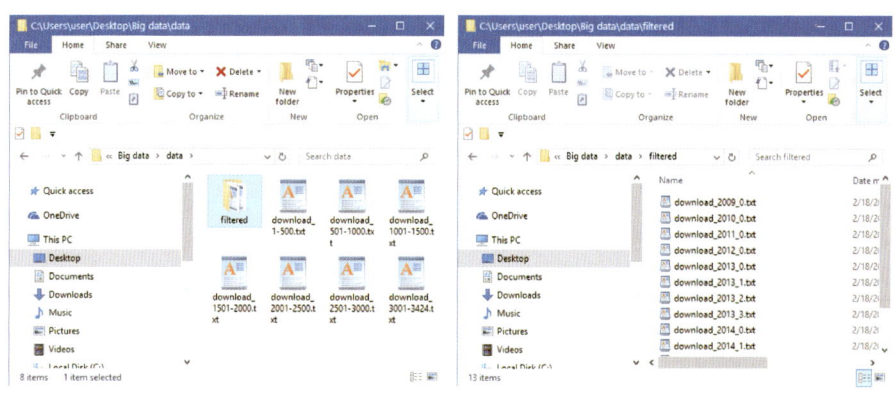

图 2.38　通过 Filter 得到的文件

对筛选后的数据，可以建立新的 CiteSpace 项目进行分析。

2.4.1.2　数据的除重

第一步：首先需要建立两个文件夹，一个用于存储原始数据，另一个用于保存处理后的数据（图 2.39）。这里我们命名保存原始数据的文件夹为"Original data"（原始数据文件夹中放入按照要求下载和命名的数据），除重后的数据文件夹命名为"Duplicates Removal"（该文件夹为空文件夹）。

第二步：通过点击 Data→Import/Export，进入 CiteSpace 功能界面（图 2.40），并在菜单中选择数据的预处理菜单，进入数据预处理功能界面。此处以对 WoS 的数据除重为例进行说明（图 2.41）。

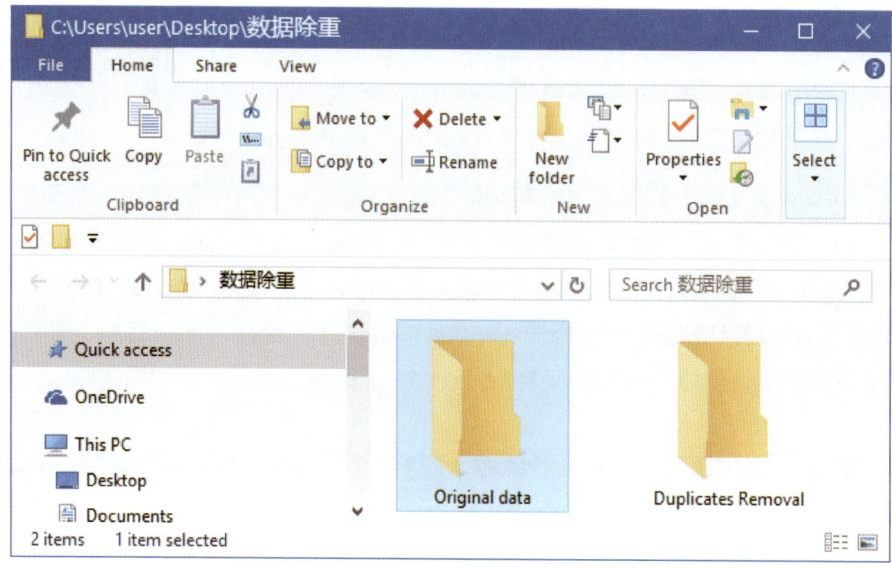

图 2.39　数据除重准备文件夹

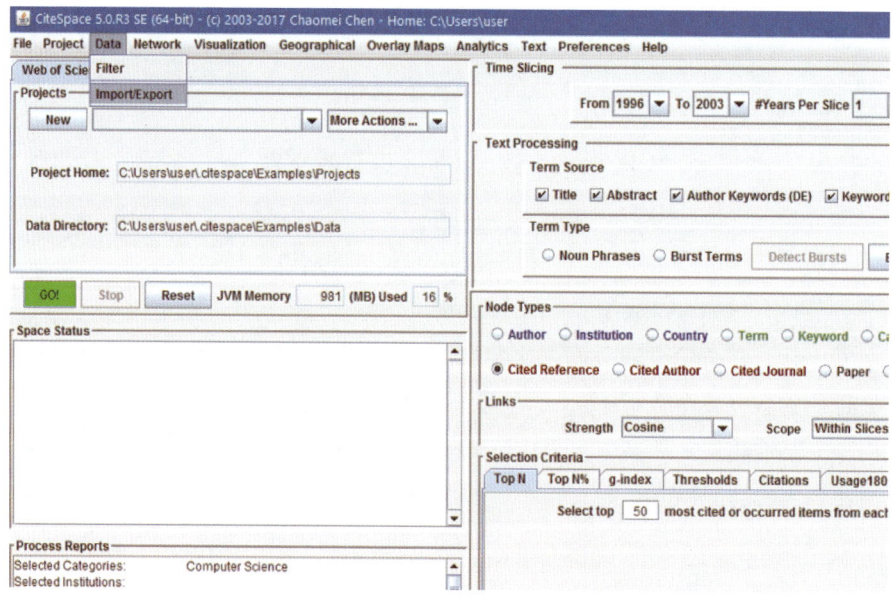

图 2.40　进入数据预处理界面

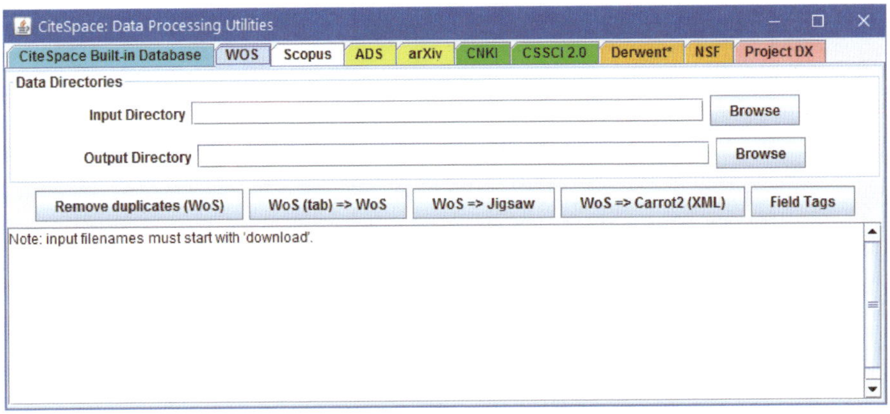

第 2 讲　数据采集及数据处理

图 2.41　CiteSpace 数据预处理功能界面

要对 WoS 数据进行除重，这里需要在功能标签上点击"WOS"。进入对 WOS 数据进行预处理的界面后，除了数据除重之外还包含了其他三种数据格式转换的功能。

第三步：加载数据和除重。将原始数据加载到 Input Directory，将保存处理后的数据文件夹加载到 Output Directory（图 2.42）。当数据加载结束之后，点击"Remove duplicates（WoS）"后等待软件执行除重过程（图 2.43）。

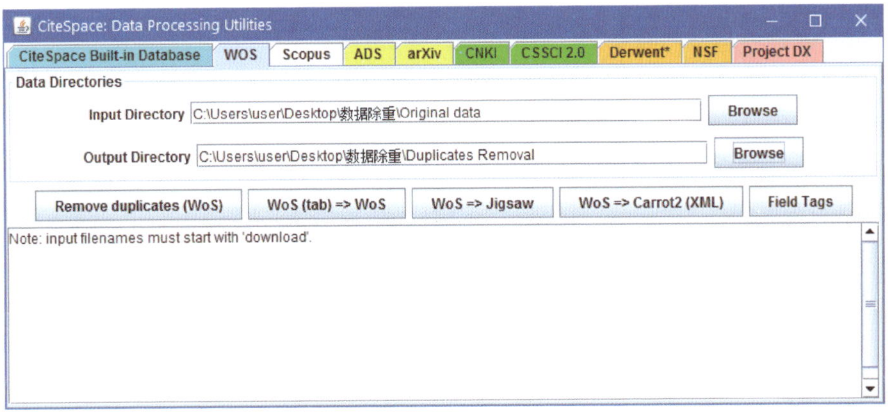

图 2.42　数据的加载

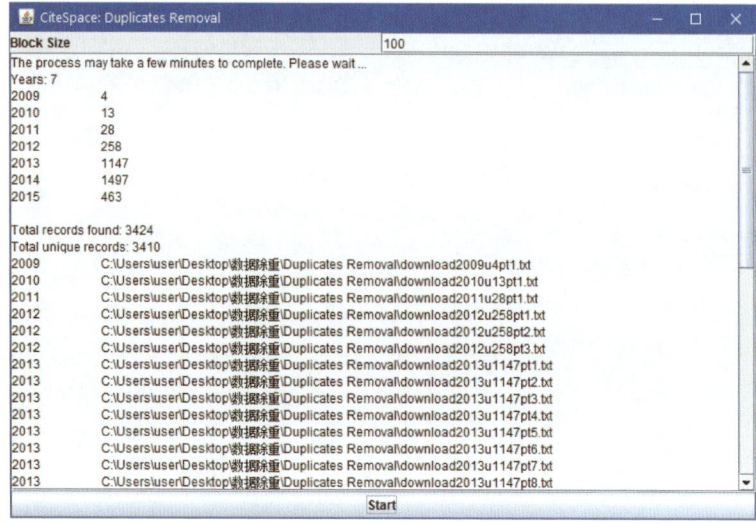

图 2.43 数据除重后的结果界面

2.4.2 文献数据格式的转换

在 CiteSpace 的 Data → Import/Export 中还提供了数据格式转换的功能。默认的界面为 CiteSpace Built-in Data，如果要对数据转换，需要点击后面的标签，例如 WOS，arXiv，CNKI 以及 CSSCI 等（图 2.44）。

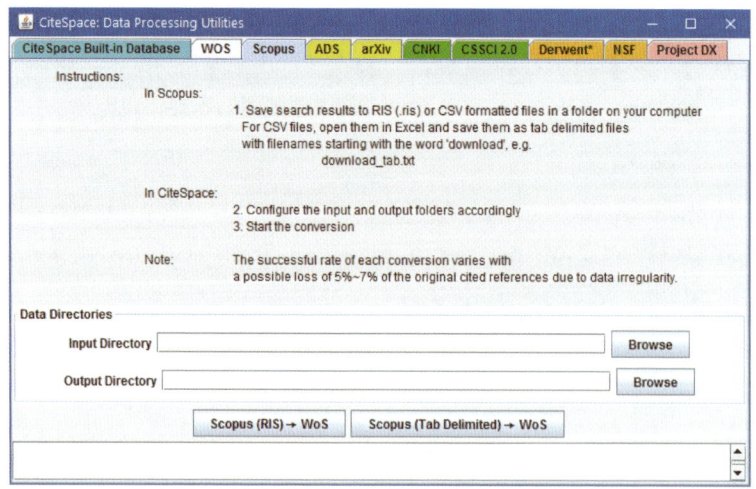

图 2.44 CiteSpace 数据转换界面

2.4.2.1 CNKI 数据转换

由于从 CNKI 直接下载的数据不能直接使用 citeSpace 进行分析，因此需要对数据格式进行转换。在数据转换之前需要建立两个文件夹，一个用于存储原始数据（可以命名为 input），另一个用于存储转换后的数据（可以命名为 output），见图 2.45。

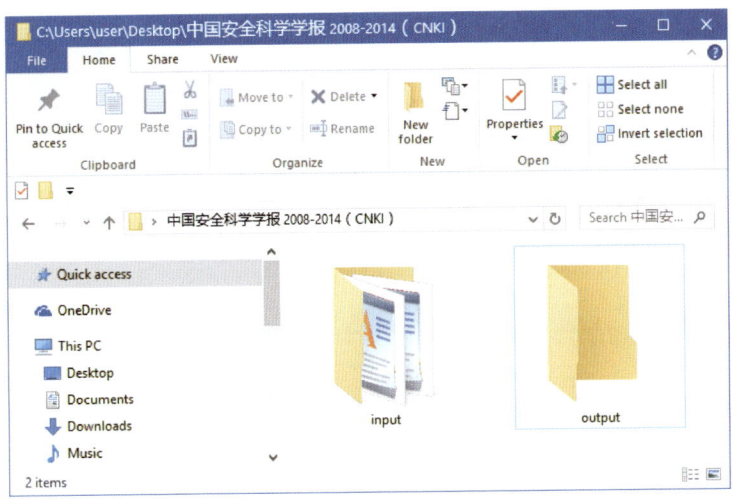

图 2.45　文件的建立样式

此处需要转换的数据为 CNKI 格式，因此需要点击"CNKI"标签，进入 CNKI 数据转化的界面，如图 2.46 所示。

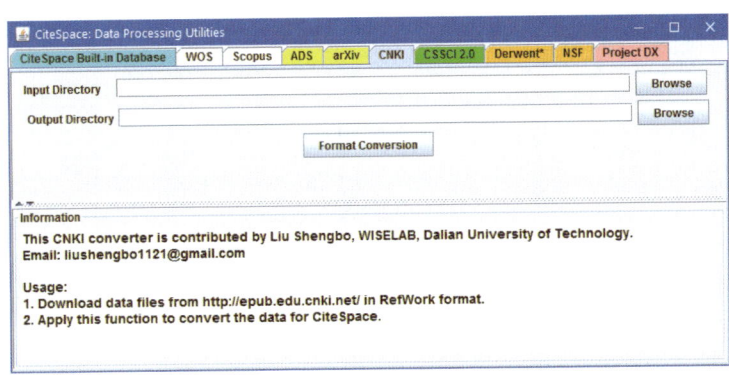

图 2.46　CNKI 的数据转换功能位置

在 Input Directory 的后侧点击"Browse"，选择原始数据所在的文件夹；

点击 Output Directory 右侧的"Browse",选择对应的输出文件夹。在这里需要注意的是,原始文件夹 iuput 中保存有下载的数据,且命名为"download_XXX";output 为空文件夹,用于保存转换后的数据(图 2.47)。

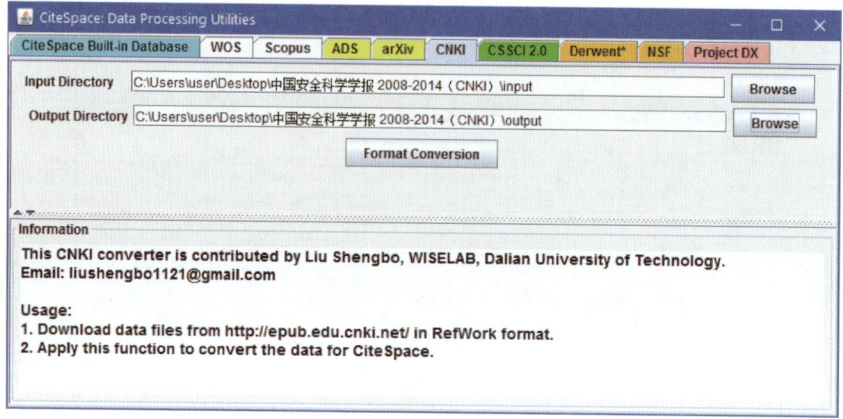

图 2.47　转换数据的文件位置对应

点击"Format Conversion",完成转换后会显示"Finished"。转换前的文件有 7 个,转换后有 2 402 个(图 2.48)。

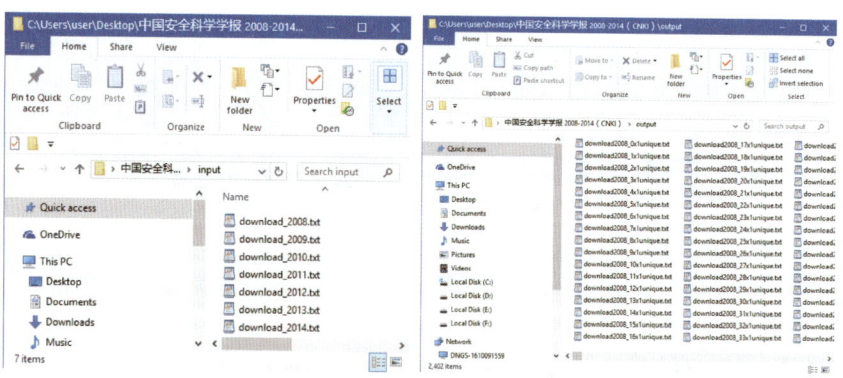

图 2.48　中国知网数据转换前(左)后(右)比较

2.4.2.2　CSSCI 数据转换

按照前面的步骤下载好 CSSCI 数据后,与 CNKI 的处理过程类似,建立文件夹用于保存原始数据和转换后的数据。对关键步骤说明如下:

在 CiteSpace 的 CSSCI 数据转换模块中加载所下载的数据,并点击"Format Conversion",完成转换后会显示"Finished"。其中,13222 of 13238 references have been converted successfully(99.0%)表示参考文献转换后的成功比例(13222/13238)(图 2.49)。

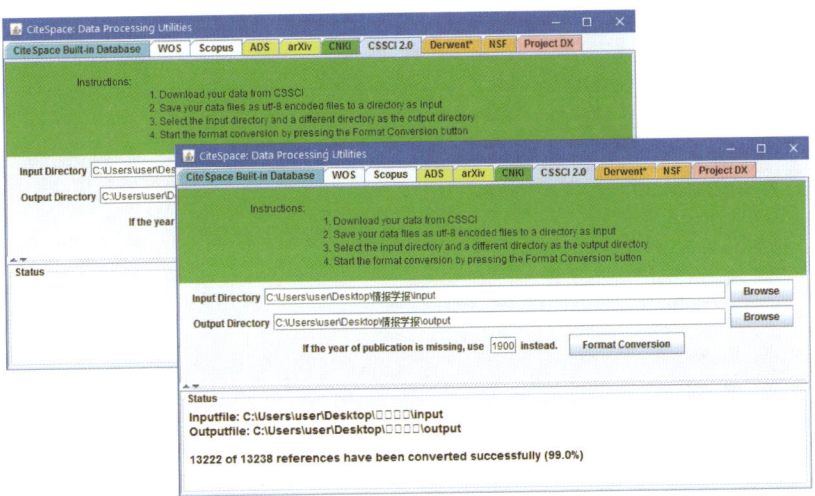

图 2.49　CSSCI 数据加载和转换

CSSCI 转换后的数据记录会在原数据文本名称后加 wos(图 2.50)。

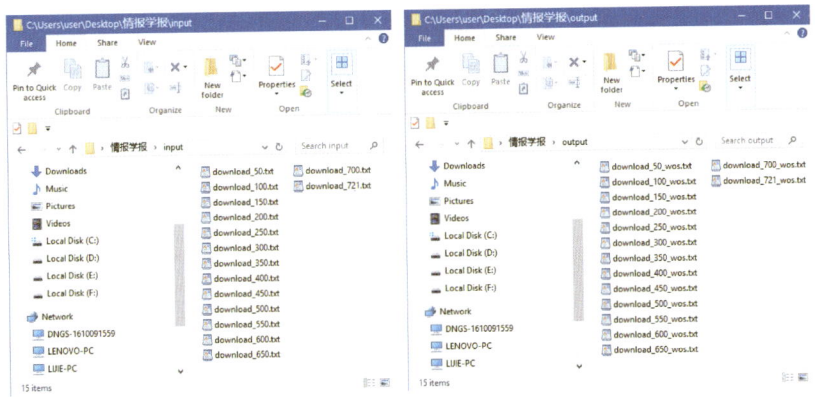

图 2.50　CSSCI 数据转换前(左)后(右)

2.4.2.3　Scopus 数据转换

第一步:需要建立两个文件夹,一个用于保存原始数据,另一个用于保存转换后的数据（图 2.51）。这里 input 中保存从 Scopus 下载的 .ris 文件，注意该文件的命名为 download.ris。

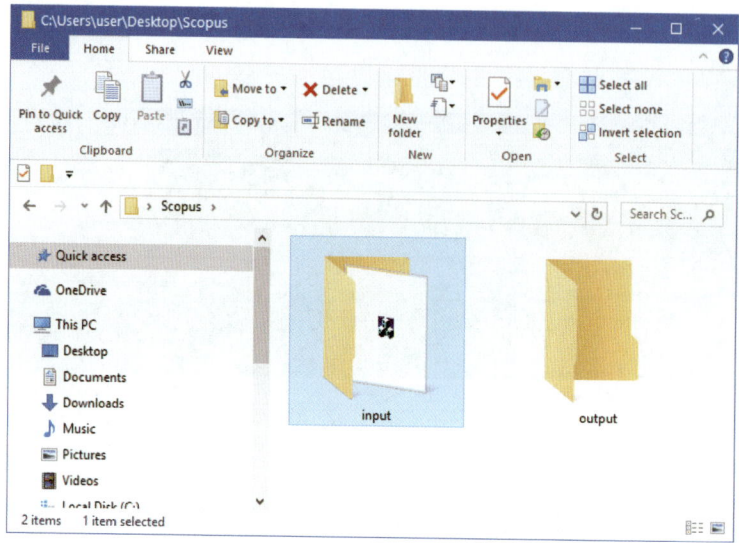

图 2.51　Scopus 转换文件夹的建立

第二步：在 CiteSpace 的数据转换界面的 Scopus 功能区，按照上文类似的步骤加载数据文件夹。加载结束后，点击 Scopus（RIS）→ WoS 即可（图 2.52）。

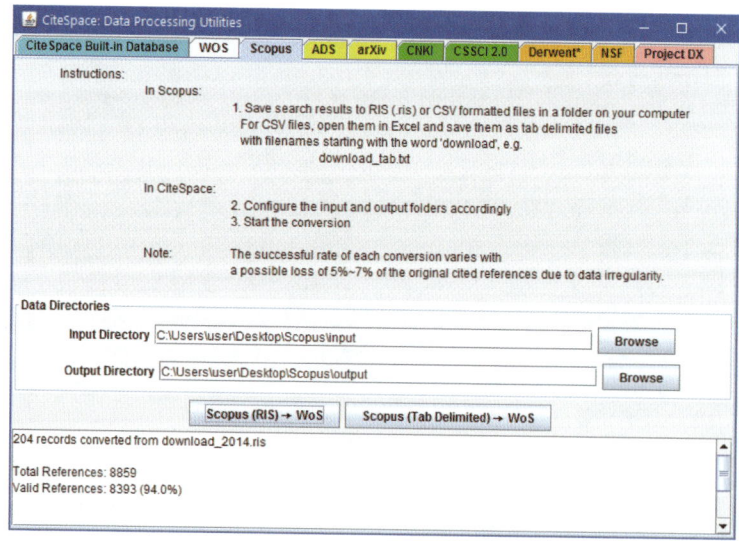

图 2.52　Scopus 数据的转换

2.4.2.4　Derwent 数据转换

与上面的 CNKI，CSSCI 以及 Scopus 的数据转换方法类似，数据转换前都需要建立两个文件夹，一个用于保存原始数据，另一个用于保存转换后的数据（图2.53）。

第一步：在 CiteSpace 功能参数页面的菜单栏中依次选择 Data → Import/Export → Derwent*（图2.54）。

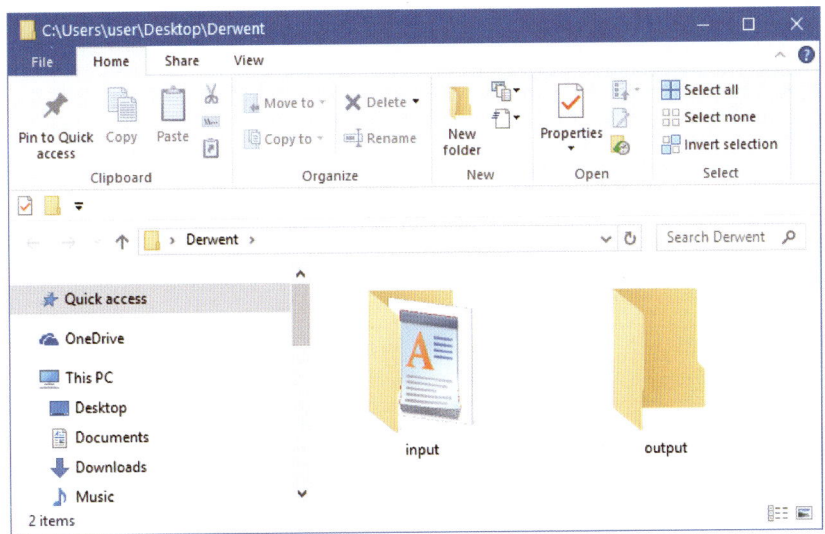

图 2.53　数据转换文件夹

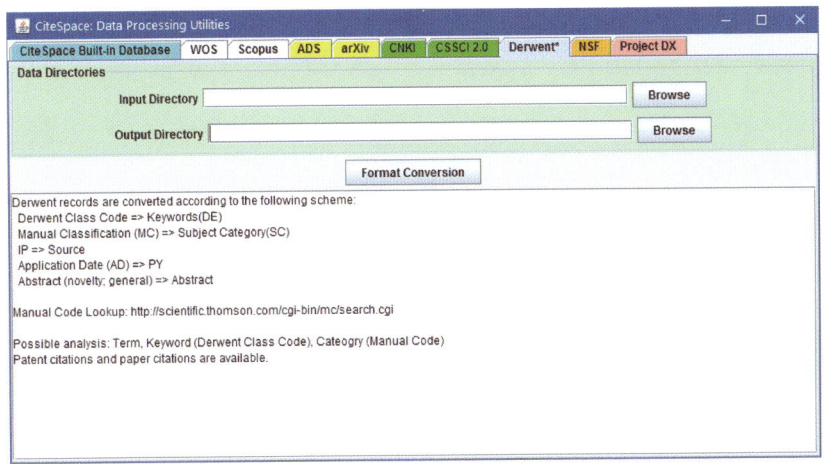

图 2.54　Derwent 专利数据转换页面

第二步：在 Input Directory 中加载原始专利数据，在 Output Directory 中加载转换后数据需要保存的文件夹（此文件夹为空）。文件夹加载后，点击 Format Conversion 即可（图 2.55）。

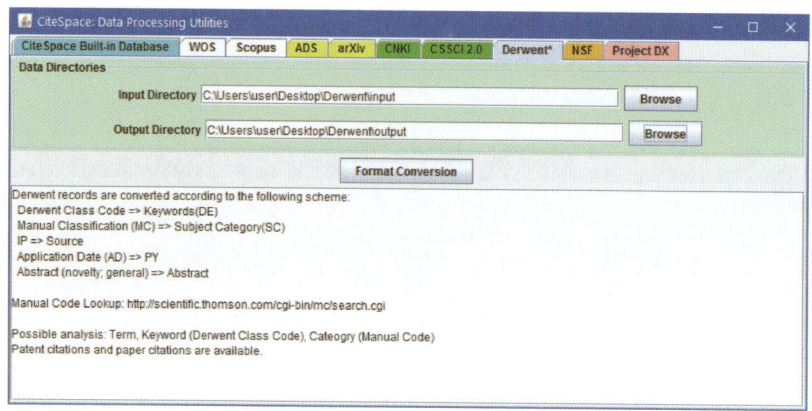

图 2.55　数据的对应及其转换

思考题

（1）常见的数据检索方法和技巧有哪些？（请根据自己检索的经验总结）

（2）使用 CNKI 数据库检索并下载主题为"科学知识图谱"的论文，并简要统计这些论文的年度分布、作者分布、领域分布以及来源期刊等。

（3）使用 CSSCI 检索主题为"经济增长"的文献，并统计分析该研究的数据分布情况。

（4）使用 Web of Science 检索并下载诺贝尔经济学奖获得者约翰·纳什的成果，并利用该平台提供的数据统计分析功能对这位科学家的学术影响进行统计分析。

（5）使用 Derwent 专利数据库检索并下载有火灾方面的专利，并对自己的检索结果进行评估。（自己选择要检索的主题词，可以是有关火灾的下位词）。

（6）从 Scopus 数据库中下载有关 Accident 为主题的数据，并使用

第 2 讲 数据采集及数据处理

CiteSpace 进行数据转换。

（7）使用 Web of Science 检索关于安全文化主题的论文，选用两种策略：topic= safety culture 和 topic= "safety culture"，时间都限定在 2010~2015 年。请比较两种策略获得数据的基本分布，并进一步使用 CiteSpace 进行分析比较（可以在第 3 讲结束后完整解答）。

本章小提示

小提示 2.1：关于数据的命名。

CiteSpace 对分析的数据文本命名有特殊要求，文件名需要类似于 "download_XXX"（注意 Download 有时不能识别，首字母需要小写）。

例如，案例中从 WoS 数据库下载的数据命名方式，如图 2.56 所示。

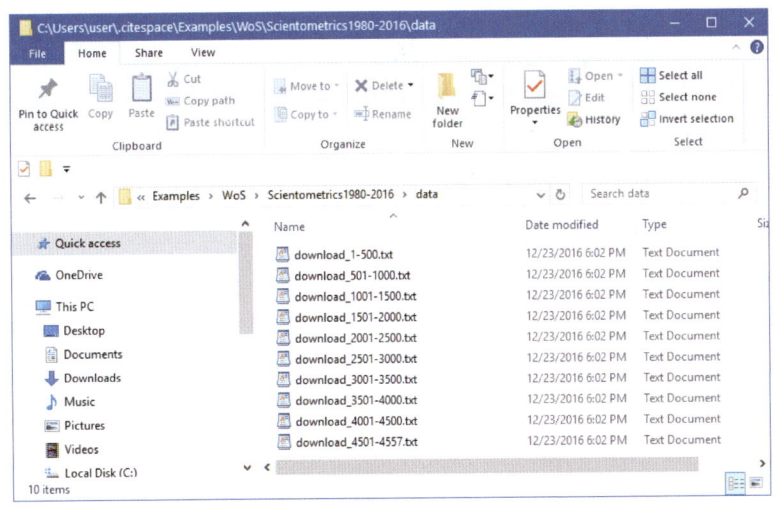

图 2.56 科技文本数据的命名

小提示 2.2：CiteSpace 可分析的数据。

CiteSpace 目前可以处理数据的来源数据库如表 2.1 所示，数据类型与可分析的功能如表 2.2 所示。

65

表 2.1　CiteSpace 可以处理的数据 ①

编号	数据库名称	是否转换	数据处理步骤
1	Web of Science	否	WOS 2 other Software
2	Scopus	是	Data → Import/Export → Scopus
3	ADS	是	Data → Import/Export → ADS 检索和转换
4	arXiv	否	Data → Import/Export → arXiv 数据检索
5	CNKI	是	Data → Import/Export → CNKI
6	CSSCI	是	Data → Import/Export → CSSCI
7	Derwent 专利	是	Data → Import/Export → Derwent*
8	NSF	是	Data → Import/Export → NSF 检索链接 + 转换
9	CSCD/KCI/RCI	否	——

表 2.2　CiteSpace 可以处理的数据源及可用功能

功能数据源	合作网络			共现分析			共被引			文献耦合	双图叠加
	作者	机构	国家/地区	关键词	术语	领域	文献	作者	期刊		
WoS	✓	✓	✓	✓	✓	✓	✓	✓	✓	✓	✓
Scopus ★	✓	✓	✓	✓	✓	✗	✓	✓	✓	✓	✓
Derwent ★	✓	✗	✗	✓	✓	✓	✓	✓	✓	✗	✗
CNKI ★	✓	✓	✗	✓	✓	✗	✗	✗	✗	✗	✗
CSSCI ★	✓	✓	✗	✓	✓	✓	✓	✓	✓	✗	✗
CSCD	✓	✓	✗	✓	✓	✓	✗	✗	✗	✗	✗
RCI	✗	✗	✗	✓	✓	✗	✗	✗	✗	✗	✗
KCI	✗	✗	✗	✓	✓	✗	✗	✗	✗	✗	✗

表中 ✗ 为不能分析的功能，或不推荐分析的功能。★ 的数据需要经过 CiteSpace 的转换。

---

❶ 注：ADS 为 NASA Astrophysics DataSystem，网址 http://adswww.harvard.edu；arXiv 是一个预印本数据库，可以免费下载全文，网址 http://arxiv.org/；NSF 是美国国家科学基金会，网址 http://www.nsf.gov/awardsearch/.

第 2 讲　数据采集及数据处理

小提示 2.3：认识所分析的数据集。

如果在 Web of Science 一共下载了 100 篇论文，那么这 100 篇论文的作者数量可能是 100 的 n 倍，机构可能是 m 倍（这里的 m 或 n 均大于 1）。这 100 篇论文所刊载的期刊数量为 p，那么可以推断出 p 是小于等于 100 的，这 100 篇论文的参考文献的数量 q 会远远大于 100。假设一篇论文平均有 10 个参考文献，那么该数据集的参考文献数量就是论文数量的 10 倍。上面的例子说明，我们在使用 CiteSpace 进行分析的时候，所选取的知识单元不同，则对应所分析的数据规模也是不同的。

小提示 2.4：软件内存的提升。

当数据规模较大时，可以通过增加 CiteSpace 的内存，提高数据的处理速度。具体方法为在 CiteSpace 启动文件中用文本格式打开文件 StartCiteSpace.bat，将 -Xmx1g 改为 -Xmx4g。这代表 CiteSpace 在运行时最大能获得 4GB 内存的支持，如图 2.57 所示。

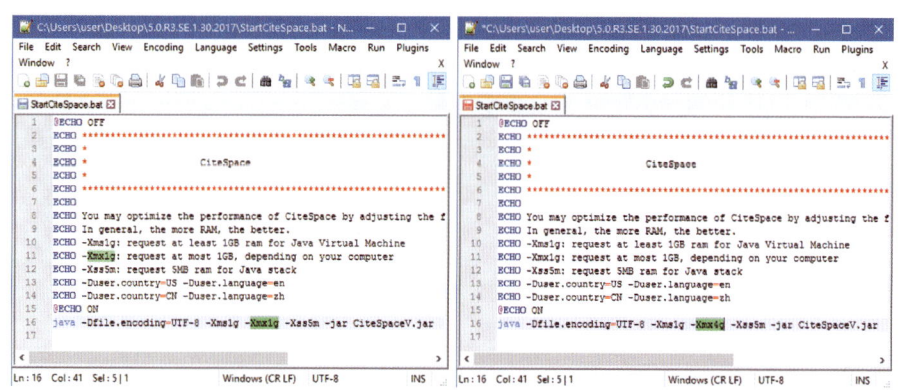

图 2.57　Java 内存从 1GB（左）→ 4GB（右）

小提示 2.5：CSSCI 数据下载的限制。

在中国社会科学引文索引中，每次检索显示的记录数最多为 2 000 条，每次可以下载的数据量为 400 条。当检索的检索超过 2 000 条时，用户可以通过时间分段来下载所有的数据。

小提示 2.6：WoS 数据不能进行文献共被引分析的问题。

在 WoS 下载数据的输出页面上 Record Content 一定要选择 Full Record and

67

CiteSpace：科技文本挖掘及可视化

Cited References，否则将无法进行共被引分析。

小提示 2.7：快速清晰地查看下载的数据。

如果已经下载了数据，还想比较快和清晰地了解数据的结构，那么这里建议不要使用常规的 TXT 文本编辑器打开文件，可以使用 Notepad++[①] 或 sublimetext[②] 文档编辑器来查看。使用该文档编辑器不仅打开文档的速度快，而且数据结构也是一目了然（图 2.58）。

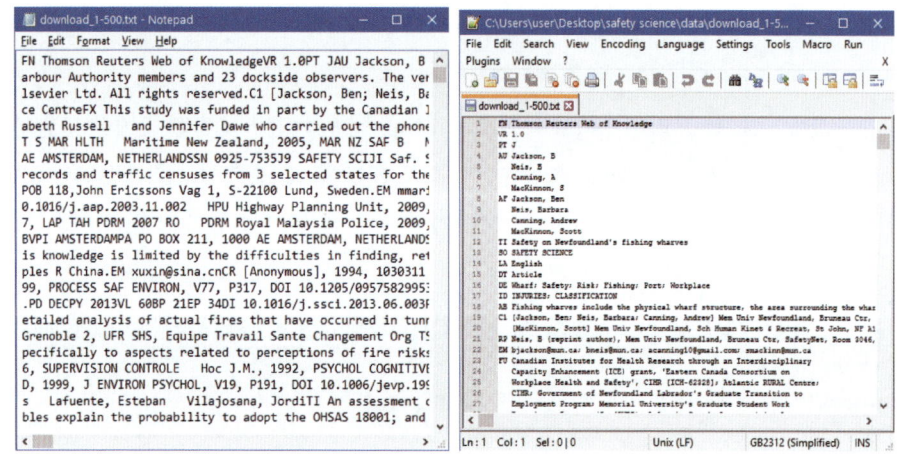

图 2.58　普通文本编辑器（左）和 NotePad++ 文档编辑器（右）对数据的查看

小提示 2.8：arXiv 论文的在线可视化工具。

登录 http：//paperscape.org/ 可以进入 arXiv 的可视化检索界面。例如我们通过该系统检索了关键词包含 safety 的论文，能够发现这些论文主要集中在计算机领域（computer science），少数分布于高能理论（high energy theory）及量化金融领域（quantitative finance），如图 2.59 所示。

---

❶　https：//notepad-plus-plus.org/
❷　http：//www.sublimetext.com/

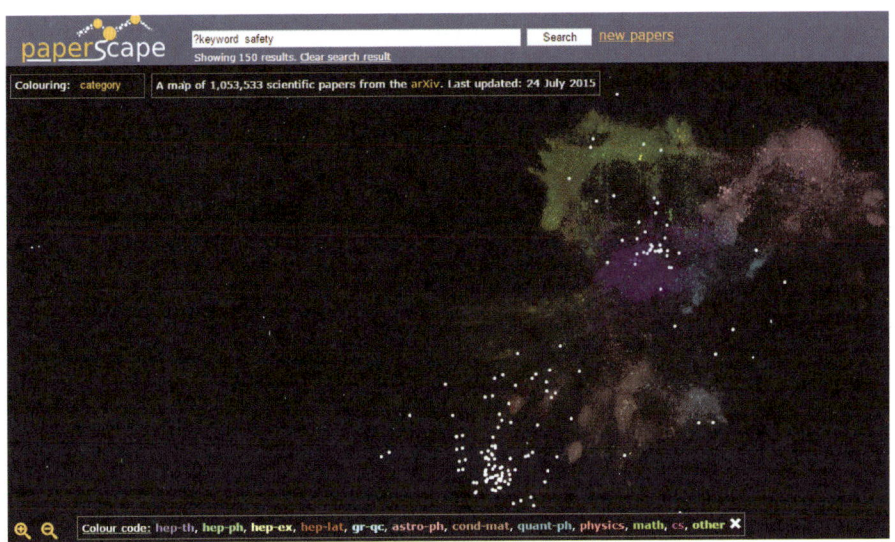

图 2.59　通过 Paperscape 检索到关于 safety 的论文分布

小提示 2.9：CiteSpace 数据转换思路。

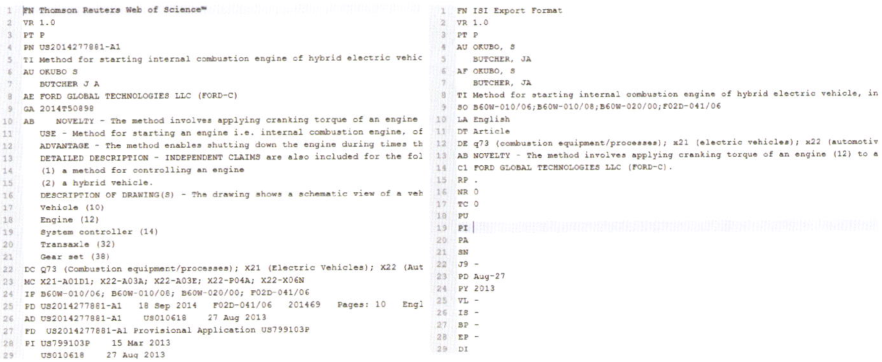

Derwent 专利数据转换前后的对比，如图 2.60 所示。也就是说，无论是 CSSCI 数据，还是 CNKI 数据，为了能够顺利使用 CiteSpace 进行分析，都需要在分析之前将原始数据转换为 CiteSpace 能够分析的数据格式。当前 CiteSpace 可以直接分析的数据格式为 Web of Science 格式，因此用户在分析一些非 Web of Science 数据格式的资料时，可以通过编程将数据转换为 web of science 格式。

```
FN Thomson Reuters Web of Science™
VR 1.0
PT P
PN US2014277881-A1
TI Method for starting internal combustion engine of hybrid electric vehic
AU OKUBO S
   BUTCHER J A
AE FORD GLOBAL TECHNOLOGIES LLC (FORD-C)
GA 2014T50898
AB    NOVELTY - The method involves applying cranking torque of an engine
   USE - Method for starting an engine i.e. internal combustion engine, of
   ADVANTAGE - The method enables shutting down the engine during times th
   DETAILED DESCRIPTION - INDEPENDENT CLAIMS are also included for the fol
   (1) a method for controlling an engine
   (2) a hybrid vehicle.
   DESCRIPTION OF DRAWING(S) - The drawing shows a schematic view of a veh
   Vehicle (10)
   Engine (12)
   System controller (14)
   Transaxle (32)
   Gear set (38)
DC Q73 (Combustion equipment/processes); X21 (Electric Vehicles); X22 (Aut
MC X21-A01D1; X22-A03A; X22-A03E; X22-P04A; X22-X06N
IP B60W-010/06; B60W-010/08; B60W-020/00; F02D-041/06
PD US2014277881-A1   18 Sep 2014   F02D-041/06   201469   Pages: 10   Engl
AD US2014277881-A1   US010618   27 Aug 2013
FD  US2014277881-A1 Provisional Application US799103P
PI US799103P    15 Mar 2013
   US010618    27 Aug 2013
```

```
FN ISI Export Format
VR 1.0
PT P
AU OKUBO, S
   BUTCHER, JA
AF OKUBO, S
   BUTCHER, JA
TI Method for starting internal combustion engine of hybrid electric vehicle, in
SO B60W-010/06;B60W-010/08;B60W-020/00;F02D-041/06
LA English
DT Article
DE q73 (combustion equipment/processes); x21 (electric vehicles); x22 (automotiv
AB NOVELTY - The method involves applying cranking torque of an engine (12) to a
C1 FORD GLOBAL TECHNOLOGIES LLC (FORD-C).
RP .
NR 0
TC 0
PU
PI
PA
SN
J9 -
PD Aug-27
PY 2013
VL -
IS -
BP -
EP -
DI
```

图 2.60　Derwent 专利数据转换前后的对比

| CiteSpace：科技文本挖掘及可视化

小提示 2.10：CSSCI 数据转换的说明。

大连理工大学刘盛博博士开发了 CSSCI 转换器，目前陈超美教授对 CSSCI 的转换器进行了更新。在老版本中，在对 CSSCI 数据进行转换前，要将 txt 文档转换为 UTF-8 格式（该格式对于 VOSviewer 软件正确读取和分析中文数据仍然有效）。新版本则不需要进行该步骤。

在实际分析中需要注意，通过转换会对 CSSCI 数据做如下处理：

①删除了包含 http：// 的网络引文；

②删除了未包含作者的引文信息；

③引文中未标明年份的文献默认替换为 1900（老版本替换为 2020）；

④引文中未标明期刊的替换为 N；

⑤引用的文献标题中的"："替换为"；"；

⑥引文中出现在作者名中的"，"替换为"；"；

⑦引文中书籍的刊名用 N 代替；

⑧引文中英文作者后面出现的"."删除。

小提示 2.11：数据采集过程中如何确定专业术语。

在确定专业术语时，可以通过以下方法：

①查看一下专业领域的主题词表。如常用的《汉语主题词表（工程技术卷第 13 册环境科学安全科学）》、MeSH 主题词列表[①]以及 Nuclear Science Terms[②]。

②通过咨询本领域的多位专家，来帮助确定检索术语。

---

❶ MeSH 主题词列表 http：//www.nlm.nih.gov/mesh

❷ Nuclear Science Terms. http：//ie.lbl.gov/education/glossary/glossaryf.htm

第3讲

软件安装及界面功能

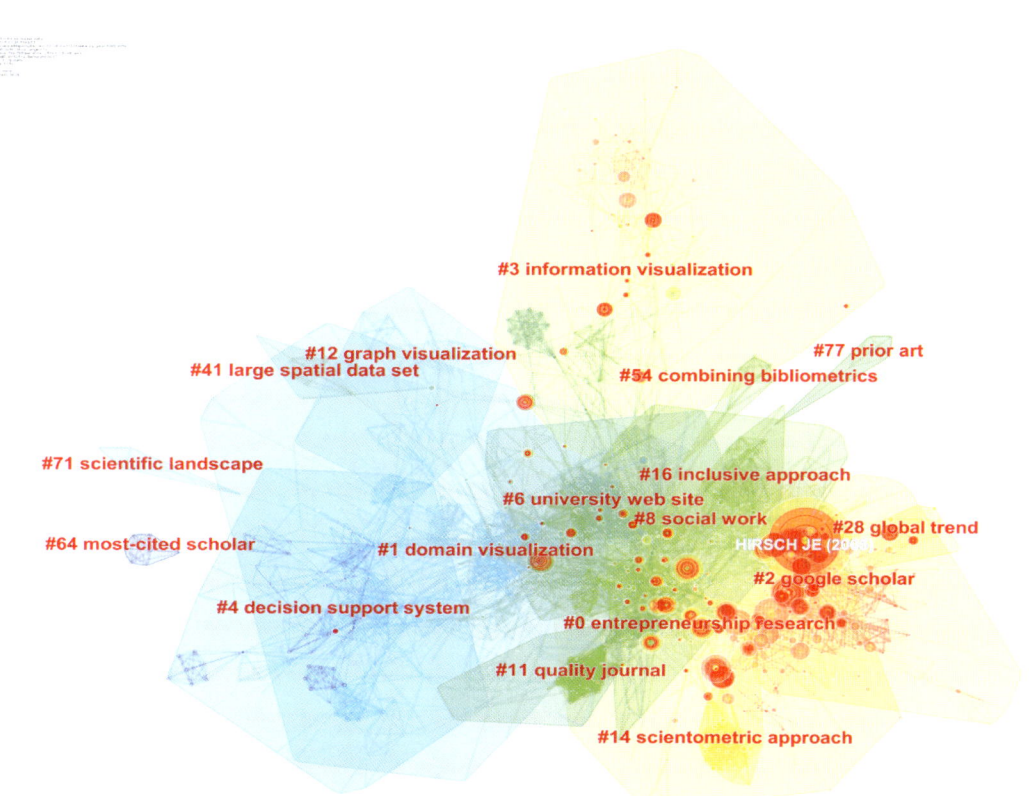

3.1 CiteSpace 下载与安装

第一步：登录 CiteSpace 的下载页面（图 3. 1），具体的网址如下：

http：//cluster.ischool.drexel.edu/~cchen/citespace/download/.

Date	Version*	Download CiteSpace	Download Java JRE	Notes
Nov 3, 2016	5.0.R2 SE	7z	64-bit / Windows x64	Require Java 8
Sept 10, 2016	5.0.R1 SE	7z	64-bit / Windows x64	Require Java 8
August 17, 2016	4.5.R1 (64-bit)	7z	64-bit / Windows x64	Require Java 8
July 31, 2016	4.4.R1 (64-bit)	7z	64-bit / Windows x64	Require Java 8
June 22, 2016	4.1.R2 (64-bit)	7z	64-bit / Windows x64	Require Java 8
June 18, 2016	4.1.R1 (64-bit)	7z	64-bit / Windows x64	Require Java 8
Dec 29, 2015	4.0.R5 SE (64-bit)	7z	64-bit / Windows x64	Require Java 8
Dec 27, 2015	4.0.R5 SE (64-bit)	7z	64-bit / Windows x64	Require Java 8
Dec 17, 2015	4.0.R5 SE (64-bit)	7z	64-bit / Windows x64	Require Java 8
Nov 25, 2015	4.0.R4 (64-bit)	7z	64-bit / Windows x64	Require Java 8
Nov 14, 2015	4.0.R3 (64-bit)	7z	64-bit / Windows x64	Require Java 8
Oct 14, 2015	4.0.R2 (64-bit)	7z	64-bit / Windows x64	Require Java 8

*You can use 64-bit versions on your 32-bit computer. It may not be optimal, but perhaps good enough.

图 3.1　CiteSpace 下载页面

在安装 CiteSpace 之前，建议首先在 Download Java JRE 的链接中下载符合自己电脑位数的 Java 程序，64 位的电脑需要安装 windows X64 offline 版本的 Java，32 位的电脑需安装 windows X86 offline 版本的 Java。本文下载的文件为 windows X64 offline jre-8u141-windows-i586.exe（8u141 表示的是版本）。可以直接右击桌面“我的电脑”图标，点击属性查看即可（图 3. 2）。或按照 Control Panel → System and Security → System，或者选中“Computer”（我的电脑），右击选择 Properties（属性）。

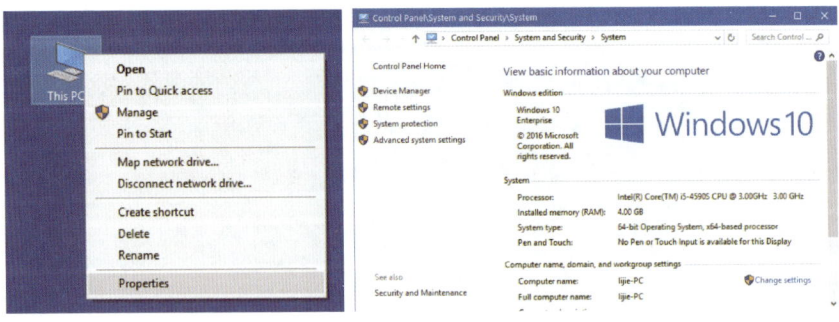

图 3.2　电脑位数查询

第 3 讲　软件安装及界面功能

第二步：点击 Download CiteSpace/ 7z，此时会提示保存所下载的 .7z 文件（图 3.3）。

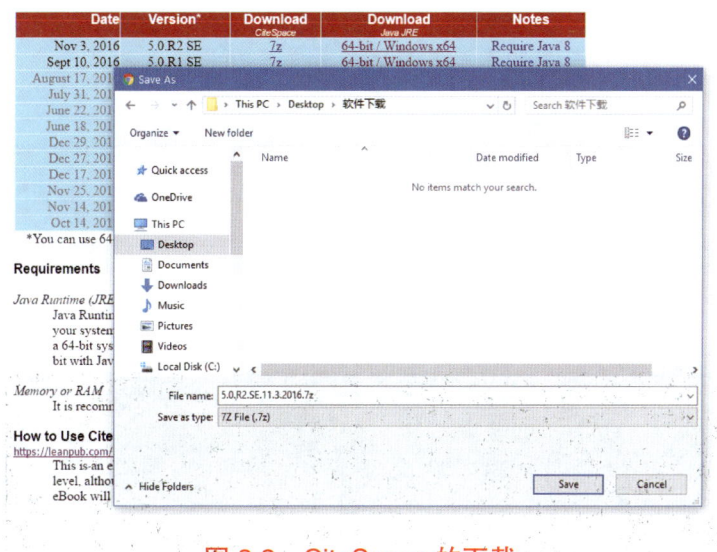

图 3.3　CiteSpace 的下载

第三步：解压下载的 5.0.R2.SE.11.3.2016.7z 文件（版本不同则 7z 的名称略有差异），新版的 CiteSpace 对之前的程序进行了打包处理，因此现在的软件解压后仅仅包含 4 个程序文件（图 3.4）。CiteSpace 不需要进一步安装，解压后

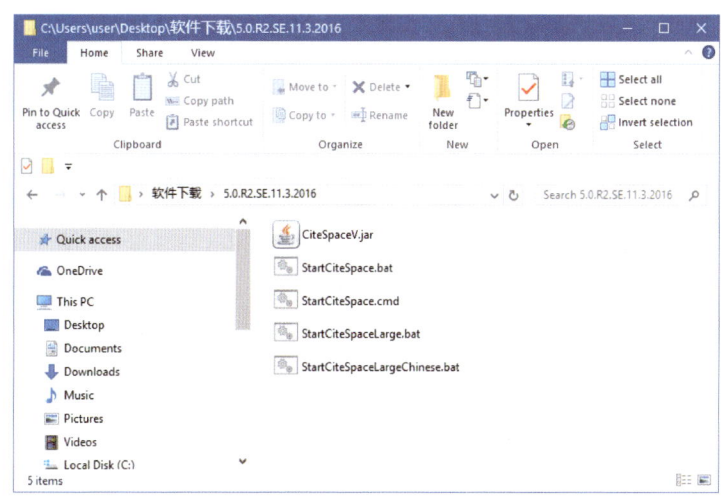

图 3.4　CiteSpace 下载的完成与安装

运行 StartCiteSpace.bat 文件即可打开软件。

3.2 CiteSpace 案例数据分析

第一步：下载并解压安装包以后，进入 CiteSpace 解压后的文件夹，点击 StartCiteSpace.bat 运行 CiteSpace。首次运行时，在联网状态下软件会自动安装和配置相关文件（图 3.5），等待配置结束后进入 CiteSpace 使用向导和条款界面（图 3.6）。

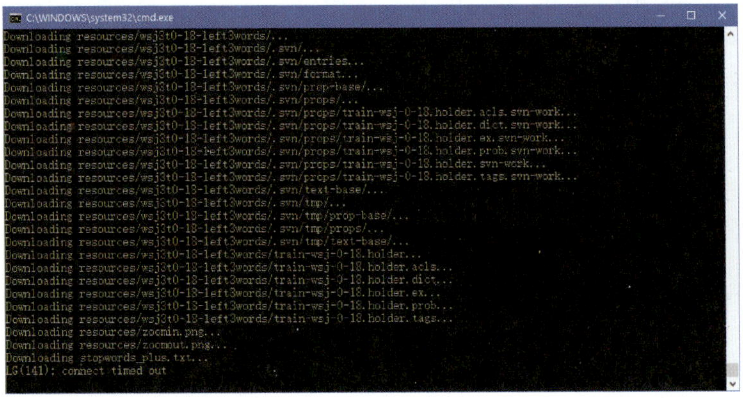

图 3.5　CiteSpace 首次运行基本信息的配置

在软件使用向导界面上主要显示了系统的信息（System Information），包含用户软件的版本信息（CiteSpace 5.0.R3 RE）、电脑的版本信息（Windows 10）以及 Java 的版本信息。How to Cite CiteSpace 提供了 2004~2013 年的 5 篇经典的 CiteSpace 研究论文。CiteSpace User Guide and Tutorials 提供了两个 CiteSpace 的英文版指南和一个 CiteSpace 学习网站。点击"Agree"（图 3.6），进入软件主要功能区开始对软件进行操作应用。

第二步：这时会进入 CiteSpace 的第一界面（图 3.7）。在界面的 Project 区域中目前软件提供了 8 个案例，默认为 Demo 1： terrorism（1996-2003）。初学者可以不对界面的其他参数进行修改，直接点击"GO"运行（这里笔者将参数调整为 LRF=-1，LBY=-1，e=3.0）。运行结束后，软件会提示进行可视化

第 3 讲 软件安装及界面功能

"Visualize"（图 3.8）。

图 3.6 CiteSpace 使用向导

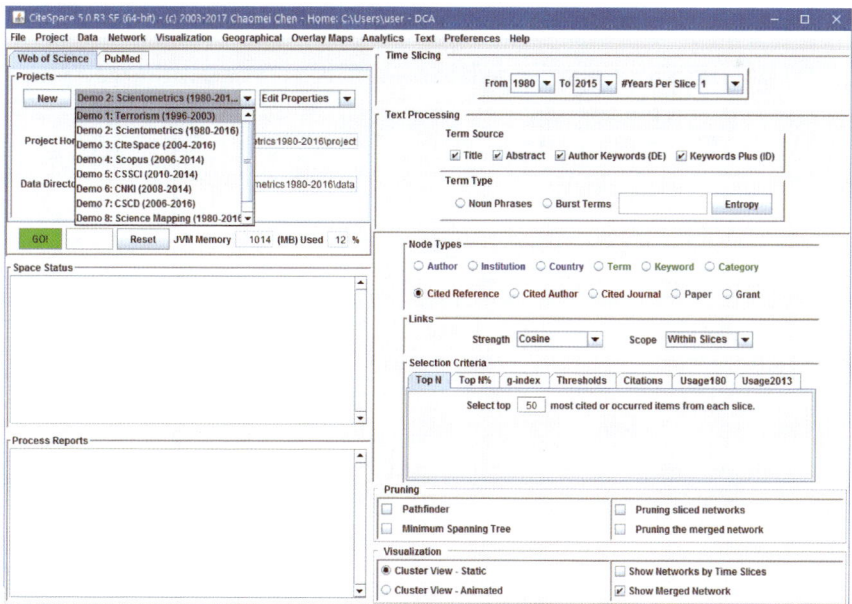

图 3.7 CiteSpace 的参数与功能区

CiteSpace：科技文本挖掘及可视化

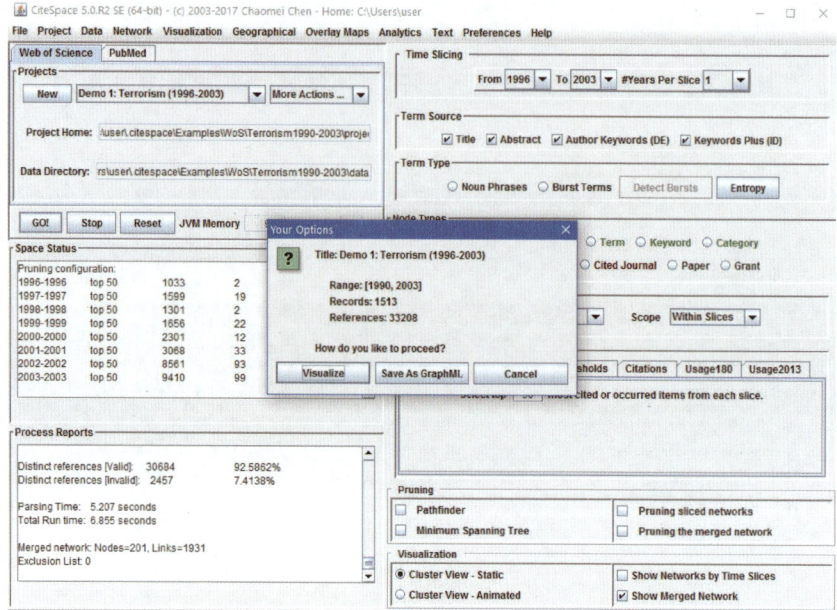

图 3.8　数据计算结束后提示进行可视化

第三步：得到可视化结果，如图 3．9 所示。关于这个案例的具体介绍参见陈

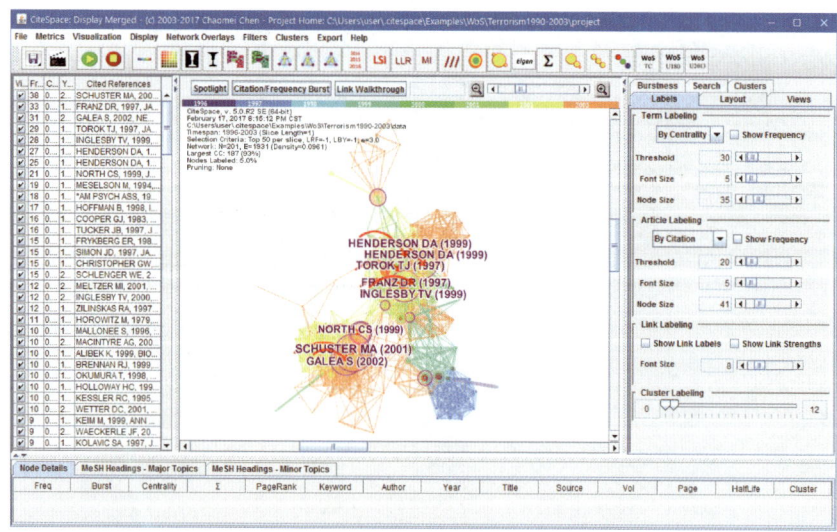

图 3.9　初次运行的网络可视化结果

超美教授的经典论文[1]。用户也可以直接在本书的第 4 讲中对运行的详细结果进行查看。

那么界面上的功能和参数都代表什么含义？图形还有哪些可视化形式和技巧？下面详细进行介绍。

3.3 界面及功能

CiteSpace 的功能界面主要分为两类：一是最先进入的 CiteSpace 功能与参数设置区域，二是 CiteSpace 对分析结果的可视化界面。

3.3.1 功能区及参数区

这里是 CiteSpace 对数据处理的原理区域，只有对这个区域的一些功能认识准确，才能保证后面分析结果的合理。

首先，对功能界面的菜单栏进行说明。菜单栏中包含有 File（文件）, Project（项目）, Data（数据）, Network（网络）, Visualization（可视化）, Geographical（地理化）, Overlay Maps（图层叠加）, Analytics（分析）, Text（文本）, Preferences（偏好）以及 Help（帮助）。

File（文件）菜单中的功能主要用于对当前的功能界面参数进行保存和软件退出，如图 3.10 所示。

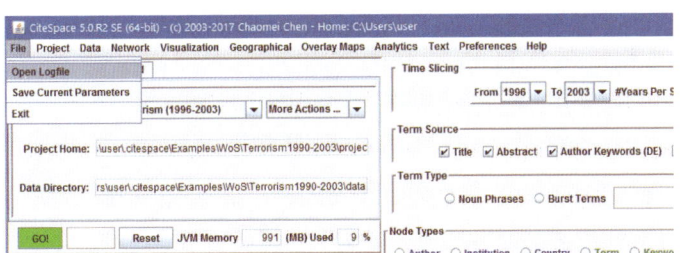

图 3.10　文件菜单

---

[1] Chen C. CiteSpace II: Detecting and visualizing emerging trends and transient patterns in scientific literature [J]. Journal of the Association for Information Science and Technology, 2006, 57（3）: 359-377.

Project（项目）主要是新建、编辑和删除分析的工程项目，如图 3.11 所示。

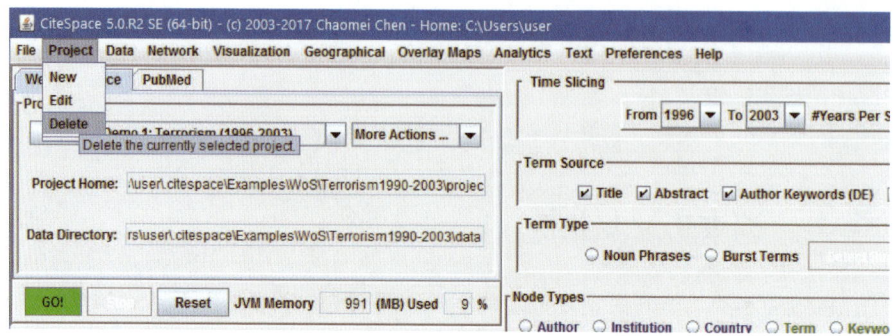

图 3.11　项目菜单

Data（数据）主要是数据的过滤和转换，如图 3.12 所示。

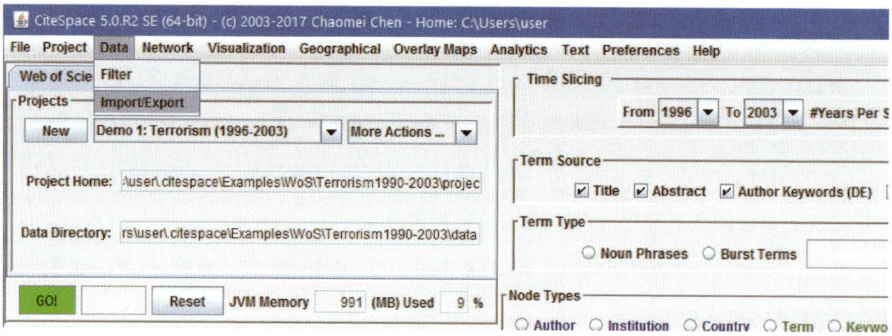

图 3.12　数据菜单

Network（网络）主要是对网络文件的可视化，如图 3.13 所示。其中主要包含 .net 文件，GraphML 以及 Adjacency List 的可视化。特别地，Batch Export to Pajek.net Files 提供了一次性生成一个按照时序保存的 Pajek 文件，并自动打开 MapEquation 网站的序列网络可视化应用平台，具体与第 7 讲的冲积图（Alluvial diagram）结合。

第 3 讲　软件安装及界面功能

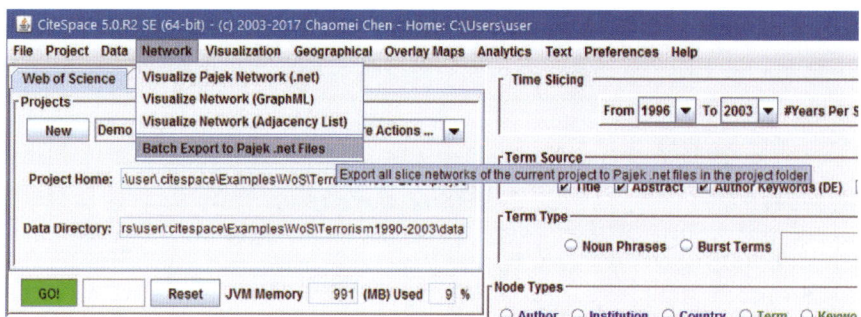

图 3.13　网络菜单

Visualization（可视化）主要用来读取 CiteSpace 分析得到的可视化文件，如图 3.14 所示。

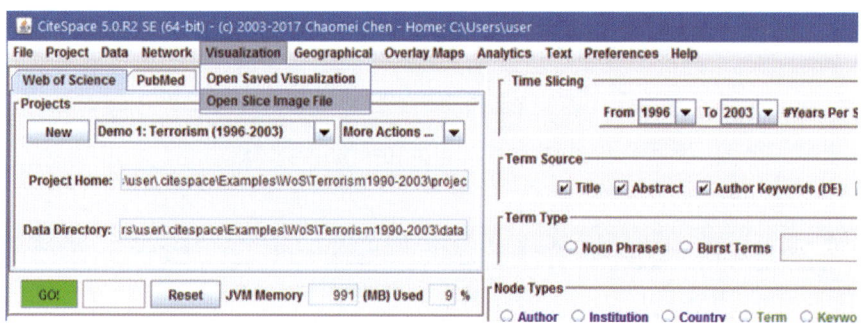

图 3.14　可视化菜单

Geographical（地理化）主要是对数据地理信息的可视化分析，如图 3.15 所示。有关地理可视化的案例将在本书第 5 讲中详细介绍。

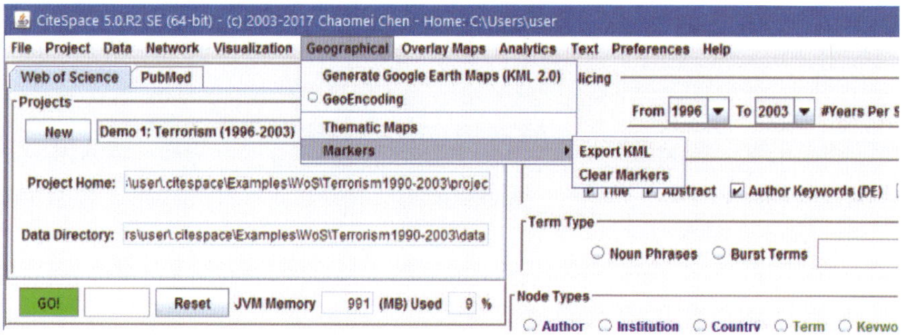

图 3.15　地理可视化菜单

Overlay Map（图层叠加）主要用来实现期刊的双图叠加分析，如图 3.16 所示。关于期刊双图叠加分析的案例将在本书第 7 讲中详细介绍。

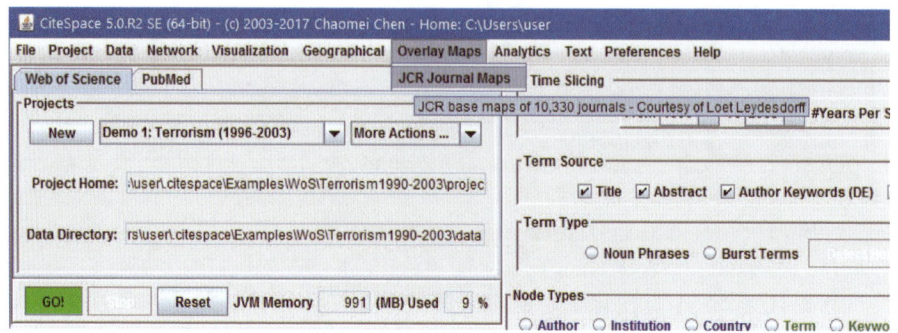

图 3.16　期刊双图叠加菜单

Analytics（分析）菜单栏主要包含 COA 作者的合著分析、ACA 作者的共被引分析、DCA 文献的共被引分析、JCA 期刊的共被引分析以及 SVA 结构变异分析等功能（图 3.17）。这些分析将在本书第 4 讲和第 5 讲中详细介绍。

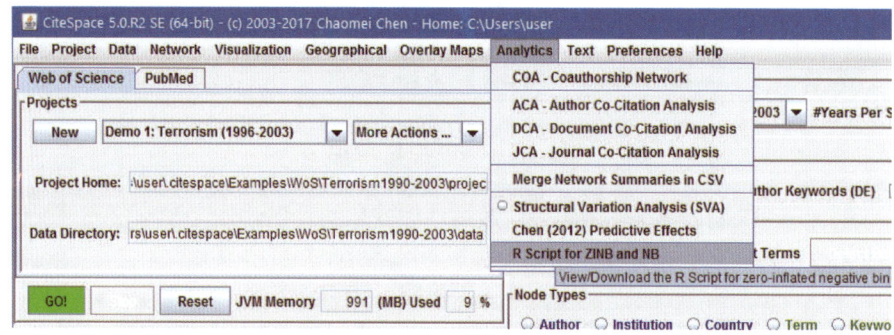

图 3.17　分析菜单

Text（文本）主要是 CiteSpace 的一些高级功能，如概念树 + 谓词树、全文挖掘等功能（图 3.18）。该模块的功能是独立于网络可视化窗口的，在本书第 7 讲中将给出例子。

第 3 讲　软件安装及界面功能

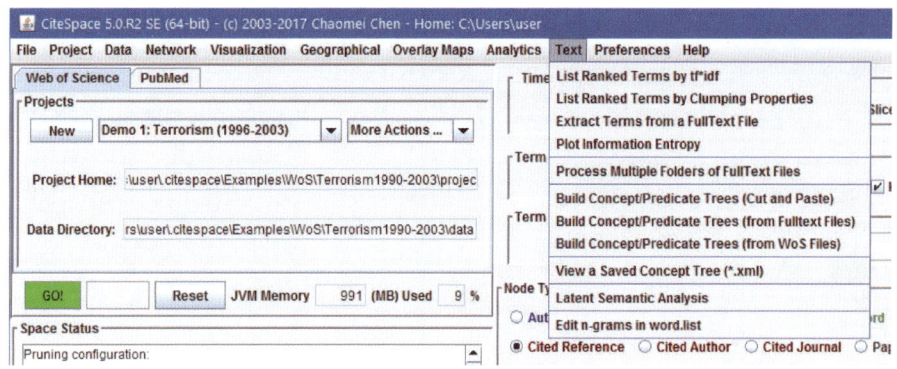

图 3.18　文本处理菜单

Preferences（偏好）菜单是对常见默认项的修改，如图 3.19 所示。其中，Set the Turn Off Point of Centrality Computation 为中介中心性的计算设置。CiteSpace 默认，当网络的节点数量大于 350 时，将关闭节点中介中心性的计算功能。用户需要在网络的可视化界面 Merics → Compute Centrality 来启动网络节点中介中心性的计算。此外，它还包含 Show/Mute Visualization Window 和 Chinese Encoding for CNKI or CSSCI。

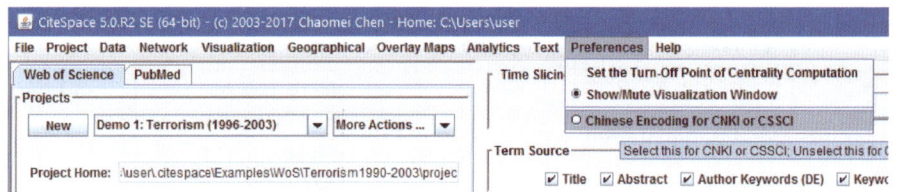

图 3.19　偏好设置菜单

Help（帮助）包含 CiteSpace 主页链接、PDF 版的英文手册链接、术语表以及更新记录等，如图 3.20 所示。

菜单栏下面的区域是功能界面的快捷区域，包含了 Projects 区域、Time Slicing 区域、Text processing 区域、Network configuration 区域、Pruning 区域以及 Visualization 区域，还包含只有在数据运行后才有反馈结果的 Space Status 区域和 Process Report 区域。

CiteSpace：科技文本挖掘及可视化

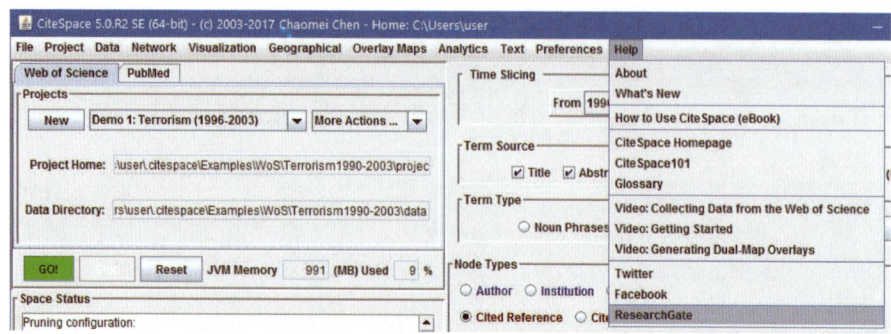

图 3.20　帮助菜单

下面对各个区域介绍如下：

（1）Projects 功能和参数区。Projects 区域主要是新项目的建立、编辑和删除区域（图 3.21）。

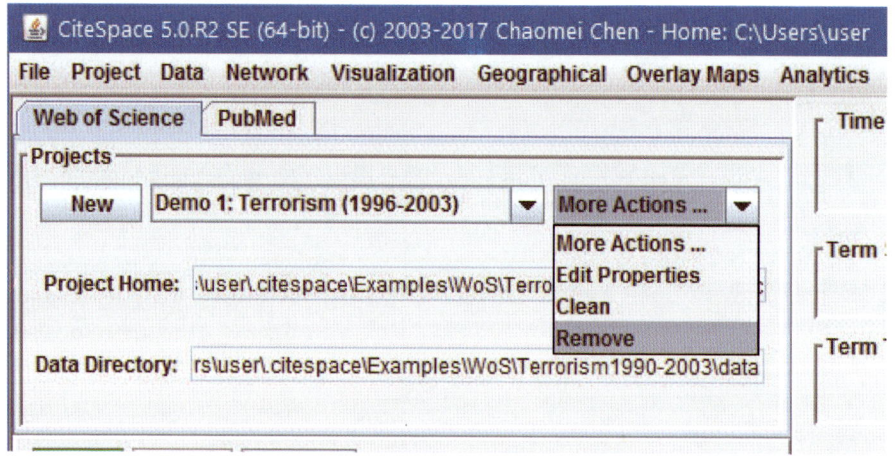

图 3.21　CiteSpace 的工程项目区

（2）Time Slicing 功能和参数区。Time Slicing 区域的主要功能是对将要分析的数据进行时区分割（图 3.22），如分析的时间是从 2001~2010 年，默认为 1 年一分割，就有 10 个分段，如果 2 年一分割就有 5 个分段。

图 3.22　CiteSpace 数据的时间切片

（3）Text processing 功能和参数区。Text processing 区域的主要功能包含 Term Source 和 Term Type（图 3.23）。Term Source 用于选择 Term 提取的位置，包含 Title（标题）、Abstract（摘要）、Author Keywords（DE，作者关键词）以及 Keywords Plus（ID，WoS 增补关键词）。Term Type 是对共词分析类型的补充选择，选择该功能就能提取到名词性术语（Noun Phrases）。在此界面也可以对主要的名词术语进行突发性探测（Burst Detection），在运行 Noun Phrase 生成共词网络之后也可以查看熵值（Entropy）。

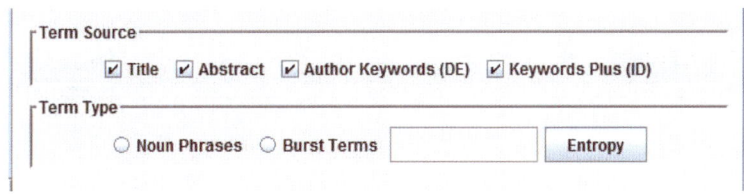

图 3.23　CiteSpace 文本处理功能区

（4）Network configuration 功能和参数区。Network configuration 区域的功能主要是对网络参数的设置，包含 Node Types（网络的类型）、Links（网络节点的关联强度）以及 Selection Criteria（提取节点阈值的选择）。在 CiteSpace 中共提供了 11 个节点类型，在以上选项中的一些节点类型还可以与其他节点类型复合选择（图 3.24）。这样一来 CiteSpace 提供的网络分析结果的种类就更加丰富了。

① CiteSpace 中分析的网络类型（图 3.25）。

在节点类型中，Author，Institution 以及 Country 是用来进行 Co-authorship 分析的，它们之间的差异仅仅是在分析合作上的主体粒度不同而已（可以分别理解为微观的合作、中观的合作和宏观的合作）。当然，在分析时它们是可以多项选择的。Term 分析的功能是对文献中名词性术语的提取，主要从文献的标题、摘要、关键词和索引词位置提取；Keyword 主要是对作者的原始关键词的提取。Term 和

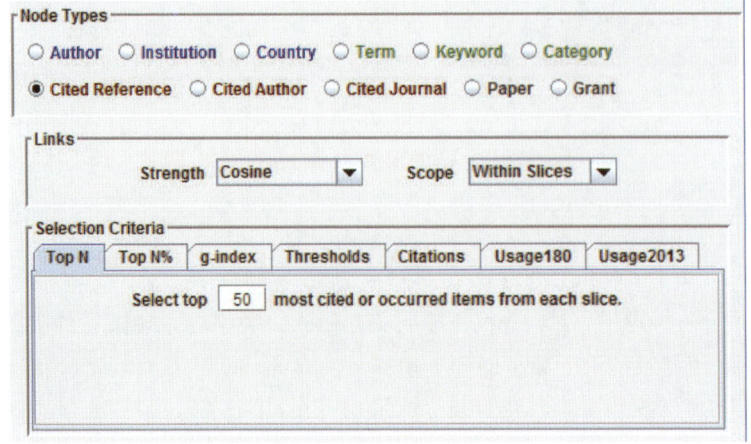

图 3.24　网络配置功能区

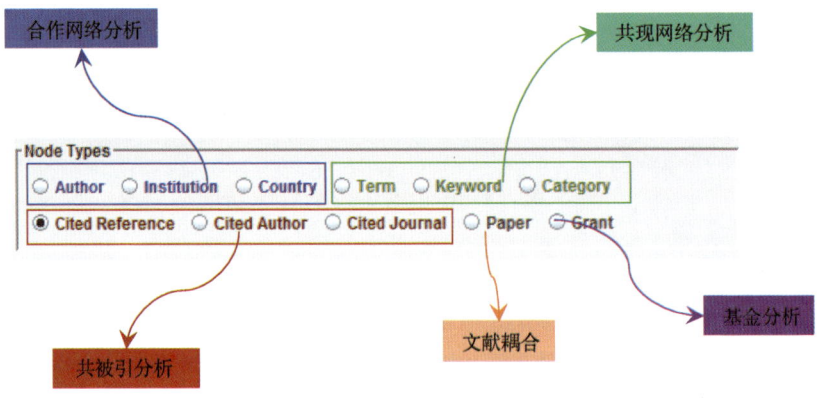

图 3.25　CiteSpace 中分析的网络类型

Keyword 常常用来对文本主题进行共词（co-words）的挖掘分析。Category 是对文献中标引的科学领域的共现分析（co-occurrence），这种分析有助于了解对象文本在科学领域中的分布情况。Cited Reference 是文献的共被引，Cited Author 是作者的共被引，Cited Journal 是期刊的共被引。Paper 是文献的耦合分析功能，Grant 则是对研究基金的分析（需要说明的是，Web of Science 的数据中从 2008 年才增加了资助基金数段内容，因此需要在分析的时候不要对 2008 年之前的数据进行基金分析）。

在使用 CiteSpace 生成的各种图谱中，作者的合作图谱中的节点大小表示作者、机构或者国家/地区发表论文的数量，之间的连线反映合作关系强度。论文的主题、关键词以及科学类别的网络图谱中，节点的大小代表它们出现的频次，之间的连线表示共现强度。共被引分析图谱中，节点的大小反映了被引用的次数。文献的共被引反映了单个文献的引用次数，作者的共被引网络反映作者被引用的次数，期刊的共被引网络中节点大小反映期刊被引用的次数，之间的连线反映了共被引的强度。在文献耦合网络中，一个节点代表一篇论文，节点的大小可以按照被引频次显示，节点之间的连线反映了耦合强度。

② **CiteSpace 中关系强度的计算。**

Links 参数主要用于选择网络节点的关联强度的计算方法（在处理过程上往往可以认为是共现矩阵的标准化过程），CiteSpace 提供了三种用于计算网络中连接强度的方法，分别为 Cosine、Jaccard 和 Dice 方法。通常大家使用的是软件默认的 Cosine 算法，至于哪种算法好，这里不作评价。三种连接强度的计算方法如下：

Cosine 算法：

$$\text{Cosine}(c_{ij}, s_i, s_j) = \frac{c_{ij}}{\sqrt{s_i s_j}}$$

Jaccard 算法：

$$\text{Jaccard}(c_{ij}, s_i, s_j) = \frac{c_{ij}}{s_i + s_j - c_{ij}}$$

Dice 算法：

$$\text{Dice}(c_{ij}, s_i, s_j) = \frac{2c_{ij}}{s_i + s_j}$$

这些标准化后的数值都在 0~1 之间，其中 c_{ij} 为 i 和 j 的共现次数，s_i 为 i 出现的频次，s_j 为 j 出现的频次。

在科学知识网络的分析中，知识单元的相似性测度（或称知识单元矩阵的标准化）多是基于集合论方法（Set-theoretic similarity measures）。这种测度方法的广义相似性指数（Generalized similarity index）的表示公式为（Eck N J,

Waltman L，2009）：

$$S_G(c_{ij},s_i,s_j;p) = \frac{2^{1/p}c_{ij}}{(s_i^p+s_j^p)^{1/p}}$$

式中，p 为 $\mathbb{R}\setminus\{0\}$，$0 \leq S(c_{ij},s_i,s_j;p) \leq 1$。

当上式中 $p \to 0$ 时，那么得到的公式就为 Cosine 的标准化公式；当 $p=1$ 时，那么得到的标准化公式为 Dice。此时的 Jaccard 算法与广义相似性系数的关系可以表示为：

$$S_G(c_{ij},s_i,s_j;1) = \frac{2\text{Jaccard}(c_{ij},s_i,s_j)}{\text{Jaccard}(c_{ij},s_i,s_j)+1} = \text{Dice}(c_{ij},s_i,s_j)$$

在 CiteSpace 中可以将这些相似性算法用于"时间切片内"或"时间切片之间"，分别为 Within slices——各个时间切片内部，Across slices——各个时间切片之间。CiteSpace 默认的 Scope 选项为 Within slices。

③ CiteSpace 中所分析数据阈值的设定。

Selection Criteria 功能区用来设定在各个时间段内所提取对象的数量。共包含 7 个选项。其中，Top N per slice 的意思是提取每个时间切片内的对象的数量。例如在分析作者合作网络时，这里的 N 设定为 50，意思就是提取每个时间切片内频次出现排名前 50 位的作者。Top N% 就是提取每个时间切片中排名前 N% 的对象。Usage 180 为近 180 天内，全文的访问次数，或保存该记录的次数。Usage 2013 为 2013 年 2 月 1 日至今的全文的访问次数，或保存该记录的次数。

g-index（Egghe L，2006）是软件新增加的知识单元提取方式。该算法是在增加规模因子 k 的基础上，按照修正后的 g 指数排名抽取知识单元。

$$g \leq \frac{1}{g}\sum_{i=1}^{g}(k \cdot c_i)$$

式中，k 为规模因子，推荐使用 10，20，30，…来进行尝试。

Thresholds 通过设定前中后三个时间段 c、cc 以及 ccv 的阈值来提取数据，即数据的起始、中间和结尾按照 c、cc 和 ccv 赋值，其余用线性内插值算法处理（图 3.26）。

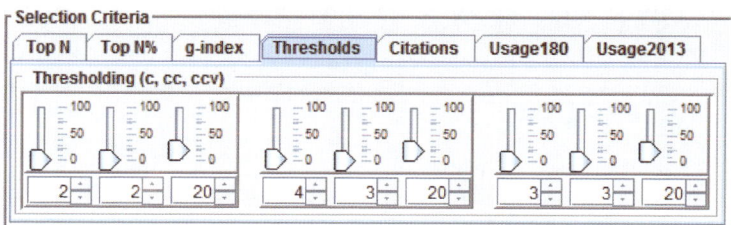

图 3.26　Thresholds 的参数设置

CiteSpace 中给定三个时间默认的参数值为：(2, 2, 20)，(4, 3, 20)，(3, 3, 20)。ccv 是利用余弦函数得到的一个标准化值，默认值为 0.2。ccv 与 c 和 cc 三者的关系如下：

$$ccv(i,j) = \frac{cc(i,j)}{\sqrt{c(i)*c(j)}}$$

式中，c 代表最低被引或者出现频次，cc 代表本时间切片中共现或者共被引频次，ccv 表示共现率或者共被引率。

Citations 的功能是通过提取施引文献被引频次的分布，按照频次的分析调整阈值来分析文献（图 3.27）。使用该功能只需要点击 Citations → Use TC Filter → Check TC Distribution 就会得到文献集的被引分布，0~211 显示的是所有文献集的分布。其中 TC 全称为 Time Cited 即被引次数；Freq 是指在某个被引次数下的文献数量；Accum.% 是指该频次对应的累计百分比。

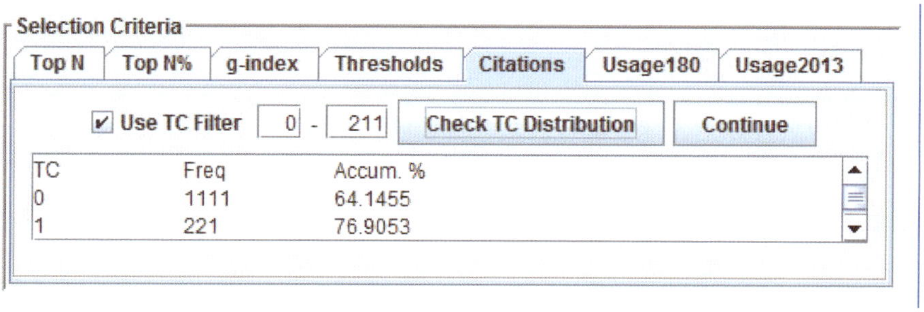

图 3.27　通过 Citations 筛选分析文献

这时可以修改为 1~211，点击 Continue。然后，配合其他几种分析方法绘制文献网络。得到的网络前后略有差别,如图 3.28 所示。

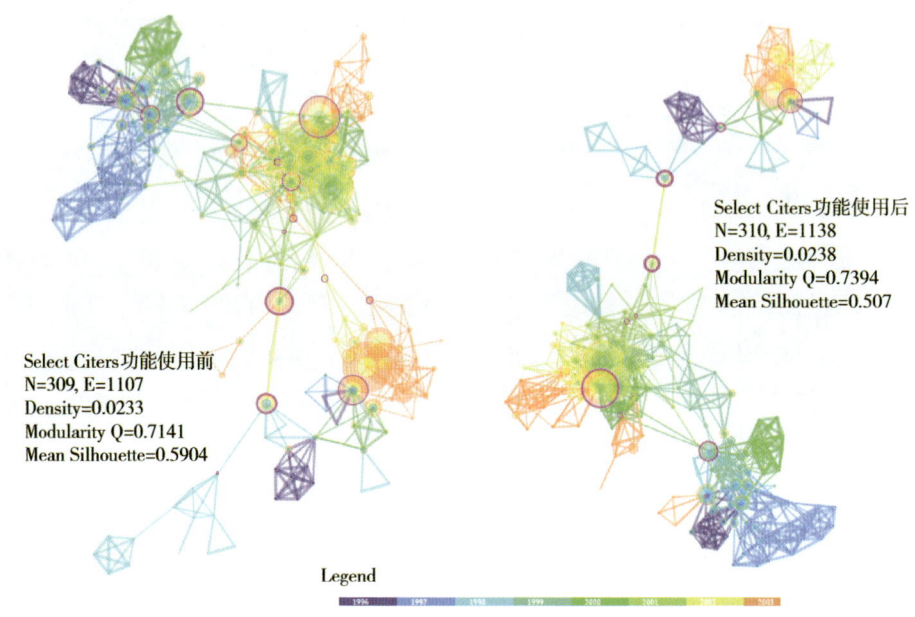

图 3.28　Select Citers 功能使用前(左)后(右)

(5) Pruning 参数和功能区。Pruning 区域是网络的裁剪功能区(图 3.29),当网络比较密集时可以通过保留重要的连线来使网络可读性提高。建议在初步分析阶段,不要对网络进行裁剪。如果初步分析的可视化结果需要剪裁(网络太密,重点不突出),那么再选择不同的剪裁方法进行测试。该模块主要有两种网络剪裁方法,分别为 Minimum Spanninng Tree(MST,最小生成树)和 Pathfinder Network(PFNET,寻径网络)。最小生成树算法的思路是通过原始图 G,来构造一个包含所有顶点、权值之和最小的生成树。寻径网络算法最早是由认知心理学家为了建模而开发的一种方法,即依据三角不等式原则在邻近的网络中选取显著的关系。经过寻径网络算法处理的网络节点数量不会发生变化,而连线数量会大大减少(Schvaneveldt R W,1989,1990)。

图 3.29　网络裁剪功能区

无论是采用最小生成树算法还是寻径网络算法都是为了对网络中的连线进行裁剪，以降低网络的密度，提高网络的可读性。寻径网络的结构主要由参数 r 和 q 来确定，r 为基于闵可夫斯基距离（Minkowski distance）来测度网络中节点连接路径的长度。当 $r=2$ 时，距离测度就是常见的欧氏距离（Euclidean distance）；$r \to 2$ 时，路径的权重为其组分连接的最大权重，即最大距离。当给定一个测度空间，三角不等式关系定义为：

$$w_{ij} \leq \left(\sum_k w_{n_k n_{k+1}}^r \right)^{1/r}$$

式中，w_{ij} 表示节点 i 与节点 j 之间的连接权重；$w_{n_k n_{k+1}}$ 表示节点 n_k 和 n_{k+1} 之间的连接权重，这里的 $k=1,2,3,\cdots,m$。特别地，当 $i=n_1$，$j=n_k$ 时，i 和 j 之间的备选路径将通过所有节点（n_1，n_2，n_3，$\cdots$，n_k），每一个中间连接（intermediate links）都属于该网络。如果 w_{ij} 比备选路径的权重大，那么 i 与 j 之间的直接路径就违反了不等式的条件，此时，i 与 j 之间的连接将被移除（Remove）。

q 参数为在备选路径中，满足三角不等式的最大连接数量。q 值可以设定为[2，$N-1$]之间的任意整数，其中 N 表示网络中的节点数量。当 $r \to \infty$ 时，$q=N-1$，网络寻径算法达到最大裁剪能力[①]。

按 CiteSpace 的设计，所处理的是一个网络序列（比如每年一个网络）最后产生合并后的网络，这样用户既可以选择是否简化序列中的每个网络，也可以选择是否简化最终合成的综合网络，二者之间是相互独立的，不相矛盾，两种功能可以同时使用，这样就给用户提供了最大的灵活性。在 CiteSpace 中，这两种网络辅助剪裁策略，分别为 Pruning sliced networks（对每个切片的网络进行裁剪），Pruning the merged network（对合并后的网络进行裁剪）。如果裁剪网络，通常情况下建议使用 Pruning the merged network。使用 Pruning sliced networks 可能会导致网络过于分散。特别地，在使用时用户需要先在 Pathfinder 和 Minimum Spanninng Tree 两项中选择其一作为网络剪裁使用的方法，而 Pruning sliced networks 和 Pruning the merged network 可以选择其一，或者两个都选。在进行网络剪裁时，若仅仅选择了 Pruning sliced networks 和 Pruning the merged network，那么网络是不会进行裁剪的。

---

❶ 感兴趣的读者可以到专门提供 Pathfinder 软件和讨论的网站 Interlink-Tools for pathfinder network analysis，网址 http://interlinkinc.net/，下载和学习相关教程和软件 JRate.jar。

（6）Visualization 参数和功能区。Visualization 主要用于对可视化结果进行设置（图 3.30）。默认为 Cluster View-Static（聚类视图，静态）与 Show Merged Network（显示分析的整体网络）。此外，也可以选择 Show Networks by Time Slices，即显示各个时间切片的图谱。还可以选择动态的网络可视化 Cluster View-Animated。

图 3.30　网络的可视化方式

如果网络共有 10 个时间切片，且可视化选择了"Show Networks by time Slices"，那么在 CiteSpace 运行结束后会出现 10 个网络可视化窗口，用户在使用时要适时选择。另外，如果此功能配合本书第 7 讲中提到的 Mapequation，那么就更好用了。

（7）数据分析状态与过程区域。CiteSpace 还有 Space Status 和 Process Report 两个动态数据过程显示功能区（图 3.31）。前者显示在相应参数设置下

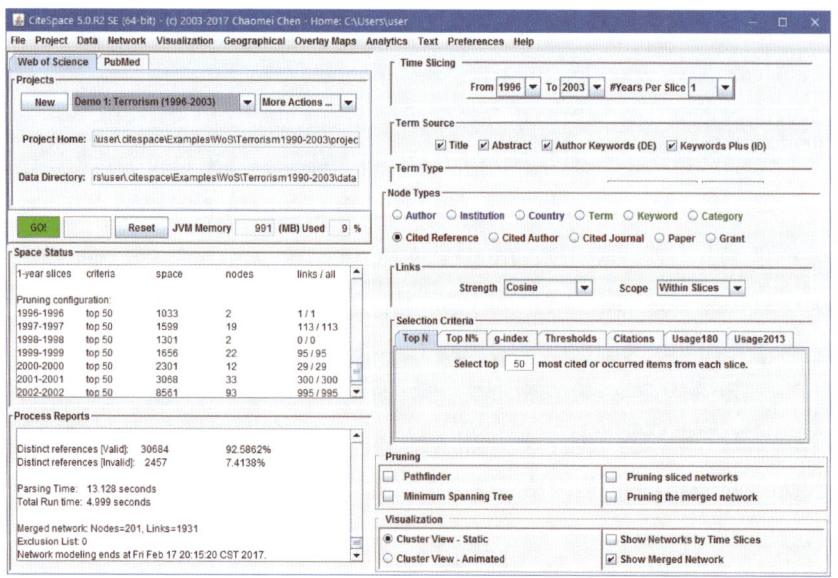

图 3.31　数据处理情况窗口

每个时间切片上的网络分布情况,如图 3.31 中的时间切片为 1 年,criteria 表示每个时间切片提取 top50 节点,space 表示空间中节点的数量总数,nodes 表示实际提取的节点数量,links/all 表示实际的连线数量/连线数量的总数。后者显示在数据处理中的动态过程以及网络处理后的整体参数,如显示了文献空间数据的总数,有效参考文献和无效参考文献的个数及其占比,运行的时间,合并后的网络节点数量和连线数量;在运行时可以动态地看到,CiteSpace 处理数据是分时处理的。

如果把 CiteSpace 比作一个可以对科学文献集合进行拍照的相机,那么 CiteSpace 的功能参数区中的参数设置就好像是在拍照之前对相机参数进行的调整。

3.3.2 可视化菜单功能

当对数据进行分析后,通常会进入网络的可视化与编辑界面(图 3.32)。在网络可视化界面包含的主要菜单有 File(文件),Metrics(计量),Visualization(可视化),Display(显示),Network overlays(网络叠加),Filters(过滤),Clusters(聚类),Export(导出)以及 Help(帮助)。

图 3.32　CiteSpace 网络可视化界面的菜单栏

(1)File 中的功能主要包含 Open Visualization(打开可视化结果),Save Visualization(保存.layout 可视化文件),Save Content Data to File(保存为.net 格式文件),Save As PNG(保存结果为图形)以及 Exit(退出)。

(2)Metrics 用于计算节点的中介中心性(Compute Centrality),即当网络节点数量超过 350 个时,用户需要通过此菜单启动网络的中介中心性计算。

(3)原 Layout 菜单已修改为 Visualization 菜单,主要用于网络布局的控制(图 3.33)。其中 Graph Views 主要提供了 Timeline view(时间线图)、Timezone view(时区图)以及 Cluster view(聚类视图)等视图的显示方式。

Start 是静态时重新布局的按钮，Stop 用来终止网络的布局过程。CiteSpace 默认 Layout Algorithm 是 Kamada and Kawa 布局，提供的备选布局算法是 Force Directed。其他的功能不常用，读者可在熟悉主要功能后再来尝试。

（4）Display 菜单栏的主要功能是对图形显示的调节（图 3.34）。

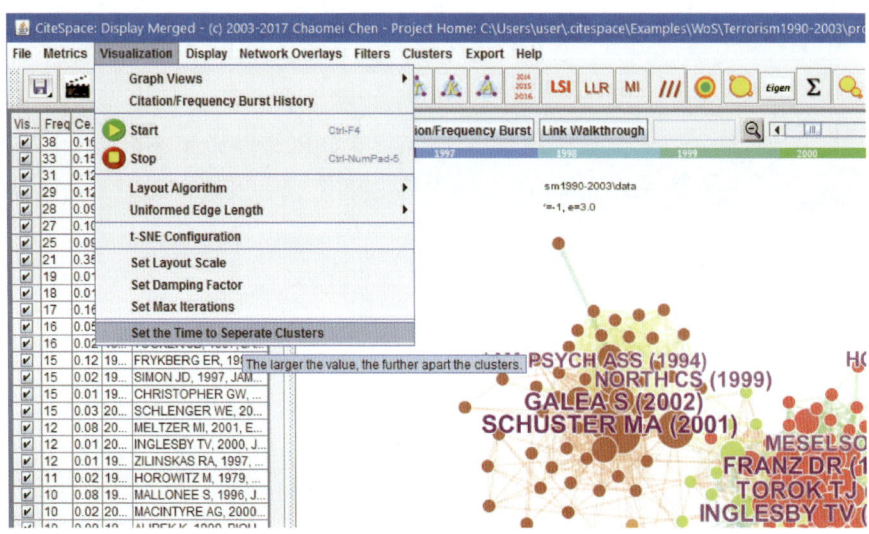

图 3.33　visualization 菜单信息

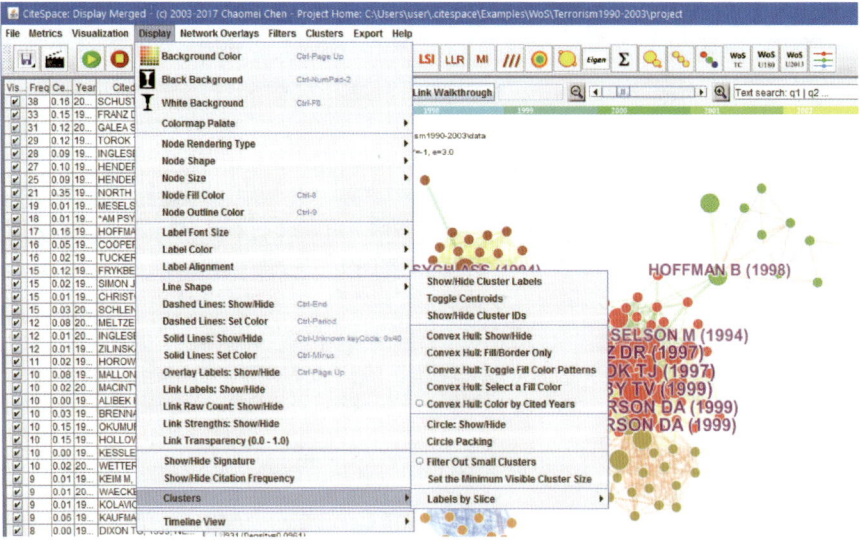

图 3.34　Display 菜单栏的信息

① 颜色的设置。Background Color 是对背景颜色的选择，可以选择不同的背景颜色。Black Background 是黑色背景，White Background 是白色背景。Colormap Palate 可以选择整个网络的颜色为 Color（彩色）或 Monochrome（单色，蓝色渐变）。

② 节点类型的设置。Node Rendering Type 是指节点显示类型的选择，分别为 Tree Ring History（引文年轮），Centrality（中介中心性），Eigenvector Centrality（特征向量中心性），Sigma（Sigma 值），PageRank Scores（PR 值），Uniform Size（统一大小），Cluster Membership（聚类显示），WOS TC（引证次数），WOS U1（最近 180 天的使用情况）以及 WOS U2（从 2013 年开始使用的情况）。

对各节点显示依据的算法介绍如下：

CiteSpace 菜单 Centrality 的含义为中介中心性（Betweenness centrality），是测度节点在网络中重要性的一个指标（此外，常见的测度节点重要性的指标还有度中心性、接近中心性等）。CiteSpace 中使用此指标来发现和衡量文献的重要性，并用紫色圈对该类文献（或作者、期刊以及机构等，且带有紫环的节点中介中心性不小于 0.1）进行重点标注。具有高中介中心性的文献通常是连接两个不同领域的关键枢纽，在 CiteSpace 中也称其为转折点（Turning points）。这种节点的重要度计算的方法是 Freeman 于 1977 年提出来的，中介中心性的计算公式如下：

$$BC_i = \sum_{s \neq i \neq t} \frac{n_{st}^i}{g_{st}}$$

式中，g_{st} 为从节点 s 到节点 t 的最短路径数目，n_{st}^i 为从节点 s 到节点 t 的 g_{st} 条最短路径中经过节点 i 的最短路径数目。从信息传输角度来看，中介中心性越高，节点的重要性也越大，去除这些点之后对网络传输影响也越大。

特征向量中心性（Eigenvector Centrality）的基本算法思想是：一个节点的重要性既取决于其相邻节点的数量（节点度数），也取决于相邻节点的重要性。特征向量中心性的计算公式如下：

$$x_i = c \sum_{j=1}^{N} a_{ij} x_j$$

式中，c 为常数，$A=(a_{ij})$ 为网络的邻接矩阵，记为 $x=\begin{bmatrix} x_1 & x_2 & \cdots & x_N \end{bmatrix}^T$，因

此可以将上式改写为 $x=cAx$。那么，意味着 x 是矩阵 A 与特征值 c^{-1} 对应的特征向量，故而本算法称为特征向量中心性。

Sigma 指数（Σ）是 CiteSpace 中结合节点在网络结构中重要性（中介中心性）和节点在时间上的重要性（突发性）两个指标复合构造的测度节点新颖性的一个指标。陈超美教授给出的计算方法为：Sigma=（centrality+1）^burstness。

PageRank 算法，是 Google 用来对网络进行排序的主要算法，基本思想就是：一个网页的重要性由两个因素决定，一个是指向该网页的其他网络的数量，二是这些页面的质量。该方法与特征向量中心性的思想类似，不仅考虑周围点的数量，还考虑其质量。

Node Shape 可以选择为 Circle（圆）或 Square（方），该功能通常是在 Term 分析中应用。

Node Fill Color 为节点填充颜色，当节点类型为 Tree Ring History,Cluster Membe-rship, WOS TC 以及 Uniform Size 时不可用，其他节点类型时可以使用。

Node Outline Color（节点外圈颜色）在 Tree Ring History 和 Cluster Membership 状态下不能使用。

③标签的设置。Label Font Size 中包含的 Node: Uniformed/Proportional 是指节点标签的统一大小，或者按照节点属性的比例进行显示。Cluster: Uniformed/Proportional 是指网络图中聚类的标签按照聚类的规模来显示或者统一显示规格（图 3.35）；Label Outline: Show/Hide，指是否显示网络中的字体标签边框。

④网络线样式的设置。Line Shape 线的形状设置，分为 Straightline 和 Spline。图 3.36 给出了文献共被引网络中，两线为 Straightline 和 Spline 的比较。

Dashed Lines: Show/Hide（显示或隐藏点划线）；Dashed Lines: Set Color（点划线颜色设置）；Solid Lines: Show/Hide（显示或者隐藏实线）；Solid Lines: Set Color（实线颜色设置）；Overlay labels: Show/Hide（显示或隐藏叠加网络的标签）；Link Strengths: Show/Hide（显示/隐藏连线强度）以及 Link Transparency 0-1.0（对线的透明度的调整）；当设置为 0 时不显示连线，为 1 时连线的颜色最清晰。

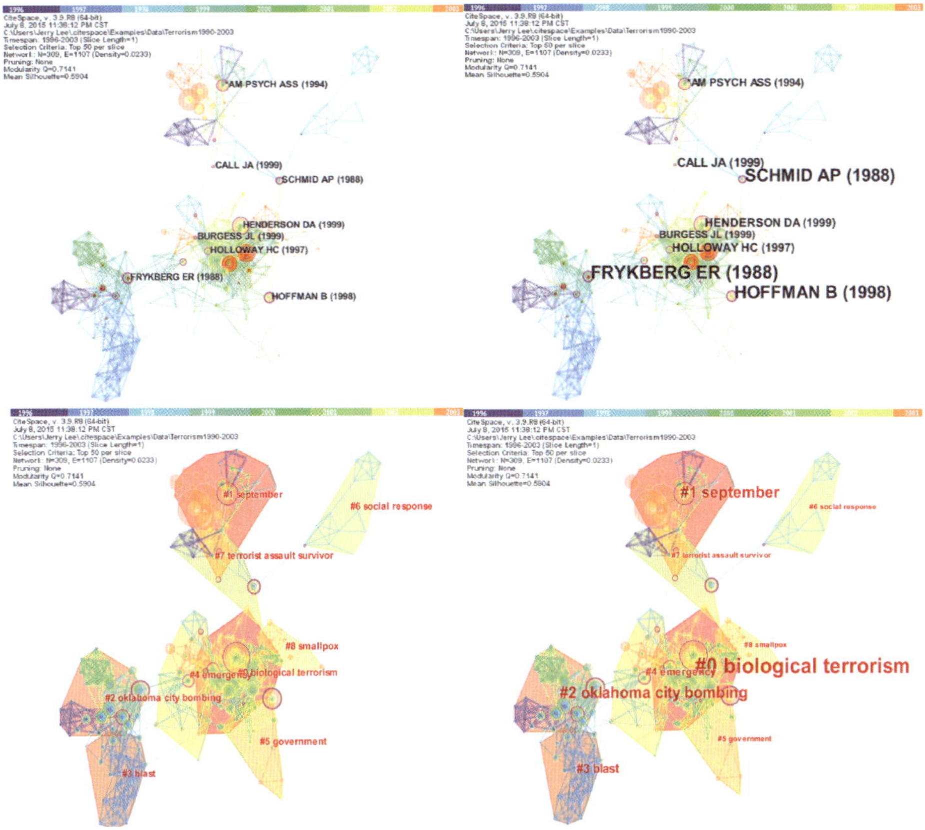

第 3 讲　软件安装及界面功能

图 3.35　节点或聚类标签归一化或者按照节点比例显示

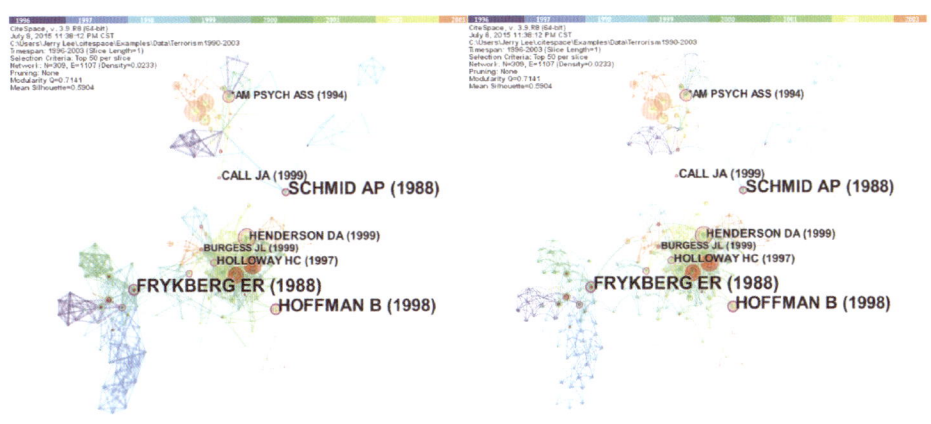

图 3.36　线的样式：Straightline（左）和 Spline（右）

⑤图中注释信息。Show/Hide Signature，显示/隐藏网络图左上角的参数信息；Show/Hide Citation Frequency，显示/隐藏节点的频次信息。

⑥聚类图形的编辑。聚类视图的编辑功能如图3.37所示。Show/Hide Cluster Labels，显示/隐藏聚类标签；Show/Hide Cluster IDs，显示/隐藏节点的聚类编号（在同一类中的节点，将显示相同的编号）；Convex Hull: Show/Hide，显示/隐藏聚类的填充或边框；Convex Hull: Fill/Border Only，聚类填充或只显示聚类边框；Convex Hull: Toggle Fill Color Patterns，切换填充颜色模式；Convex Hull: Select a Fill Color，选择填充颜色；Circle: Show/Hide，聚类中心圆的显示或隐藏。特别地，Circle Packing可以对聚类圆按照聚类的规模进行单独显示（图3.38）。

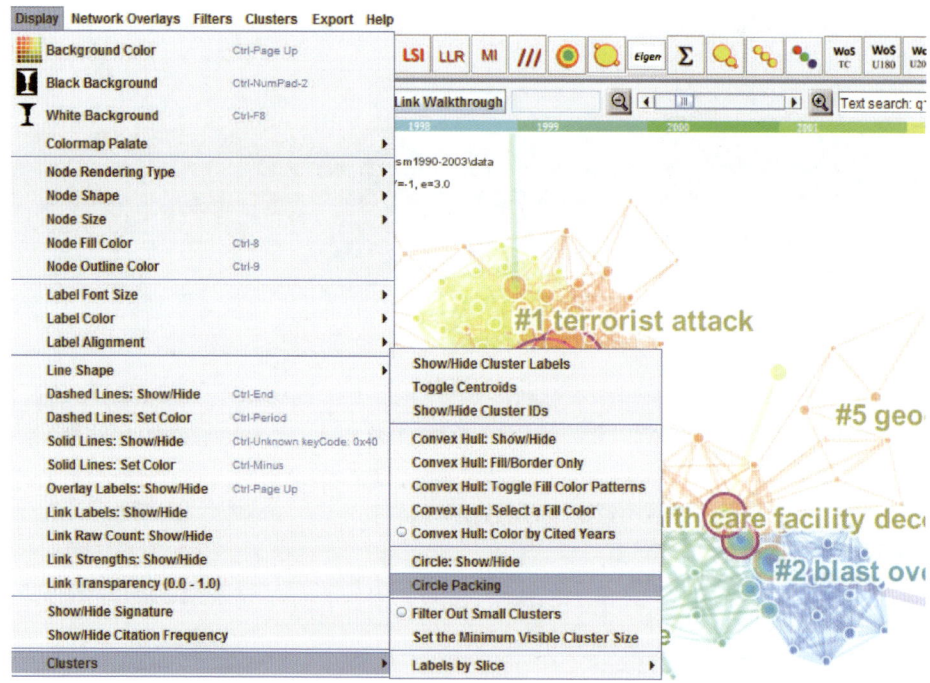

图3.37　聚类图形的编辑

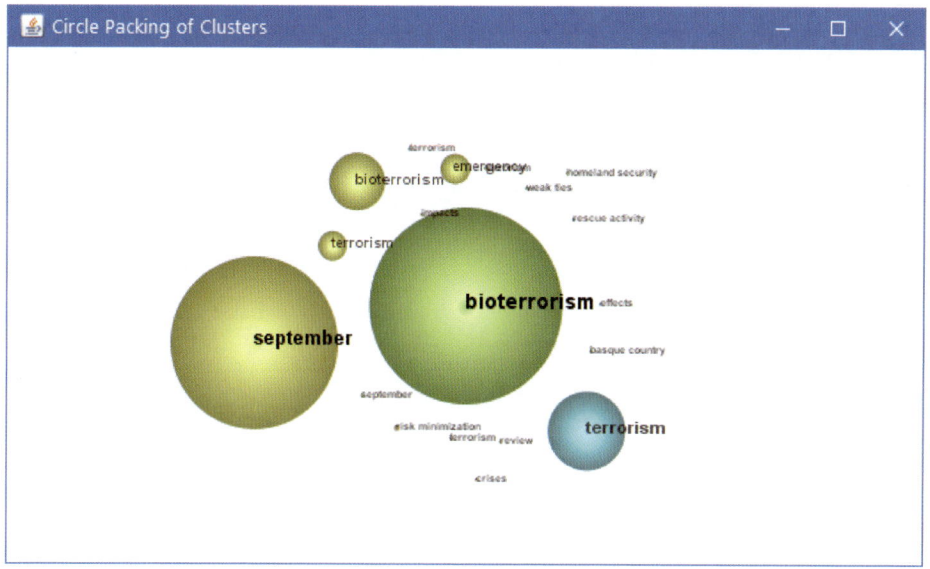

图 3.38　Circle Packing 对聚类结果的展示

⑦ Timeline 视图标签的编辑。Timeline 视图时主要是对节点标签偏斜的角度进行调整，默认为 15 度。此外还包含 Text Rotate 0 Degree, Text Rotate 30 Degree, Text Rotate 45 Degree 和 Text Rotate 60 Degree, 具体参见图 3.39。

（5）Network Overlays 菜单主要是 CiteSpace 提供的网络叠加分析功能，包含 Remove Network Layers, Save As a Network Layer 以及 Show/Hide overlay Node Labels（图 3.40）。在使用该功能时，通常是先对整体网络进行分析，并保存整体网络的图层；然后再分析一个子网络，并保存；再依次加载整体网络和子网络，这样就能得到子网络在整体网络上的位置。

（6）Filters 菜单功能主要是对关键路径或者关键节点的显示，特别是对分析的文献结果与 PubMed 的记录链接进行配对，如图 3.41 所示。

（7）Clusters 菜单功能主要是执行聚类过程以及对聚类得到的结果进行查询和导出，见图 3.42。

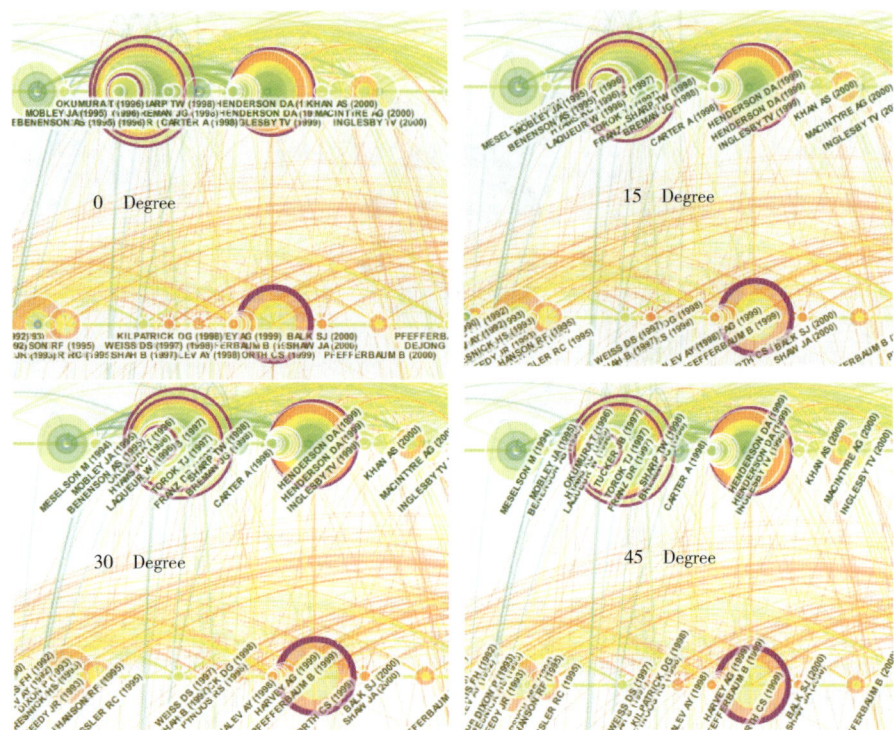

图 3.39 Timeline 视图下节点标签的不同倾斜角度显示

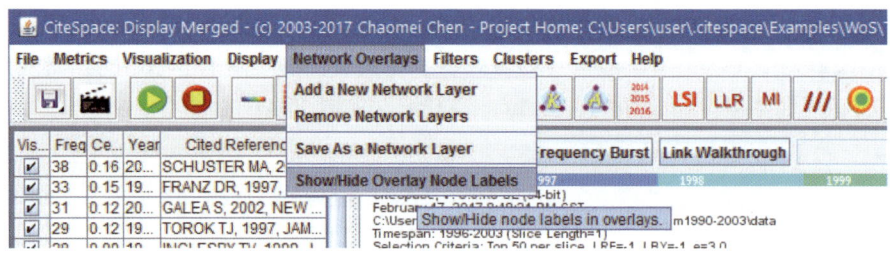

图 3.40 Network Overlays 菜单功能

第 3 讲 软件安装及界面功能

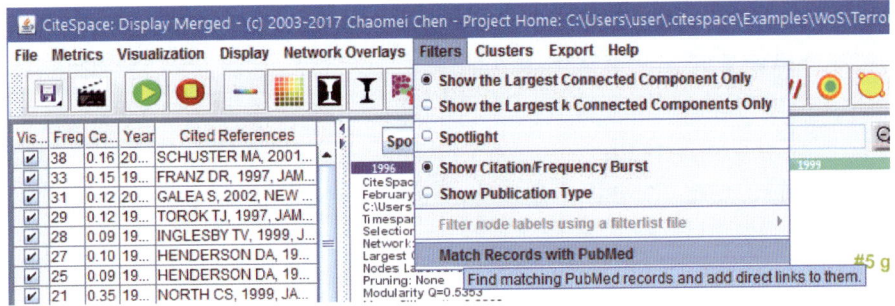

图 3.41 Filters 菜单功能

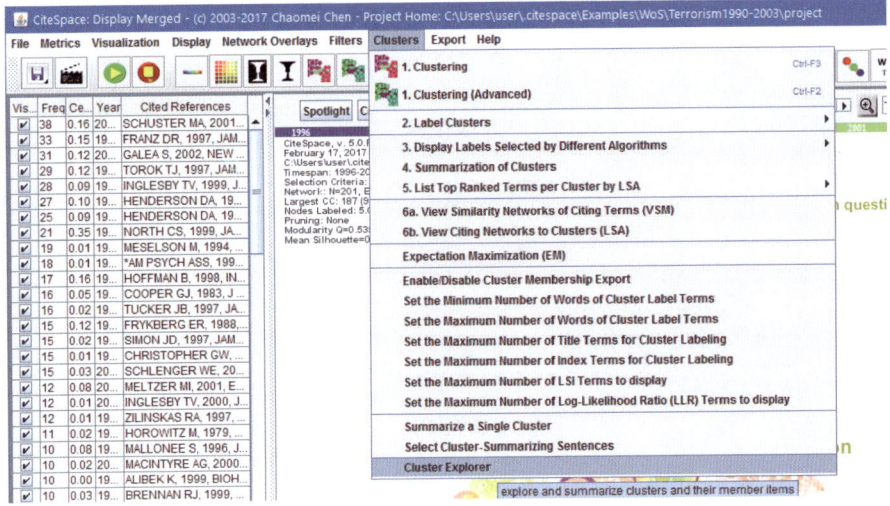

图 3.42 Clusters 菜单功能

对 Clusters 菜单最常用的功能介绍如下：

Clustering 属于快速聚类，点击后等待软件自动聚类完成即可。使用 Clustering 对网络进行聚类后节点的类型将发生变化。Clustering（Advanced）也是对网络的聚类，同时可以选择将聚类的结果保存在本地 MySQL 数据库中（提示为：Save Cluster membership to local MySQL）。此外，该菜单栏中还提供了 EM 聚类算法。Expectation Maximization 为最大期望算法，是一个聚类框架，它逼近最大似然或统计模型参数的后验概率估计，可以用来计算模糊聚类和基于概

99

率模型的聚类，它是CiteSpace早期版本常采用的聚类方法（Chen, C. 2005）。该功能的具体步骤为：依次点击可视化界面菜单栏的Clusters→Expectation Maximization（EM）进入EM界面（图3.43）→Start EM（Clustering区域）→Visualing区域查看聚类图形→Clusters instances区域查看聚类的详细表格。最后，返回到可视化界面，会发现节点的颜色随着EM的完成发生了改变，具体参见图3.44。

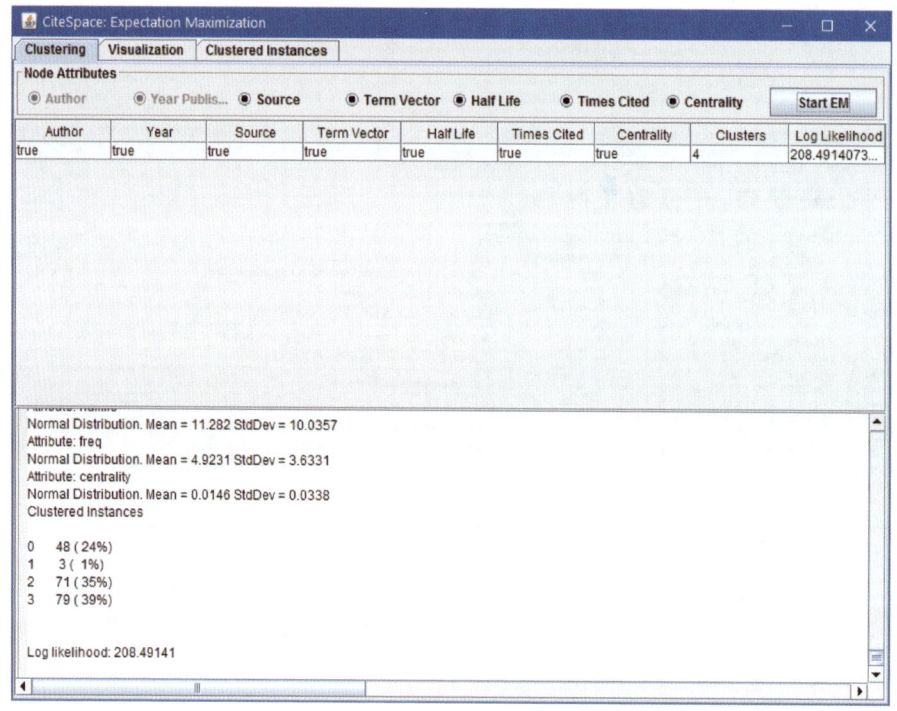

图3.43　EM聚类分析界面

Cluster Labels是聚类标签的意思。CiteSpace提供了从标题中提取聚类名称（Labeling with title terms）、从索引词中提取聚类命名（Labeling with indexing terms）以及从摘要中提取聚类命名（Labeling with Abstract terms）的功能。

Enable/Disable cluster membership export提供的是在project文件夹中是否建立"cluster"文件夹，并按照聚类类别导出聚类的文献到该文件夹（如图

3.45所示）。选择该功能时会提示 Future Clustering results will be export to files 或 Future Clustering results will not be export to files。特别地，点击聚类并不会将结果导出到该文件夹，只有在点击命名提取位置"T, K 或 A"时文件夹才会导出聚类的结果。

Display Labels Selected by Different Algorithm 的含义是使用不同的算法来提取聚类命名。三种算法分别为 Latent Semantic Index（LSI，旧版本为

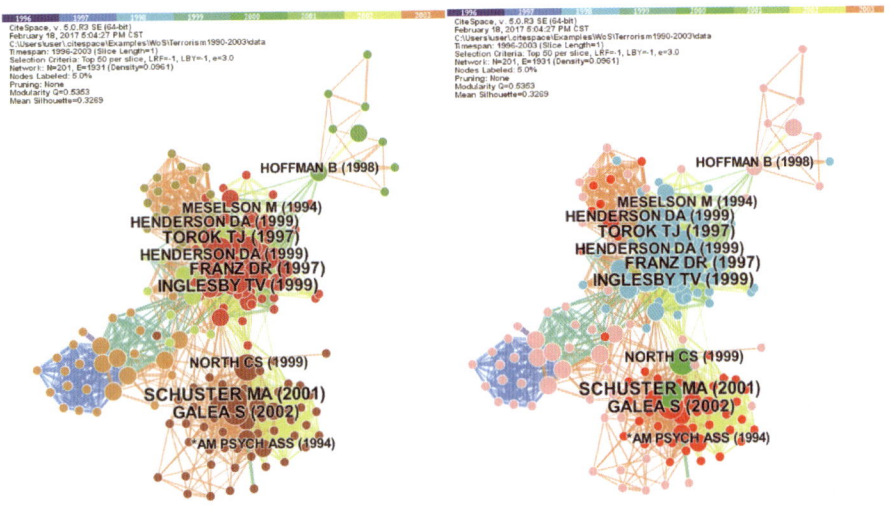

图 3.44　常规算法（左）和 EM 算法（右）的聚类结果

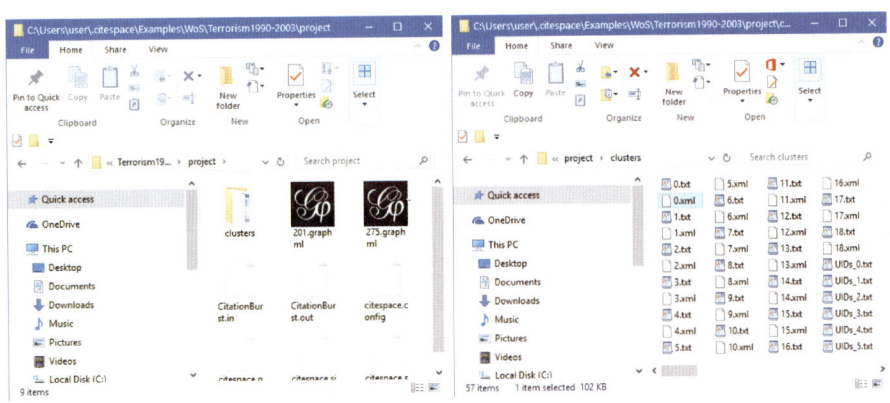

图 3.45　聚类信息的自动导出结果

tf*idf), Log-Likelihood Ratio(LLR 对数极大似然率)以及 Mutual information(互信息) 。

Summarization of Clusters 主要是用来查询使用不同方法得到的聚类列表(图 3. 46) 。其中 Cluster ID 为聚类后的编号，编号在图中显示为 0#，1#，…聚类的规模越大 (也就是聚类中包含的成员数量越大)，则编号越小。Size 代表的是聚类中所含有的成员的数量 (如文献共被引分析时就代表所含的文献数量，作者合作分析时的聚类就代表作者的数量) 。Silhouette 为衡量整个聚类成员同质性的指标，该数值越大，则代表该聚类成员的相似性越高。Mean Year 代表的是该聚类中文献的平均年份，能够用来判断聚类中引用文献的远近，并列出了使用 LSI，LLR (对数似然率) 以及 MI 算法得到的排名靠前的术语。

Summary of Clusters -

Save/Show as HTML: cluster_summary.html | Save LLR Terms as a Whitelist

Select	Cluster ID	Size	Silhouette	mean(Year)	Top Terms (LSI)	Top Terms (log-likelihood...	Terms (mutual information)
☐	0	65	0.66	1998	bioterrorism; biodefense; ...	front line (4701.35, 1.0E-4...	acute sarin poisoning dia...
☐	1	57	0.889	1995	september; terrorist attac...	terrorist attack (5117.4, 1....	acute sarin poisoning dia...
☐	2	26	0.941	1984	terrorism; acts; bomb exp...	blast over-pressure (303...	sheep (0.41); acute sarin ...
☐	3	19	0.9	1996	bioterrorism; biological w...	case isolation (2799.05, ...	acute sarin poisoning dia...
☐	4	10	0.831	1997	emergency; medical servi...	health care facility decont...	acute sarin poisoning dia...
☐	5	10	0.99	1995	terrorism; urban future; alt...	geographic research que...	acute sarin poisoning dia...
☐	6	2	1	1986	risk minimization; societa...	nuclear strategy (140.17, ...	terrorist attack (0.05); ne...
☐	7	1	0	1996	crises; terror attacks; mak...	network perspective (81.2...	terrorist attack (0.05); ne...
☐	8	1	0	2001	homeland security; first a...	homeland security (98.51...	terrorist attack (0.05); ne...
☐	9	1	0	1978	review; national identity; o...	citizen (39.07, 1.0E-4); ge...	terrorist attack (0.05); ne...
☐	10	1	0	1981	terrorism; risk assessme...	critical infrastructure (58.2...	terrorist attack (0.05); ne...
☐	11	1	0	1990	terrorism; military psychia...	jack london (63.76, 1.0E-...	terrorist attack (0.05); ne...
☐	12	1	0	1996	terrorism; culture; political...	political perspective (59.9...	terrorist attack (0.05); ne...
☐	13	1	0	2001	september; sudanese m...	sudanese mahdiya (57.6,...	terrorist attack (0.05); ne...
☐	14	1	0	1988	basque country; votes; co...	basque terrorism (57.6, 1...	terrorist attack (0.05); ne...
☐	15	1	0	1994	rescue activity; city; first s...	pupil size (55.48, 1.0E-4);...	terrorist attack (0.05); ne...
☐	16	1	0	1986	effects; structural determi...	structural determinant (57...	terrorist attack (0.05); ne...
☐	17	1	0	1994	weak ties; infiltration rout...	infiltration route (59.04, 1....	terrorist attack (0.05); ne...
☐	18	1	0	2002	impacts; international gov...	strengthening effective go...	terrorist attack (0.05); ne...

图 3.46　聚类结果的总结表

若需要得到更多的聚类命名术语，可以选择 Clusters 菜单栏中的 Set the Minimum Number of Words of Cluster Label Terms (设置聚类标签显示的最小数量)，Set the Maximum Number of Words of Cluster Label Terms (设置聚类标签显示的最大数量)，Set the Maximum Number of Title Terms for Cluster Labeling (设置标题聚类标签显示的最大数量)，Set the Maximum Number of Index Terms for Cluster Labeling (设置索引词聚类标签显示的最大数量)，Set the Maximum Number of LSI Terms to display (设置 LSI 聚类标签显示的最大数量)，Set the Maximum Number of Log-Likelihood Ratio (LLR) Terms to display (设置 LLR 聚类标签显示的最大数量) 。这些设置产生的效果可以通过再

次查看 Summarization of Clusters 来观察前后变化。

Summarize a single cluster 的功能是对特定的聚类的施引文献的重要句子的提取，以帮助理解某一特定类的内容。

Select cluster-summarizing sentences 的功能是从各个聚类的文献中提取重要的句子，以帮助用户对该聚类进行解释（图3.47）。使用时会提示用户 use a citation threshold for selecting sentences，默认值为5。

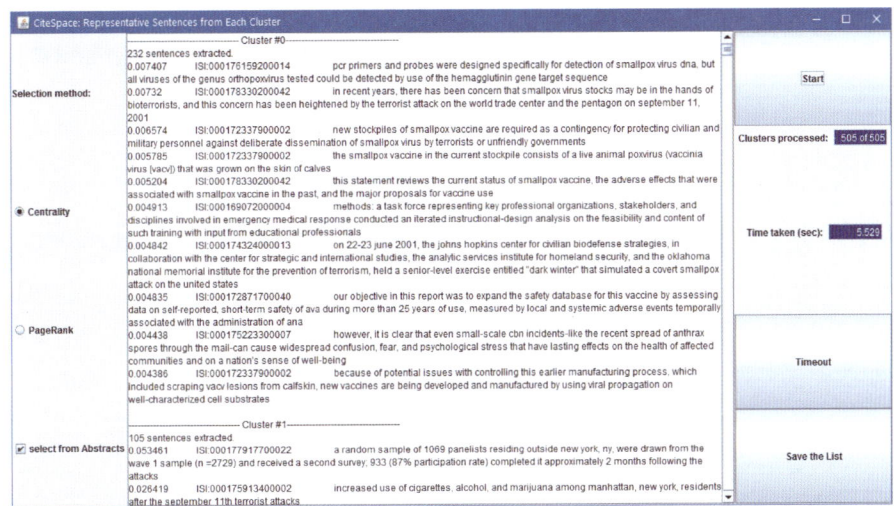

图3.47　施引文献中提取的用于总结各聚类的句子

Cluster Explorer 功能提供了聚类信息查询（Clusters），施引文献信息（Citing Articles）、被引文献信息（Cited Reference）以及从施引文献中提取的总结聚类的句子（Summary Sentences）查询四个窗口。该功能能够清晰地了解到与聚类相关的多个方面的信息，是文献共被引分析中最常用的一个功能。

（8）Export 菜单功能主要是对网络结果进行查询和导出（图3.48）。常用的功能共包含了 Network Summary Table（网络信息汇总表），Save Cited References to an RIS File（保存文献为 RIS 格式），network（导出为其他软件读取的格式），Clustering+Labeling+Save cluster Files（完成聚类、命名和结果的保存），Merge network_summary_YYYY-YYYY.csv files and structural_change_metrics.csv（文件合并）以及 Generate a Narrative（生成报告）。特

别地，点击 Run Batch Mode 能够一步完成对当前网络的聚类和生成 GENERATED NARRATIVES 报告。

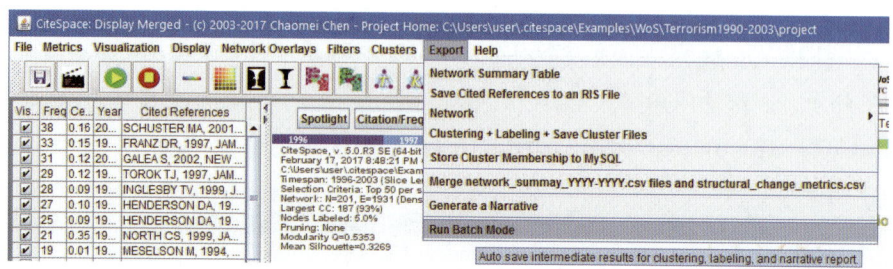

图 3.48 Export 菜单功能

点击 Network summary Table 可以得到可视化网络中所有节点的列表（图 3. 49），该表可以直接复制到 Excel 或 Word 中，也可以导出为 CSV，RIS 以及 Html 格式进行分析。在该表中，Freq 代表节点的频次，Burst 为突发性探测值，Centrality 为中介中心性，Σ为 Sigma 值，PageRank 为 PR 排名，Keyword 为关键词，Year 为时间，Title 标题，Source 为文献来源（如期刊），Vol 为卷次，Page 为起始页码，HalfLife 为半衰期，Cluster 为所属聚类。

CiteSpace - Summary Table (sorted by Σ)

Save/Show as HTML: network_summary.html　Save as CSV　Save as RIS

Freq	Burst	Centrality	Σ	PageRank	Keyword	Author	Year	Title	Source	Vol	Page	HalfLife	Cluster
38		0.16	1.00	0.00		Schuster ...	2001	...	NEW EN...	V345	P1507	2	1
33	6.60	0.15	2.46	0.00		Franz DR	1997	...	JAMA-J A...	V278	P399	4	0
31		0.12	1.00	0.00		Galea S	2002	...	NEW EN...	V346	P982	1	1
29	5.36	0.12	1.80	0.00		Torok TJ	1997	...	JAMA-J A...	V278	P389	4	0
28	5.43	0.09	1.63	0.00		Inglesby ...	1999	...	JAMA-J A...	V281	P1735	3	0
27		0.10	1.00	0.00		Henders...	1999	...	JAMA-J A...	V281	P2127	3	0
25	5.19	0.09	1.54	0.00		Henders...	1999	...	SCIENCE	V283	P1279	2	0
21		0.35	1.00	0.00		North CS	1999	...	JAMA-J A...	V282	P755	3	1
19	4.79	0.01	1.05	0.00		Meselso...	1994	...	SCIENCE	V266	P1202	7	0
18		0.01	1.00	0.00		*am PSY...	1994	...	DIAGN S...	V	P	9	1
17		0.16	1.00	0.00		Hoffman B	1998	...	INSIDE T...	V	P	4	5
16	6.97	0.05	1.44	0.00		Cooper GJ	1983	...	J TRAUMA	V23	P955	14	2
16	3.35	0.02	1.08	0.00		Tucker JB	1997	...	JAMA-J A...	V278	P362	4	0
15	6.48	0.12	2.03	0.00		Frykberg ...	1988	...	ANN SU...	V208	P569	10	2
15	4.99	0.02	1.09	0.00		Simon JD	1997	...	JAMA-J A...	V278	P428	3	0
15		0.01	1.00	0.00		Christop...	1997	...	JAMA-J A...	V278	P412	4	0
15		0.03	1.00	0.00		Schlenge...	2002	...	JAMA-J A...	V288	P581	1	1
12		0.08	1.00	0.00		Meltzer MI	2001	...	EMERG I...	V7	P959	2	3
12	2.55	0.01	1.02	0.00		Inglesby ...	2000	...	JAMA-J A...	V283	P2281	2	0
12		0.01	1.00	0.00		Zilinskas ...	1997	...	JAMA-J A...	V278	P418	4	0
11		0.02	1.00	0.00		Horowitz M	1979	...	PSYCHO...	V41	P209	23	1
10	3.89	0.08	1.33	0.00		Mallonee S	1996	...	JAMA-J A...	V276	P382	4	2
10		0.02	1.00	0.00		Macintyre...	2000	...	JAMA-J A...	V283	P242	3	0
10		0.00	1.00	0.00		Alibek K	1999	...	BIOHAZA...	V	P	3	0
10		0.03	1.00	0.00		Brennan ...	1999	...	ANN EM...	V34	P191	3	0
10		0.15	1.00	0.00		Okumura T	1998	...	ACAD EM...	V5	P618	4	4
10		0.15	1.00	0.00		Holloway ...	1997	...	JAMA-J A...	V278	P425	5	0
10		0.00	1.00	0.00		Kessler	1995	...	ARCH G...	V52	P1048	7	1

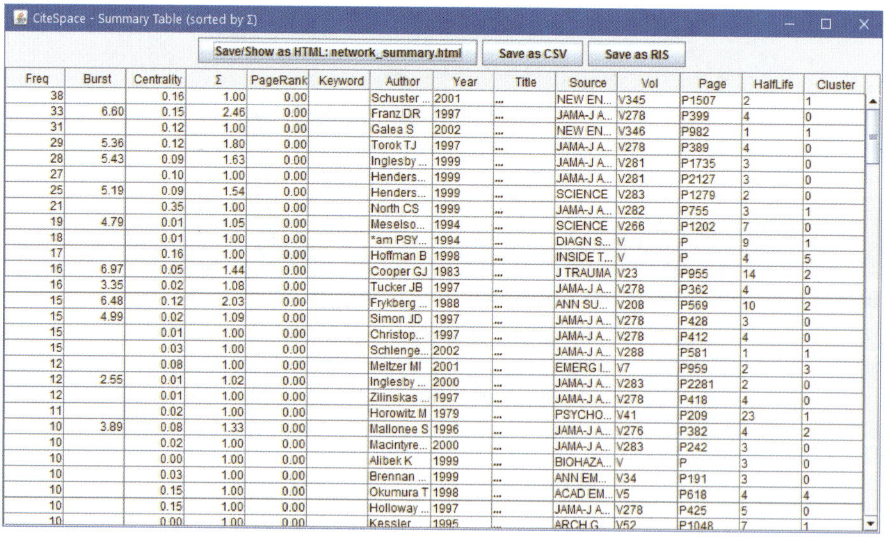

图 3.49 网络中所有节点信息列表

Save Cited References to an RIS File 可以将网络中的文献信息保存为 RIS 格式，并可以进一步导入 Endnote 等文献管理软件中为论文写作提供便利。

Network 的导出功能是将当前的网络导出为常见的网络格式，如 Pajek（.net），Pajek（.net with time intervals）以及 UCINET Network Format（DL）。

Generate a Narrative 可以直接导出对网络最重要的分析结果报告（图 3.50）。包含了 MAJOR CLUSTERS（主要聚类及其聚类标签），CITATION COUNTS（高被引文献），BURSTS（突发性文献），CENTRALITY（高中心性文献），SIGMA 值。

图 3.50 CiteSpace 分析报告的导出

（9）Help 中包含 Legend，Controls 和 About，分别是对 CiteSpace 图形中的 Legend 的说明，包含 Node，Link 以及 Color Mapping 三个部分。Controls 主要指导用户在使用 CiteSpace 时可以在网络视图区进行的一些操作。About 主要是关于 CiteSpace 的版权说明，及其 Sigma 的计算 Sigma=（centrality+1）^burstness。

3.3.3 可视化界面功能

在 CiteSpace 的网络可视化界面中，还提供了一些常用的快捷功能键（图

3.51）。这些快捷功能在 CiteSpace 的网络可视化界面的菜单中也都能找到。

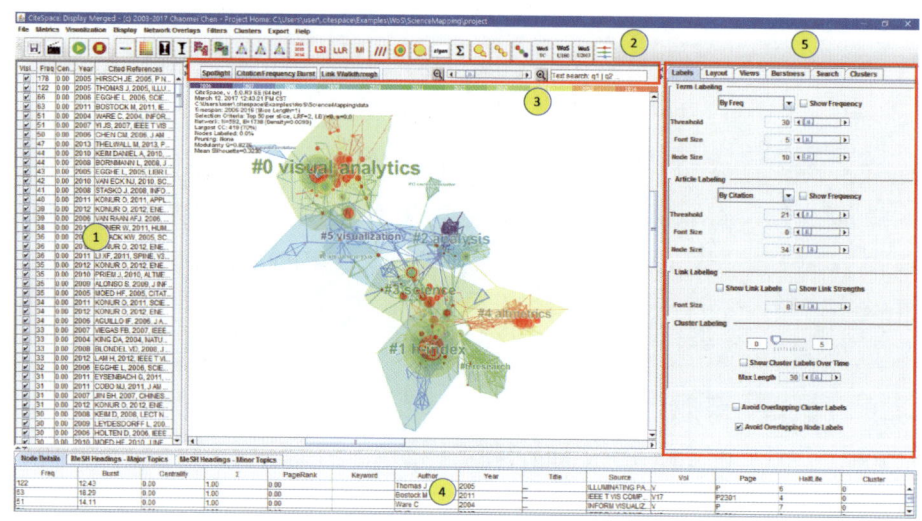

图 3.51　CiteSpace 的网络可视化界面

①主要是节点信息的列表区域。用户可以按照 Freq（频次）、Centrality（中心性）、Year（首次出现年份）以及节点的标签属性（Cited Reference）对显示的信息进行排序，具体方法为鼠标点击对应的行即可。若想隐藏某个节点，那么可以点击首列 Visible 的 ☑ 为 □。

②主要包含了一些结果保存、显示编辑和计算的快捷功能（图 3.52）。这里快捷键依次为保存分析的可视化文件，保存图形，网络重新计算和布局，网络布局和计算结束，整个网络蓝色与彩色显示切换（Toggle Legend color），网络视图背景颜色的修改，背景颜色为黑色以及背景颜色为白色。

图 3.52　CiteSpace 快捷功能

图 3.53 所示是 CiteSpace 网络聚类直接相关的快捷功能。前两个为聚类计

算功能，点击 ![icon] 即可完成网络的聚类。![icon] 为高级聚类，可以选择将聚类保存到数据库。中间的三个字母"T""K""A"代表聚类的命名术语是从施引文献的标题、关键词或者摘要中提取。在实际研究中，比较常用的是从标题中提取名词性术语为聚类命名。LSI 方法（LSI 全称为 Latent Semantic Index 潜语义索引，旧版本中使用的是 tf*idf 加权算法）、LLR 对数似然算法（Dunning, T 1993）和 MI（互信息算法）为 CiteSpace 提供的三种不同算法，用于在施引文献的不同位置提取聚类标签。通过 LLR 算法和 MI 算法提取的研究术语，强调的是研究特点（unique aspect of a cluster）。在实际的研究过程中，用户可以在可视化网络中使用 LLR 算法提取的标签来显示聚类命名，在论文的聚类解释中结合不同方法得到的结果对研究进行解读。如图 3.54 所示是使用 LSI 从施引文献标题中提取的聚类命名结果，在 Cluster Explorer 中高亮显示。

图 3.53　网络聚类及其命名

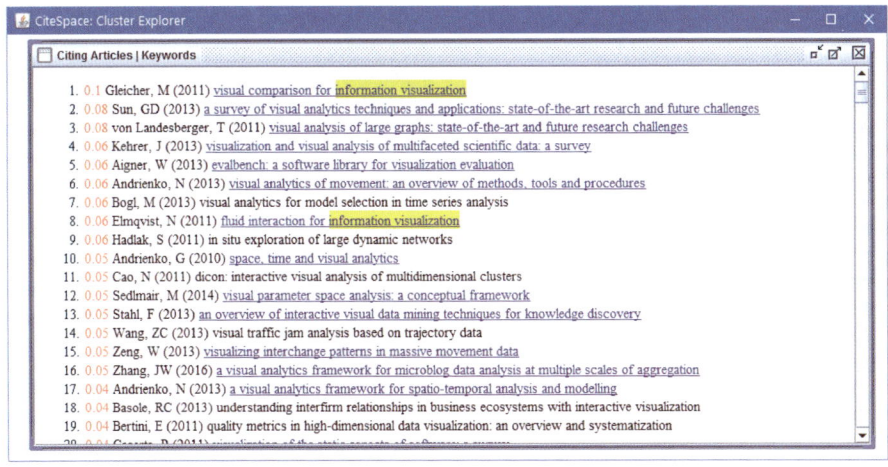

图 3.54　标题词 +LSI 聚类命名

CiteSpace：科技文本挖掘及可视化

在最近的 CiteSpace 版本中新加入了 ![] 和 ![] 用来分析聚类的时间演化和三种算法的显示，分别点击这两个快捷按钮，得到的结果如图 3.55 所示。

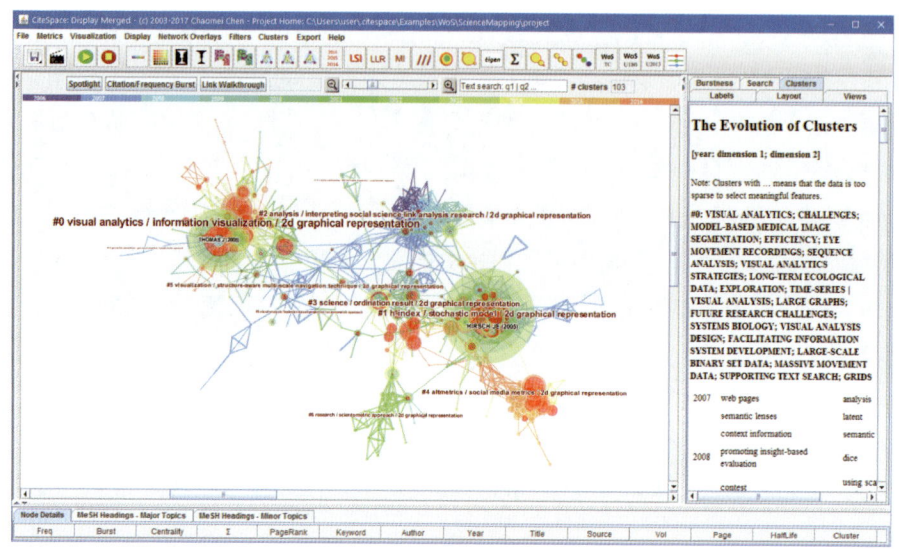

图 3.55 聚类的演化

节点显示样式的快捷调整如图 3.56 所示。这是对可视化网络图中节点属性的调整功能区。第一个 ![]（Node size=tree ring history）是节点的年轮表示方法，也是 CiteSpace 网络可视化最经典的显示方式。节点的大小可以反映节点被引或者出现的次数；节点的年轮圈代表不同年份发表论文的数量，某个年份的年轮越宽，则代表在相应的年份上被引用或者出现的频次越大 ![]。（Node size=Centrality）即节点是以中介中心性的大小进行显示。其他的依次为 Sigma 指数、PageRank、统一尺寸、聚类类别以及 Web of Science 引证总量等显示方式（图 3.57）。图 3.57 为不同节点样式下的图谱。在新版 CiteSpace 中新增加了节点按照使用情况显示的设置，可以用来表示某文献在近半年或者从 2013 年以来的使用情况（图 3.58）。

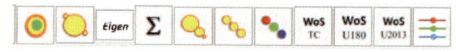

图 3.56 CiteSpace 中节点样式的快捷调整

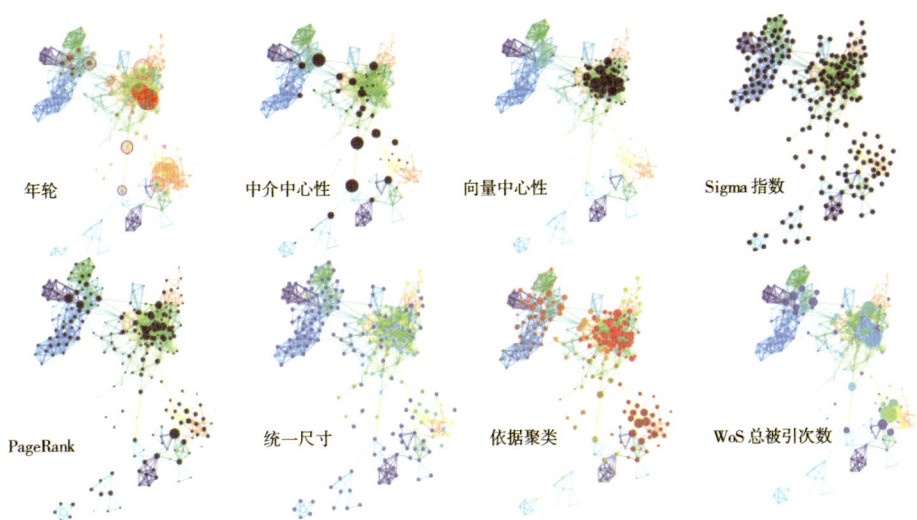

图 3.57　CiteSpace 节点样式的不同表示

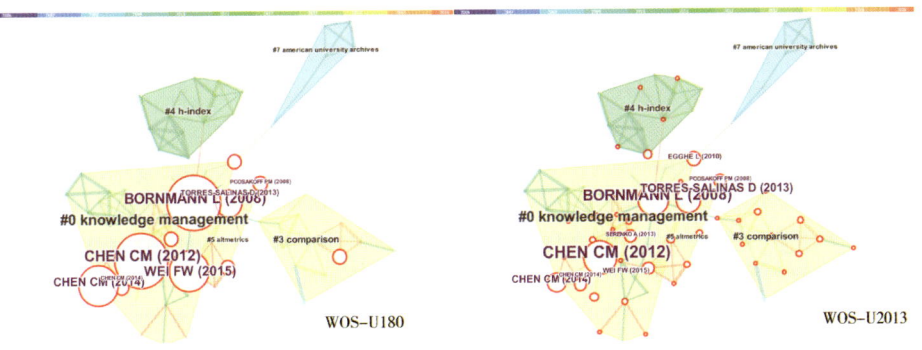

图 3.58　CiteSpace 新增数据使用情况的节点样式

③网络调整和计算的其他功能。这里包含了网络的关键路径分析，节点突发性探测，网络在时间序列上的变化，图形的放大和缩小，节点信息的检索和聚类数量的显示等功能（图3.59）。

④主要为网络节点信息的显示区域，该功能区的信息只有当网络完成聚类及其命名后才会显示。

⑤为标签形式的快捷功能区，包含了 labels（标签的设置），Layout（网络的布局），Views（可视化的调节），Search（节点信息的检索链接）以及

Clusters（聚类信息的显示）。

默认的快捷标签为Labels，在该标签下可以完成以下功能：（a）针对主题（Term）网络的字号标签进行调整；（b）针对除了主题网络分析以外的其他网络节点字号进行调整；（c）主要用于显示或者隐藏网络中连线的标签和强度，以及对标签大小进行调整；（d）对聚类得到的命名的字号和聚类命名的显示进行调整；（e）Avoid Overlapping Cluster Labels 和 Avoid Overlapping Node labels（下称AONL）可以用来调整聚类和节点标签，以避免标签之间的覆盖。见图3.60。

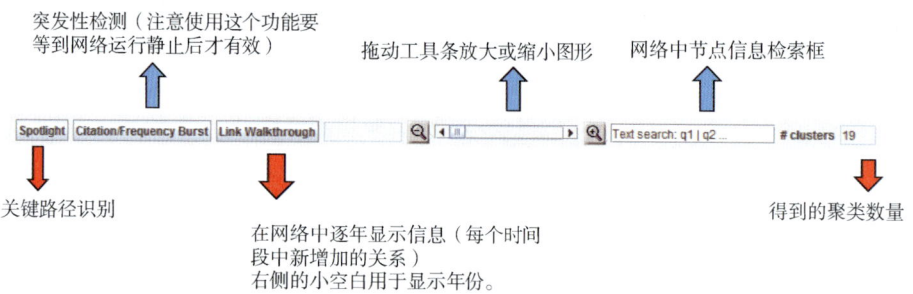

图 3.59　CiteSpace 网络可视化编辑功能

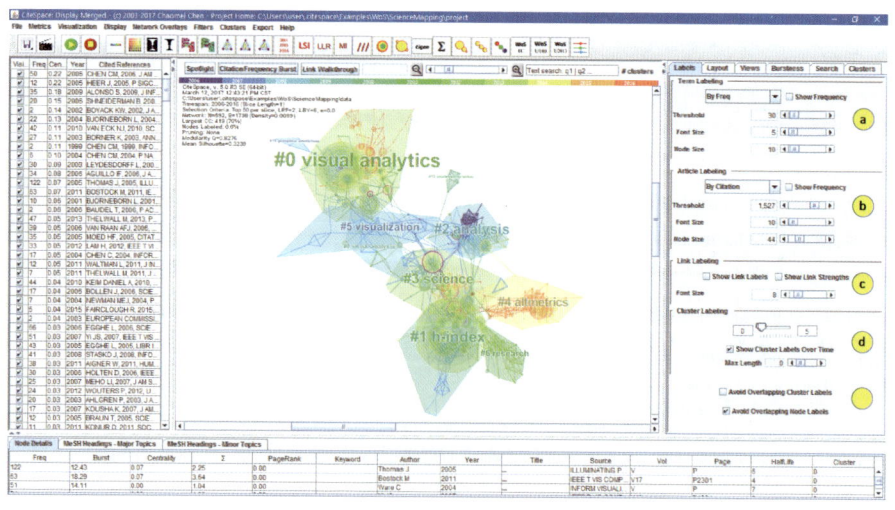

图 3.60　Labels 调整区域

图3.61为网络的布局快捷区域，默认的网络布局为Cluster View，此外还包含了t-SNE，Barnes-Hut，Timeline View以及Timezone View的布局方式。

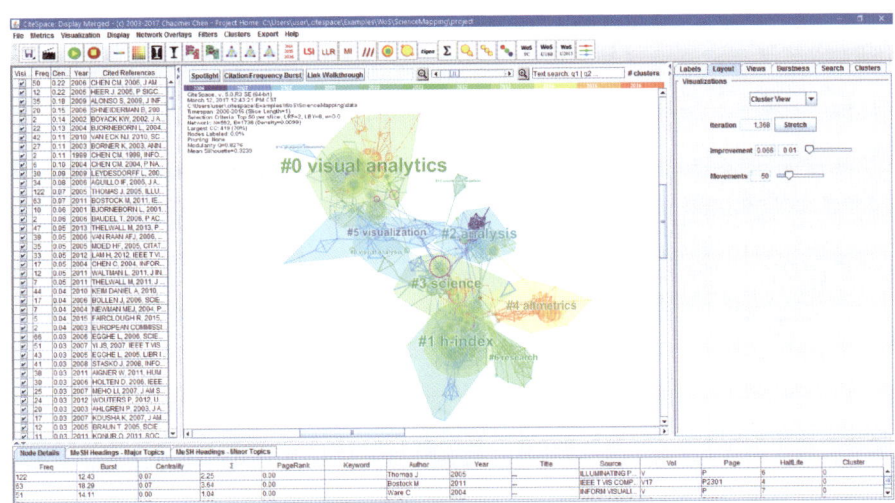

图3.61　Layout区域功能

图3.62的Views区域是对视图的调整模块。其中（a）是利用鱼眼图对Timeline进行调整；（b）是对Timeline视图中聚类标签的位置行距以及连线的调整；（c）是对图形元素透明度的调整，例如Node Alpha和Link Alpha的游标

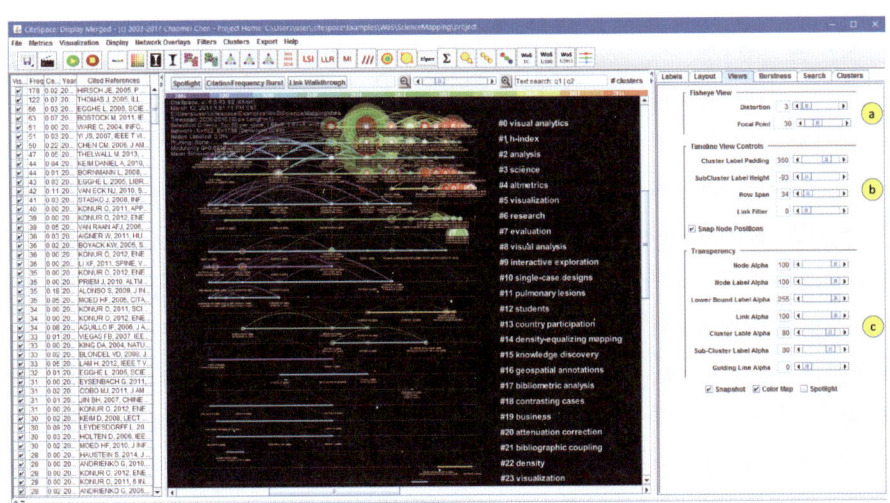

图3.62　Views功能区

越向右，则图形中的节点和连线颜色越深。

图 3.63 是节点突发性探测的区域。修改参数后，点击 Refresh 可以更新突发性探测的结果。点击此处的 View 可以查看突发性探测的结果。图 3.64 是在网络图选中节点文献并选择检索后，所显示的文献的网络链接。图 3.65 显示的是点击某一个聚类主题演化信息的显示面板。

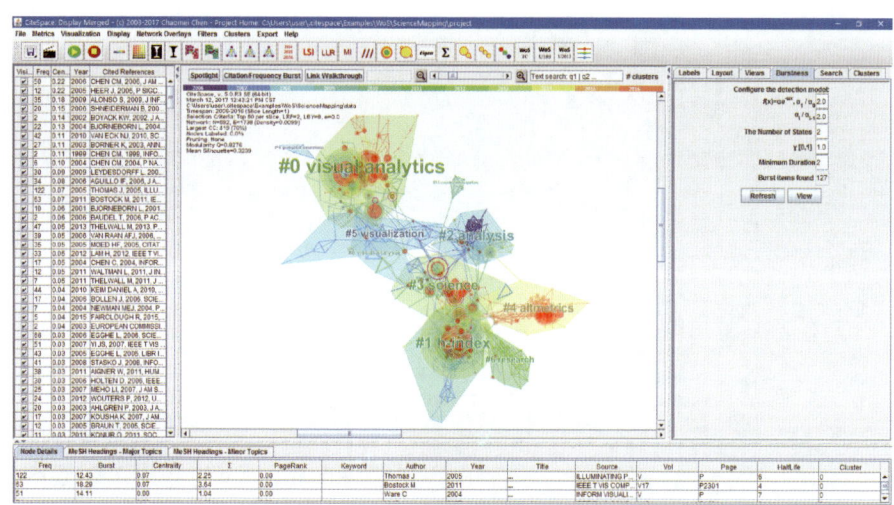

图 3.63　突发性探测功能区

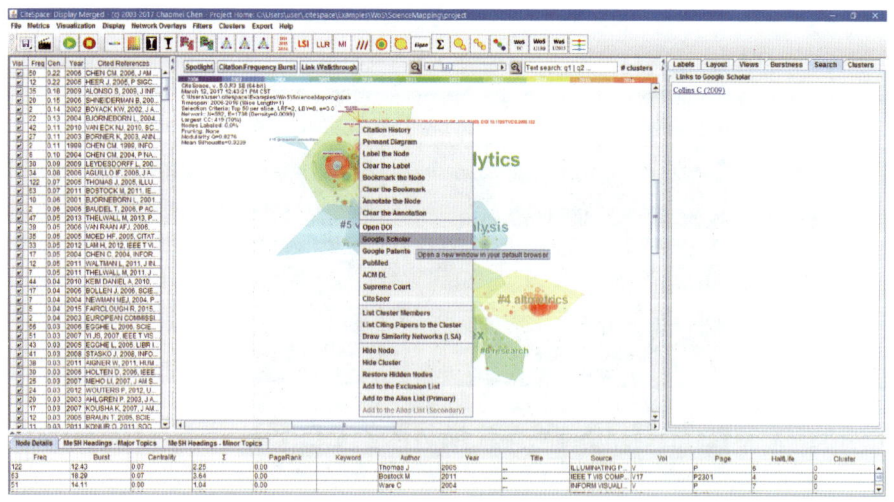

图 3.64　检索节点信息链接

第 3 讲 软件安装及界面功能

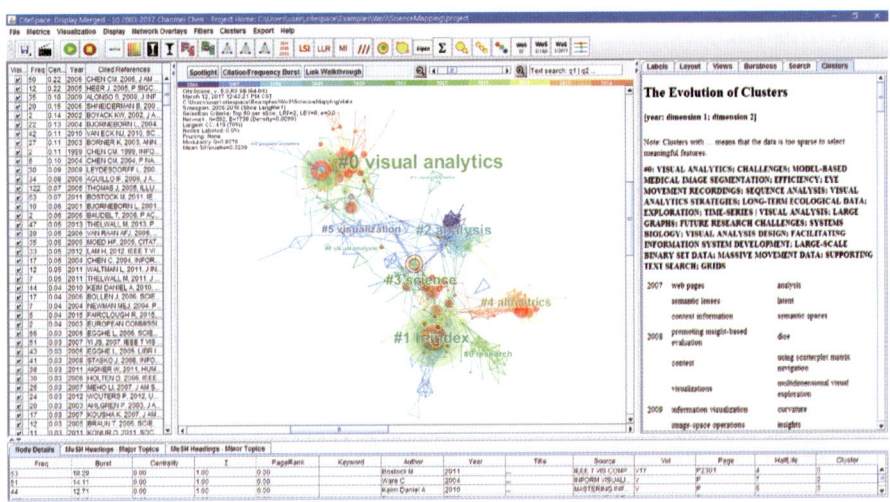

图 3.65 聚类演化信息的显示

3.3.4 网络信息的查看

通过鼠标选中节点后，右击鼠标可得到对单节点进行查看和处理的菜单（图3.66）。

（1）节点的查看和编辑。点击Citation History可以查看某个节点频次（被引或者出现频次）在时间上的变化，若为共被引网络，查看的就是某文献被引用的时序图，及其施引文献的信息（图3.67）。若为共词网络，查看的就是某个词汇随着时间频次的变化。对合作网络进行分析时，则对应的是作者发文的时序分布。

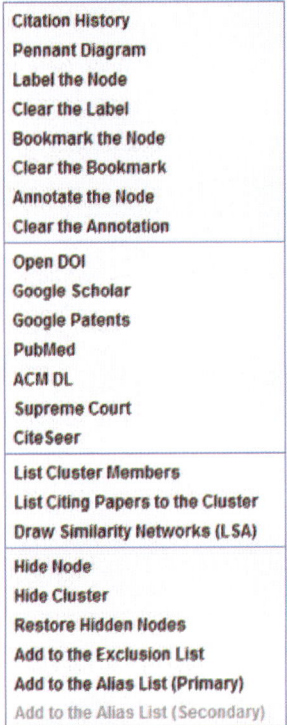

图 3.66 对单个节点信息的查看或处理

113

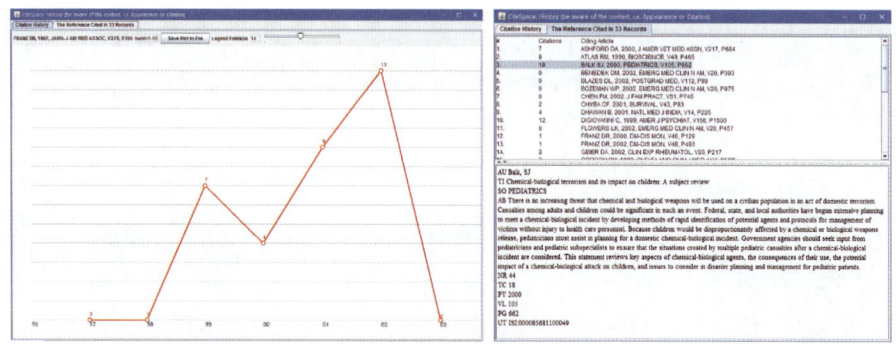

图 3.67　节点历史信息查询

Pennant Diagram（要求版本 3.9.R12.64-bit.public.8.29.2015 及以上）可以查看与某个节点直接相连接的文献信息（图 3.68），更为详细的原理和功能参见（White, H. 2007a, White, H. 2007b）。

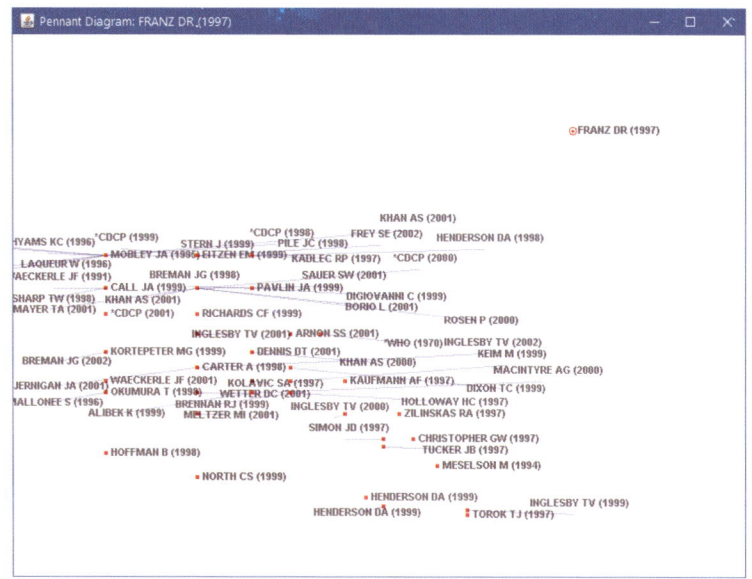

图 3.68　文献的 Pennant Diagram 查询

Label the Node 的功能可以将没有显示的节点标签标记显示出来（这种标签显示由用户自己选取，可以是没有在阈值范围内显示的节点），Clear the Label 就是清除标记的节点；Bookmark the Node 就是重点标注的节点，此时节点中心会

出现一个小 ★，也可以选择 Clear the Bookmark 清除标记；Annotate the Node 就是为某个节点添加注释信息，也可以选择 Clear the Annotate 清除注释。

（2）节点信息的网络查询。Open DOI 主要是通过每个文献的 DOI（Digital Object Identifier）号码来确定文献，通过单击可以直接链接到该论文的网络全文地址（没有 DOI 的文献不能得到相应的结果）；若知道一篇论文的 DOI 号码，也可以在 Digital Object Identifier System[①] 输入该号码获取该文献的信息。Google Scholar 和 Google Patent 是通过 Google 来查询所选择的节点文献；PubMed 是通过 PubMed 数据库来查询所选择的节点信息；ACM DL 是通过美国计算机协会数字图书馆（ACM DL，Association for computing Machinery Digital Library）数据库来查询所选择的节点；Supreme Court（美国高等法院判例）为在该数据库中检索文献；CiteSeer 则是链接到该数据库中的相应记录。

（3）节点相关联信息的查询。List Cluster Members，列出该节点所属聚类的节点信息；List Citing Papers to the cluster，查询该聚类的施引文献信息，包含 Keyword,Citing Title 和 Bibliographic Details; Draw Similarity Network（LSA），绘制相似网络。

（4）节点的其他处理功能。Hide Node，隐藏节点信息；Hide Cluster，隐藏某聚类；Add to the Exclusion List，添加到去除列表；Add to the Alias List（Primary），添加到规范词列表（首选）；Add to the Alias List（Secondary），添加到规范词列表（次选）。特别地，Add to the Alias List（Primary）添加到规范词列表（首选）和 Add to the Alias List（Secondary）添加到规范词列表（次选）功能，主要可以用于对相同词语不同写法以及相近词汇的合并。

3.4 项目的建立

前面已经对数据的采集以及预处理进行了介绍，它是对数据进行分析的重要步骤。下面主要介绍如何结合已有数据建立项目，并在 CiteSpace 中对数据进行分析。这里以分析 Scientometrics1980-2016 的数据为例。

[❶] Digital Object Identifier System. http：//www.doi.org/

| **CiteSpace：科技文本挖掘及可视化**

第一步：建立一个文件夹，并命名为 Scientometrics1980-2016。在此文件夹下建立两个子文件夹 data 和 project，复制下载的数据文件到 data 文件，project 文件夹保持为空，该 project 文件夹主要用于保存分析后的结果（图3.69）。

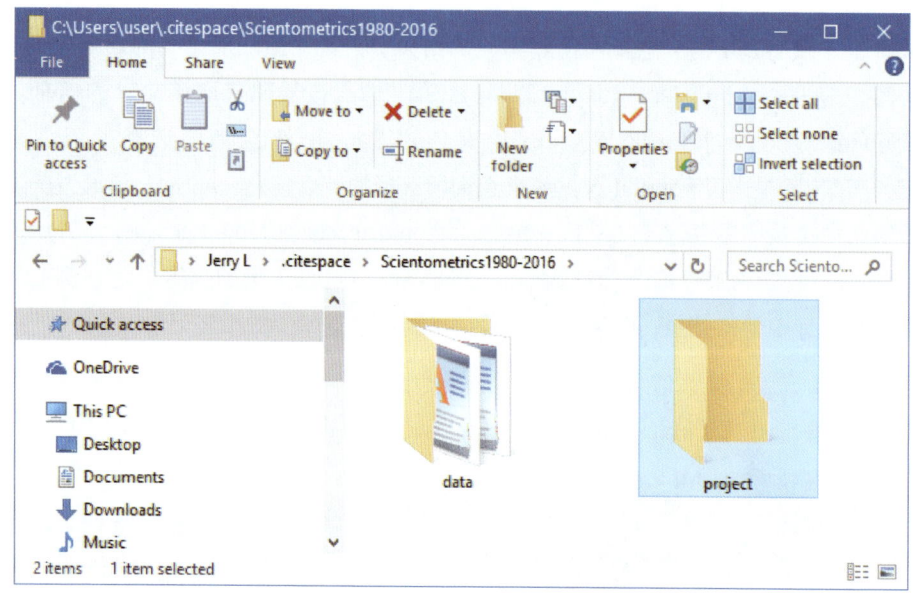

图 3.69　建立项目文件夹

第二步：点击 CiteSpace 功能与参数页面的 New，此时会进入 New Project 界面。在 New Project 界面中可以进行相关参数的设置。Title 为项目的名称，用户可以自定义。Project Home 与 project 文件夹对应，Data Directory 与 data 文件夹对应。需要特别注意，在分析时，要针对数据的情况选择 Data Source。在 4.2 R3 及其之前的版本，数据为 CNKI 和 CSSCI 时要选择"CNKI，CSSCI（prior to 4.2 R3）"。4.2 R3 之后的版本在分析数据时要选择 WoS，Scopus，CSCD，CSSCI（4.2 R3+）。这里的其他参数保持默认即可，点击 Save 回到 CiteSpace 软件功能与参数设置区。见图 3.70。

返回到功能与参数主界面后，此时需要对分析的时间、网络参数等进行设置。对于 WoS 数据而言，其数据的知识单元都是完整的。而中文的 CNKI 数据仅仅包含作者、机构、关键词、摘要等信息。因此，使用 CNKI 的数据进行分析时就有些局限。如果相关参数都设定好了，那么点击"Go！"就可以对数据进行分析（图

3.71）。例如，通过 CiteSpace 可以对 Scientometrics1980-2016 的文献共被引网络进行可视化分析，结果如图 3.72 所示。

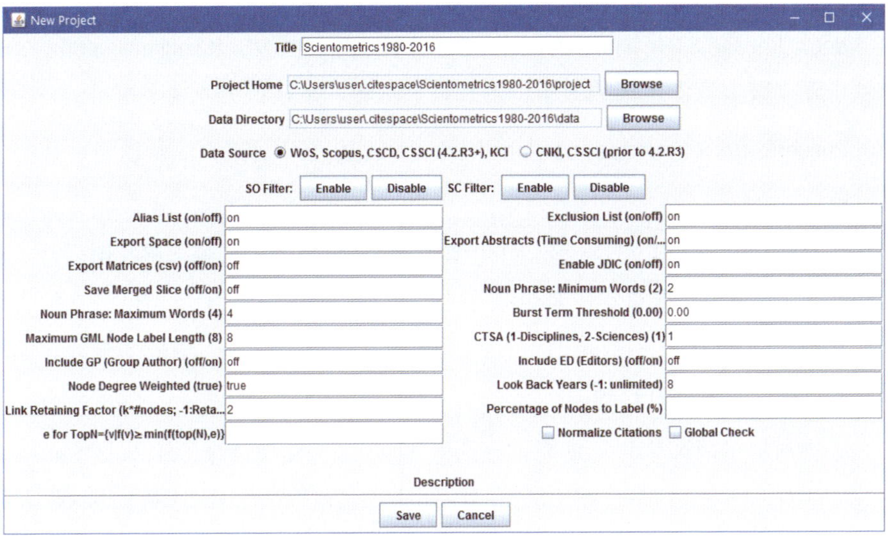

图 3.70　新建工程文件

如果建立了项目后，需要对项目进行编辑，在 projects 区域后点击 More Actions→Edit Properties 即可，如图 3.73 所示。

对项目编辑区窗口提供的其他参数功能介绍如下：

Alias List（on/off）：该功能用于开启或者关闭节点的合并功能。如需要将 Behavior 和 Behaviour 进行合并，那么就要设置此功能为 on，然后在可视化界面进行合并操作。

Exclusion List(on/off)：该功能用于去除一些没有意义或者意义广泛的词汇。

Look Back Years（-1, unlimited）：该功能主要是用来控制提取文献网络中节点的数量（或者可以理解为最大引用跨度）。例如设置为 5，则表示仅仅提取文献中近 5 年的文献，超过的将不被考虑。当该参数的值为 -1 时，所有跨度的引用都包括在内。

Max.No.Links to Retain：该功能主要用来控制网络中连线的数量（或者可以理解为最大相邻节点数）。例如默认设置为 5，意思是仅仅保留每一个节点关联强度最大的5个连线。小于5的都保留，大于5的仅仅显示5条。该设置在数据运行后，在Space status中显示为Retain top K connections：5。

Export matrices（CSV）（on/off）：导出或者不导出所分析网络的矩阵。

Noun Phrase：Minimum words（2）和Noun Phrase：Maximum words（4）分别设置提取名词性术语的最小词数和最大词数，默认值分别为2和4。

Percentage of nodes to label（%）为设置在可视化界面默认显示标签的百分数。

e for TopN={v|f（v）>=min（f（top（N），e）}表示如果f是被引次数（出现频次），e是节点要满足的最低被引次数（最低出现频次）。当用户在每个时间切片提取数据TopN的数据时，可能排序为N的知识单元的数量会很大，这时可以通过设置e来进行控制。

该界面提供两种Filter功能，分别为SO Filter期刊过滤（SO代表Source）和SC Filter科学领域过滤（SC代表Subject Categories）。例如要使用SO Filter，点击"Enable"按钮，此时有如图3.74所示的提示：需要建立一个期刊的列表，这些期刊是准备要分析的期刊（即保留这些期刊的记录），并将该列表保存为ASCII文件。SC Filter的功能操作与SO Filter类似，此处再不赘述。

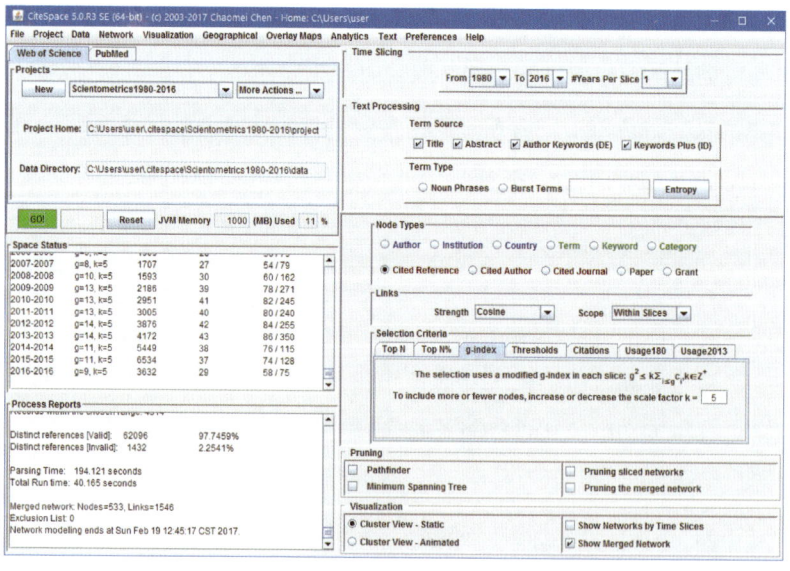

图3.71　项目建立后回到软件功能与参数区

第 3 讲 软件安装及界面功能

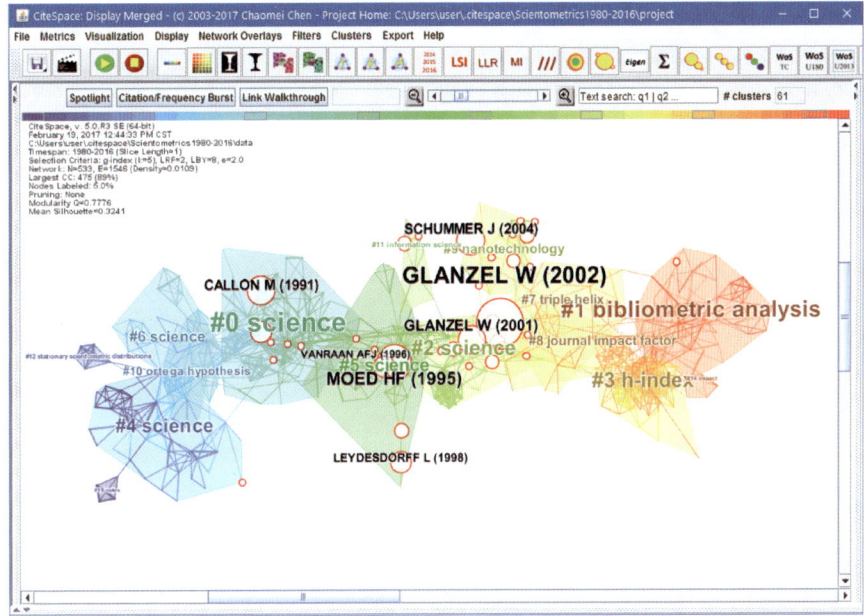

图 3.72　Scientometrics1980–2016 的文献共被引网络

图 3.73　项目的编辑区

CiteSpace：科技文本挖掘及可视化

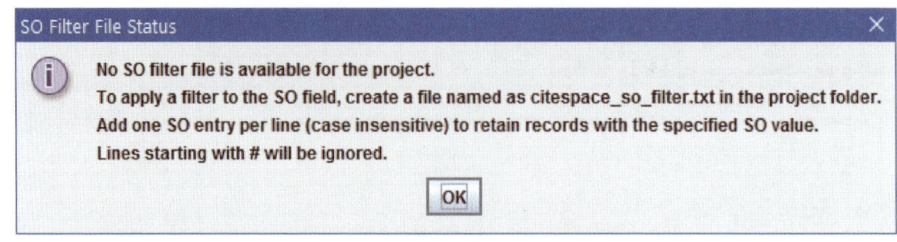

图 3.74　期刊过滤功能提示

3.5　数据分析关键步骤及解读

3.5.1　数据分析关键步骤

（1）运用尽可能广泛的专业术语来确定所关注的知识领域。这是为了所得到的结果能尽可能地涵盖所关注领域的全部内容。

该步骤要求用户对自己所关注的领域比较熟悉。在此前提下用户才能确定出合理的术语，以及需要重点关注的术语问题。

（2）收集数据。在上一步确定好要检索的术语以后，接下来则要选择数据库来获取所要分析的数据。当前 CiteSpace 所分析的数据类型基础是 Web of Science 格式，也就是说从 Web of Science 中下载的数据，CiteSpace 直接可以读取和分析。而从其他数据库所收集的数据则需要通过转换器进行格式的转换才能进行分析。数据转换的思路是把其他格式的数据转换为 Web of Science 的数据格式（例如：CNKI → WoS，CSSCI → WoS 以及 Scopus → Wos 等）。

该步骤对用户的信息检索素质要求比较高。因此，具备一定的信息检索技能以及检索技巧是必须的。例如：在进行安全科学的文献分析时，使用主题检索的结果达到了近 30 万条。这时可以考虑改用标题检索或关键词检索。

（3）提取研究前沿术语。从数据库文献的题目（Title）、摘要（Abstract）、关键词（Keywords）、系索词（Descriptor）和标识符中检索 N 元文法（N-grams）

或专业术语，出现频次增长率快速增加的专业术语将被确定为研究前沿术语。

（4）时区分割（Time Slicing）。在CiteSpace中需要明确要分析的时间跨度（开始时间和结束时间），以及这个时间跨度的分段长度（即单个时区的长度）。

（5）阈值的选择。CiteSpace允许用户使用7种方法来设定阈值。分别为Top N法，Top N percentage法以及Threshold Interpolation法等7种方法。

（6）网络精简和合并。在CiteSpace中提供两种网络精简算法，分别为Pathfinder和MST。在对数据进行初始分析时，一般不做任何精简。通过初步得到的结果，再决定采用何种精简方法。

（7）可视化显示。CiteSpace的标准视图（默认）为网络视图，此外还有Timeline（时间线图）和Timezone（时区图）视图。

（8）可视化编辑和检测。得到图谱之后借助CiteSpace可视化界面提供的网络可视化编辑功能美化图形，也可以利用提供的网络计算功能对网络进一步分析。

（9）分析结果的验证。使用CiteSpace得到分析结果后需要与熟悉本专业的学者、专家进行沟通。特别地，建议对网络中突出的关键节点的作用进行咨询。

3.5.2 分析结果的解读

CiteSpace的核心功能是产生由多个文献共被引网络组合而成的一种独特的共被引网络，以及自动生成的一些相关分析结果。每个文献共被引网络对应于一个历时一年或几年的时间段。最终显示的网络不是各个网络之间的简单叠加，而是要满足一些条件。解读这样的递进式知识领域分析的要点包括：网络整体结构，网络聚类，各聚类之间的关联，关键节点（转折点）和路径。解读时可从直观显示入手，然后再参照各项指标。

（1）结构。是否能看到自然聚类（未经聚类算法而能直观判定的组合），观察通过算法能得到几个聚类？是否包括一些重要的节点，如转折点（Pivot node，在CiteSpace中为有紫色外圈的节点，是具有高的中介中心性的节点）、标志点（Landmark node，如每个节点大小代表它的总被引次数，节点越大则总被引频次越高）和具有高的度中心性的点（Hub node，枢纽节点，具有高的度中心性），如图 3.75 所示。

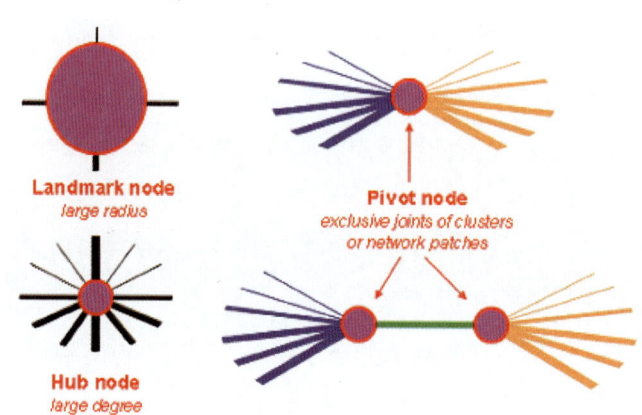

图 3.75　CiteSpace 可视化网络中的几个重要节点特征

（2）时间。每个自然聚类是否有主导颜色（出现时间相对集中），是否有明显的热点（节点年轮中出现红色年轮，即被引频率是否曾经或仍在急速增加）？通过各个年轮的色彩可判断被引时间分布。时间线显示将每一聚类按时间顺序排列，相邻聚类常常对应相关主题（聚类间共引）。聚类之间的知识流向也可从时间（色彩）上看到（由冷色到暖色）。

（3）内容。每个聚类的影响（被引时涉及的主题，摘要，关键词）和几种不同算法所选出的最有代表性的名词短语。

（4）指标。每个聚类是否具有足够的相似性（silhouette 值是否足够大，太小则无明确主题可言），整个聚类是否有足够节点。关于指标的更多信息参见小提示 4.2。

思考题

（1）尝试下载并安装 CiteSpace 软件。

（2）下载并安装软件后，进入软件参数与功能界面，并点击"GO！"运行（参数默认），进入可视化界面后，对各个界面的功能按照本章的提示进行学习。

（3）通过 CNKI 和 Web of Science 分别下载《火灾科学》和 Journal of Fire Sciences 的数据。

（4）获取适合用 CiteSpace 进行分析的数据有哪些渠道？你认为不同渠道获取的数据对分析结果的影响如何？（例如：通过 CNKI, Web of Science 以及 CSSCI 分析关于"地震"研究的文献。）

（5）在 CiteSpace 中有三种连线强度的计算，试结合其计算公式谈谈不同算法的思路及其优势。

（6）在 CiteSpace 中确定节点重要性排序的方法有哪些？你认为这些算法都适用于哪些情况？

本章小提示

小提示 3.1：CiteSpace 运行的电脑系统。

苹果电脑是否可以运行 CiteSpace？答案是肯定的。具体的下载、安装和运行步骤与 Windows 的系统一样。两种系统都需要先正确地安装 Java。

小提示 3.2：CiteSpace 各版本功能说明。

陈超美教授会根据用户的反馈以及最新的研究，对 CiteSpace 的版本进行更新，请大家尽量使用最新版的 CiteSpace，本教程中涉及的版本虽然可能会过期，但 CiteSpace 目前的功能和基本模块已经定型，版本的差异不影响通过本教程来学习最新版的软件。

本书使用的是 CiteSpace 5.0.R3.SE（2017 年 1 月 30 日），在 2017 年 3 月 7 日释放的版本中对相关功能图标进行了修改了补充。主要的修改和补充如下：

（1）将原 （Node size=eigenvector centrality）的图标，修改为 ；

（2）将 （时间线）的图标修改为 ，并补充了聚类视图快捷图标和时区图快捷图标。视图的快捷图标组 ，依次为网络聚类图、时间线图和时区图。

小提示 3.3：CiteSpace 过期版本的运行。

想用过期版本，但是运行提示"This version of CiteSpace expires on May 31, 2015"怎么办？处理的方法是将自己电脑的时钟调到该时间之前即可。

小提示 3.4：CiteSpace 运行问题的解答。

当软件启动出现问题（包含软件不能正常运行和案例数据丢失的情况），则需要重新安装。可以找到 CiteSpace 软件的安装文件夹，删除".citespace"文件夹（图 3.76），然后再运行所下载的 StartCiteSpace.bat 文件即可。

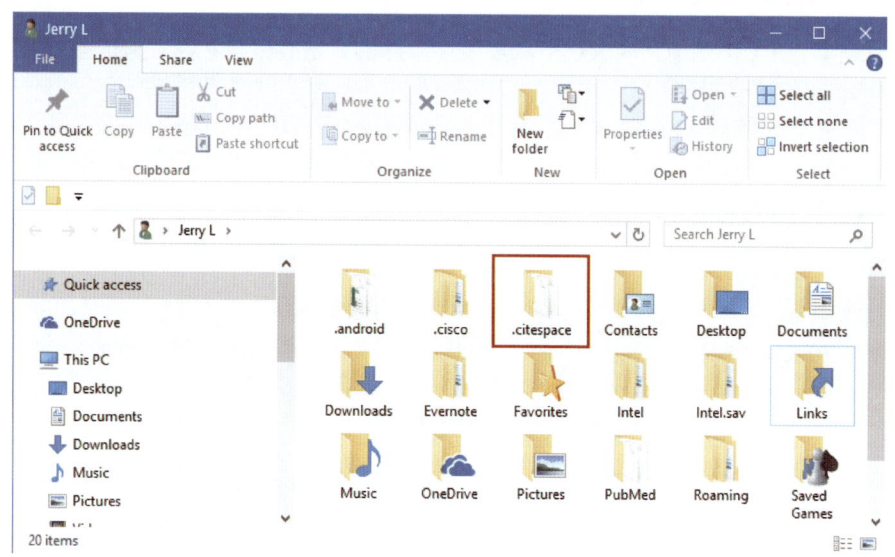

图 3.76　".CiteSpace"文件夹的位置

小提示 3.5：CiteSpace 软件的卸载。

如果用户电脑安装的 CiteSpace 版本太多，可以通过运行 cmd 命令来卸载旧的版本。步骤如下：

第一步：在任务栏中输入 cmd 打开命令窗口，输入 javaws-viewer 后按回车键（图 3.77）。

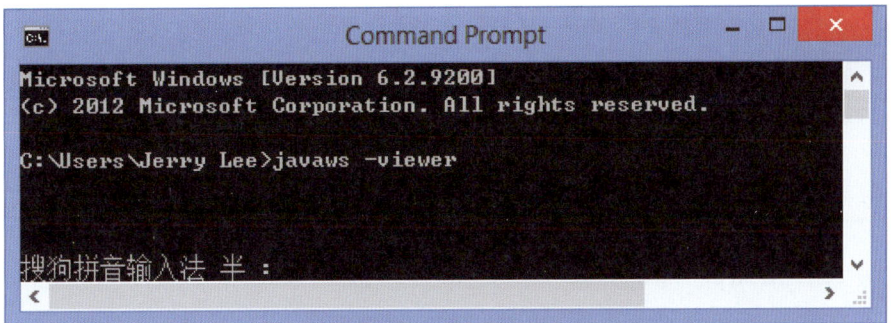

图 3.77　输入 java 指令

第二步：选中 CiteSpace，然后点击✕即可卸载（图 3.78）。

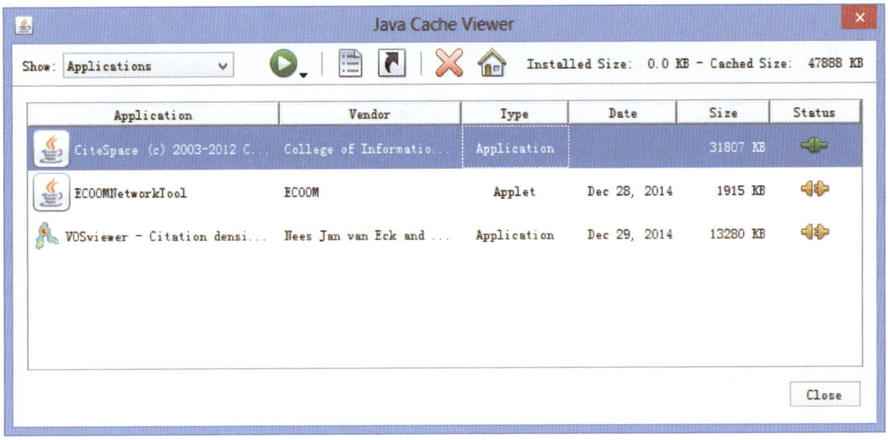

图 3.78　Java 应用程序卸载界面

小提示 3.6：CiteSpace 所分析文献的时间说明。

① 在用户采集的文本中存在两种时间，一种是施引文献的时间，一种是参考文献的时间。如果我们下载了某一主题 2001—2010 年的数据，这就是施引文献的时间。我们在功能参数区设置时间的时候，必须依据施引文献的时间来设置时间。如果进行的是文献的共被引分析，CiteSpace 将从 2001—2010 年的施引文献的参考文献里面读取数据，那么提取的文献的时间跨度可能就很大。这就是为什么有用户存在这样的疑问："我分析的数据是 2001-2010 的，怎么在文献的共被引网络里面出现了 1980 年等不在时间范围内的数据"。② 时间切片设

置的不同会影响到突发性探测的结果，当然显著性比较强的节点受到的影响会较小。

小提示 3.7：CiteSpace 所分析网络的说明。

CiteSpace 除了能够生成 1 模网络外（节点含义相同），还可以生成多模网络（又称异质网络）。如 Author-Reference（Author-cites-reference 表示作者与引用文献），Author-Category（Author-published in category 表示作者在某科学领域发表论文）以及 Category-Reference（Paper in category cites Reference，表示论文被哪些领域引用）。CiteSpace 所分析的网络，不限于社会网络。例如：文献共被引网络就不是社会网络，而是更为抽象的概念符号（concept symbols）网络。特别要注意，节点之间的关系如果不属于社会联系的话，就不能作为社会网络对待。

小提示 3.8：CiteSpace 网络的选择

在实际的数据分析中，用户需要根据自身的研究目的来选择相应的节点类型，在以往 CiteSpace 使用中存在节点选择和研究目的不匹配的情况。这里对常见的节点类型和研究目的总结如下：

①研究目的：研究前沿＋知识基础；

节点类型：Cited Reference。

知识基础是由共被引文献集合组成的，而研究前沿是由引用这些知识基础的施引文献集合组成的。在 CiteSpace 中知识基础的聚类命名是通过从施引文献中提取的名词性术语确定的，这个命名可以认为是研究前沿的领域。当然，也可以对最近几年发表的文献进行耦合分析，这也是一种研究前沿的分析方法。CiteSpace 文献耦合的节点类型为"Paper"。

在 CiteSpace 中，研究前沿指正在兴起的理论趋势和新主题的涌现，共引网络则组成了知识基础。在分析中可以利用从题目、摘要等部分提取的突发性术语与共引网络的混合网络来进行分析（即共引文献和引用了这些文章术语的复合网络）。具体表述为：

一个研究领域可以被概念化成一个从研究前沿 $\Psi(t)$ 到知识基础 $\Omega(t)$ 的时间映射 $\Phi(t)$，即 $\Phi(t): \Psi(t) \rightarrow \Omega(t)$。CiteSpace 实现的功能就

是能够识别和显示 Φ（t）随时间发展的新趋势和研究主题的突变。Ψ（t）是一组在 t 时刻与新趋势和突变密切相关的术语，这些术语被称为前沿术语。Ω（t）由出现前沿术语的文章引用的大量文章组成，对它们之间的关系总结如下：

$$\Phi(t): \Psi(t) \rightarrow \Omega(t)$$

$$\Psi(t) = \{term \mid (term \in S_{Title} \cup S_{Abstract} \cup S_{descriptor} \cup S_{indentifier} \wedge IsHotTopic(term, t)\}$$

$$\Omega(t) = \{article \mid term \in \Psi(t) \wedge term \in article_0 \wedge article_0 \rightarrow article\}$$

式中，S_{Title} 表示一系列标题专业术语，IsHotTopic（term,t）表示布尔函数，$article_0 \rightarrow article$ 表示 $article_0$ 引用 article。

②研究目的：研究热点+研究趋势+知识结构；

节点类型：Keyword；Term。

研究热点可以认为是在某个领域中学者共同关注的一个或者多个话题，从"研究热点"的字面上理解，其有很强的时间特征。一个专业领域的研究热点保持的时间可能有长有短，在分析时要加以注意。CiteSpace 中提供了对研究主题的词频、词语时间趋势、词汇的突发性、词汇的网络属性等分析的功能。

③研究目的：科学领域结构；

节点类型：Category（其他节点也可考虑）。

关于科学领域结构的研究视角，笔者认为最直接的方法就是使用 CiteSpace 提供的科学领域的共现网络进行分析，但是这样我们得到的结果是有些宏观的。此时，还可以结合期刊的共被引聚类来进行分析。

事实上，对科学结构的探索研究，从 CiteSpace 提供的其他节点的聚类也能够进行分析，如合作者的聚类、文献的聚类等。为什么呢？因为一旦文献的数据集确定，选定不同的知识单元进行分析仅仅是体现在揭示的立足点不同而已，得到的核心结果应该是相同的。

小提示 3.9：网络的剪裁思路。

网络的剪裁方法大致可以分为两种：一是通过网络中连线的权值来剪裁（Threshold-based approach）；二是通过拓扑算法来剪裁（Topology-based approach）。在 CiteSpace 中使用的剪裁方法 Pathfinder 和 MST 是基于几何的算法。

其中，Pathfinder 的作用是简化网络并突出其重要的结构特征。Pathfinder 的优点是具有完备性（唯一解），而 MST 则不具备这一特性。MST 的优点是运算简捷，能很快得到结果。更多关于两种方法的优劣比较参见陈超美等 2003 年发表的论文 "Visualizing evolving networks: minimum spanning trees versus pathfinder networks"。

图 3.79 给出使用"恐怖袭击"案例进行分析的文献的共被引网络的原始网络、Pathfinder 网络以及 MST 网络的比较。他们在其他参数设置上是相同的，仅仅采用的剪裁策略不同。通过结果可以得到，文献的共被引网络在不同的裁剪方式下参数指标发生了变化，如表 3.1 所示。

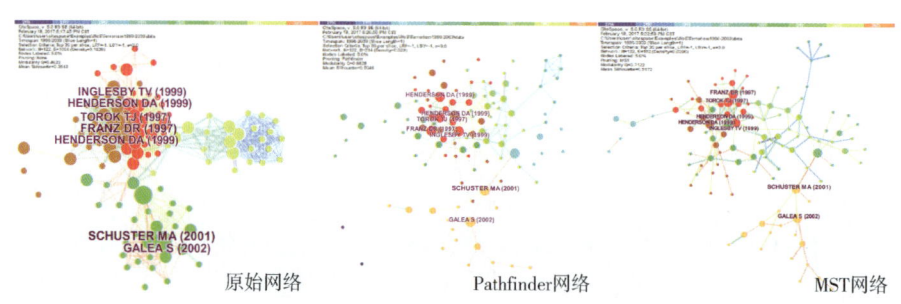

图 3.79　网络剪裁后的比较

表 3.1　网络剪裁后的参数变化

剪裁方法	N	E	Density	Modularity	Silhouette
原始网络	122	1 054	0.142 8	0.462 2	0.351 3
Pathfinder	122	214	0.029	0.682 8	0.504 6
MST	122	152	0.021	0.712 2	0.517 2

小提示 3.10：CiteSpace 可以同时进行多任务分析。

可视化界面可以打开多个，比如用户分析完文献共被引之后需要做共词，此时可以先不关闭文献共被引分析结果，而是直接去参数功能区中设置参数，进一步分析共词即可。共词分析结束，会出现一个新的网络可视化界面。

小提示 3.11：CiteSpace 年轮图例。

Tree Ring History（引文年环）代表着某篇文章的引文历史，年轮的整体大小反映论文被引用的次数。引文年轮的颜色代表相应的引文时间。一个年轮的厚度和相应时间分区内引文数量成正比（图 3.80）。

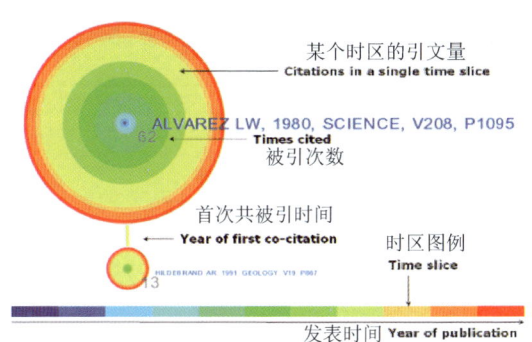

图 3.80　CiteSpace 年轮图例解释

小提示 3.12：关于被引次数的补充。

一篇论文被引用了多少次？具体的结果是由我们依据的数据库来决定的。如一篇相同的论文，分别通过 Google Scholar、Web of Science 或 Scopus 检索，引证结果会不尽相同。主要原因是他们基于的数据库所包含数据的量是不同的，数据库的论文数量越大，通常 1 篇论文在此数据库中显示的被引次数也越多。通过数据库直接检索到的论文被引次数可以命名为整体引证次数（Global Citation Score）；此外还有一种引用次数是基于下载后的数据集中，论文之间相互引用的情况。这种由本地数据得到的引证次数称为本地引证次数（Local Citation Score）。

当然，引证次数多少只是评价学术影响的一种方法，考虑数据库收录数据的质量也是一项重要的指标。

小提示 3.13：CiteSpace 图谱结果的保存。

使用 ![] 保存的可视化结果文件和使用 ![] 保存的 PNG 图片文件，都会默认保存在对应的 project 文件中。可视化文件名称会自动按照当前网络的节点和连线数量进行命名。如可视化文件 v309e1107.viz，其中 v 表示 vertices 节点，e 表示

edges，309 表示节点数量，1107 表示连线的数量。保存静态的 PNG 图片的，默认名称为 my_image.png。

有时用户可能会倾向于截取最大子网络，而非直接导出全网络。这时需要用到截图功能，使用键盘 PrtSc 可截取全屏；使用 Ctrl+Alt+PrtSc 可截取活动窗口。如用户当前使用的是 Win8，则可以直接使用系统自带的截图工具 Snipping Tool，在 APPS search 中输入该软件的名称 Snipping Tool 即可。Win8 中文版直接输入"截图工具"即可。

小提示 3.14：CiteSpace 网络时间因素。

网络线的颜色反映了首次共被引（或首次共现）的时间，那么整体上从网络线的颜色变化就能了解研究领域的新旧情况（图 3.81）。因此，可以通过网络颜色的变化来考察领域的演进情况。

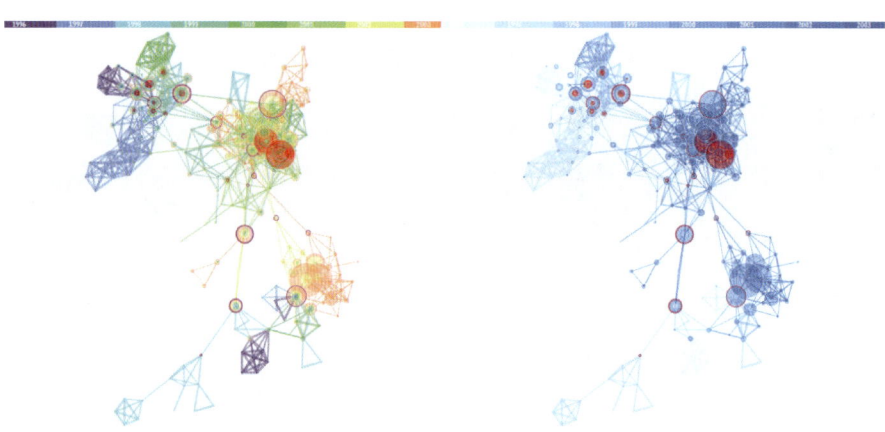

图 3.81　网络整体颜色显示为彩色（左）和蓝色渐变（右）

小提示 3.15：中文文献聚类的注意问题。

在对 CNKI 和 CSSCI 的文献网络进行聚类时，一定要注意不要从标题或摘要提取聚类命名。因为该算法是专门用来提取英文术语的。分析中文数据时，可以使用从关键词提取聚类命名来替代从标题提取聚类命名。

小提示 3.16：如何确定重要节点的补充。

节点按照不同的重要性进行显示，这有利于快速地确定重要的文献。在

CiteSpace 生成的网络节点中，常常通过节点的被引次数（或出现次数）和节点的中介中心性来衡量节点重要性，并提取重要的节点信息。在 CiteSpace Cluster Explorer 中则使用 Centrality 或 Pagerank 来提取重要的摘要句子（具体参见第 4 讲）。另外，此处的 Sigma 结合了中介中心性指标（节点在网络结构中的影响）和突发性指标（节点在时间上的影响）来定义该参数 Sigma=Math.pow（Centrality+1，Burstness）。

小提示 3.17：如何解决分析结果中介中心性为 0 的问题？

为了快速地进入可视化界面，对网络进行可视化展示。CiteSpace 默认，当网络的节点大于 350 时，软件不会自动计算中介中心性。此时，在可视化界面左侧的表格中得到的中介中心性（centrality）的数值为 0。若用户需要得到网络中节点的中介中心性数值，可以点击可视化界面菜单栏 Metrics → compute centrality。

小提示 3.18：如何解决分析结果 Sigma 值为 0 的问题？

Sigma 值是中介中心性和突发性结果得到之后才能进行分析的参数，即在没有进行节点中心性和突发性探测前，Sigma 值显示会为 0。

小提示 3.19：巧用信息检索框。

信息检索框的功能可以用来检索当前网络中节点的信息，主要是对节点的标签进行标记。该功能可以用于对相似作者、关键词的查询，并为下一步合并提供方便。如对安全科学学者 Hale 教授论文的合作网络进行分析，就可以通过其姓来检索其姓名的不同写法，进而对其进行合并。Hale 教授不同名字写法在网络中的检索结果，如图 3.82 所示。

小提示 3.20：节点的突发性探测。

在 CiteSpace 中使用 Kleinberg, J. 于 2002 年提出的算法进行检测。根据突发节点的不同可以分为突发主题、文献、作者、期刊以及领域等。在 CiteSpace 中，某个聚类所包含的突发节点越多，那么该领域就越活跃（Active Area）或是研究的新兴趋势（Emerging trend）。

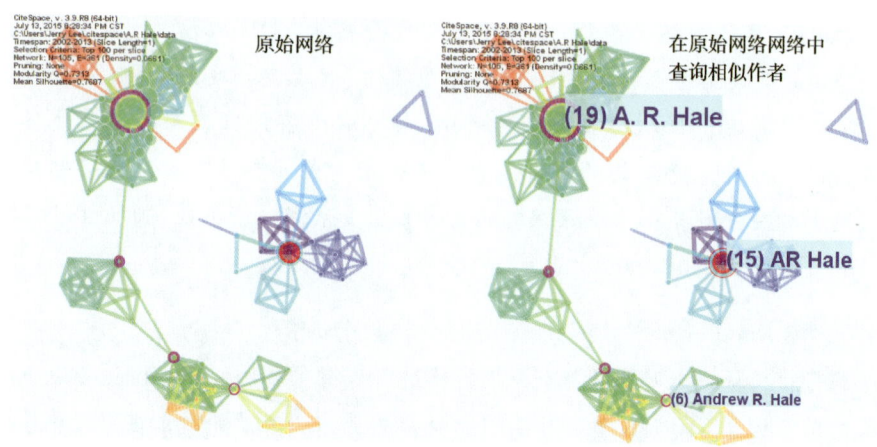

图 3.82　CiteSpace 节点查询功能（以 Hale 教授为例）

除了点击可视化界面 Citation/Frequency Burst 进行突发性检测外，还可以通过可视化界面右侧"Burst Detection"功能进行分析（CiteSpace 3.9 R12 以后的版本修改为 Burstness）。这两个功能唯一的不同是：快捷的突发性检测使用的是默认参数进行检测，而突发性检测的参数界面可以对检测参数进行调整，来增加或者减少突发性结果的数量。如图 3.83 所示，提高了第一个参数值 $f(x)=\alpha e^{-\alpha x}$，$\alpha_1/\alpha_0$（alpha 值），点击 Refresh 后，软件会重新计算突发性结果。经过比较，突发性主题的数量（Burst items found）从 14 降为 10；用户也可以尝试修改 $\gamma[0,1]$ 值（gamma 值），来观察突发性结果的变化情况。

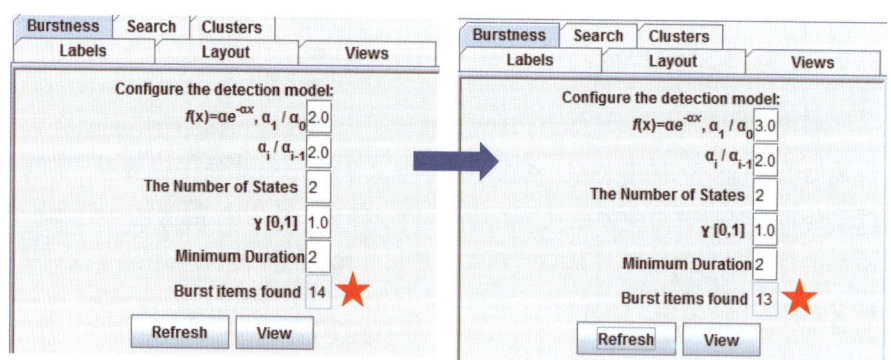

图 3.83　突发性监测默认参数（左），修改后的参数（右）

第3讲 软件安装及界面功能

小提示 3.21：数据除重后的变化。

①从软件的除重结果来看，该功能不仅可以进行除重，而且有助于用户了解数据的年度分布情况。这对于用户在进行相关参数设置时很有帮助。②CiteSpace 对除重后数据的处理速度要高于没有进行除重的数据。CiteSpace 对文本的处理是分时处理的，而转换后的文本已经按照时间进行了分割。另外，原始数据单个文本比较大，CiteSpace 读取较慢；除重后的文本分割成为若干个小文本，处理起来比较流畅（图 3.84）。

小提示 3.22：CiteSpace 分析乱码的处理。

如果已经按照要求设定了中文文本分析，还是出现了乱码，此时可以尝试修改 StartCiteSpace.bat 文件：把 –Duser.country=US –Duser.language=en 改为 –Duser.country=CN –Duser.language=zh（图 3.85）。

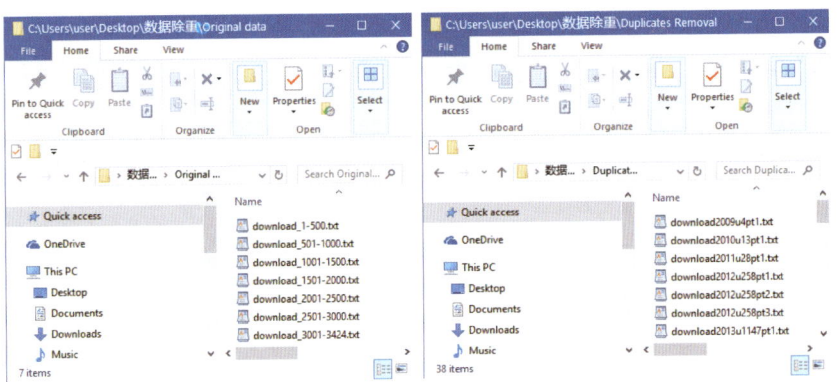

图 3.84　Web of Science 除重前（左）后（右）

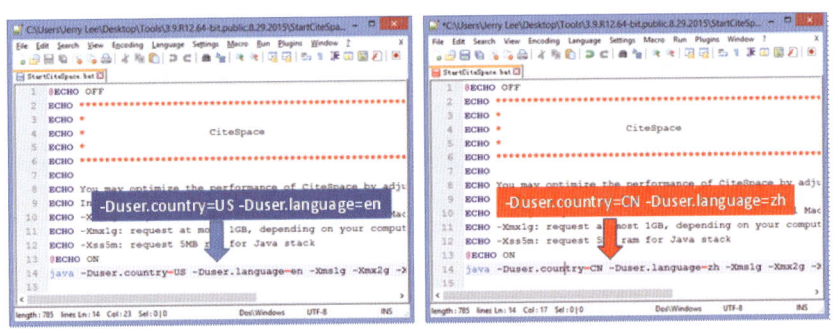

图 3.85　中文分析乱码的处理

小提示 3.23：要特别注意 project 文件夹。

在进行完参数设置以及初步分析之后，在 project 文件夹中会产生大量文件。这些文件对于用户认识 CiteSpace 很有作用，通常可以尝试使用文本编辑器打开。

如笔者在设置完参数后，点击"GO！"就会首次在 project 文件夹中产生以下文件：citespace.config，包含了该项目建立界面的基本参数配置；citespace.alias，是节点信息合并的内容；citespace.parameters，为 CiteSpace 功能与参数界面中的具体参数设置情况（图3.86）。

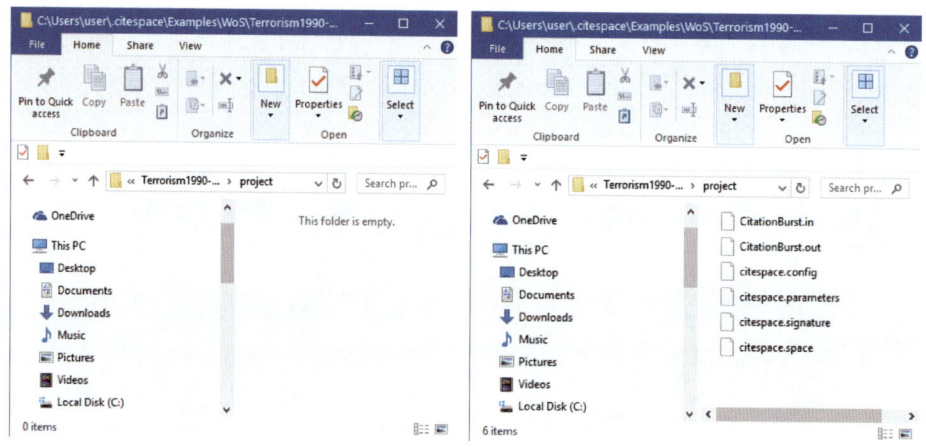

图 3.86　在参数功能区执行完计算过程后文件夹的变化

参数功能区的数据处理过程结束后，软件会提示"Visualize"结果。点击"Visualize"进入 CiteSpace 的可视化界面。此时，在 project 文件夹中会出现一个如 275.graphml 的文件。该文件的命名为 275，说明当前网络中共有 275 个节点。Graphml 为一种图形保存的格式，特别地，该图形直接可以使用可视化软件 Gephi 打开，进行可视化展示（图 3.87）。

然后，在可视化界面上依次完成网络聚类，聚类的命名。此时在文件夹中会出现一个独立的 Clusters 文件夹（图 3.88），其中包含的是聚类的信息（每个聚类包含一个 .txt 和 .xml 文档）。

第 3 讲 软件安装及界面功能

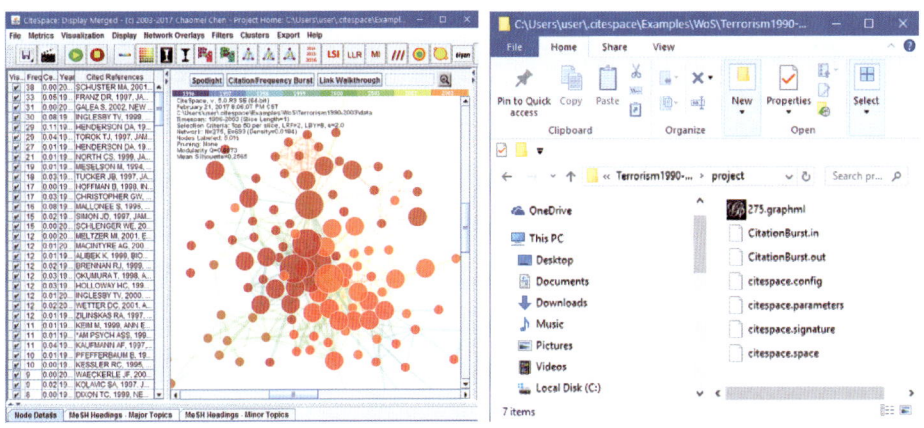

图 3.87　进入可视化界面后产生的图形文件

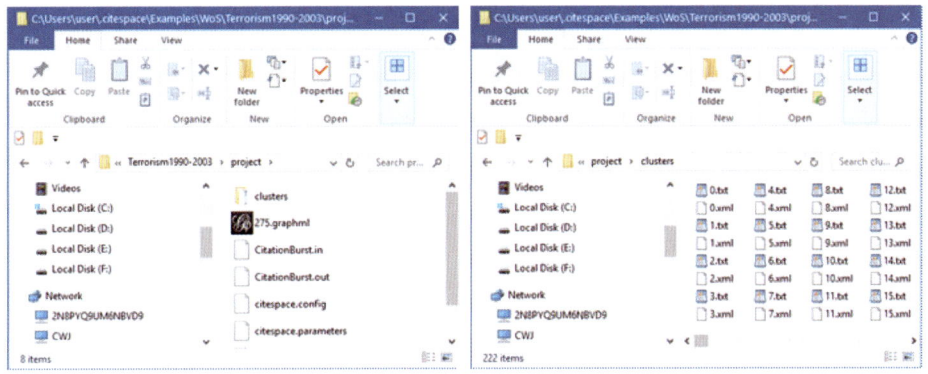

图 3.88　图形界面聚类信息的保存

小提示 3.24：半衰期的补充说明。

半衰期（Half-life）是指某种特定物质的浓度经过某种反应降低到剩下初始时一半所消耗的时间。半衰期是研究反应动力学的一个容易测定的重要参数。在放射物理学领域中，半衰期被定义为放射性元素的原子核有半数发生衰变时所需要的时间。科学计量学将此定义引进来，用来描述文献的衰老速度。

文献半衰期有两种表达：

一是早期的表达，称为"历时半衰期"。1958 年，科学家贝尔纳（J.D.Bernal）

135

首先提出了用"半衰期"来表征文献情报老化的速度，表示已发表的文献情报中有一半已不再使用的时间。该种对半衰期的定义被称为"历时半衰期"。

二是目前常用的"共时半衰期"。1960年，巴尔顿和开普勒提出，文献半衰期是指某学科（专业）现实上在利用的全部文献中较新的一半是在多长一段时间内发表的。此概念被称为"共时半衰期"。文献的半衰期越长，则代表文献越经典。

在CiteSpace中持续被高引用的文献通常可称为经典文献（Classic articles），短暂时间内被高引用的文献通常称为过渡文献（Transient articles）。虽然在整个科学领域中过渡文献更为普遍，但是这两种文献在科学发展中都起着重要的作用。

第 4 讲

共被引和耦合网络分析

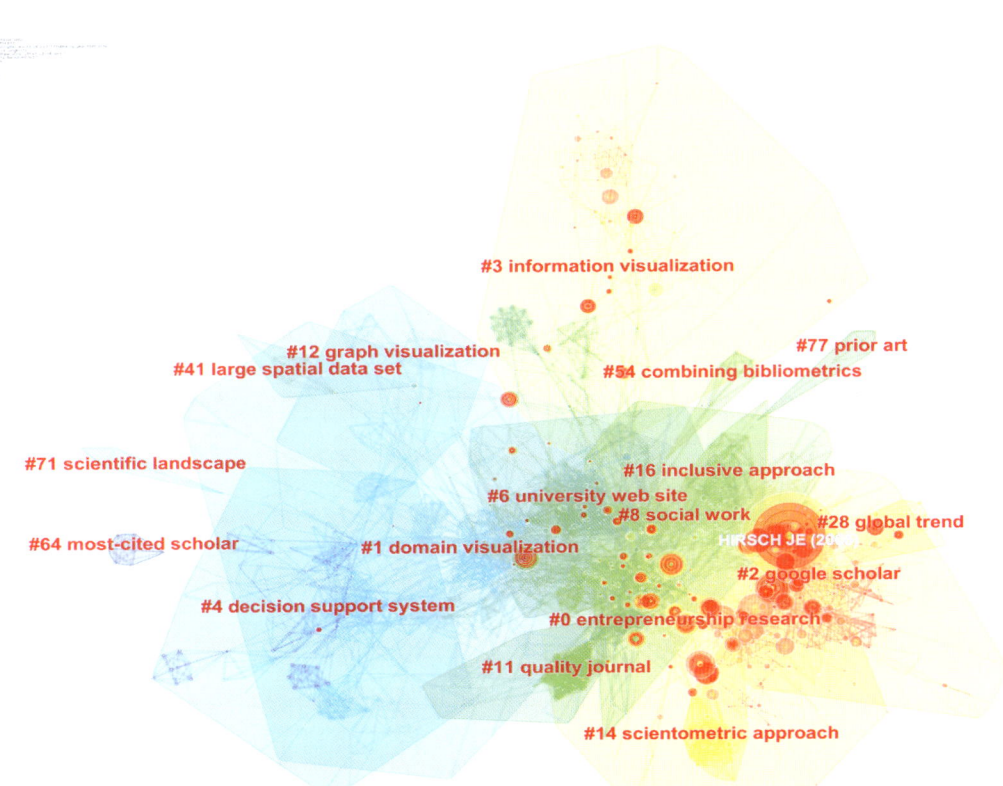

4.1 共被引与耦合分析

引文分析是文献共被引及其耦合分析的基础。在文献计量学中，有学者认为引文分析法就是利用数学及统计学方法进行比较、归纳、抽象、概括等，对科学期刊、论文、著者等分析对象的引用和被引现象进行分析，以揭示其数量特征和内在规律的一种信息计量研究方法。引文分析法的类型主要有引文数量分析、引文网状分析和引文链状分析（邱均平，2014）。下面介绍引文和引文网络的形成。

学者在其论文中引证了前人的研究成果，并以参考文献形式列于所在研究中。当然，学者引证一篇论文的原因是多方面的。Weinstock.M 将其总结为：对先驱者表示崇敬，对相关工作表示赞赏，对同行表示尊敬，对方法或仪器设备表示认同，向读者提供阅读背景，鉴别曾讨论过某个思想或概念的原始文献等 15 个方面的原因（Weinstock.M，1971）。从 Weinstock.M 提出的这些引用原因中不难得到，被引的文献与所研究的论文在内容上是相关的。而事实上论文引用其他论文的行为可以看做是知识从不同的研究主题流动到当前所进行的研究，是知识单元从游离状态到重组产生新知识的过程，而发表的论文又被其他论文引用是这个过程的持续。由于这种引证行为的客观存在，随着科学研究的不断推进，引文网络也就自然形成了。科学文献之间的引证关系还说明：科学文献不是孤立的，而是相互联系、不断延伸的系统；科学文献的相互引证反映了科学发展的客观规律，体现了科学知识的累积性、连续性、继承性以及学科之间的交叉、渗透；通过引文网络向前可以追根溯源，向后可以追踪发展；科学文献的引用频次是不平衡的，引文网络的疏密反映了引文分布的分散与集中规律（尹丽春，2006）。

目前，从几个主要的引文数据库中能够获取这种引用和被引信息。如在 Web of Science 索引数据库中收录了大量高水平文献。该数据库中的新研究论文往往会引用该数据库之前收录的研究论文，这样随着时间的不断推移，文献网络就形成了。图 4.1 显示了 "CiteSpace II: Detecting and visualizing emerging trends and transient patterns in scientific literature" 这篇文献的引证关系图，能够清楚地得到该研究引用了哪些论文（后向引证关系，即引用的文献），而在其发表以后又被哪些文献引用（前向引证关系，即施引文献）。

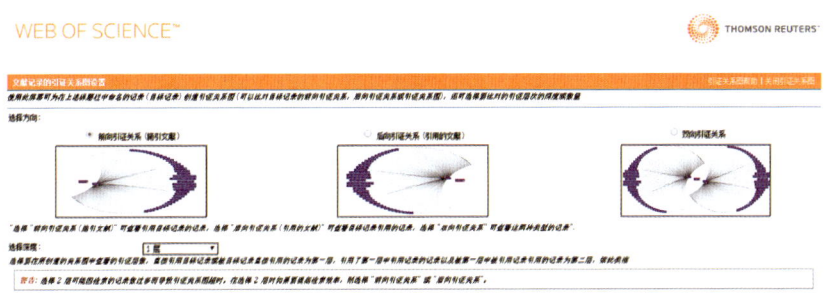

图 4.1　WoS 中针对单篇论文的引证网络

4.1.1　认识共被引分析

1973 年美国情报学家 Henry Small 发表了"Co-Citation in the scientific literature: A new measure of the relationship between publications",首先提出了共被引分析的概念。共被引分析(Co-Citation analysis)是指两篇文献共同出现在了第三篇施引文献的参考文献目录中,则这两篇文献形成共被引关系。通过对一个文献空间数据集合进行文献共被引关系的挖掘的过程,就可以认为是文献的共被引分析。

基本原理见图 4.2(Van Raan A F J,2014),图 A 中施引文献 pa1,pa2,…,pa4 以及他们的参考文献 pb1,pb2,…,pb5 共同组成了文献的引证

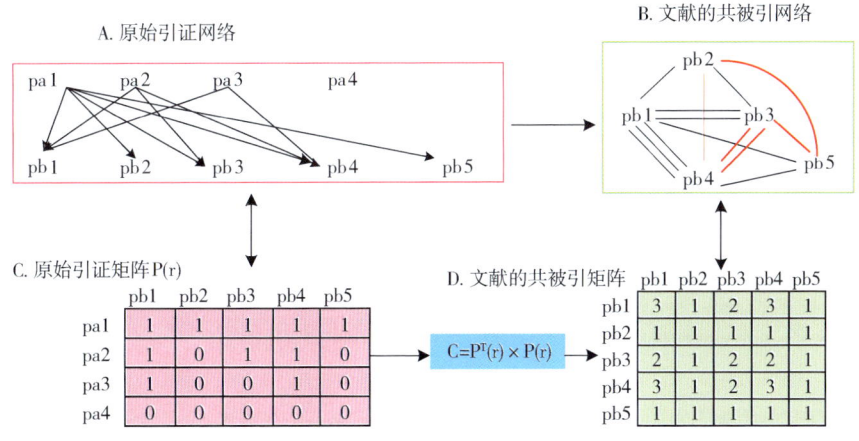

图 4.2　文献共被引网络分析

网络（此类网络可以通过 WoS 查看）。通过该网络我们可以建立如 B 所示的参考文献之间的共被引网络。如在引证网络 A 中 pb1 和 pb4 共被引的次数为 3 次，pb1 和 pb2 共被引的次数为 1 次。在实际操作过程中，通常是将原始的引证网络转化为矩阵，再通过矩阵运算得到文献的共被引矩阵。得到的文献共被引矩阵就可以进行统计学和可视化处理了。

关于共被引的准则，埃格在《信息计量学导论》中给出：

准则 A：如果一共被引相关群的每一篇论文至少与某一篇给定论文共被引一次，那么这几篇论文就构成了一个共被引相关群体。

准则 B：如果一共被引相关群的每一篇论文与该群中的其他论文共被引（至少一次），那么这几篇论文就构成了一个共被引相关群体。

由于一个最基本的文献单元还包含了作者和期刊的信息，因此除了对整体文献进行论文的共被引分析，还可以仅仅提取文献中作者信息或期刊信息，来进行作者（White H D, Griffith B C, 1981）或期刊的共被引分析（如图 4.3 所示）。

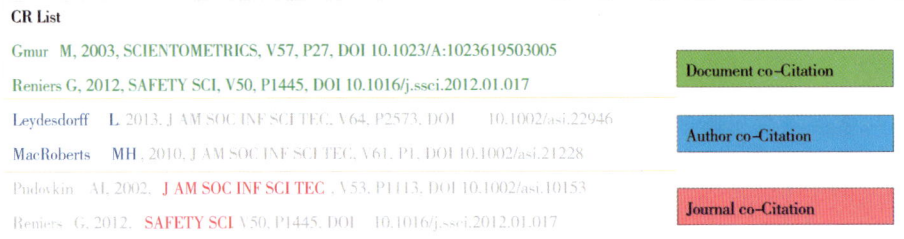

图 4.3　共被引的类型解释

4.1.2　认识耦合分析

文献耦合是 Kessler 于 1963 年提出的概念，具体是指两篇文献共同引用的参考文献的情况，两篇文章引用了同一篇文献，则两篇文献之间就存在耦合关系，此时的耦合强度为 1。当这两篇文献引用了 3 篇相同的文献，那么这两篇文献之间的耦合强度就为 3。以此类推，两篇文献的相同参考文献的数量越多，表示两篇文献耦合的强度越大，在研究主题上越相近。由于作者在发表论文之后，其参考文献不再改动，因此文献耦合形成的文献网络属于静态的结构。从论文的作者、机构、国家/地区以及期刊等角度出发（Glänzel W, Czerwon H J, 1996），依据相同的原理，也可以对作者、国家/地区或期刊的耦合网络进行分析，进而分析作者、机构以及期刊等在载文上的相似性。

文献耦合分析的基本原理见图4.4（Van Raan A F J, 2014）。图中施引文献pa1和pa2有3篇相同的参考文献，那么他们之间的耦合强度就为3，pa2与pa4没有引用相同的参考文献，那么他们之间的耦合强度就为0。通过原始引证网络可以得到原始的引证矩阵，同样地可以通过对矩阵进行运算而得到相应的文献耦合矩阵。

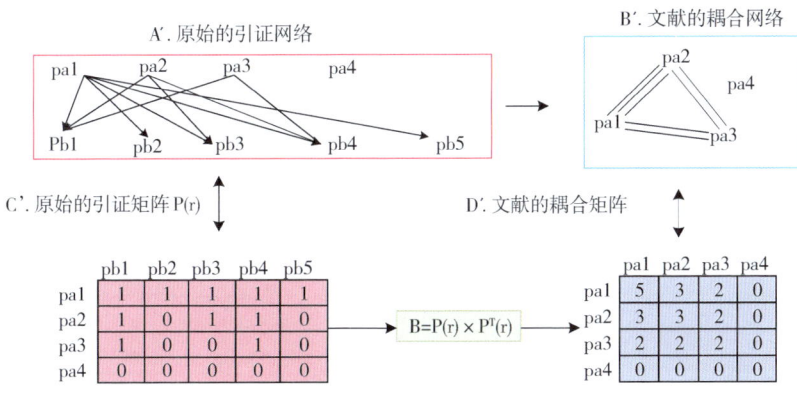

图4.4　文献的耦合网络分析

在CiteSpace中目前仅仅提供了文献的耦合分析，该功能最早出现在CiteSpace 3.5.R10版中，在分析文献耦合时，Node Type选择"Paper"即可。

4.2　被引文献的共被引分析

4.2.1　论文的共被引分析

文献的共被引分析是CiteSpace最具亮点的功能，也是CiteSpace在开发和使用时最早使用和进行理论论述的功能。我们建议，对于新手，初始安装CiteSpace时可以运行软件自带的Demo数据进行练习。

下面以 CiteSpace 自带的数据 "Demo 1：Terrorism（1996-2003）"来进行演示。

第一步：启动和参数设置。

进入 CiteSpace 功能区后，默认是对 Demo 数据进行文献共被引的参数设置。点击"Go！"即可开始对数据的共被引网络进行计算（图 4.5）。

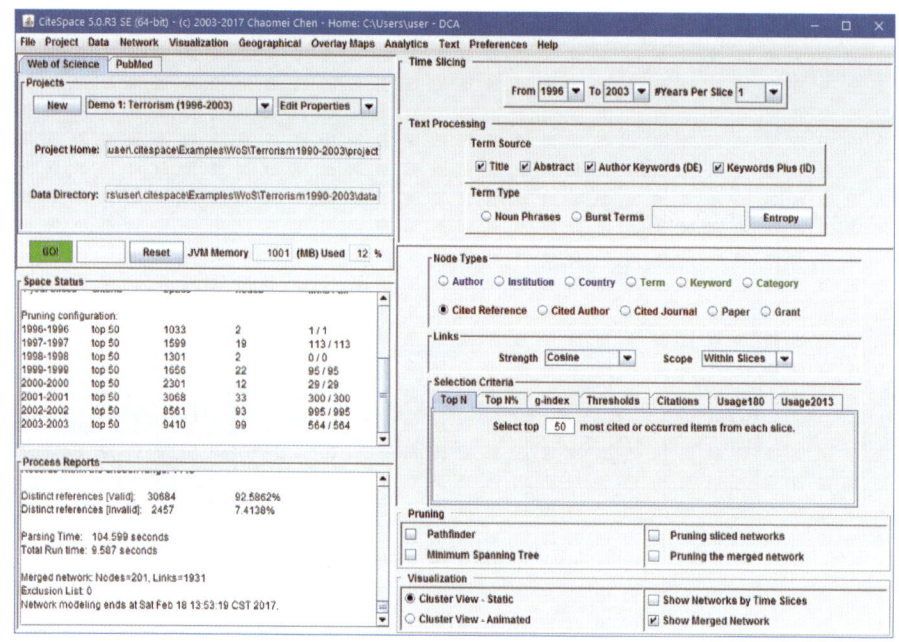

图 4.5　基本参数设置及计算

第二步：数据运算和可视化。

当网络计算完成并得到结果后，会出现一个对话框提示用户"Visualize"（可视化）、"Save As GraphML"（保存为 GraphML 格式）、Cancel（取消）。如果用户认为一切都运行正常，那么此时可以点击"Visualize"对分析的数据网络进行可视化，并进入网络的可视化界面（图 4.6）。

第三步：可视化网络。

点击"可视化"后进入网络的可视化界面。在可视化界面用户能够直观地得到所分析数据的文献共被引网络结果，并能够对网络进行编辑、计算和保存（图 4.7）。

第 4 讲 共被引和耦合网络分析

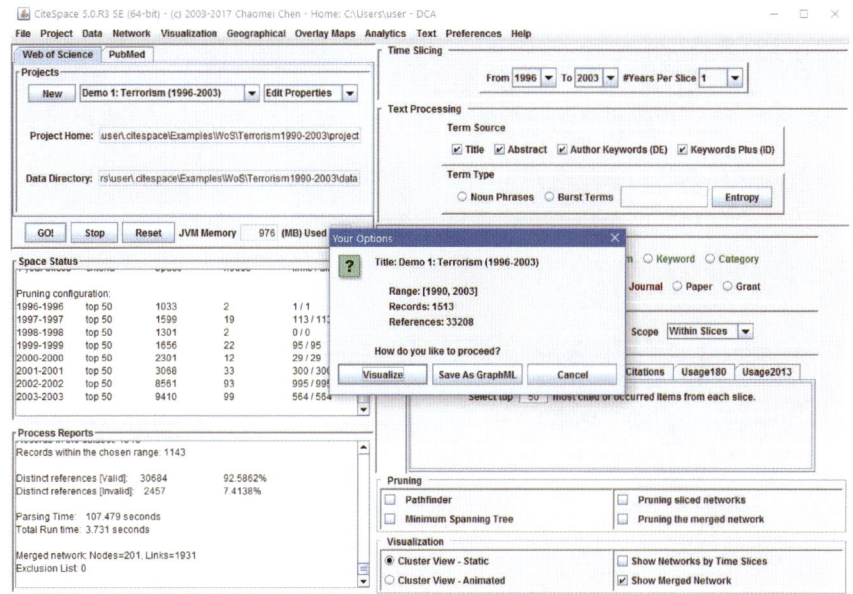

图 4.6 数据完成基本的计算

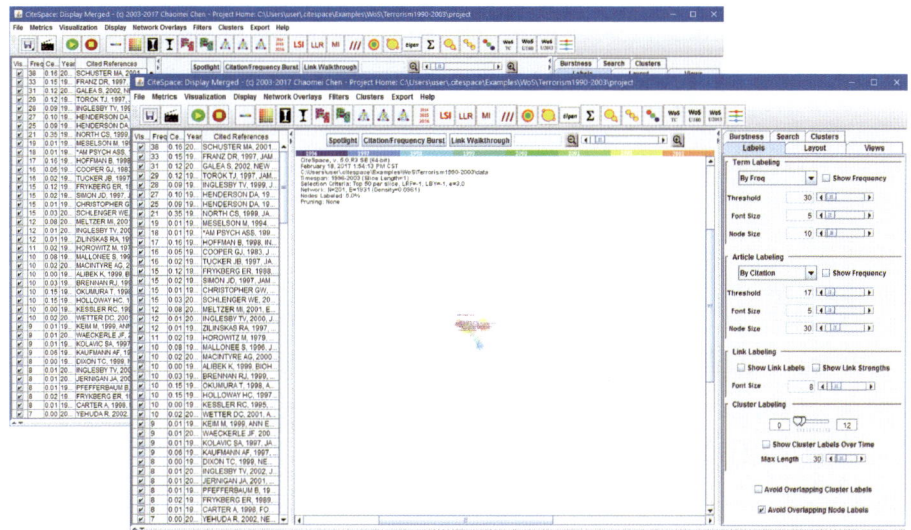

图 4.7 CiteSpace 的网络可视化界面

刚开始进入网络可视化界面时，网络是动态的且背景是黑色的。表明网络还

143

在计算，以得到一个比较优化的布局。此时，用户只需要等待网络可视化界面的背景变为白色，即说明计算结束。

第四步：对可视化网络初步调整。

可视化之后网络可能没有在整个界面的中间或者显示还比较小。此时可以通过该界面的水平和垂直滚动条进行网络位置的调整，使用图形的放大功能对网络进行放大显示（图4.8）。

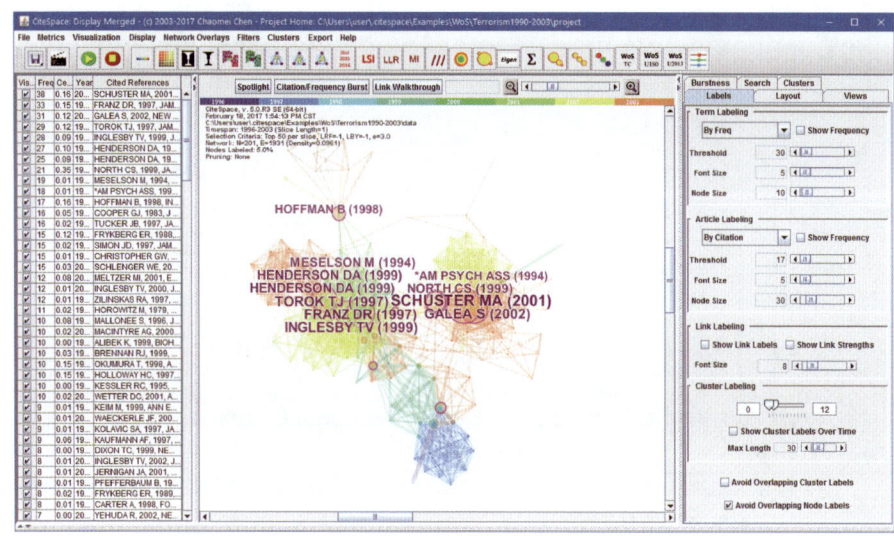

图4.8　网络布局的基本调整

第五步：对可视化网络进行聚类分析。

在网络可视化界面的快捷按钮中，■和■两者功能基本是一样的。通常情况下点击■即可。当聚类处理完成后，除了整个网络的节点样式发生变化外，网络的信息栏也会出现一些新的信息。聚类后网络的信息前后比较，增加了衡量聚类效果的参数Modularity值和Silhouette值（图4.9）。

第六步：对聚类进行命名。

对共被引网络进行聚类后，文献会被划分到不同的聚类中。此时，如果一个聚类中含有较少数量的文献，可以通过手工反查和阅读来进行命名。但是通常聚类的结果显示，类中包含的文献数量比较多，且整个网络的文献都看一遍是很难实现的。

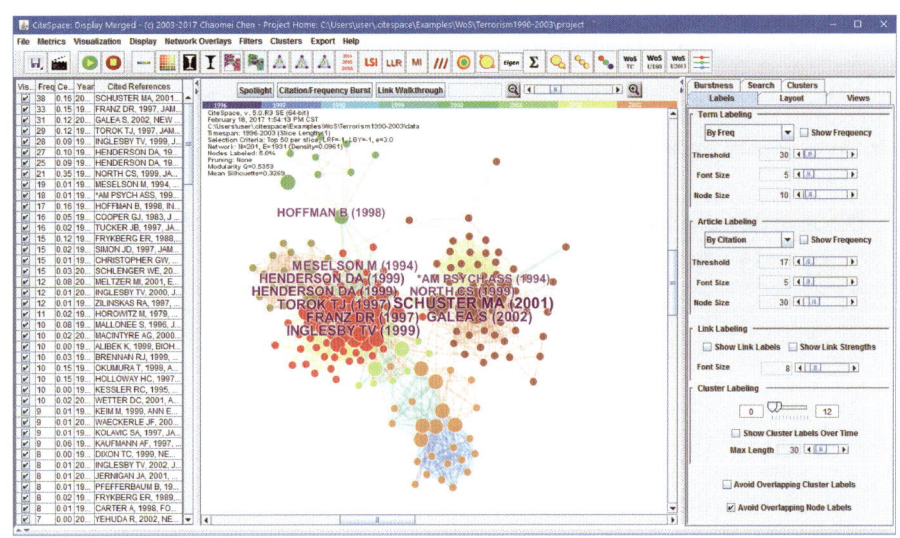

图 4.9　聚类完成后的网络

在 CiteSpace 中通过从施引文献的标题（T，Title），关键词（K，Keyword list）或摘要（A，Abstract）中来提取名词性术语对聚类进行命名。采用的方法主要有 LSI（潜语义索引算法），LLR（对数似然率算法）以及 MI（互信息算法）三种算法，可视化界面的快捷功能按钮如图 4.10 所示。

图 4.10　聚类标签提取和算法

点击 T 后，得到默认的聚类命名为使用 LSI 算法得到的命名结果（注意各个版本有时会有差异，建议得到聚类结果后再依次点击 LSI，LLR，MI 来确认），如图 4.11 所示。

第七步：对聚类后的聚类轮廓和网络进行美化。

为了增加结果的可读性，特别是显示重要的信息，可以进一步使用相关功能对图谱进行优化和调整。对图形进行美化的策略主要是对图形的元素进行调整，

CiteSpace：科技文本挖掘及可视化

包含图中的节点类型、节点大小、连线透明度、聚类标签颜色、聚类标签大小、聚类标签字体的外轮廓、聚类边框的颜色以及边框的填充等。这需要用户在长期使用中不断总结，在不同的图形样式下选择合理的图形展示效果。

对聚类的标签进行调整（按照聚类规模进行显示）的步骤为点击可视化界面菜单 Display → Label Font Size → Cluster: Uniformed/Proportional，如图 4.12 所示。

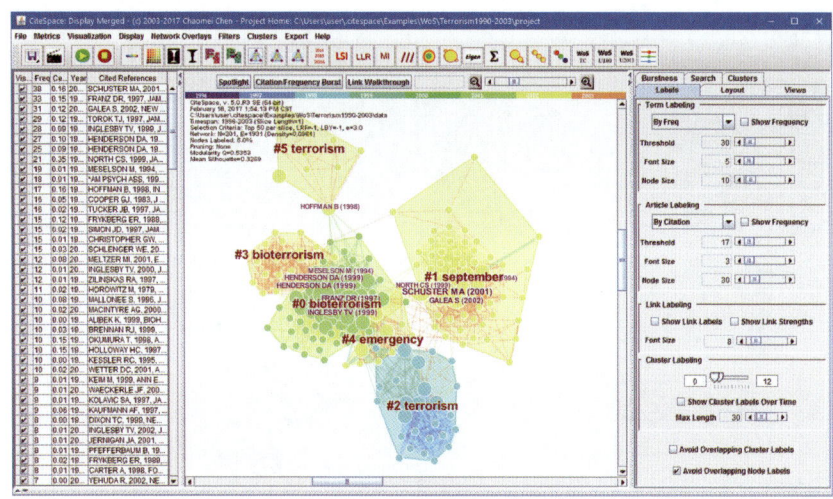

图 4.11　聚类标签添加

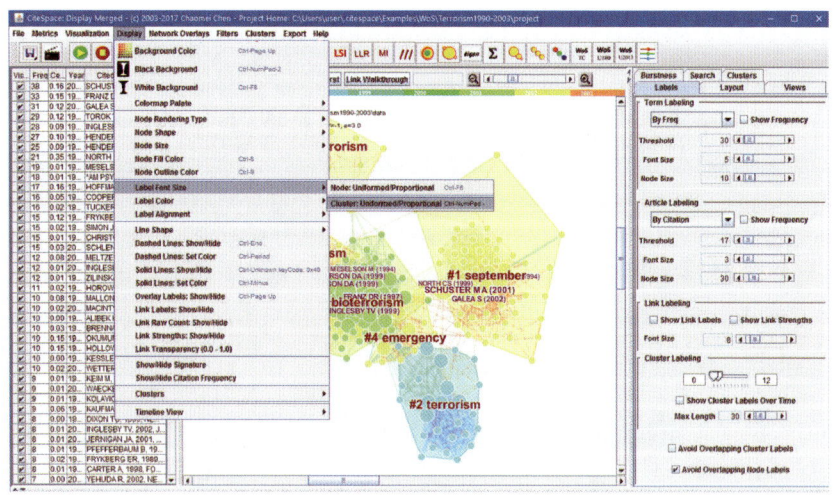

图 4.12　聚类标签按照聚类规模显示

标签按照规模显示后有可能存在字体太大或者太小的情况，此时可以拖动界面右下方的 Cluster Labeling 的游标尺，对聚类标签的大小和显示聚类标签的数量进行调整。对聚类标签调整后的结果，参见图 4.13。

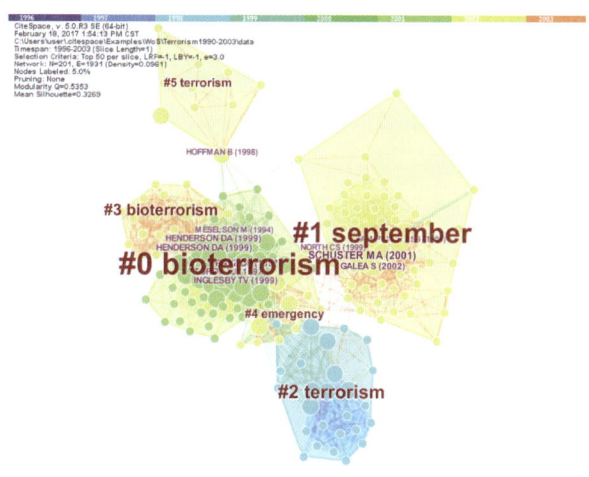

图 4.13　聚类标签按照聚类规模显示的结果

在 CiteSpace 中对网络图连线的透明度进行调整有两种方法：①使用界面右侧 Views 中的 link Alpha 来调整；②在菜单栏 Display → Link Transparency（0.0—1.0）中进行调整（输入的数字越大透明度越高）。对文献共被引网络的连线透明度的调整结果参见图 4.14。

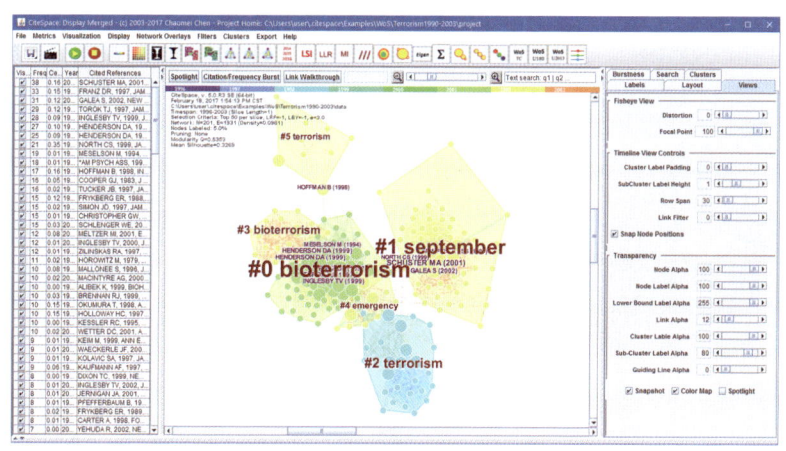

图 4.14　对网络连线的透明度进行调整

此处，笔者建议恢复节点的样式为年轮环，这样得到的信息比较丰富（图4.15）。当然，根据研究目的的不同，用户也可以直接使用图4.14中聚类的节点样式。

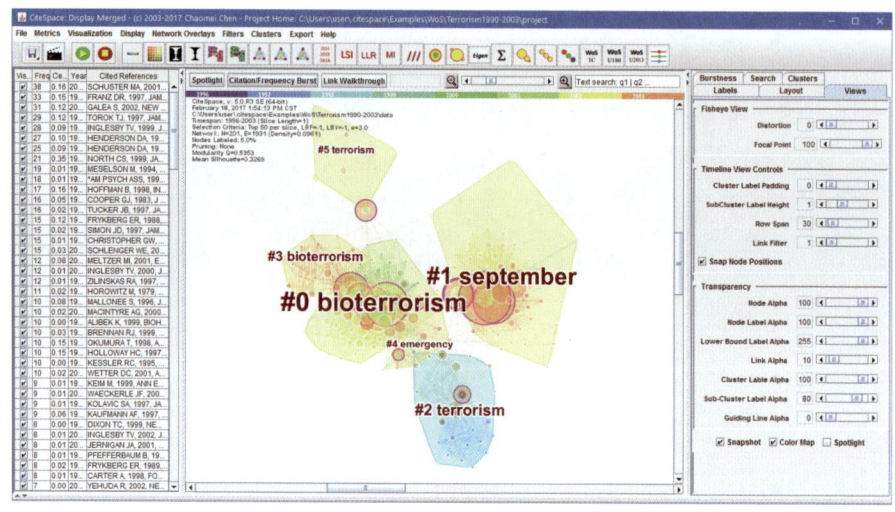

图4.15　对网络节点的显示样式进行调整

对聚类的轮廓显示等进行调整。CiteSpace中的聚类轮廓的编辑功能在 Display → Clusters 中（图4.16）。

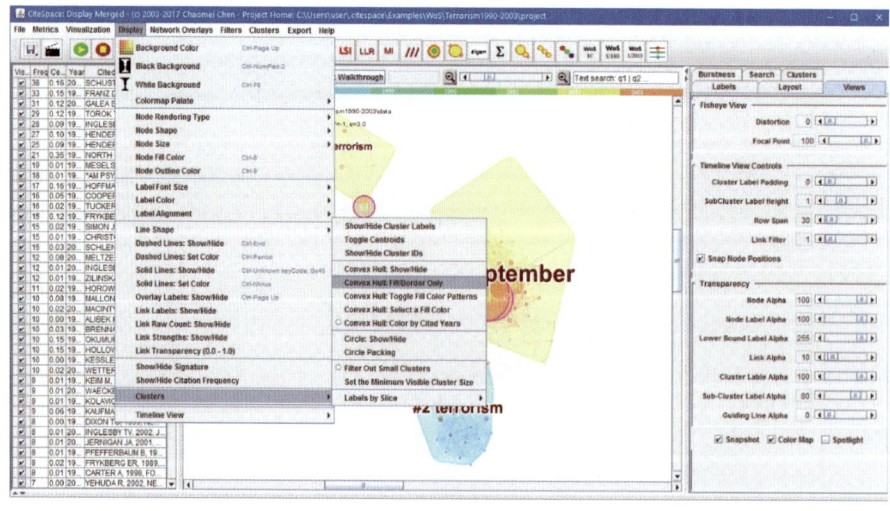

图4.16　对网络的轮廓进行调整

第 4 讲 共被引和耦合网络分析

通过点击 Display → Clusters → Convex Hull: Select a Fill Color 可以修改聚类的填充颜色（图 4.17）。

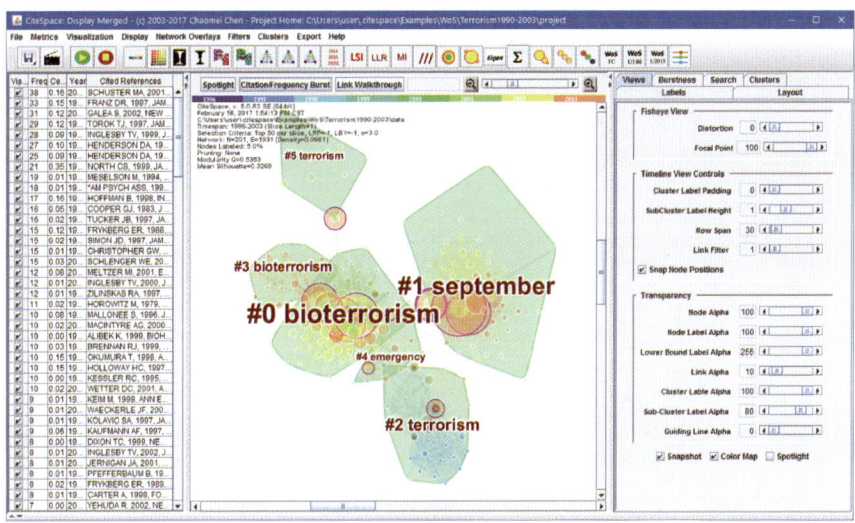

图 4.17 改变聚类的填充颜色

通过点击 Display → Clusters → Convex Hull: Fill/Border only，进行填充和仅仅显示聚类边界的切换（图 4.18）。

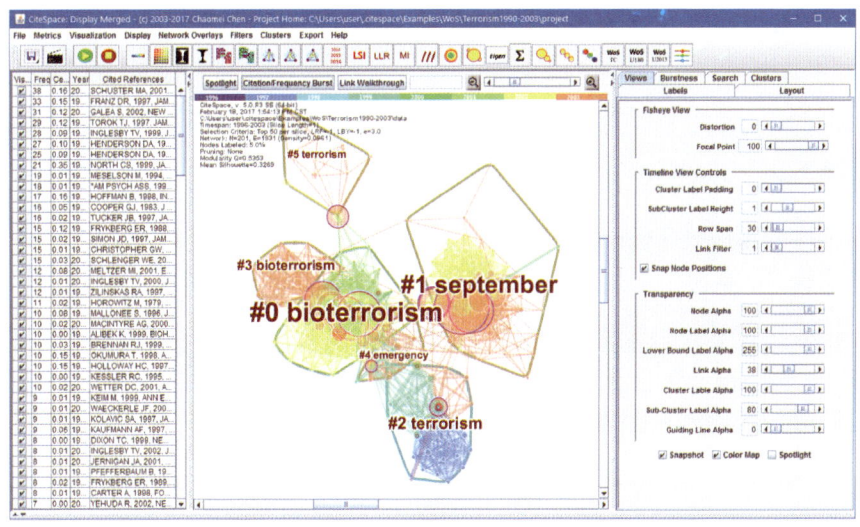

图 4.18 取消网络聚类的实心填充

149

通过点击 Display → Clusters → Convex Hull: Show/Hide，对聚类的边界进行显示或者隐藏（图 4.19）。

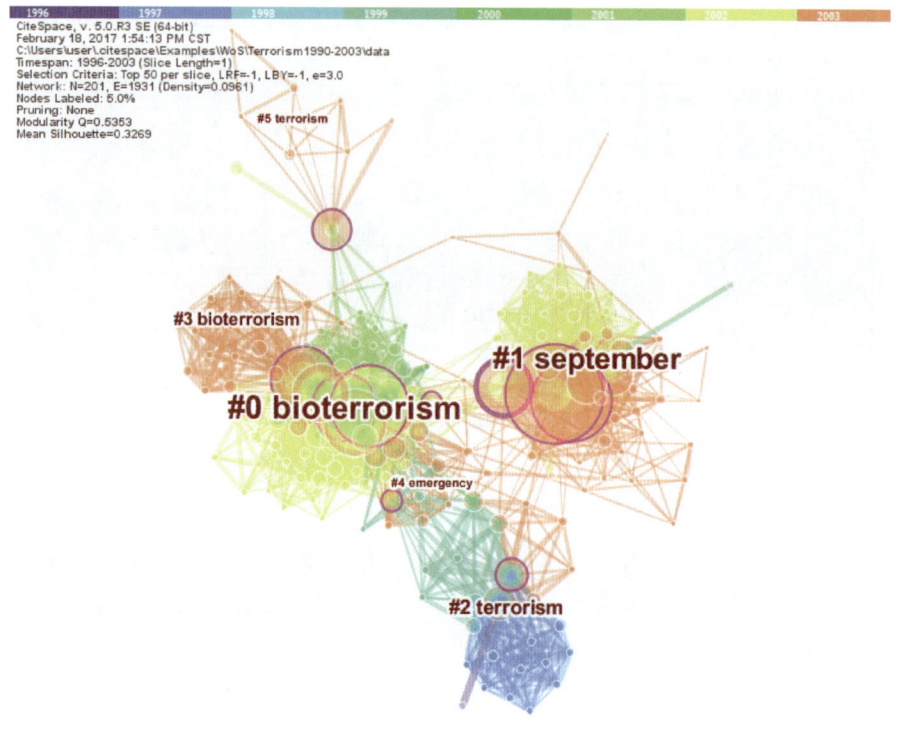

图 4.19　取消填充和聚类边界

特别地，在必要的情况下可以对文献的突发性进行探测（图 4.20）。

第八步：对聚类详细信息的查询。

虽然我们能够通过网络得到一些网络节点以及聚类的信息，但是对于整个网络来说这样的查询显得效率低下，而且容易出错。

对聚类的结果查询有两种方法，都是在可视化界面的 Clusters 菜单下。一是通过 Clusters → 4. Summarization of Clusters；二是通过 Clusters → Cluster Explorer（图 4.21）。

Summarization of Clusters 可以直接得到一个列表，并可以用在科技期刊论文中，而 Cluster Explorer 提供了一种动态的对聚类信息的了解。关于

Summarization of Clusters 在第 3 讲中已经有详细介绍，这里的图 4.22 和图 4.23 是通过 Cluster Explorer 得到的结果界面。

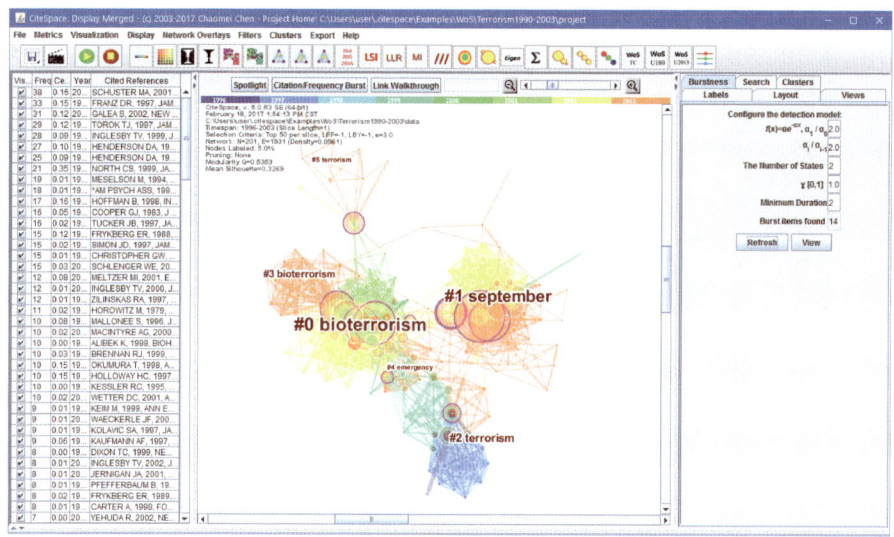

图 4.20　对网络中文献的突发性探测

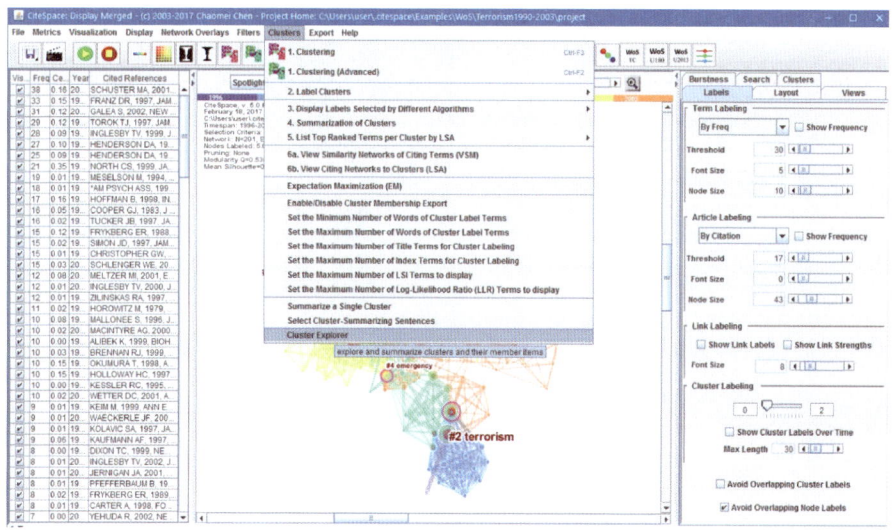

图 4.21　聚类新信息的查询

CiteSpace：科技文本挖掘及可视化

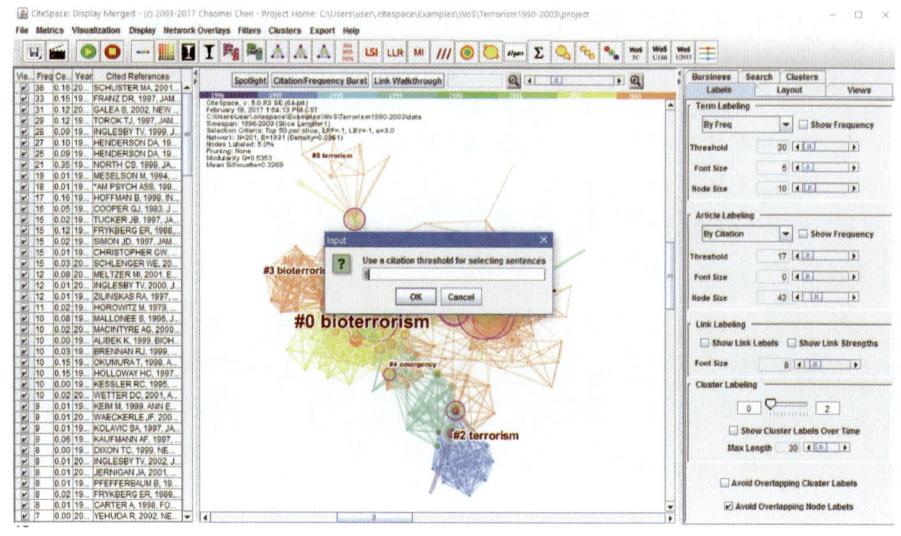

图 4.22　默认选择即可，点击 OK

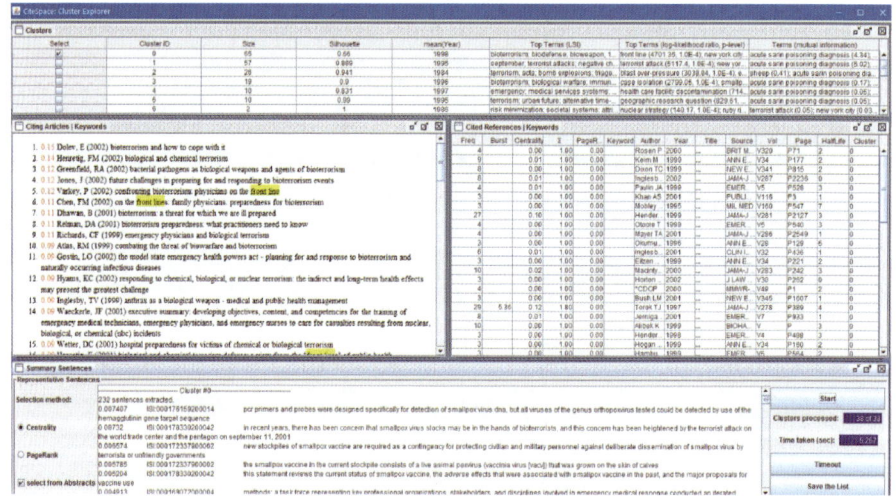

图 4.23　聚类详细结果界面

以上案例是利用软件提供的 Terrorism 的案例数据进行的分析，该分析主要是针对特定的主题。用户在实际的分析中还可以针对特定的研究领域、作者、机构以及国家/地区等进行分析。如笔者在 Web of Science 下载了科学计量学领域知名学者 Leydesdorff L（路特·莱兹多夫）发表的论文的文献题录信息（下载时 WoS 的最新更新时间为 2014-03-14），对该数据集进行文献共被引分析的结果如图 4.24 所示。

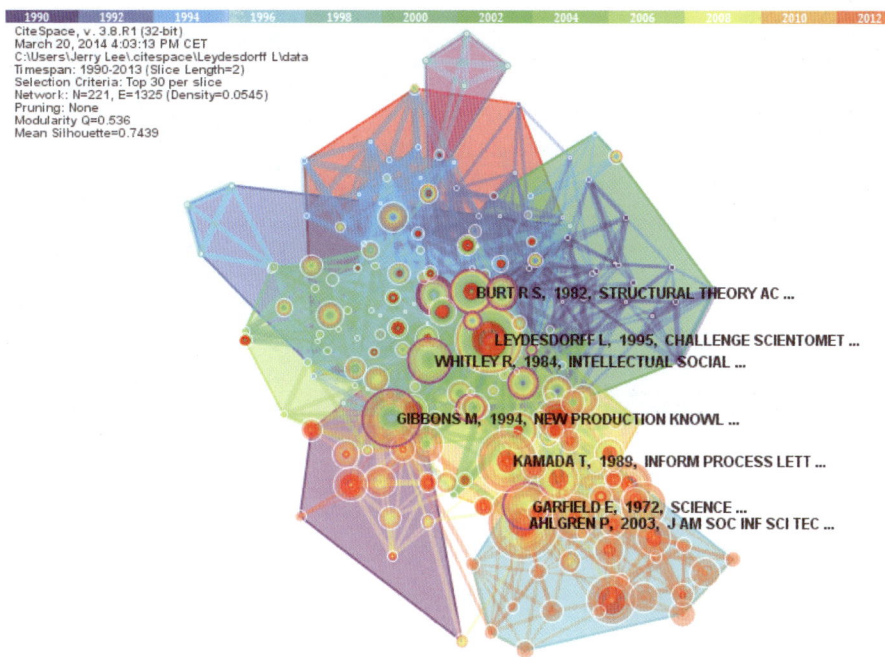

图 4.24　Leydesdorff L 论文所引用文献的共被引网络

关于 Leydesdorff L 科学计量分析的更多内容参见李杰科学网博文 ❶。

图 4.25 是陈超美教授通过降低节点的阈值参数（提高了提取的节点数量）得到的包含 12 691 篇恐怖袭击研究文献的共被引网络。分析过程参数每年选 Top2000 被引最高的文献组成这一网络，反映恐怖袭击的研究由三个聚类形成的结构在各层次上都是稳定的。

图 4.26 为《情报学报》期刊 2010—2014 年发表论文的文献共被引网络的聚类。

---

❶ 李杰科学网博文，Bibliometrics analysis of Loet Leydesdorff's publication. http://blog.sciencenet.cn/blog-554179-777700.html。

CiteSpace：科技文本挖掘及可视化

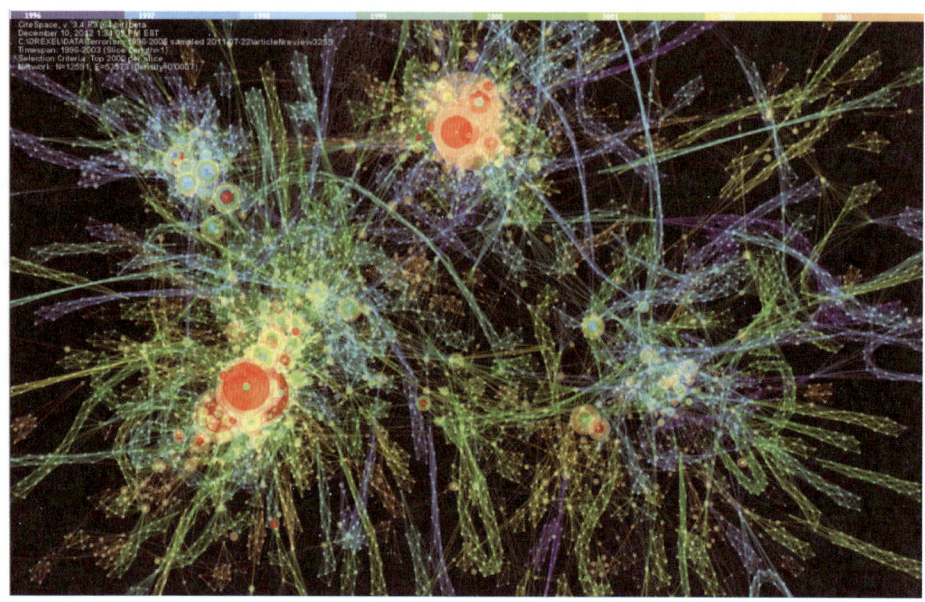

图 4.25　12691 篇参考文献组成的文献共被引网络

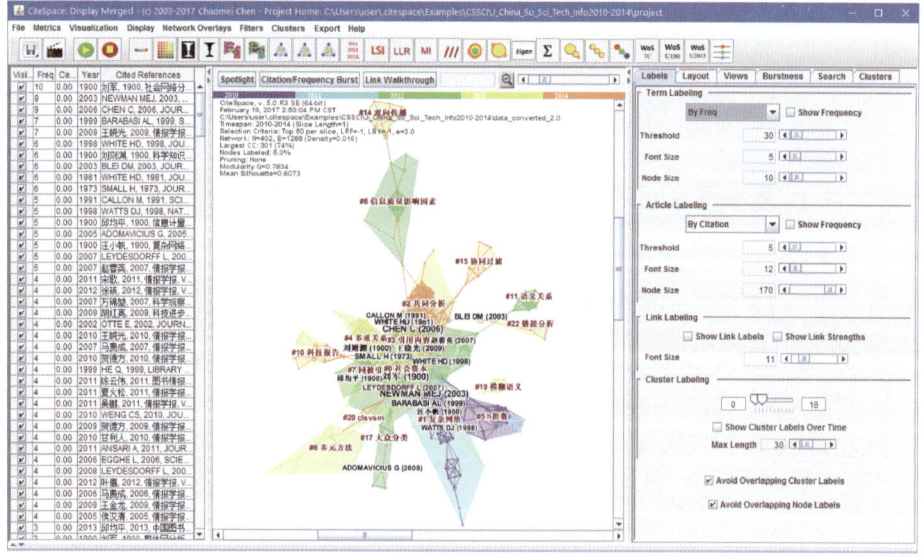

图 4.26　《情报学报》（2010–2014）的文献共被引网络聚类

4.2.2 结果及可视化补充

下面的这些功能主要是为文献共被引而设计的,但是在其他分析中也可以使用。

4.2.2.1 自动生成研究报告

自动生成研究报告的具体步骤为 Export → Generate a Narrative,可得到一个 HTML 格式的分析报告(图 4.27)。报告中包含了所得到网络的 MAJOR CLUSTERS, CITATION COUNTS, BURSTS, CENTRALITY, SIGMA,这些信息也可以直接用于科学论文中对结果进行分析(图 4.28)。

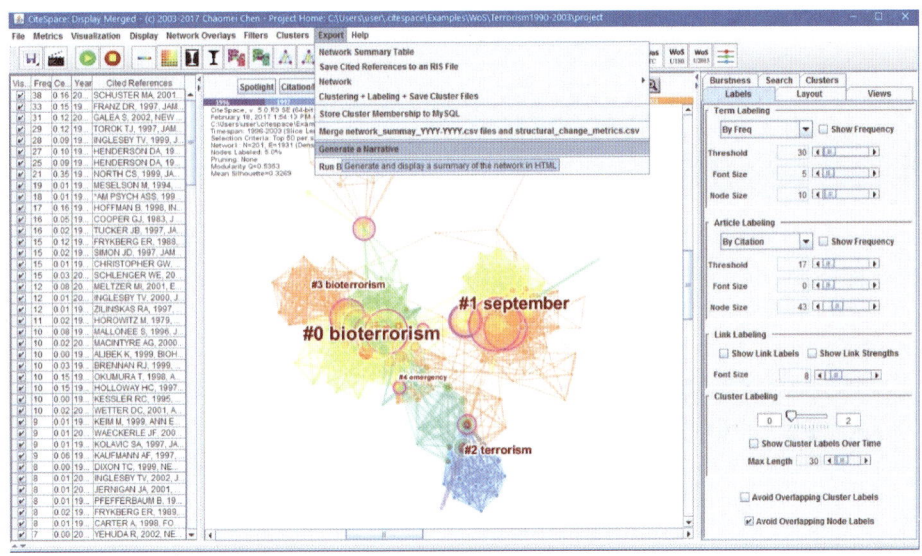

图 4.27　自动生成研究报告菜单

4.2.2.2 突发性结果的查询

当设置了突发性探测后,具备突发性的节点通常会变成红色。若要得到突发性文献的列表,可以通过依次点击右侧快捷功能中的 Burstness, Refresh 以及 View 来查看突发性探测的结果(图 4.29)。

在突发性文献的列表界面,用户可以通过点击页面下方的"Sort by the Beginning Year of Burst(按照突发起始时间)"和"Sort by Strength of Burst(按照突发强度)"在两种排序之间切换(图 4.30)。

CiteSpace：科技文本挖掘及可视化

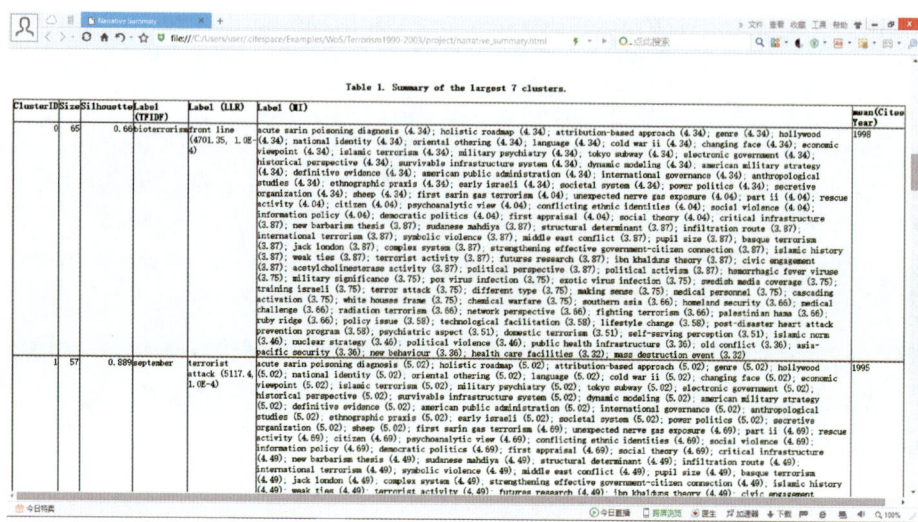

图 4.28　生成的研究报告

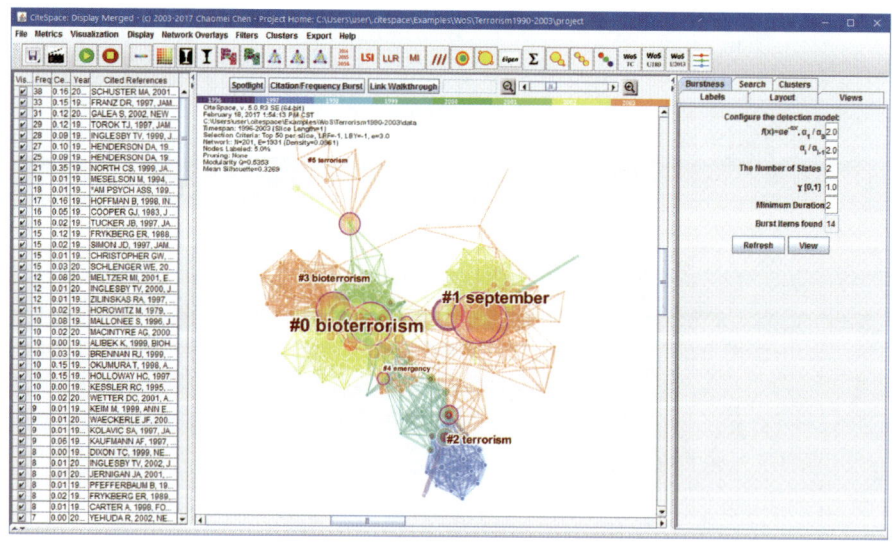

图 4.29　查询文献突发性结果

156

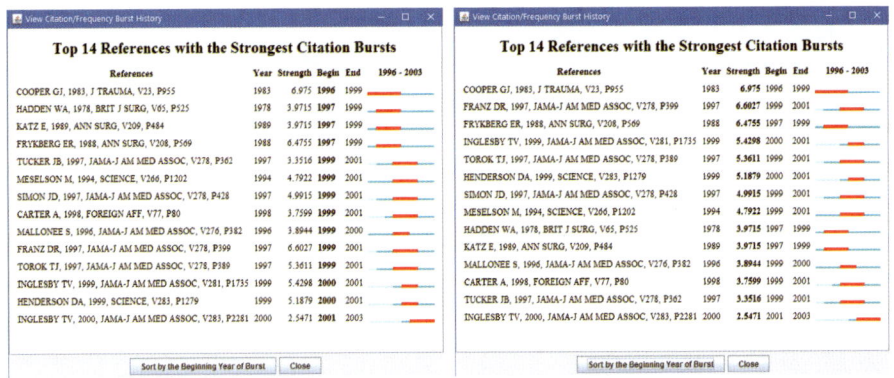

图 4.30　突发性文献列表的排序：按照突发起始时间（左），按照突发强度（右）

为了查询某个节点文献被引年份的分布及其突发性发生的年份，还可以点击鼠标左键选中目标节点，再右击选择 Citation History，这样就可以得到某个文献的被引年度分布及其突发性出现的年份（图 4.31）。特别地，该窗口还提供了"Referenced Cited in Records"，用户可以点击此标签获取该文献的施引文献列表。

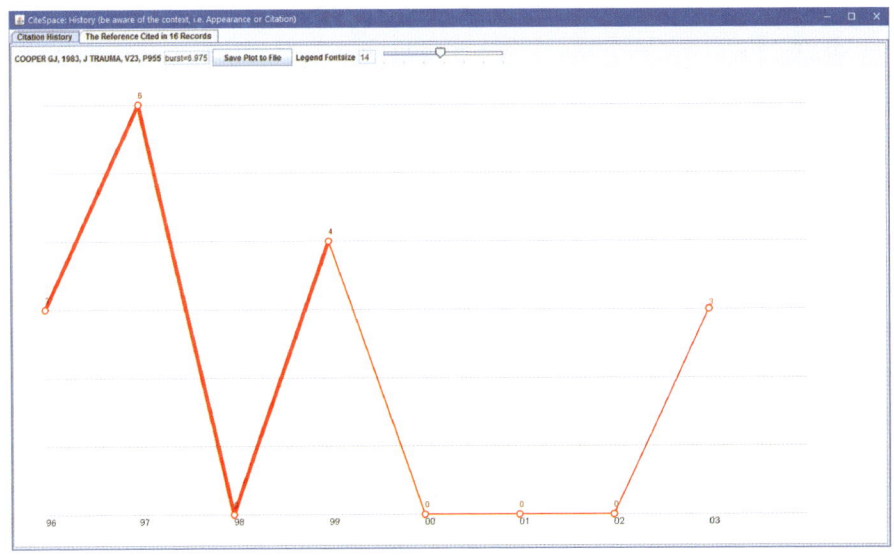

图 4.31　COOPER GJ, 1983 论文被引用的年度分布

4.2.2.3 时间线和时区图

在 CiteSpace 中还提供了 Timeline（View Focus context 技术）和 Timezone View 等文献共被引网络的呈现方式，如图 4.32 所示（这种技术也可以应用于其他类型网络的显示，如共词网络、期刊的共被引网络以及作者的合作网络等）。

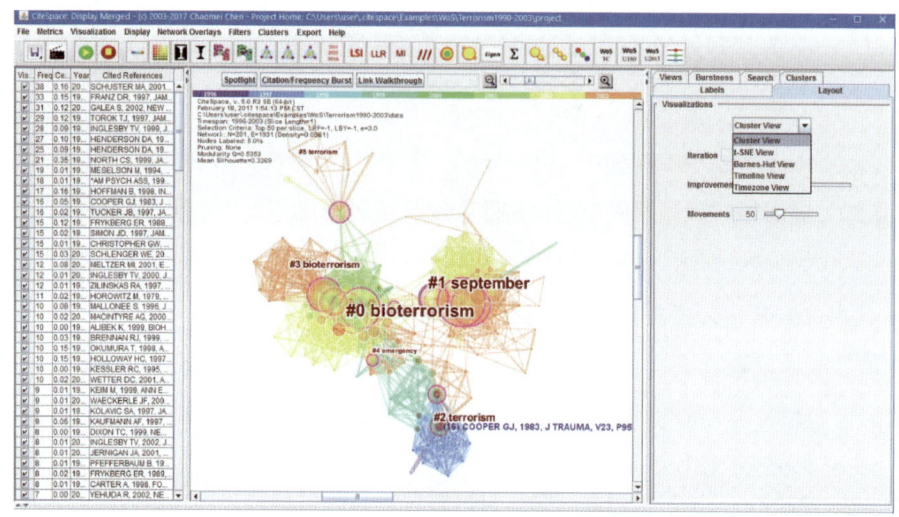

图 4.32　不同视图方式的切换

在 Timeline View 中，相同聚类的文献被放置在同一水平线上。文献的时间置于视图的最上方，越向右时间越近。在时间线视图中用户可以清晰地得到各个聚类中文献的数量情况，聚类中文献越多代表所得到的聚类领域越重要；还能够得到各个类中文献的时间跨度以及某一个特定聚类研究的兴起、繁荣以及衰落过程，进一步来探究聚类所反映研究领域的时间特征（确定一个研究领域文献的时间跨度）。另外，还可通过突发性探测和中介中心性指标来测度各个类别中的重要文献。在 Timeline 视图下，用户可以使用 Views 中的 Fisheye View 功能（拖动游标即可调整），来突出重要的信息（图 4.33）。

与 Timeline View 不同，Timezone View 则是将相同时间内的节点集合在了相同的时区中，这里的相同时间对文献共被引网络而言是文献首次被引用的时间，对于关键词或主题而言就是它们首次出现的时间，对作者合作网络而言就是作者发表第一篇论文的时间，时间序列按照从远到近的顺序排列（图 4.34）。这种形式的可视化，能够清晰地展示时间维度上知识领域的演进过程。例如某一时区

第 4 讲　共被引和耦合网络分析

的文献少，则表明该时区有影响的成果比较少；反之，一个时区的文献集聚的比较多，表明该时区积累了大量有影响的成果。时区之间的节点的连线情况，表明了研究的传承情况。

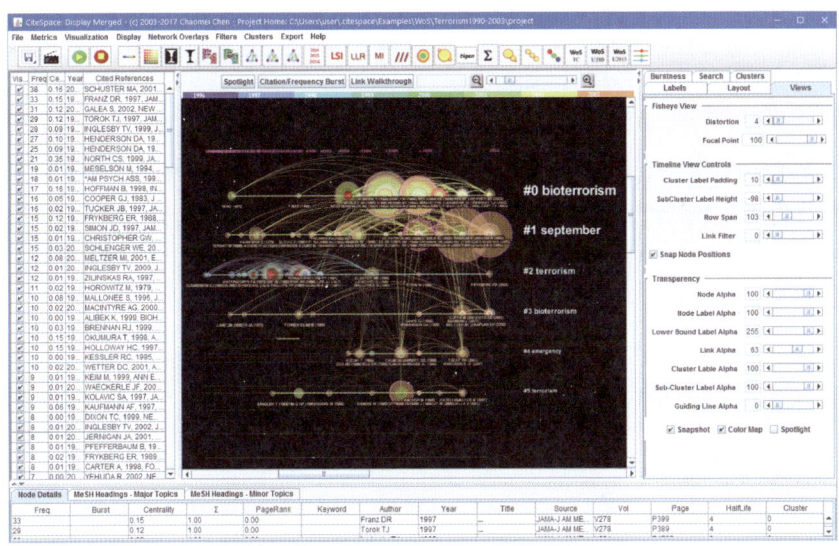

图 4.33　文献共被引网络鱼眼图

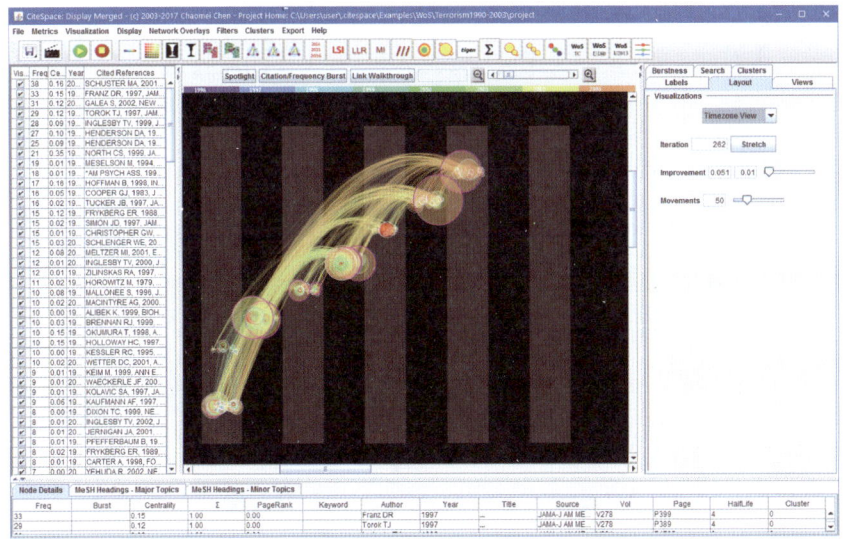

图 4.34　文献共被引网络的时区图

159

4.2.2.4 节点标签的调整

CiteSpace 在实际应用中存在可视化结果中节点的标签过大的情况，这会导致图形混乱，不仅在视觉上不够美观，而且得到的结果也不清晰。

在 CiteSpace 的网络可视化功能区的右侧，有对标签以及节点等进行调整的快捷工具（图 4.35）。最简单的就是使用鼠标直接点击拖动相关项目上的游标，向右拖动相应项目变大，向左拖动相应项目变小。

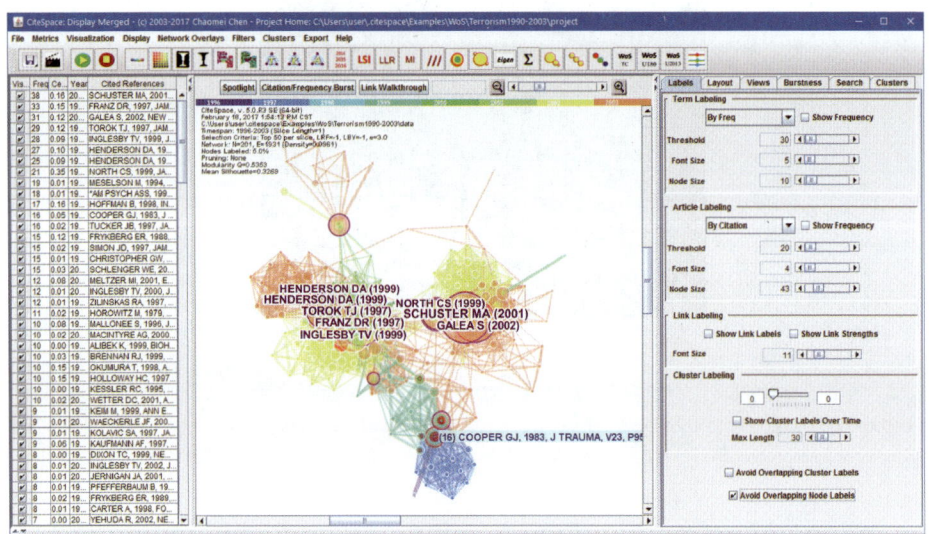

图 4.35　节点及聚类标签等大小的调整

4.2.3　作者和期刊共被引分析

作者的共被引以及后面的期刊共被引是在论文共被引的基础上衍生出来的。一个完整的文献题录信息举例如下：

Small H G. A Co-Citation Model of a Scientific Specialty: A Longitudinal Study of Collagen Research [J]. Social Studies of Science, 1977, 7 (2): 139-166.

该文献题录共包含了作者，如 Small H G；论文题目，如 A Co-Citation Model of a Scientific Specialty: A Longitudinal Study of Collagen Research；发表的期刊 Social Studies of Science 等信息。论文的文献共被引分

第 4 讲 共被引和耦合网络分析

析以单个文献题录信息作为节点内容，作者的共被引分析则仅仅从整个文献题录中提取作者信息分析。期刊的共被引分析与作者的共被引分析思路类似，即从参考文献中仅仅提取文献来源的信息建立共被引网络。作者的共被引分析不仅可以得到某个领域中高被引作者的分布，确定该领域有影响的学者，而且通过作者的共被引网络及其聚类能够了解某一个领域中相似作者的研究主题及其学科领域分布。期刊的共被引分析则提供了某一个领域中重要的知识来源的分布，可以帮助用户回答该领域的研究都引用了哪些期刊，这些期刊之间的联系是怎样的，这些期刊聚类组成的学科知识领域如何分布等问题。

下面以"Terrorism"为例，对该文本集的作者共被引进行分析。

准备好数据并建立完项目后，在 CiteSpace 功能与参数区域设置相关参数，时间为 1996~2003 年，时间切片为 1，各时间切片阈值为 Top50，此时的 Nodes Types 选择 Cited Author，网络连线强度计算用 Cosine 算法，网络不使用剪裁方法，点击"GO！"运行结果。得到恐怖袭击的作者文献共被引网络如图 4.36 所示。在 CiteSpace 中也可以像类似文献共被引网络那样对作者共被引网络进行聚类（图 4.37）。

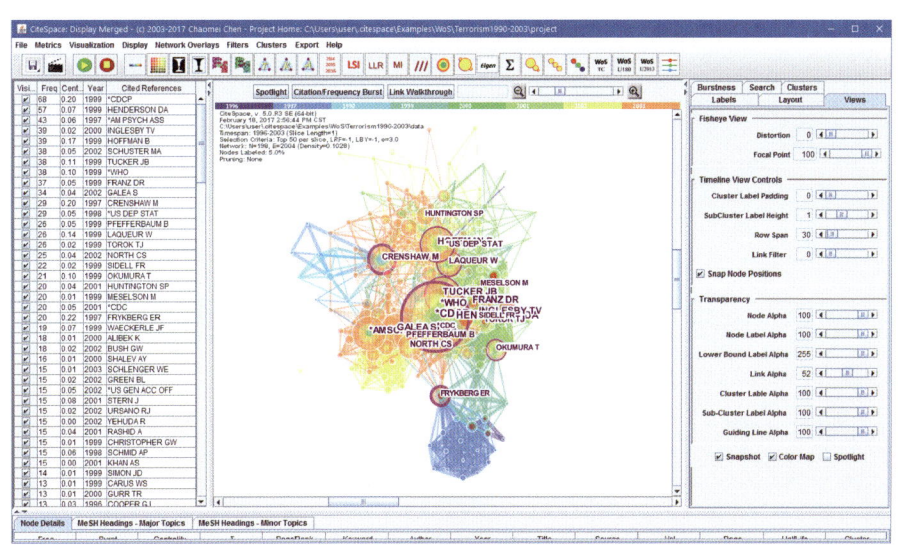

图 4.36 Terrorism 研究的作者共被引网络

下面仍以"Terrorism"数据集为例对该文本集的期刊共被引进行分析。

CiteSpace：科技文本挖掘及可视化

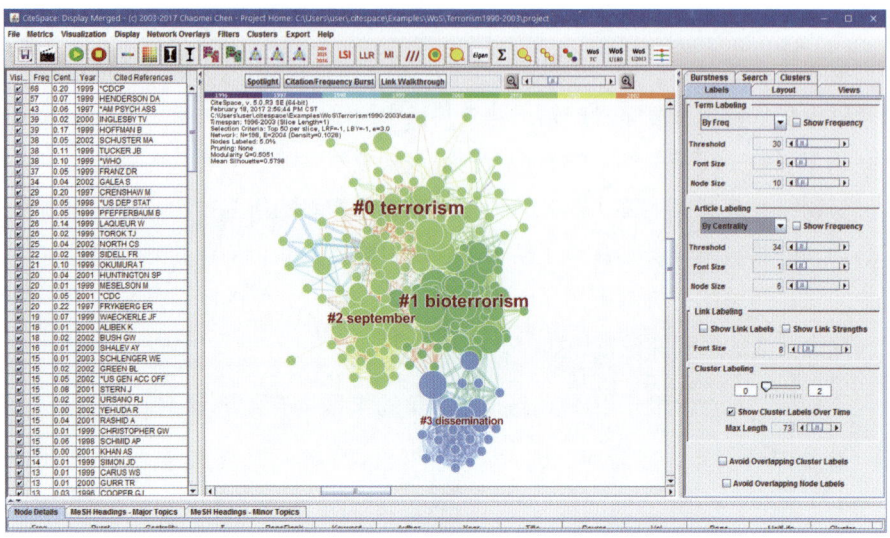

图 4.37 Terrorism 研究的作者共被引网络聚类

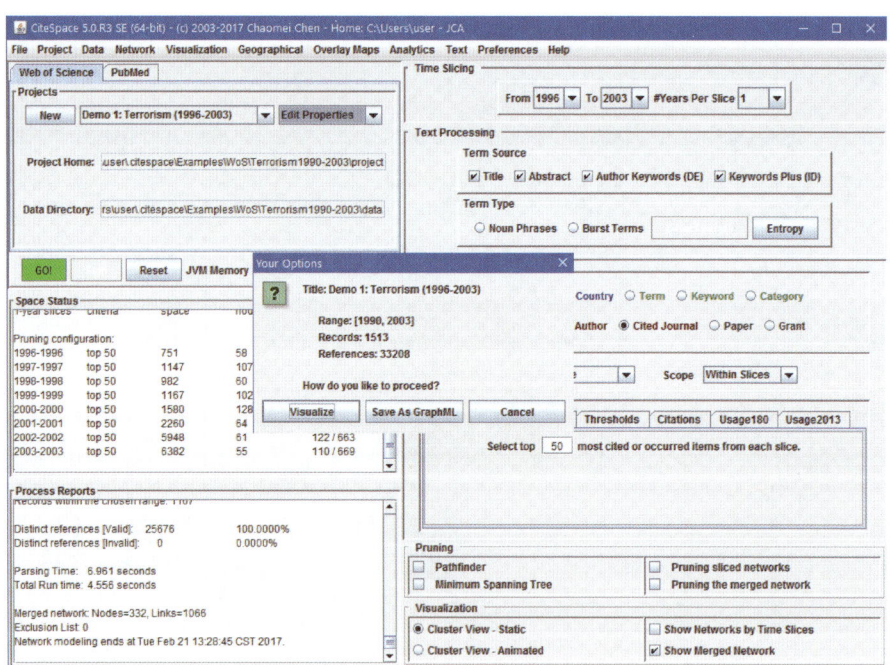

图 4.38 参数设置及数据计算

在 CiteSpace 功能与参数页设置相关参数，时间为 1996~2003 年，时间切片为 1，各时间切片阈值为 Top50，此时的 Nodes type 选择 Cited Journal，网络连线强度计算用 Cosine 算法，网络不使用剪裁方法，点击 "GO" 运行结果。见图 4.38。

恐怖袭击的期刊共被引网络和聚类结果如图 4.39 和图 4.40 所示。

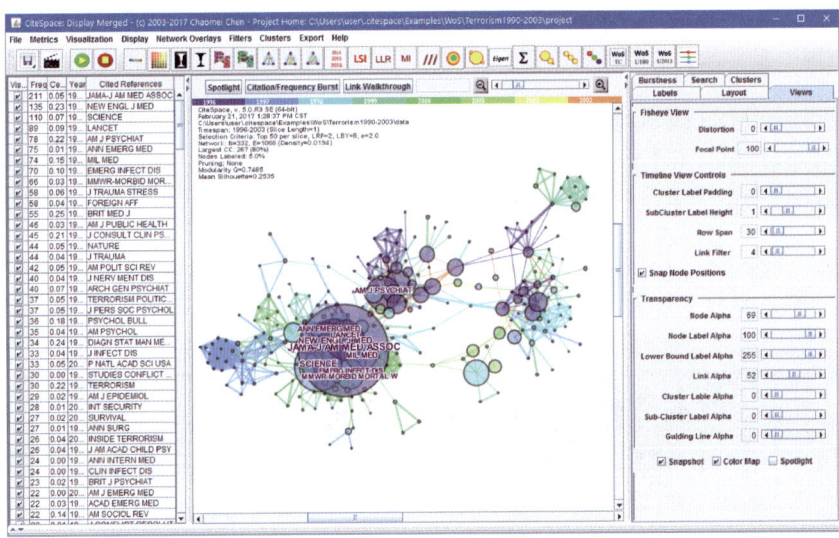

图 4.39 Terrorism 研究的期刊共被引网络

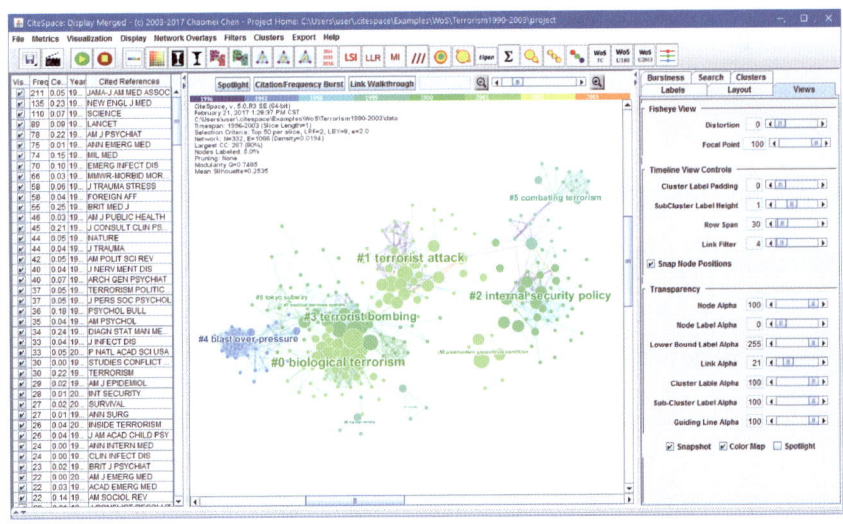

图 4.40 Terrorism 研究的期刊共被引网络聚类

4.3 施引文献的耦合分析

本部分以 CiteSpace 的施引文献为例，对施引文献的耦合关系进行分析。

第一步：数据的检索和下载。

2017年2月20日，通过Web of Science检索CiteSpace的经典文献"CiteSpace II: Detecting and visualizing emerging trends and transient patterns in scientific literature"，共得到施引文献286条（图4.41）。点击该文献的施引文献链接列表，并按照Web of Science数据导出方法下载所有286篇文献建立分析工程的项目文件夹，并把数据下载到新建的data文件夹中（图4.42）。

图 4.41　CiteSpace 施引文献列表

第二步：数据分析。

在CiteSpace功能与参数页面，建立要分析的新项目，并配置相关参数（图4.43）。

然后再在功能参数区中进行数据分析参数的配置。这里的时间切片Slice length=1，Timesapn=2007-2017，Top100 per slice（图4.44）。特别地，在分析文献耦合时需要选择的 Node Types（节点类型）为"Paper"。点击"GO！"

进行分析，会提示"Do you want to split the network by year？Yes/No"（是否按年分开网络），如果用户未按照时间分开的话，得到的网络可能比较密集，可进一步对网络使用 Pathfinder 或者 MST 进行裁剪。

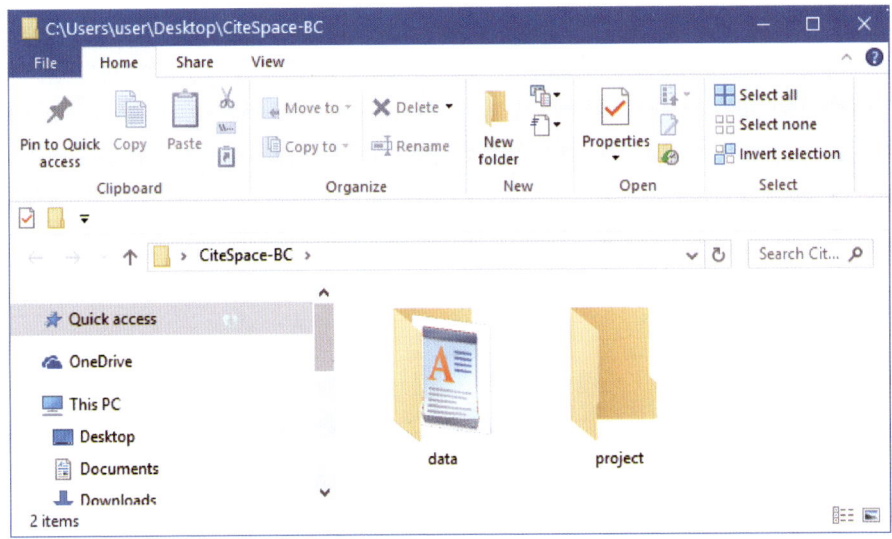

图 4.42　分析项目的建立

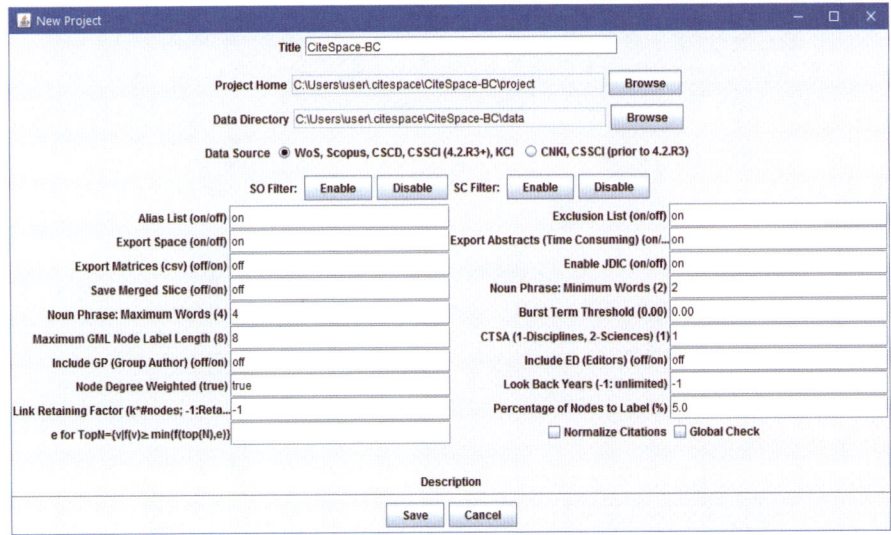

图 4.43　Project 的配置

CiteSpace：科技文本挖掘及可视化

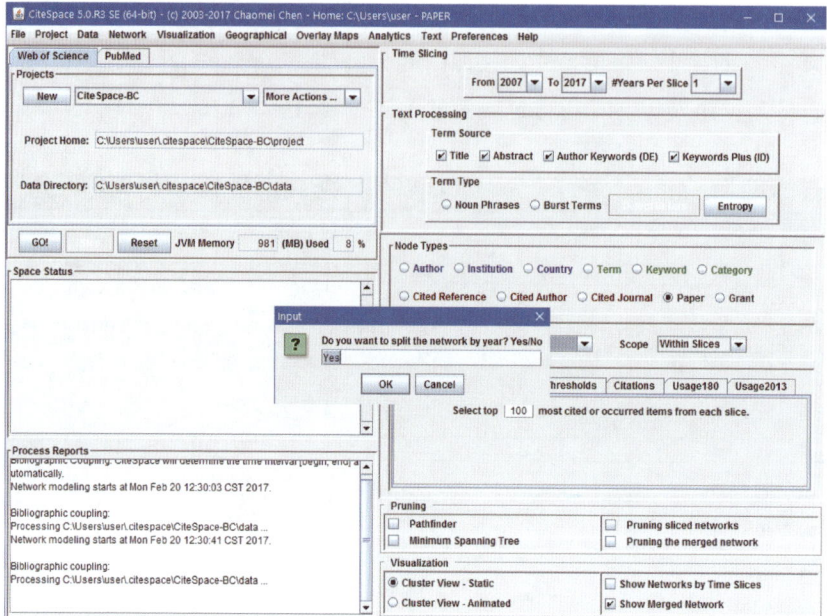

图 4.44　文献的耦合分析

在进入可视化界面后，先后完成布局、聚类以及图形外观上的编辑和美化。最后，得到施引文献的耦合网络如图 4.45 和图 4.46 所示。

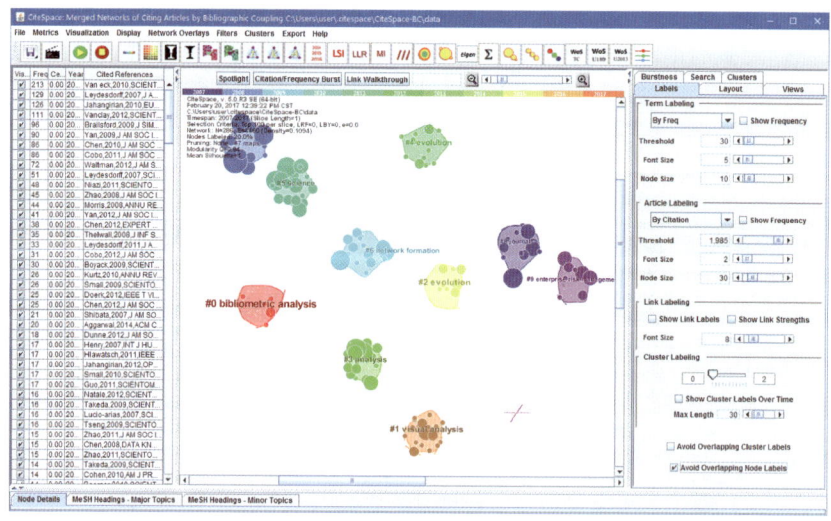

图 4.45　CiteSpace 施引文献分时耦合网络聚类

第 4 讲　共被引和耦合网络分析

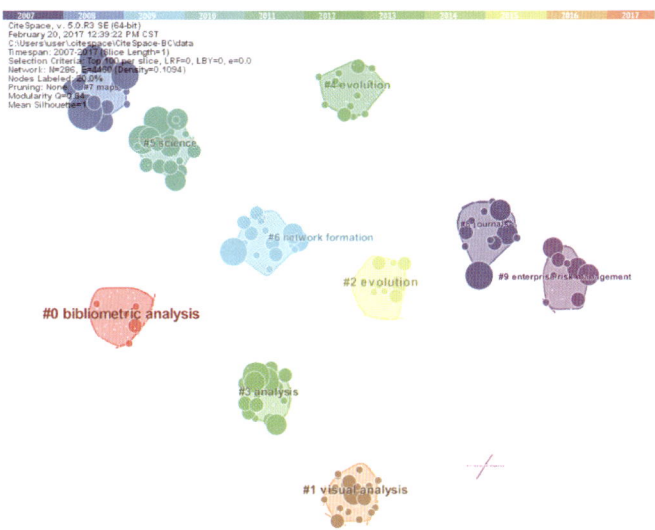

图 4.46　CiteSpace 施引文献分时耦合网络聚类

若在点击 Go！进行分析时，在提示的对话框中输入 No（图 4.47），那么 CiteSpace 将对整体的耦合网络进行分析。最后，得到文献耦合整体的网络分析结果如图 4.48 和图 4.49 所示。

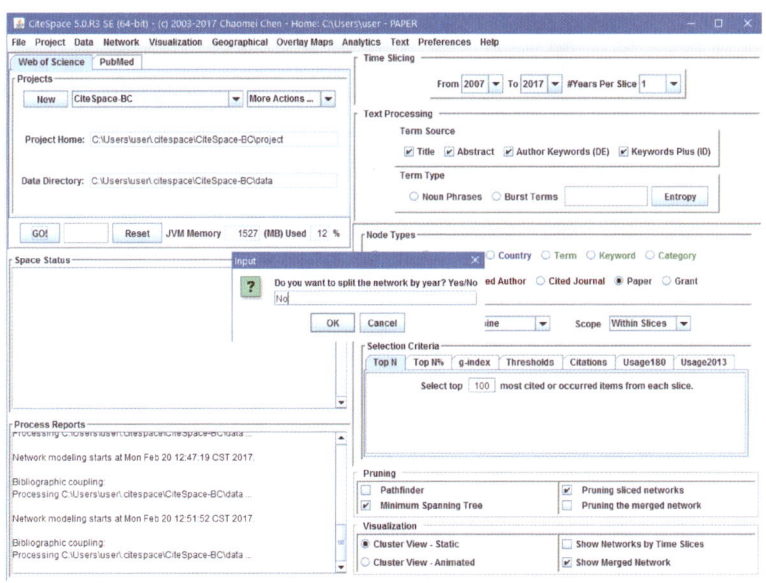

图 4.47　文献耦合整体网络分析设置

167

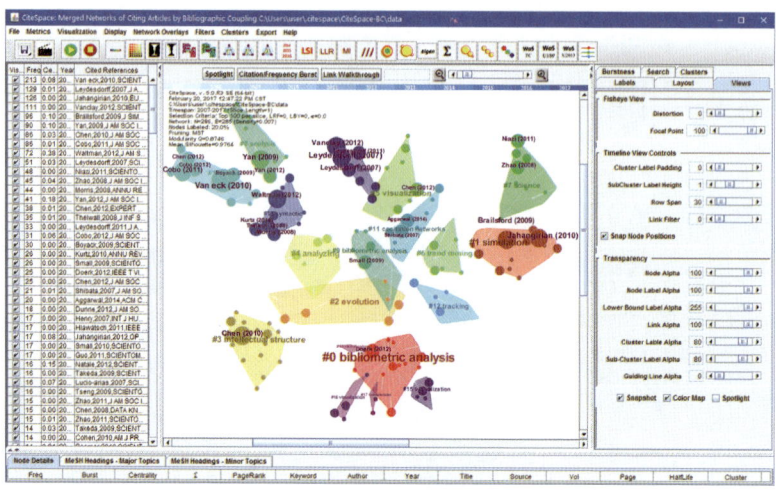

图 4.48　CiteSpace 施引文献整体耦合网络聚类

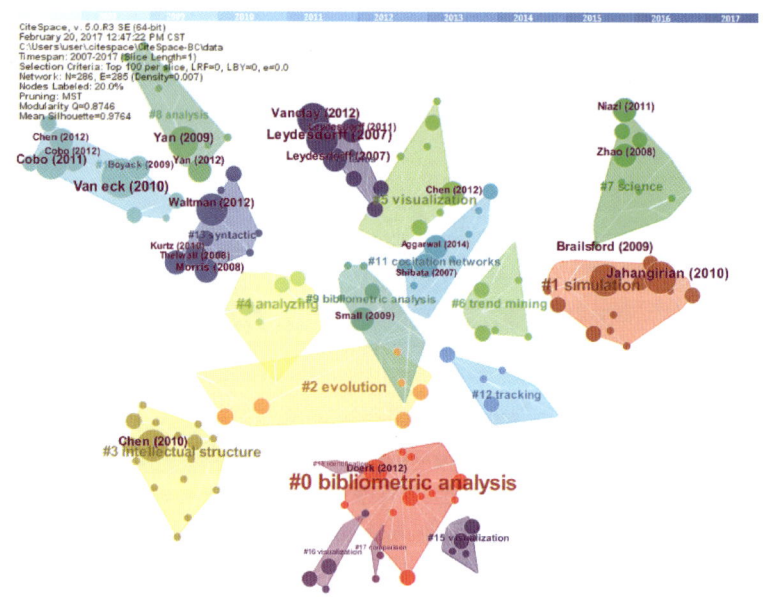

图 4.49　CiteSpace 施引文献整体耦合网络聚类

关于文献耦合的一些信息查询与文献共被引中节点信息查询方法类似，此处不再赘述。

思考题

（1）通过网络或者全文数据库了解以下概念：

引文分析；文献共被引分析，文献耦合分析；研究前沿；知识基础；研究热点；网络节点的中介中心性；结构洞。

（2）谈谈你对CiteSpace概念模型的认识。

本章小提示

小提示4.1：关于共被引和耦合分析的说明。

无论是作者的共被引分析还是作者的耦合分析中，第一作者的共被引及其耦合分析比较常见。特别地，在VOSviewer中提供了施引文献、作者、机构、国家或地区以及期刊耦合，其中作者的耦合为施引文献全体作者的耦合分析。

小提示4.2：CiteSpace的Signature的含义解读。

下面以图4.50为例进行说明。

CiteSpace, V.5.0 R3 SE（64 bit）表示使用软件的版本信息。

February 19, 2017 2：00：08 PM CST表示进行结果计算时的时间。

C：\Users\User\.CiteSpace… 表示数据所存放的文件夹位置。

Time Span：2006-2016（slice Length=1）表示所分析的时间区间，括号中代表的是时间切片。也就是说，把这个时间区间按照多少年为一段进行切割。

Selection criteria：Top50 per slice 表示的是提取了每个时间切片排名前50位的数据来生成最终的网络（这里选用的节点类型不同，top50的具体含义会有差异。如选择的是作者合作分析时，则提取的是这个时间段内发文量top 50的作者，做共被引分析时则提取的是被引频次在每个时间切片top50的施引文献）。

LRF=2，即Link Retaining Factor：k，这个参数调节link的取舍。保留最

强的 k 倍于网络大小的 link（这里的 k=2），剔除剩余的。LBY=8，即 Look Back Years=n，调节 link 在时间上的跨度不大于 n 年（这里 n=8），−1 为无限制。e 即 TopN={v|f（v）>=min（f（top（N），e）}，是对节点最低频次的设置，这里 e=0 为不限制。

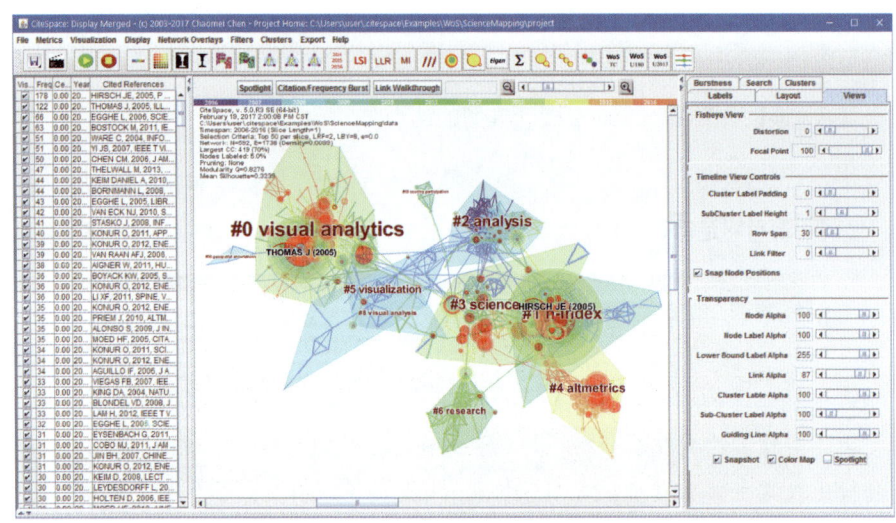

图 4.50　CiteSpace 可视化图谱左上角 Signature 的含义

Network 中 N=592，E=1 738（density=0.009 9），N 表示网络节点数量，E 表示连线数量。Density 表示网络的密度，含义是网络中"实际关系数"除以"理论上的最大关系数"，即在一个节点数量为 n 的无向网络中，最大可能的关系数为 C_n^2=（n（n−1））/2，假设实际的关系数为 m，那么该网络的密度就为 2m/[n（n−1）]。在 CiteSpace 中的 1 模网络都为无向网络，而 2 模的混合网络通常是有向的（例如：混合 terms 和 references 时，从 terms 到 references 是有向的）。若一个网络为有向网络，那么一个节点数量为 n 的网络的最大关系数量为 n（n−1），网络的密度就为 m/[n（n−1）]。

Largest CC 表示的是最大子网络成员的信息，这里 419 表示该网络的最大子网络成员有 419 个节点，占 592 个节点的 70%。

Nodes labeled 表示可视化网络中默认有 5% 的节点显示了标签，这个数值可以在 Project 编辑界面中修改。

Pruning 表示网络裁剪的方法，这里 None 表示没有剪裁。若使用剪裁会显示为 Pathfinder（寻径算法）或者 MST（最小树算法）。

Modularity 是网络模块化的评价指标，一个网络的 Modularity 值越大，则表示网络得到的聚类越好。Q 的取值区间为 [0，1]，Q>0.3 时就意味着得到的网络社团结构是显著的。Q 值计算式如下：

$$Q = \frac{1}{2m}\sum(a_{ij}-p_{ij})\sigma(C_i,C_j)$$

式中，$A=a_{ij}$ 为实际网络的邻接矩阵；p_{ij} 为零模型中节点 i 与节点 j 之间连线边数的期望值；C_i 和 C_j 分别代表节点 i 与节点 j 在网络中所属的社团。若 i 与 j 属于同一个社团，那么 $\sigma=1$；否则 $\sigma=0$。

Silhouette 值是 1990 年 Kaufman 和 Rousseeuw 提出的用于评价聚类效果的参数。具体是通过衡量网络同质性的指标来进行聚类的评价，Silhouette 值越接近 1，反映网络的同质性越高，Silhouette 为 0.7 时聚类结果是具有高信度的。在 0.5 以上，可以认为聚类结果是合理的。（注意：Silhouette 主要在聚类后来衡量某个聚类内部的同质性，但是在聚类内部成员很少时，这个值的信度会降低）。单个样本点 Silhouette 值的计算（Rousseeuw P，1987）：

$$S_i = \begin{cases} 1-a(i)/b(i), & 若\ a(i)<b(i) \\ 0, & 若\ a(i)=b(i) \\ b(i)/a(i)-1, & 若\ a(i)>b(i) \end{cases}$$

可以将上式改写为：

$$Q = \frac{b(i)-a(i)}{\max\{a(i),b(i)\}}$$

得到 $-1 \leq S_i \leq 1$。其中，a 为点 i 与所在类中其他点的平均距离；b 为点 i 与最接近点 i 所在类中各点的平均距离。平均 Silhouette 值是各样本点轮廓值的平均数。

还要特别说明：有些用户在重新运行后，网络的布局发生了一些变化（参数设置没有修改）。用户会很容易发现当前的网络布局和之前的有一定差异，是不是结果不一样了？这里需要提醒用户，只要左上角的参数没有变化则说明前后两次运行得到的网络是一样的，得到的结果也是一样的。网络的布局，在二维空间上的差异不影响实际的结果。

小提示 4.3：聚类命名算法的选择。

得到较为满意的图谱后，使用不同的方法对聚类进行命名。通常情况下，推荐使用 LLR 算法得到的结果，下面给出三种算法得到结果的比较（图 4.51）。有时候使用新版提取的聚类命名可能与之前的版本结果有很小的差异，因此该功能只作为可视化图上的命名。在具体进行聚类解释的时候，要结合三种命名方法得到的结果以及通过提取施引文献中的 Summary Sentences 进行解释。

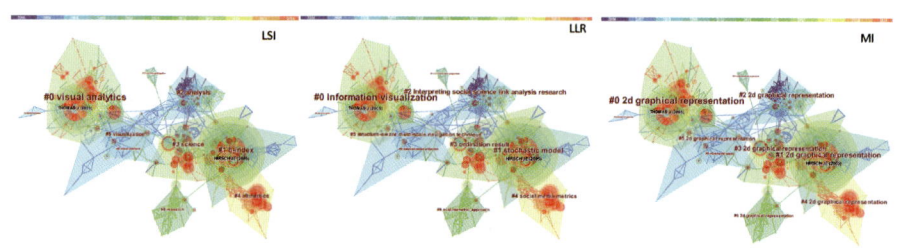

图 4.51　三种方法提取的聚类术语

小提示 4.4：CiteSpace 如何识别和确定一篇文献的唯一性？

在 CiteSpace 中通过一条完整的引文数据（作者，年代，期刊，卷期）实现文献的共被引统计，这样确定的文献信息基本 100% 识别文献的唯一性。

小提示 4.5：CiteSpace 概念模型与分析结果的对应。

在 CiteSpace 中，共被引功能是其特色。这里的查询功能（图 4.52）基本上

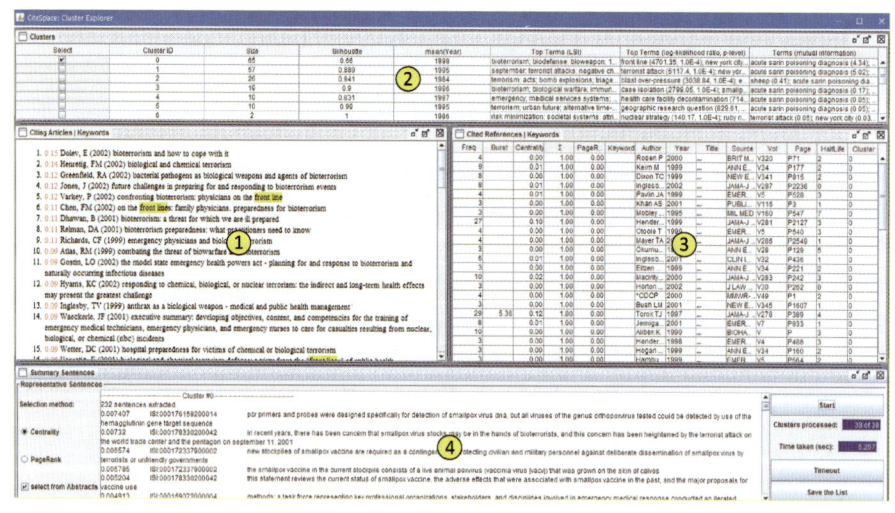

图 4.52　聚类信息查询与 CiteSpace 概念模型的对应

与 CiteSpace 的概念模型一一对应（图 4.53），并做如下解释：

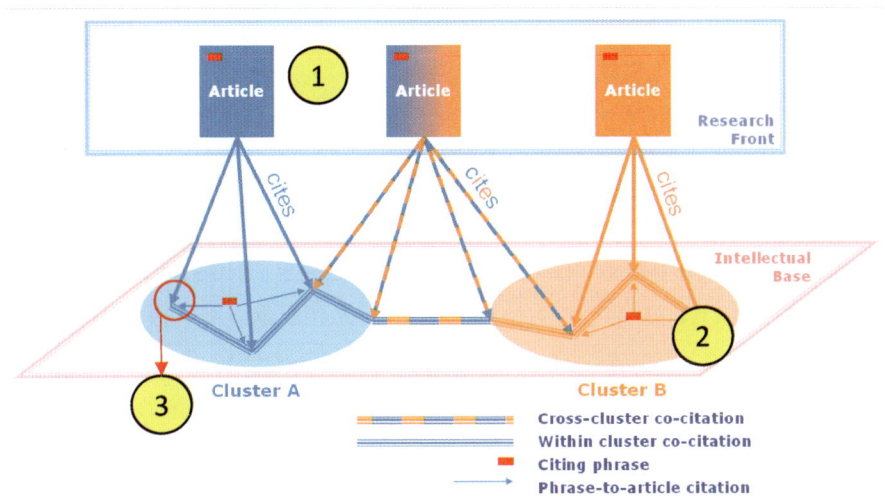

图 4.53　CiteSpace 概念模型

图 4.53 中窗口①显示的施引文献（这些文献代表了研究前沿）标题中着重标识的词汇正是通过相关方法提取的聚类命名（图 4.54）。

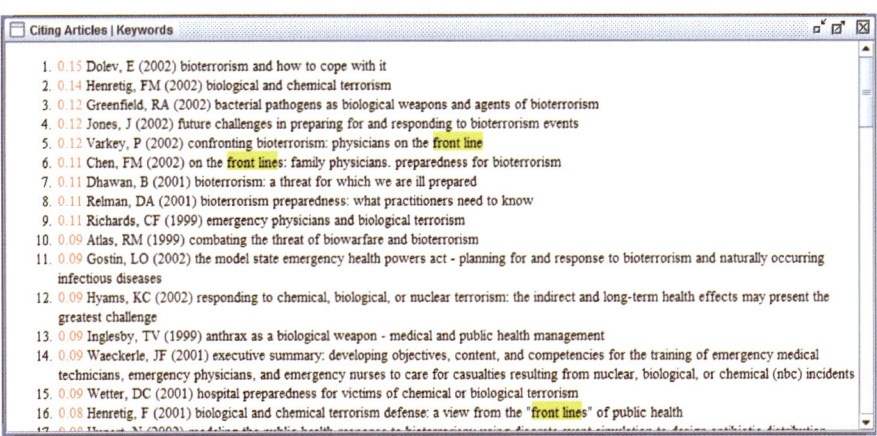

图 4.54　施引文献信息

在每个施引文献前的数字表示该施引文献引用所在聚类文献的比例。具体计算公式为：

$$I = \frac{N}{M} \quad (0 < I \leqslant 1)$$

式中，N为一篇施引论文引用共被引聚类的文献数量，M为该聚类中文献的总数。如0.15 Dolev, E（2002） bioterrorism and how to cope with it 中的0.15代表该文献引用了恐怖袭击文献共被引聚类0#中的65篇论文中15%的文献[65×15%≈10（篇）]。

此信息也可以在可视化界面中，通过左击聚类0#中的任意文献，再在右击得到的菜单中选择List citing papers to the Cluster来获取。可以得到Keywords词频列表（这里的keywords表示通过T，K，A功能提取的术语），Citing Titles施引文献列表与引用该类的文献量，Bibliographic Details以及施引文献的详细列表。如图4.55所示。

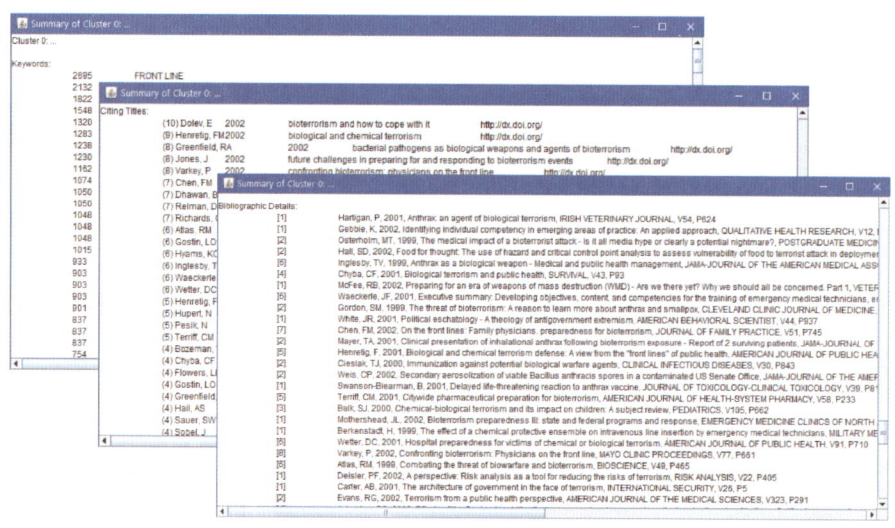

图4.55　施引文献的查询

窗口②显示的是通过三种方法得到的聚类命名（笔者认为这些反映的是研究前沿领域）。此外，该窗口信息还可以通过菜单"Cluster"、"4 summarization of cluster"得到。

窗口③显示的是被引文献（笔者认为这些文献反映的是知识基础），这些文献也是直接在图谱中显示的节点信息。

窗口④显示的是从施引文献的摘要中，按照 Centrality 或 PageRank 提取的句子，这些句子有利于帮助用户理解各个类中的具体内容。

小提示 4.6：如何面对分析中的不相关结果。

从数据库中通过相关检索策略得到的数据难免会存在一些不相关的记录，这在数据收集中是难以避免的（当然，除非你分析的数据很具体，也不容易造成误解）。有些用户在使用时会觉得有些困惑，以及难以回答审稿或者答辩专家这些问题。在使用 CiteSpace 中，首先建议用户将主要的注意力集中在最大子网络上，然后再分析一些规模比较大的子网络。

在分析中用户可能会得到一些"不相关"结果，这里的不相关结果可以分为两类：①内容上与所分析主题没有关系。这属于数据采集上存在的杂质，比如同样的缩写来自不同的主题。②内容上与主题是相关的，但是用户不知道，甚至其他学者也不知道。第 2 类情况是发挥 CiteSpace 的价值的一个重要方面，它能导致新发现。

例如，在分析关于研究黑客（Hacker）的例子中，数据的检索使用主题检索，目的是分析与 Hacker, Hacker Behavior 等相关的主题。

对关于 Hacker 的最大子网络分析结果如图 4.56 所示。从 Hacker 的文献共被

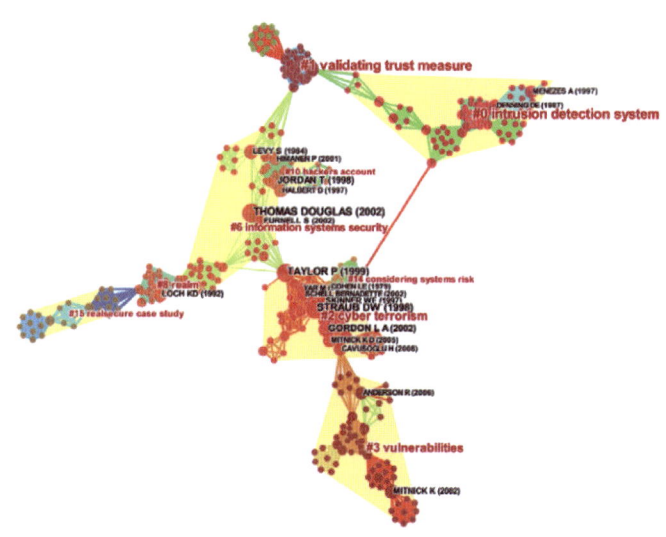

图 4.56　Hacker 研究的文献共被引最大子网络

引最大子网络中能明显地得到关于 Hacker 研究的主题，如 Instruction detection system, Validating trust measure, Cyber Terrorism 以及 Vulnerabilities。而第二大子网络所显示的研究则与文献数据所要分析的 Hacker 是不相关的，主要显示的是一位哲学家 Hacker, P.M.S 在 1996~2003 年发表的一系列论文及其关于 Scepticism, Rules 以及 Language 的书籍，但这些数据结果又确实包含在所分析的数据集中（图 4.57）。通过该案例，我们还是建议用户尽可能使用广泛的检索策略来获取数据，相关的主题会在下一步的分析中很容易地辨识出来。

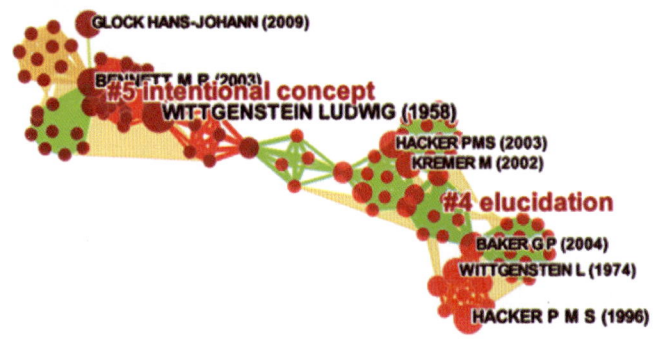

图 4.57 "Hacker" 研究的文献共被引第二大子网络

例如，陈超美教授等在分析再生医学的文献时，通过这种"不相关"的结果，发现了 graphene 在再生医学里新出现的作用[①]。

小提示 4.7： Web of Science 中 Related Records 的说明。

无论是文献的共被引还是耦合，都可以作为发现相似文献的方法。有些数据库将类似的方法应用到系统的文献推荐上，如 Web of Science 提供的 "查看 Related Records" 就是通过文献的耦合，找到读者关心的相似文献。例如我们在 Web of Science 中检索 CiteSpace 的经典文献 "CiteSpace II: Detecting and visualizing emerging trends and transient patterns in scientific literature"，

---

❶ Chen C, Dubin R, Kim M C. Emerging trends and new developments in regenerative medicine: a scientometric update (2000-2014) [J]. Expert Opinion on Biological Therapy, 2014, 14 (9): 1295.

得到的结果界面如图4.58所示,在界面的右侧的"引文网络"模块有"查看Related Records"。

图4.58　Web of Science 中的相关文献功能

点击"查看 Related Records",即可得到一个数据库推荐的文献列表。这个文献列表就是根据与该文献的耦合强度推荐的相关文献。对于每一个文献,提供了该文献在WoS中被引频次、引用的参考文献数量和共同引用的参考文献数量(图4.59)。

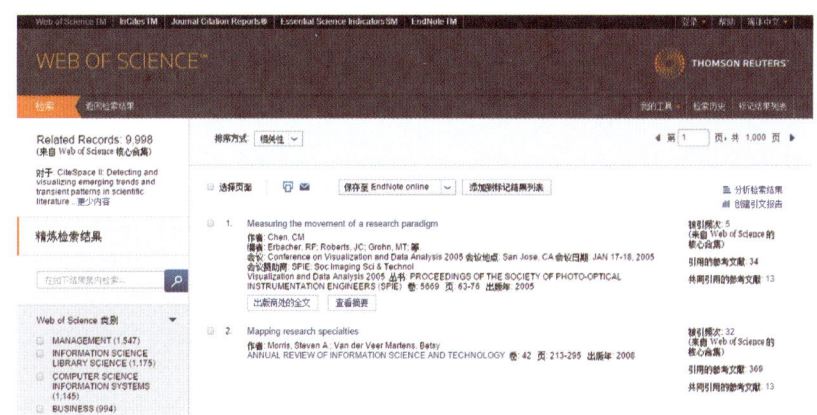

图4.59　Web of Science 中根据耦合强度推荐的文献列表

第 5 讲

科研合作网络分析

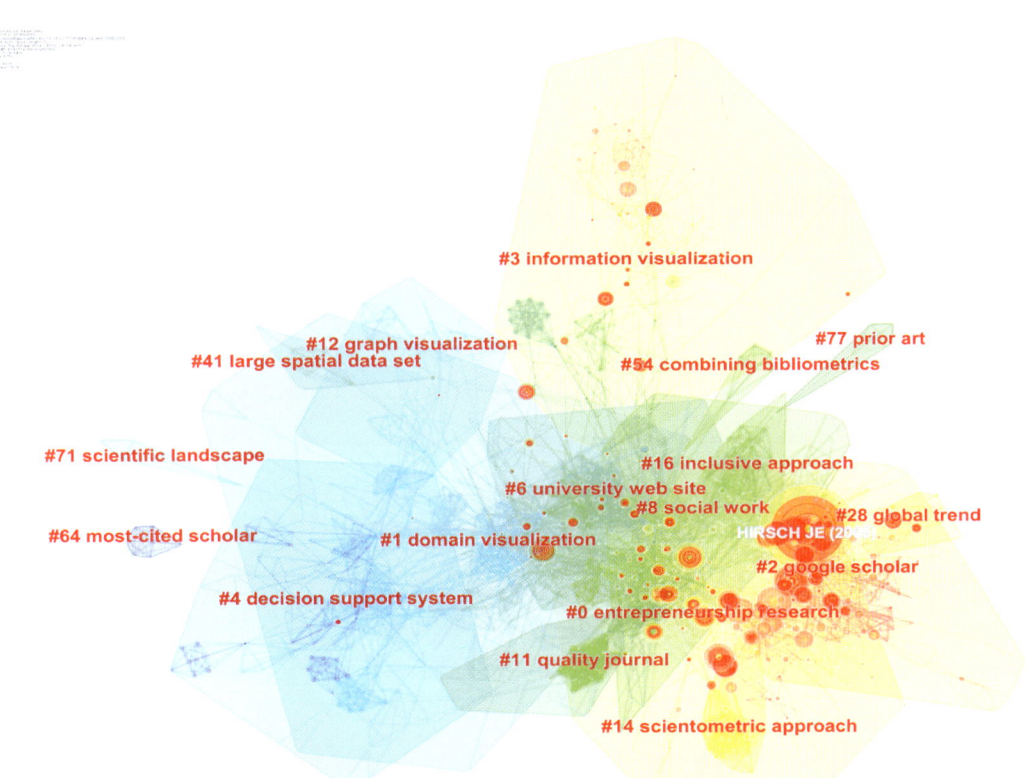

5.1 科学合作分析

早在20世纪60年代初，被誉为科学计量学之父的Price就开始对科研合作进行计量研究。他从《化学文摘》中抽取数据通过检验发现，从20世纪开始，多作者合著论文一直呈直线增长，他还预言合作论文的平均合作者会增加（梁立明&武夷山等，2006）。随后，D. Beaver在国际Scientometric期刊上连续发表了3篇《科学合作的研究》论文（Beaver D, Rosen R.1978,1979）。特别地，在科学计量学领域专门成立了研究合作的全球性跨学科和科学合作的虚拟机构COLLNET[①]，并由德国专门研究科研合作的克里奇默博士担任协调者（Co-ordinator）。

那么什么是科学合作呢？科学计量学家Katz和Martin将科学合作定义为：科学合作就是研究学者为生产新的科学知识这一共同目的而在一起工作（Katz J S, Martin B R, 1997）。在实际过程中，科学合作有多种形式以及表现，这里所提到的科学合作是指在一篇论文中同时出现不同的作者、机构或者国家/地区，那么我们就认为他们存在合作关系。如在论文Identification of, and knowledge communication among core safety science journals中的两位作者为合作关系；两位作者来自的机构和国家各有4个，分别为China, Germany, UK和Netherlands。在科学合作分析中，我们认为这4个机构以及4个国家是存在合作关系的。当然，以上所表现的学术合作关系在国际论文中是比较常见的（图5.1）。

图 5.1　WoS 合作分析

[①] COLLNET：Collaboration Network. http：//www.collnet.de

5.2 合作网络分析

CiteSpace 提供了三个层次的科学合作网络分析，分别为微观的学者合作网络（Co-Author），中观的机构合作网络（Co-institution）和宏观的国家或地区的合作（Co-country/territory）。在 CiteSpace 得到的合作网络中，节点的大小代表了作者、机构或者国家/地区发表论文的数量的多少。

此处使用的数据集是发表在 Safety Science 上从 1991 到 2013 年的论文数据，分析的时候截取一定的时间长度进行分析。建立 Safety Science 文件夹，并在文件夹中新建 data 和 project 文件夹，将下载的数据放入 data 文件夹中（图 5.2）。

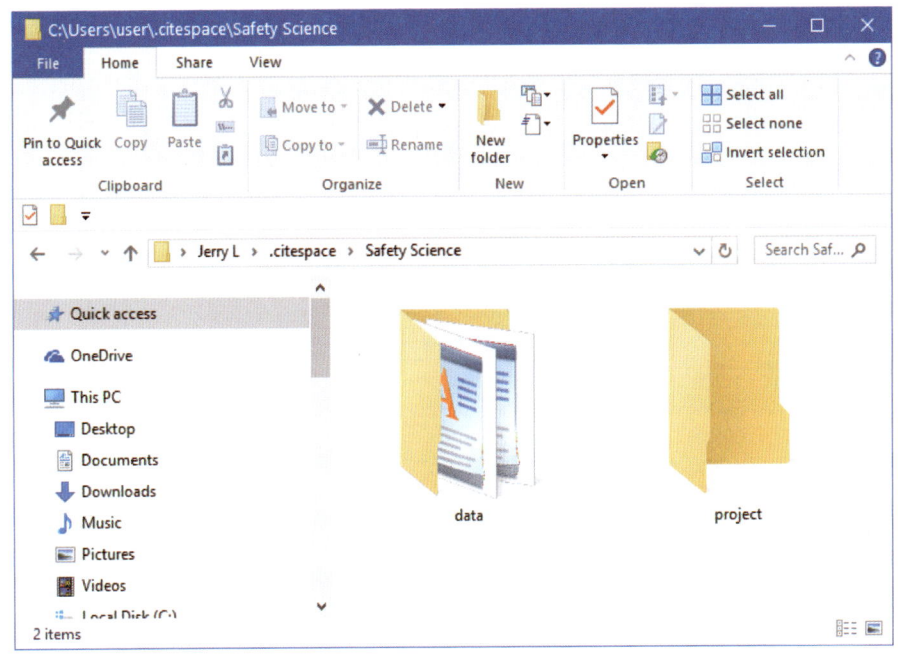

图 5.2 分析项目的建立

在 CiteSpace 功能参数区中点击 New 新建项目。在 Title 中为要分析的项目命名，将 Project 和 data 文件夹分别加载到 Project Home 和 Data Directory 中（图 5.3）。点击 Save，回到 CiteSpace 功能参数区中。

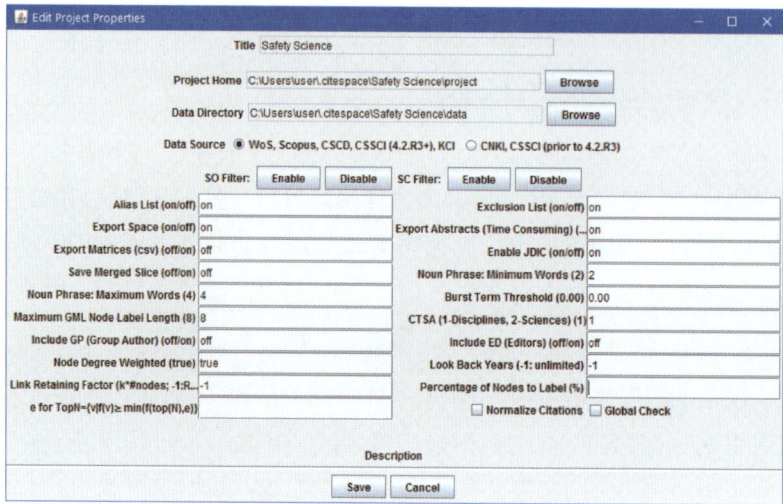

图 5.3 Project 文件夹的设置

将 CiteSpace 功能与参数设置区的 Node Types 选择为 Author，其他参数的设置方法与前面的分析都类似。然后，点击 Go！，待出现可视化的提示后，点击 Visualize（图 5.4）。

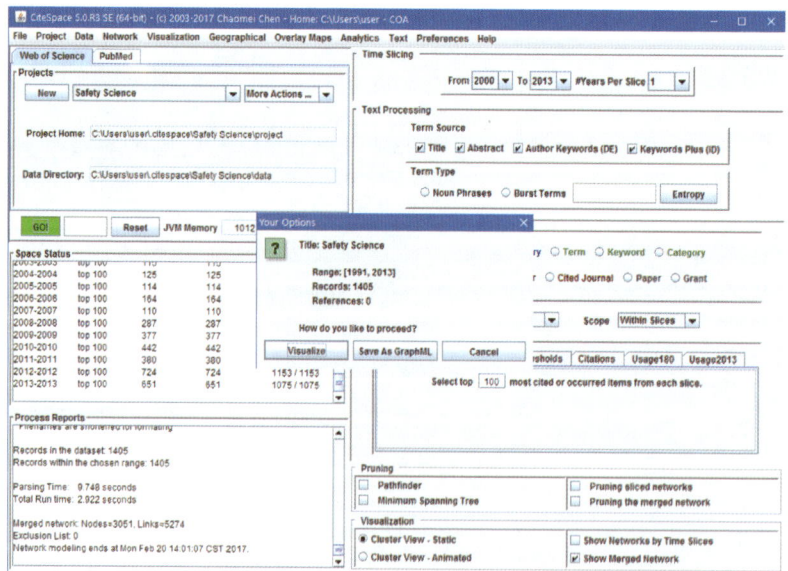

图 5.4 作者合作网络分析

第 5 讲　科研合作网络分析

进入可视化界面后，得到的作者合作网络如图 5.5 所示。用户可以选择可视化界面的 Filter 菜单，选择 Show the largest Connected components only 来显示合作网络的最大子网络，如图 5.6 所示。可以明显地判断两个合作子网络是以 A.R. Hale 为核心的欧洲安全科学研究社团和以 WenRuey Chang 等为核心的中国—

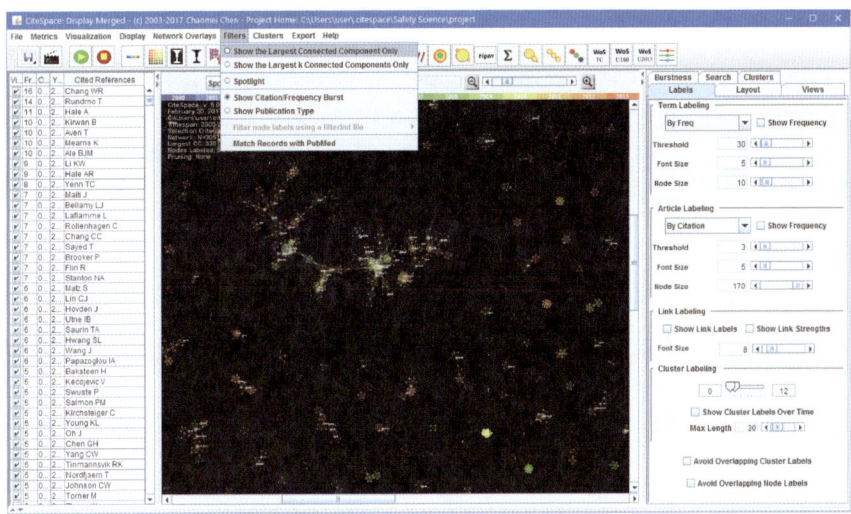

图 5.5　选择显示最大子网

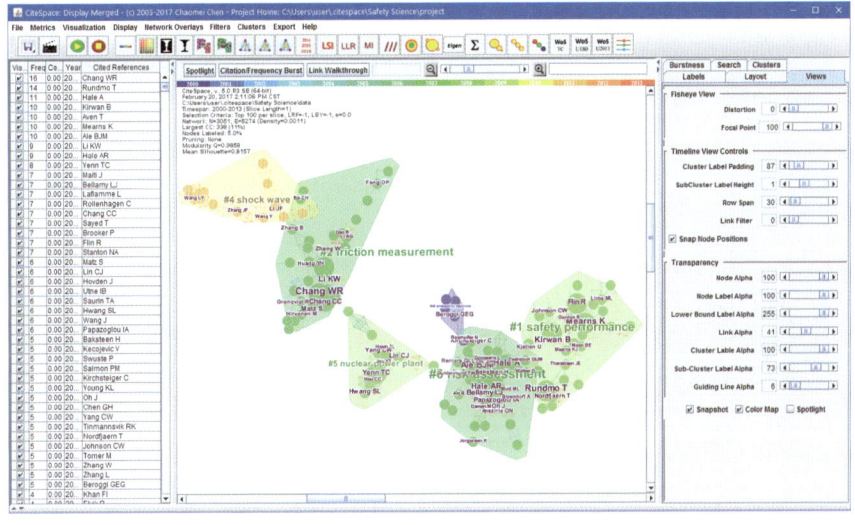

图 5.6　Safety Science 作者合作最大子网络

美国的研究社团。用户也可以使用类似于共被引网络聚类和命名的方法对作者的合作网络进行聚类，具体由用户自己来确定聚类的必要性。

通过选中合作网络中的某一节点，然后右击选择 Citation History 来查询该作者发表论文的时间分布以及详细的论文信息（图 5.7 和图 5.8）。该功能在国家、地区以及机构的合作中也适用。

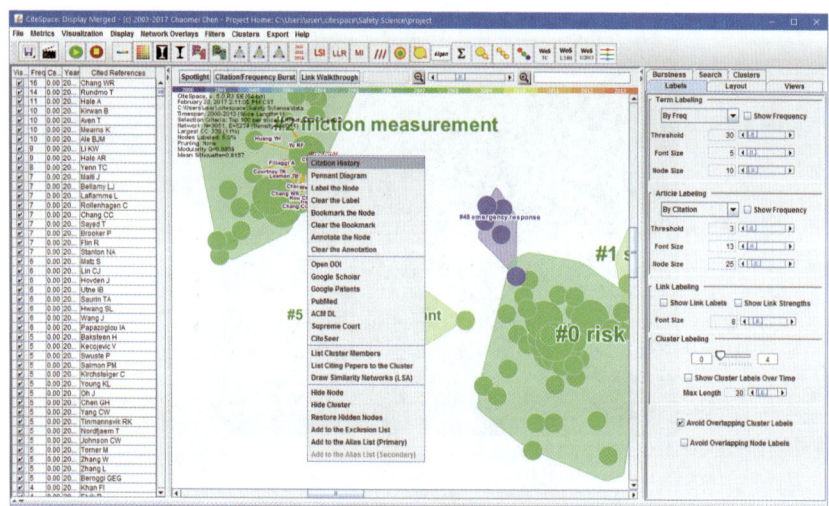

图 5.7　单节点信息查询

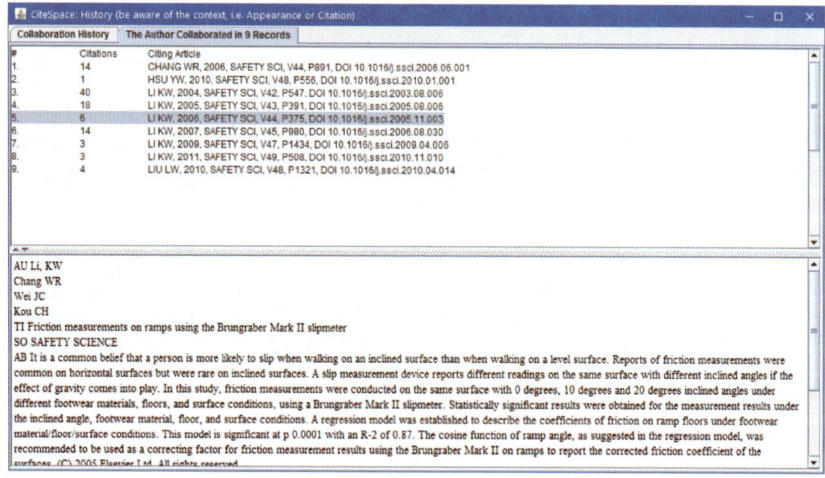

图 5.8　节点信息查询结果

第 5 讲　科研合作网络分析

通过类似的方法得到 Safety Science 机构的合作网络，如图 5.9 所示。在合作网络分析中，也可以使用 CiteSpace 中提供的其他视图方式来进行可视化，如图 5.10 所示为对国家或地区合作网络的时间线视图。由于 CiteSpace 自身的可

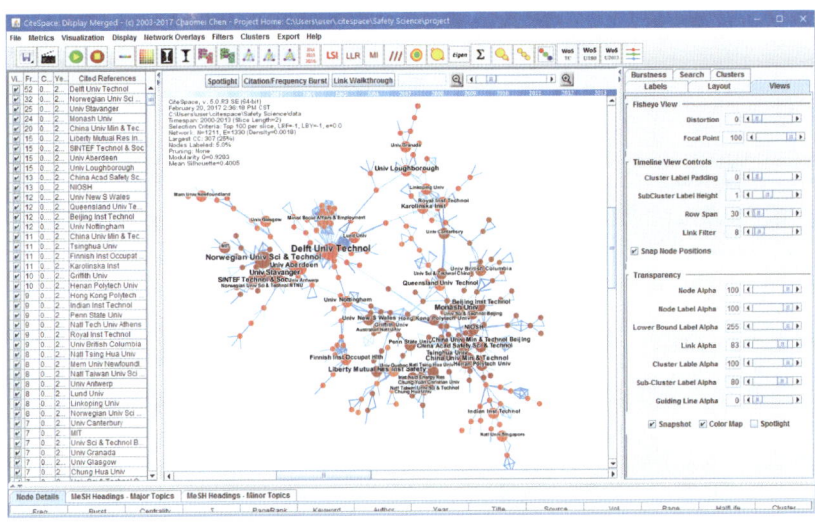

图 5.9　Safety Science 机构的合作网络

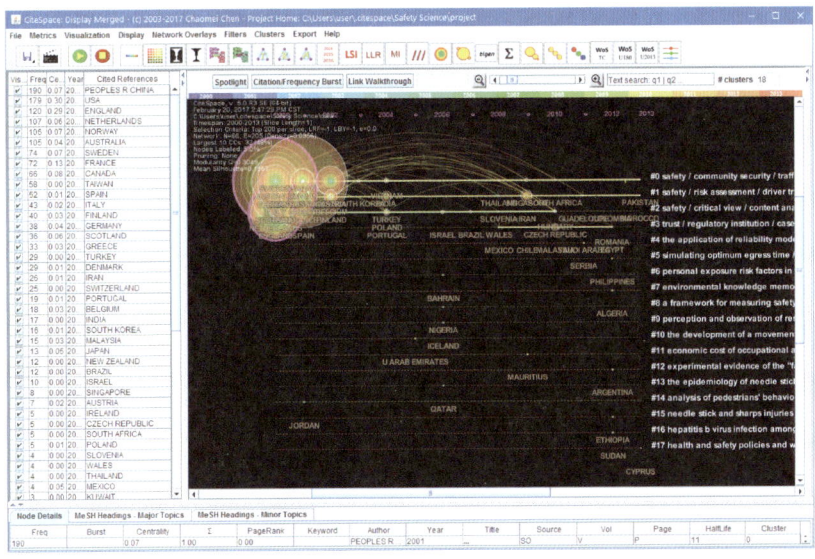

图 5.10　Safety Science 国家或地区合作网络

视化选择有限，用户可能在一些情况下很难得到比较清楚的可视化结果。笔者推荐用户直接使用 Gephi 软件来打开 Project 文件夹下面的 graphml 文件，以使用 Gephi 来进行可视化分析。

例如，图 5.11 是使用 CiteSpace《中国安全科学学报》1991~2011 年数据绘制的作者合作网络的最大子网络。图 5.12[①] 是使用 CiteSpace + Gephi《火灾科学》绘制的科学合作网络的核心网络。

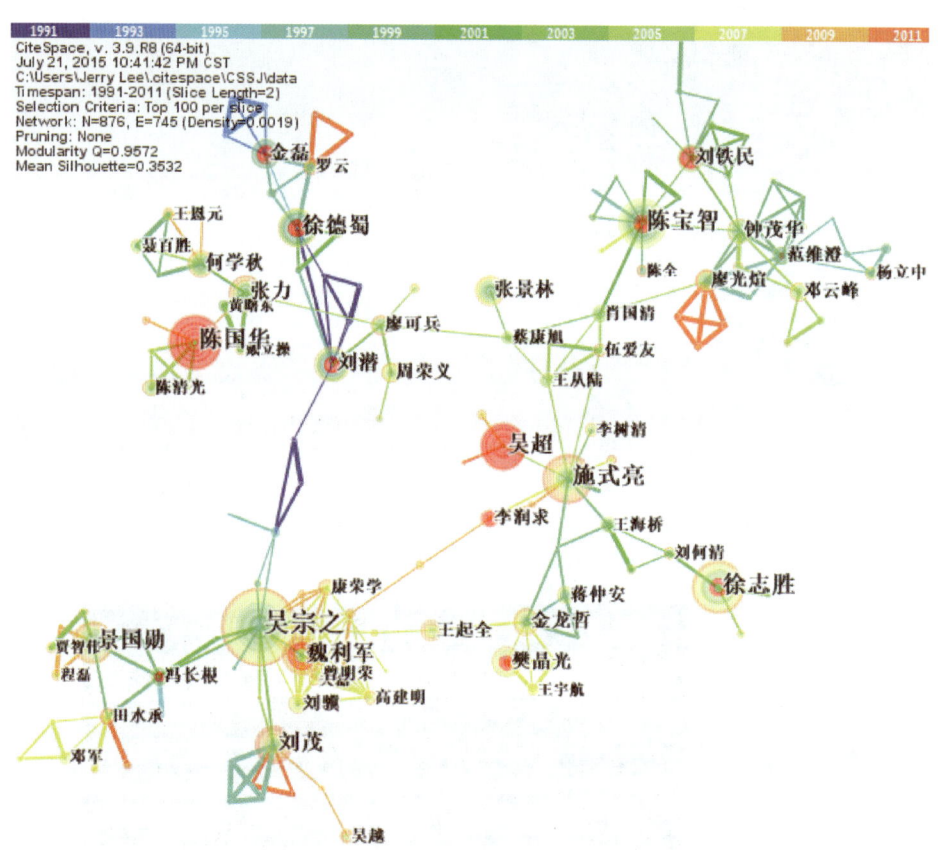

图 5.11 《中国安全科学学报》1991~2011 年作者合作网络的最大子网络

---

❶ 李杰，陈超美. CiteSpace 科技文本挖掘及可视化 [M]. 北京：首都经济贸易大学出版社. 2016.

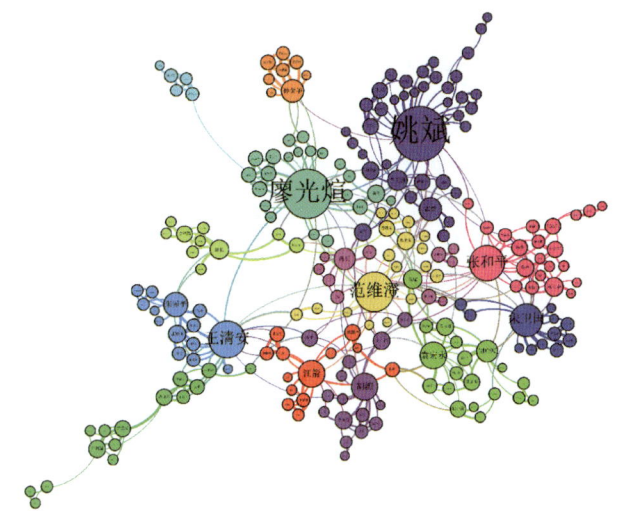

图5.12　中国《火灾科学》的作者合作网络（CiteSpace+Gephi）

5.3　合作网络地理可视化

合作网络地理可视化需要的数据格式与前面文献的分析一致，在分析过程中按照要求加载数据并分析即可。CiteSpace对数据进行处理后，会在data文件夹中生成一个kmz文件。生成的Kmz文件需要用Google Earth来打开进行可视化，因此在进行分析之前需要用户在计算机上安装Google Earth[①]软件。

下面的案例使用1991~2013年发表在期刊Safety Science上的论文，分析中直接加载data文件即可（图5.13）。

第一步：进入CiteSpace地理可视化合作网络模块。

在CiteSpace功能区的Geographical菜单下打开"Generate Google Earth Maps（KML2.0）"，如图5.14所示。

第二步：对相应的参数进行设置。

相关参数设置包含分析时间设置、选择需要分析的数据、地图规模选择（默

---

❶　Google Earth 下载地址：http://www.google.com/earth/download/ge/agree.html

认即可）、其他选项，可以"默认"。点击"Make Map"得到一个使用Google Earth可以打开的KMZ文件。执行完后，对话框会提示你KMZ文件的保存位置（图5.15）。

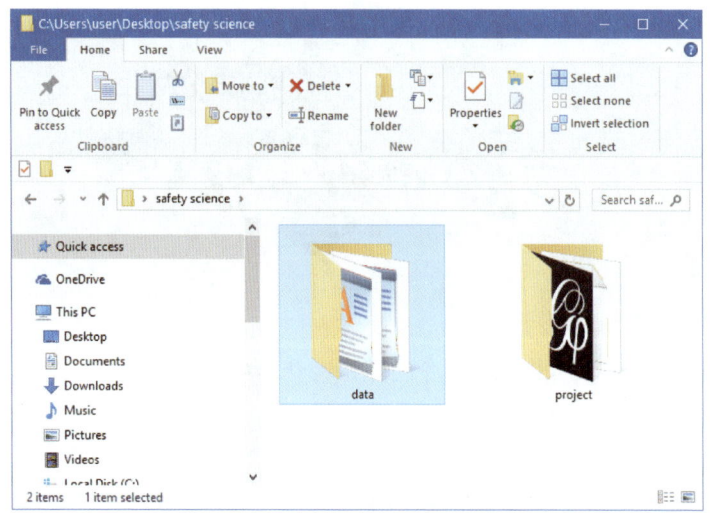

图5.13　数据所在位置

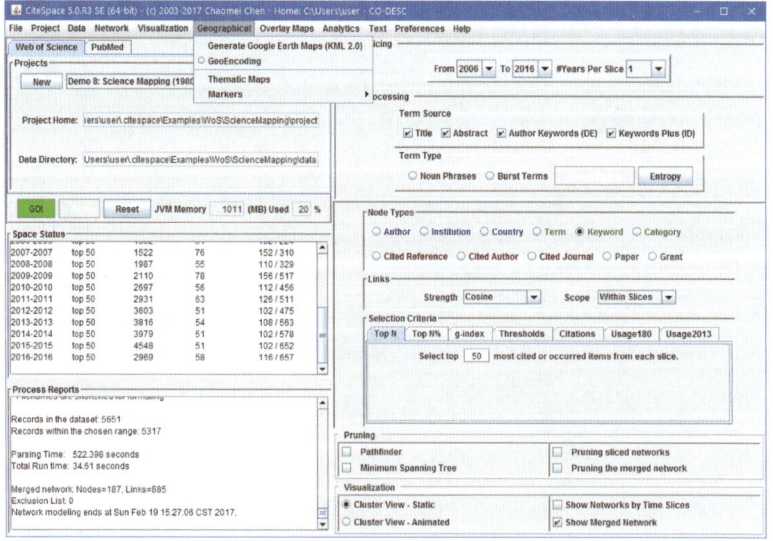

图5.14　合作网络地理可视化功能

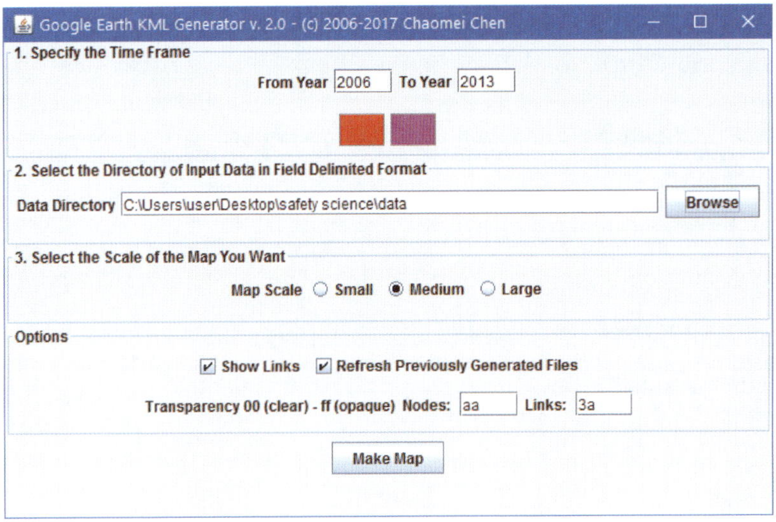

第 5 讲　科研合作网络分析

图 5.15　合作网络的地理可视化参数

结果分析后会有对话框提示用户结果保存的位置，同时也提示共处理了多少结果及其中未被识别的地址数量（图 5.16）。用户可以在相应的文件夹下打开文件 geocoding_log_tab.txt 对错误地址进行编辑，编辑完成后再运行即可。在

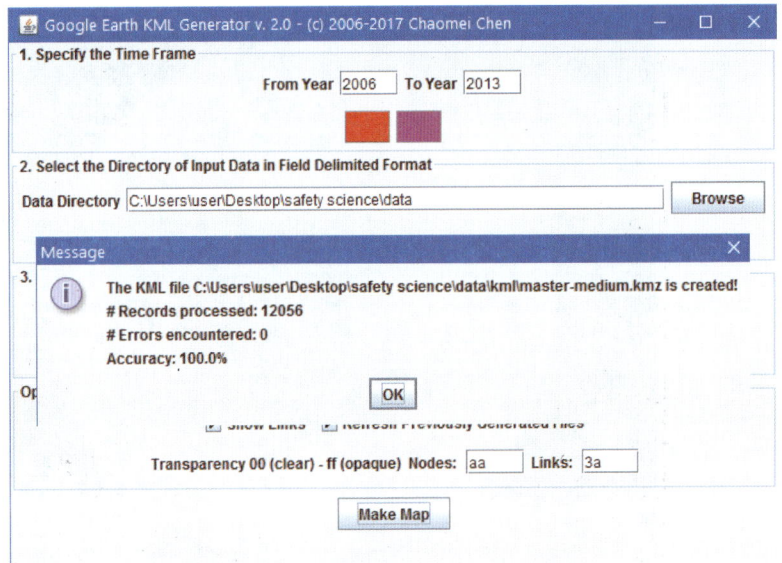

图 5.16　地理可视化结果保存位置提示

确保安装 Google Earth 的情况下，可以在该文件下打开 KMZ 文件（图 5.17，图 5.18）。

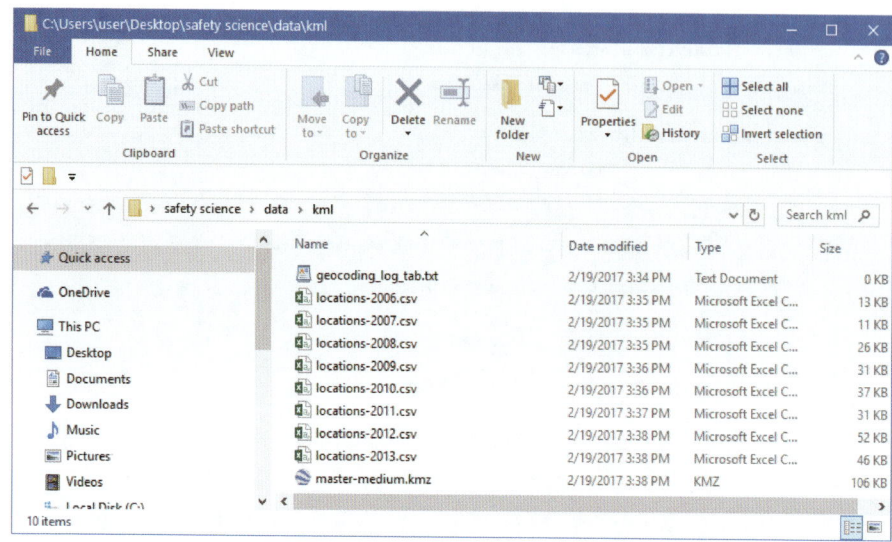

图 5.17　地理可视化分析结果文件夹

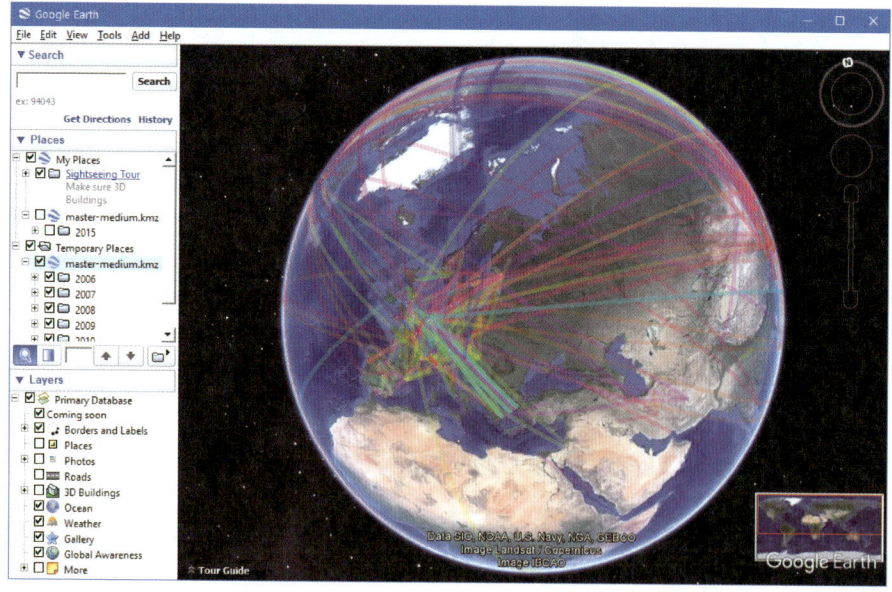

图 5.18　合作网络的地理可视化结果

第 5 讲　科研合作网络分析

在 Google Earth 中可以对节点和连线进行修改（颜色、透明度以及线宽），修改后的结果如图 5.19 所示。

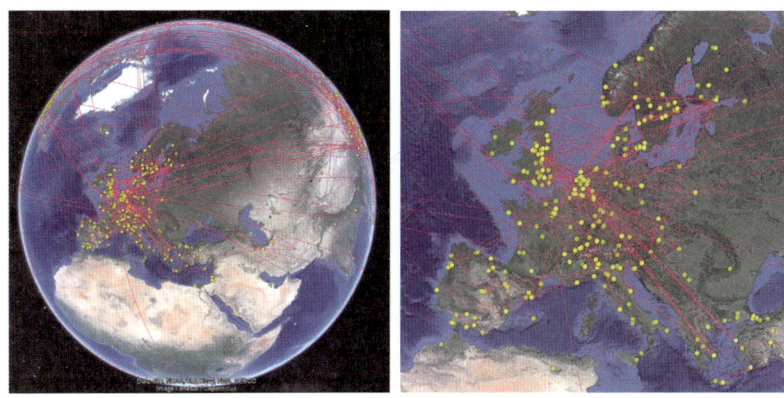

图 5.19　使用 Google Earth 编辑后的结果（左）和局部显示（右）

特别地，在 Google Earth 中点击节点可以获取相应地址处的文献链接，点击可进入该文献页面（使用高校教育网的用户通常可利用该链接下载全文），参见图 5.20。

图 5.20　在 Google Earth 中获取文献信息

还可以进一步在 Google Earth 中来分区或分时域查看地区或国家内部的合作及其随着时间的演化情况。下面的案例分析的是国际大数据研究合作网络在 Google Earth 上随着时间的演变（图 5.21）以及分区域查看结果（图 5.22）。

191

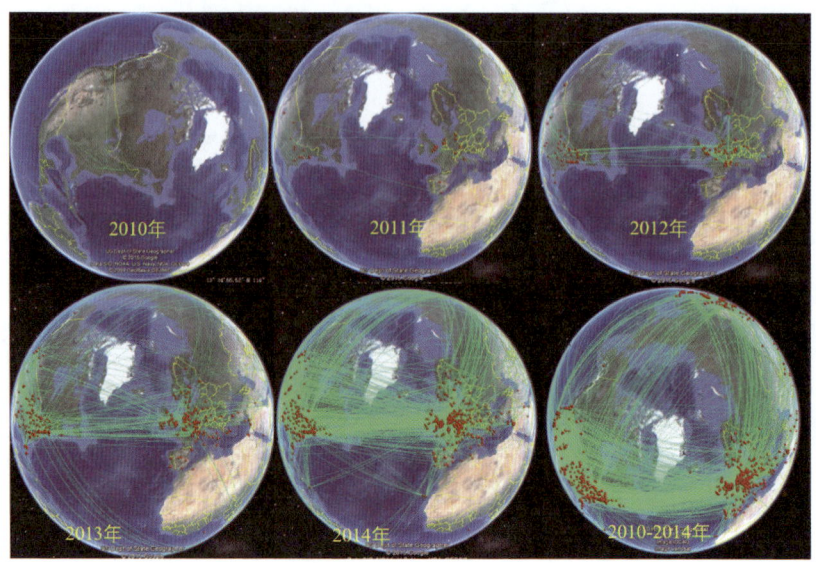

图 5.21　大数据研究的地理合作网络时间演化

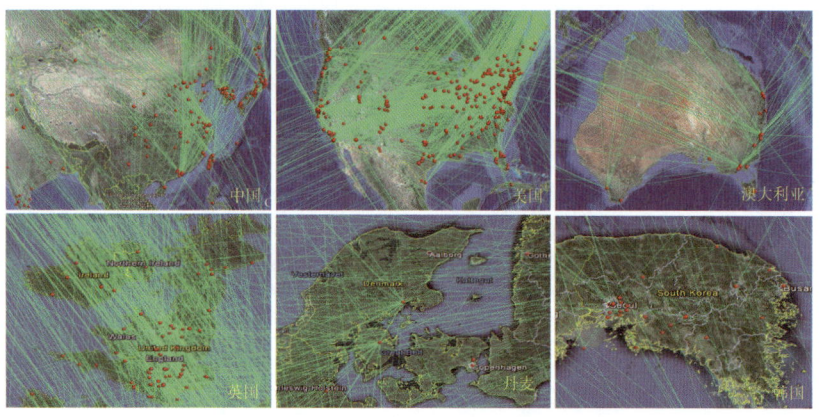

图 5.22　大数据研究的地理合作网络的分地域比较

CiteSpace 产生的 kmz 文件,也可以使用 Google Fusion 来进行可视化。若在智能手机上安装有 Google Earth,也可以将结果在手机上打开浏览。下图为笔者从 WoS 采集的关于洪水安全与风险的数据,通过 CiteSpace 生成 kml 文件后,在智能手机上进行的可视化展示(图 5.23)。

第 5 讲　科研合作网络分析

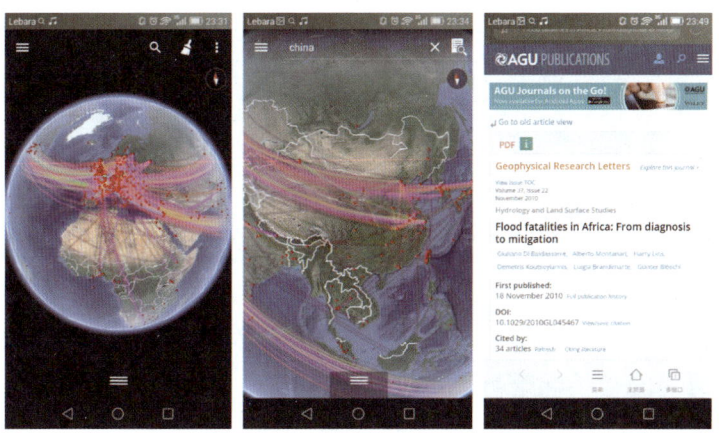

图 5.23　通过智能手机展示洪水安全与风险的地理可视化结果

还可以结合 Google Map，Mapsengine，GPS Visualizer，Display-KML，Google-Fusiontables 和 CartoDB 对 KML 数据或者 Excel 格式的地理数据进行可视化。下面给出使用 CartoDB 得到的我国 154 所开设安全工程专业的高校的地理分布，如图 5.24 所示。通过科技论文中提供的地址，绘制出全球安全科学研究机构的分布，如图 5.25 所示。

图 5.24　我国 154 所开设安全科学与工程专业高校的地理分布[1]

---

❶ 我国各省开设安全工程专业高校的地理分布：http://blog.sciencenet.cn/blog-554179-896178.html。

193

CiteSpace：科技文本挖掘及可视化

图 5.25　全球安全科学研究机构的分布[1]

思考题

（1）谈谈科学家或者学者为什么要合作，给出至少 5 点合作的原因。

（2）你认为学术合作分析的机理是什么？

（3）作者、机构、国家／地区的合作网络各有什么特点？它们之间有何联系？

（4）通过 CNKI 数据库，检索分析《中国安全科学生产技术》的作者合作网络。

（5）试绘制 2016 年全球恐怖袭击的合作网络（作者、机构、国家—地区以及地理可视化网络）。

（6）试绘制你所在专业领域学者的合作网络，从网络中你是否能够确定该研究当前的研究中心在哪里？都有哪些人在做？该领域学者团队之间的合作如何？

---

❶ 李杰，安全科学知识图谱导论 [M]. 北京：化学工业出版社．2015.

本章小提示

小提示 5.1：知识单元的计数问题。

目前科学合作分析中没有考虑作者排名的先后。网络中节点大小反映论文的数量，这种数量统计的方法为 Full counting。感兴趣的用户可以通过相关文献查询关于 Full counting 和 Fractional counting 的区别。

小提示 5.2：合作网络分析中要注意作者姓名的处理。

如李开伟教授在 Safety Science 合作网络中有两种写法，一种是全称 KaiWay Li，还有一种简称 KW Li。A. R. Hale 则有好几种写法：AR Hale，A. Hale，A Hale 以及 Andrew R. Hale。而对于中文姓名的辨识有时就更有难度，如 J Li 的作者就有可能是李洁、李杰、李捷、李健、李建以及李江文等。此外，无论是中文还是英文，重名作者分析也是一个重要的难题。

目前为了避免在姓名上的混淆，投稿系统都建议作者使用可用于识别的学术身份证 ORCID，此外相关数据库也提供了用于作者之间进行区分的身份标识（如 Web of Science 提供的 ResearcherID，Scopus 提供的 Scopus Author ID）。

小提示 5.3：CiteSpace 中处理作者合作分析的技巧。

首先可以在作者合作网络可视化结果中，以菜单来对相同节点进行合并。如要将 KW Li 合并到 KaiWay Li，此时先单击左键选中节点 KaiWay Li，然后右击并在显示的菜单中选择 Add to the Alias List（primary）；再以同样的步骤选择 KW Li，Add to the Alias List（secondary）；完成上面步骤后软件会提示用户重新回到软件功能与参数页，再次运行网络。

此时，用户不要急于重新运行。可以先到该项目的 project 文件夹下使用文本编辑器打开 citespace.alias 文件，并仿照软件自动合并的作者格式来手动添加需要合并的作者（图 5.26）。

若用户想在网络中排除某些节点，则可以直接选中该点，并在右击得到的菜单中选择"Add to the Exclusion List"，之后按照同样的方式在 project 文件夹中的 citespace.exclusion 文件中加入要排除的作者（图 5.27）。排除后的作者的名单将在可视化网络界面的 Signature 下方显示（图 5.28）。

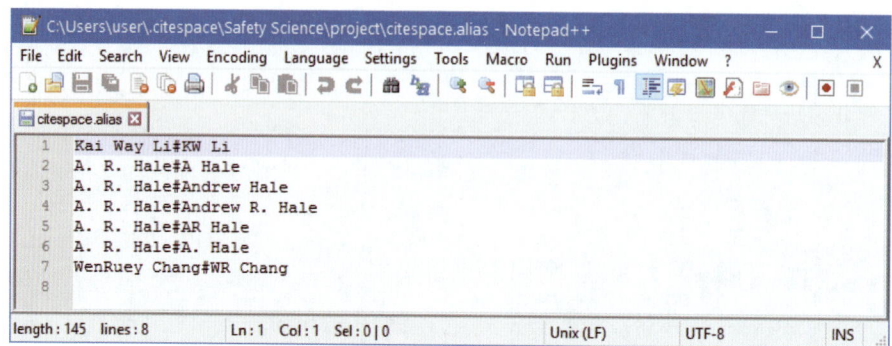

图 5.26　相同作者的合并文件

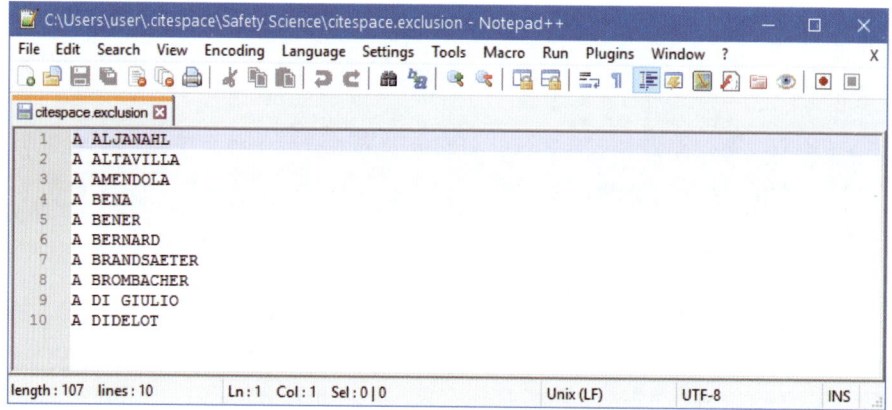

图 5.27　作者排除的列表建立

小提示 5.4：作者合作的思考。

通过发文作者、机构、国家—地区的研究，可以帮助我们回答某项研究的主要学者都有谁？他们分布在哪些机构中并隶属于哪个国家/地区？可以为我们进行学术资源引进、开展合作以及学术成果评估提供参考。

小提示 5.5：CiteSpace 中的叠加分析。

在 CiteSpace 中包含的叠加功能有 3 种，分别为作者合作网络在 Google

Earth 上的叠加，期刊的双图叠加——JCR Journal overlay maps 以及网络的图层叠加分析。

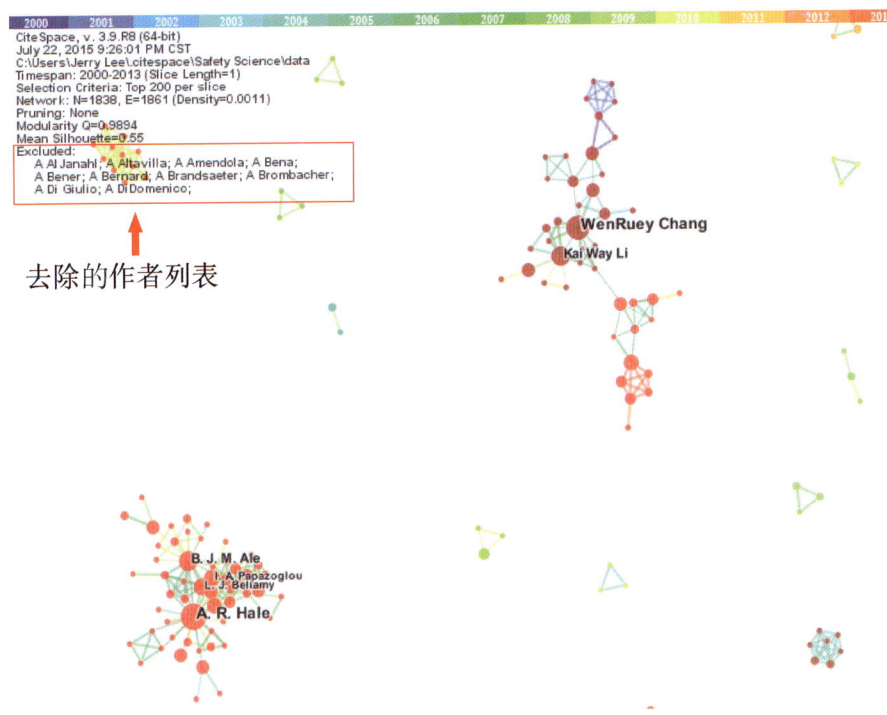

图 5.28　使用排除功能后的局部网络

第 6 讲

主题和领域共现网络分析

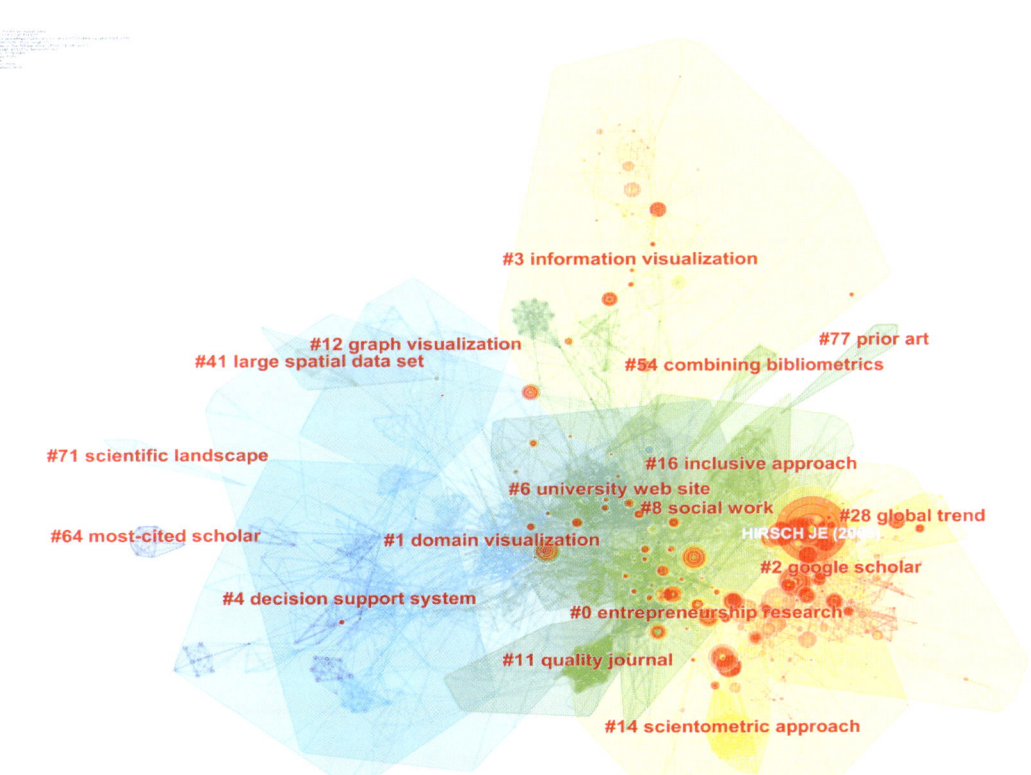

> CiteSpace：科技文本挖掘及可视化

6.1 词频和共词分析

词频是指所分析的文档中词语出现的次数。在科学计量研究中，可以按照学科领域建立词频词典，从而对科学家的创造活动作出定量分析。词频分析方法就是在文献信息中提取能够表达文献核心内容的关键词或主题词频次的高低分布，来研究该领域发展动向和研究热点的方法。例如有人对爱因斯坦和普朗克一生的论文标题做过词频分析，结果发现爱因斯坦共用过1 207个词，而普朗克只用了777个词，据此可以推知爱因斯坦的科学兴趣和涉猎领域要比普朗克广泛（赵红洲，2002）。

从词的共现模式中提取更高层次的研究可以追溯到20世纪80年代的共词分析方法。来自法国科学研究中心的Callon等人出版了《科学技术动态图谱》（Michel Callon, John Law, Arie Rip, 1986），当时还称为"LEXIMAPPE"（是该时期进行共词分析的一款软件的名称，Leximappe在法语中是"关键词"的意思）。Callon等人的成果可以认为是共词分析比较早期的研究。共词分析相比文献的共被引和耦合，其得到的结果是非常直观的。即研究者直接可以通过共词分析的结果，对所研究领域的主题进行分析。虽然共词分析在应用中也经过了一些争论（Leydesdorff L, 1997），却并没有影响其在科技文本知识挖掘等方面的发展和应用（H. Qin, 1999）。

当然，任何一种分析都必须在一定的假设条件下进行。Whittaker最早提出共词分析的假设前提（Whittaker, 1989），主要包括以下几个方面：

（1）作者都是很认真地选择他们的技术术语的；

（2）当在同一篇文章中使用不同的术语时，就意味着这些不同的术语之间的关系并不是微不足道，它们一定是被作者认可和认同的；

（3）如果有足够多的作者对同一种关系认可，那么可以认为这种关系在他们所关注的科学领域中具有一定意义；

（4）当针对关键词时，经过专业学习的学者，在其论文中标引出来的关键词是能够反映文章的内容的，是值得信赖的指标。在作者标引关键词时，通常也会受到其他学者成果的影响而在论文中使用相同或者类似的关键词标引自己的论文。

基于以上假设，使用共词方法分析学科的热点内容、主题分布以及学科结构等问题就成为可能。

共词分析的基本原理是对一组词两两统计它们在同一组文献中出现的次数，通过这种共现次数来测度他们之间的亲疏关系。共词分析的一般过程如图6.1所

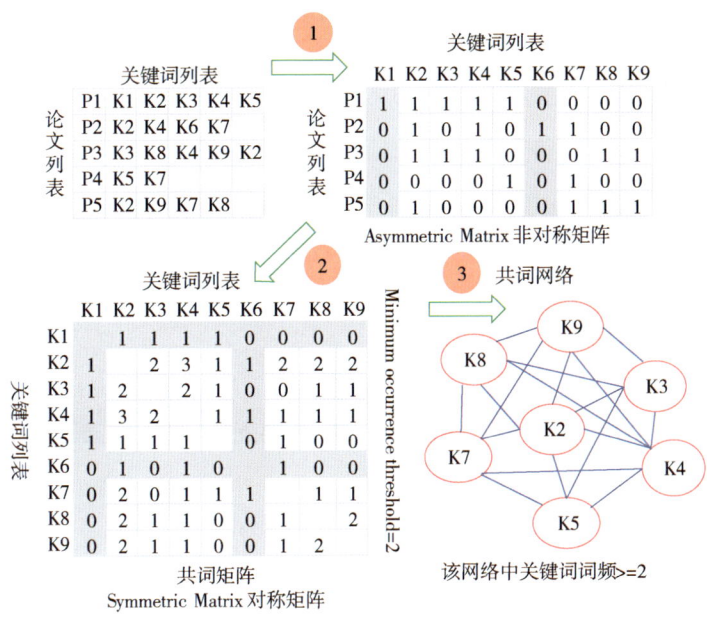

图 6.1　共词分析的一般过程

示（实际操作中，共词分析或不完全按照这样的过程，但基本的理念是一致的）。通常是提取每一篇论文的关键词列表，这里 P1 表示文献 1，K1 表示关键词 1，相同的关键词使用相同的字母和数字组合表示。这样就可以得到一个文档—关键词矩阵，该矩阵为 0-1 矩阵，表达的含义是某个关键词语和某个文档是否存在隶属关系。该过程得到的 0-1 关键词—文档隶属矩阵，可以用来对文档的相似性进行测度。这里我们的目的是进行共词分析，因此进一步通过得到 0-1 矩阵的运算得到关键词和关键词的共现矩阵。得到共现矩阵之后可以对其进行统计分析以及

可视化展示。目前，常用的共词的可视化方法有基于关系的网络可视化（如 CiteSpace）和基于距离的二维空间坐标的可视化（如 VOSviewer 的 Mapping 方法和早期的 MDS 方法）。

6.2 关键词共现网络

关键词的共现分析就是对数据集中作者提供的关键词的分析（可以包含 Web of Science 的 DE 和 ID 两个知识单元）。以 Web of Science 数据为例，就是对 DE 字段进行的共现分析。在 CiteSpace 中对关键词进行分析时，只要 Node Types 选择为 Keyword 即可。设置完相关参数之后，点击 Go 即可得到作者关键词的共词网络。

下面以分析 2016 年发表在《安全与环境学报》上的 392 篇论文的关键词共现为例。数据采集于 2017 年 2 月 20 日，从 WoS 中的 CSCD 数据库中下载数据。数据采集后，建立项目文件夹 SEJ 以及其中的两个子文件夹 data 和 Project，将下载的数据以 download_2016 命名后，放入 data 文件夹中（图 6.2）。

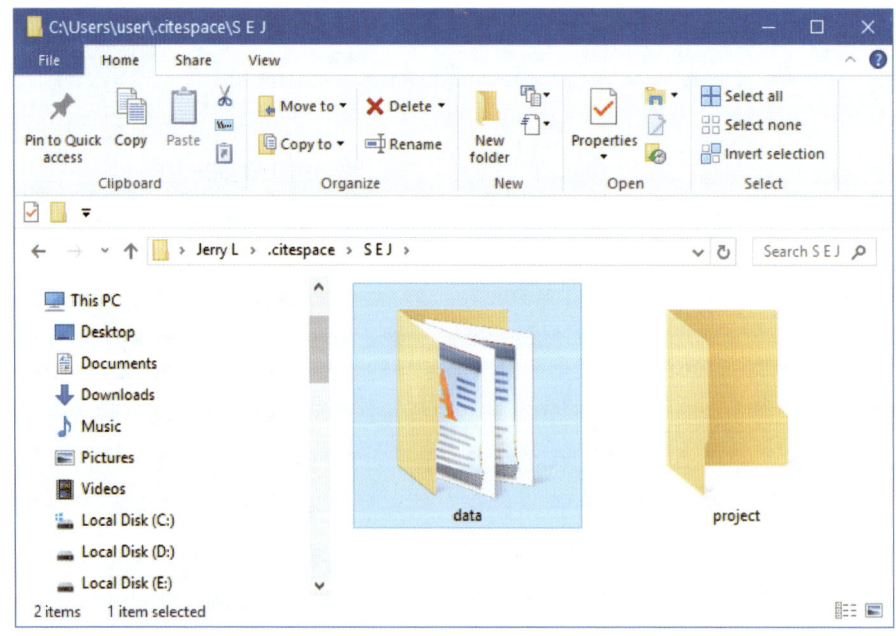

图 6.2　项目的建立

第6讲 主题和领域共现网络分析

打开 CiteSpace，在功能参数区中的 Project 区域点击 New。在 Title 中输入所分析工程的名称，分别在 Project Home 和 Data Directory 中加载 project 和 data 文件（图6.3）。点击 save 返回功能参数区。

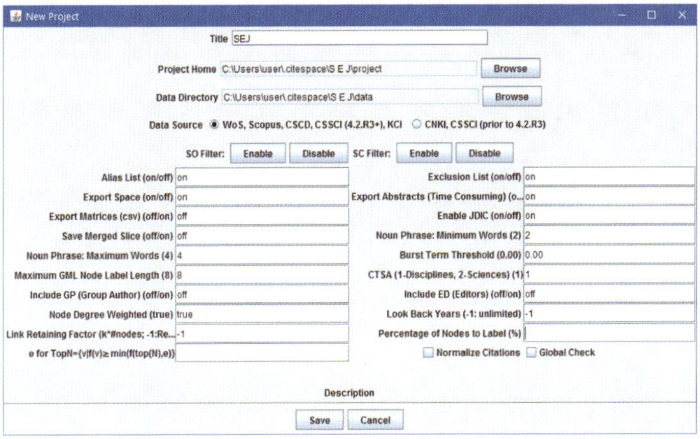

图 6.3 参数的设置

在功能参数区中首先将时间切片中的时间范围设置为 2016-2016，时间切片为 1 年，Node Types 选择 Keyword，每个时间切片选择 Top100，连线强度选择 Cosine。然后点击 Go! 进行数据分析，数据分析后点击 Visualize 进入关键词共现分析的可视化界面（图6.4）。

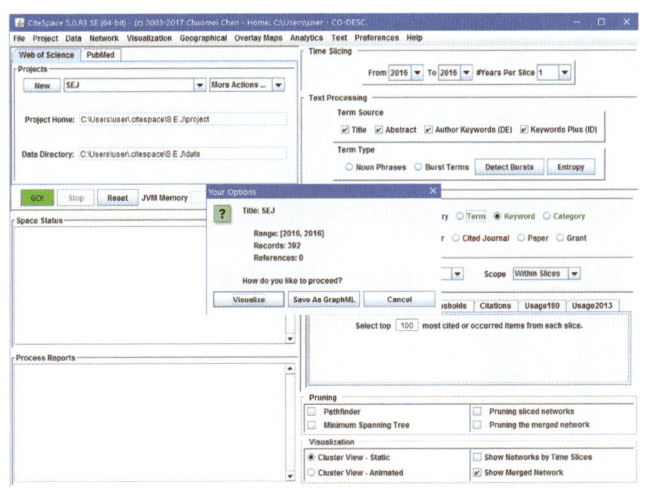

图 6.4 关键词共现网络的分析

CiteSpace：科技文本挖掘及可视化

最后，得到的关键词共现网络如图 6.5 所示。

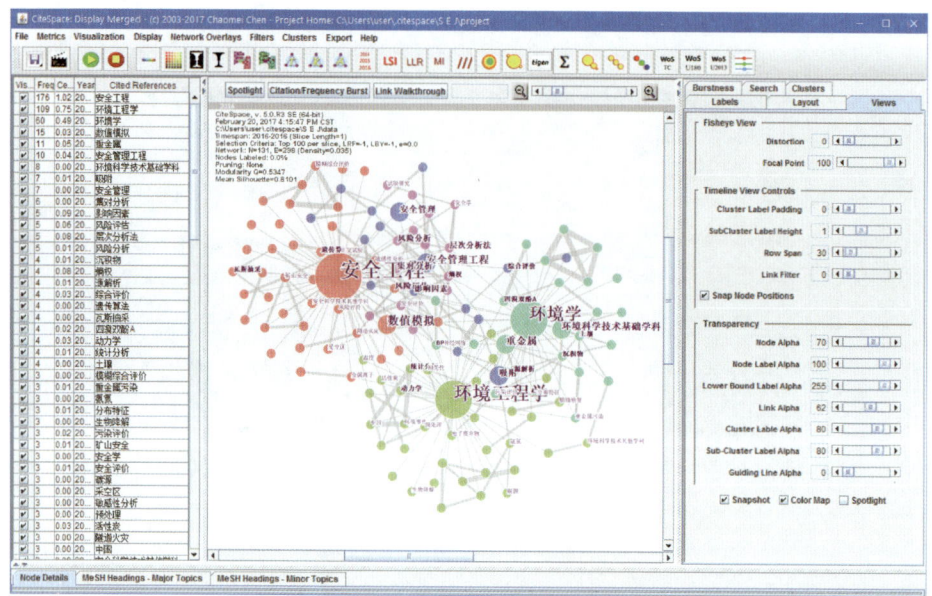

图 6.5　关键词的共现网络

6.3　术语的共现网络

CiteSpace 的名词性术语（Noun Phrase）的共词分析主要是从标题（TI）、关键词（DE）、补充关键词（ID）以及摘要（AB）中提取。

这里使用 2016 年发表在 safety science 上的论文进行名词性术语的提取和分析，项目数据的价值和配置如图 6.6 所示。

第一步：在 CiteSpace 功能参数页面，点击 Noun Phrase。此时会跳出 Part-of-Speech Tagging Opinions，如果首次运行点击 Create POS Tags（图 6.7），若是之前已经提取的名词性术语，会提示 Use existing POS Tag 和 Refresh POS Tag。

第 6 讲　主题和领域共现网络分析

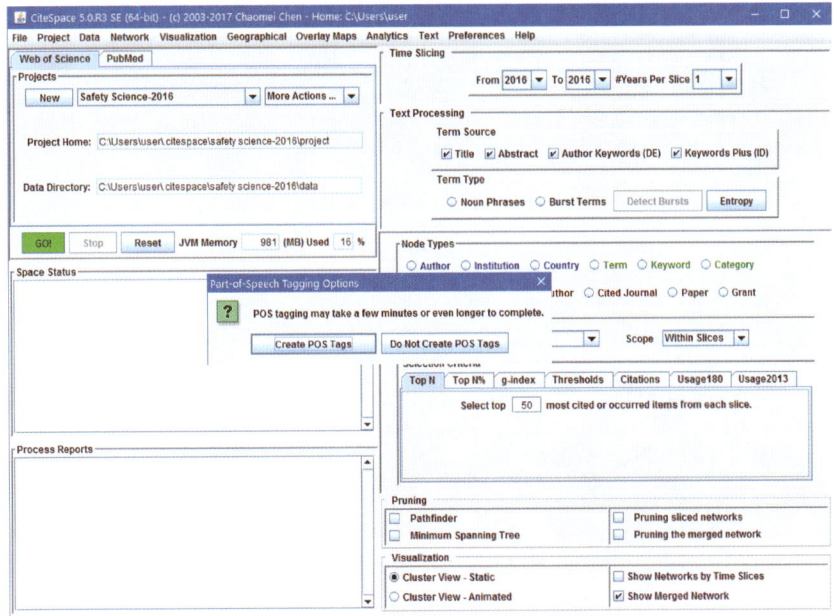

图 6.6　项目的配置

图 6.7　名词性术语的提取

此过程结束后，在 Space Status 中会显示类似下面的英文字母（图6.8）：

CiteSpace is pre-processing data files. Please wait...

Years: 1

Unique source records: 250

第二步：选择 Node type 选择 Term 点击"GO！"运行，得到主题的共现网络。需要注意的是，在初始运行此功能时需要等待的计算时间比较长。最后，得到了2016年Safety Science研究的主题共现网络（图6.9和图6.10）。网络分析

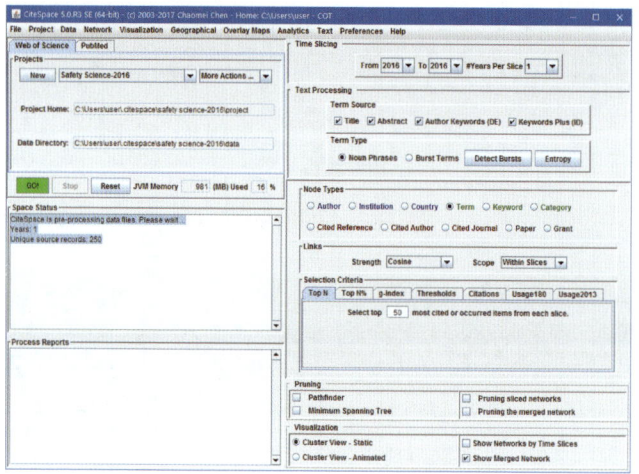

图6.8　名词性术语的提取结果

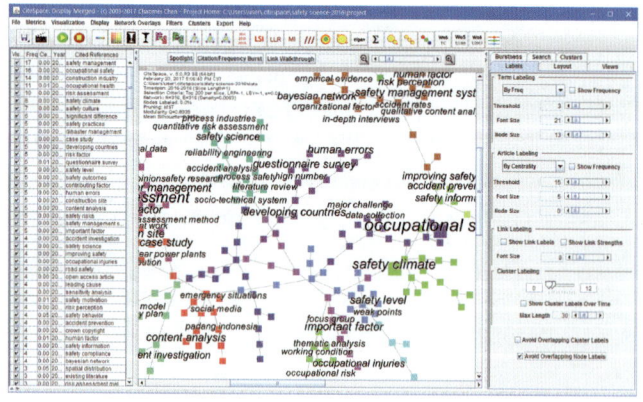

图6.9　2016年Safety Science的主题分析结果

除了可能与参数设置有关外，最重要的是和该领域的成熟程度有关。因此，在对网络进行解读时，需要与专业背景密切结合。

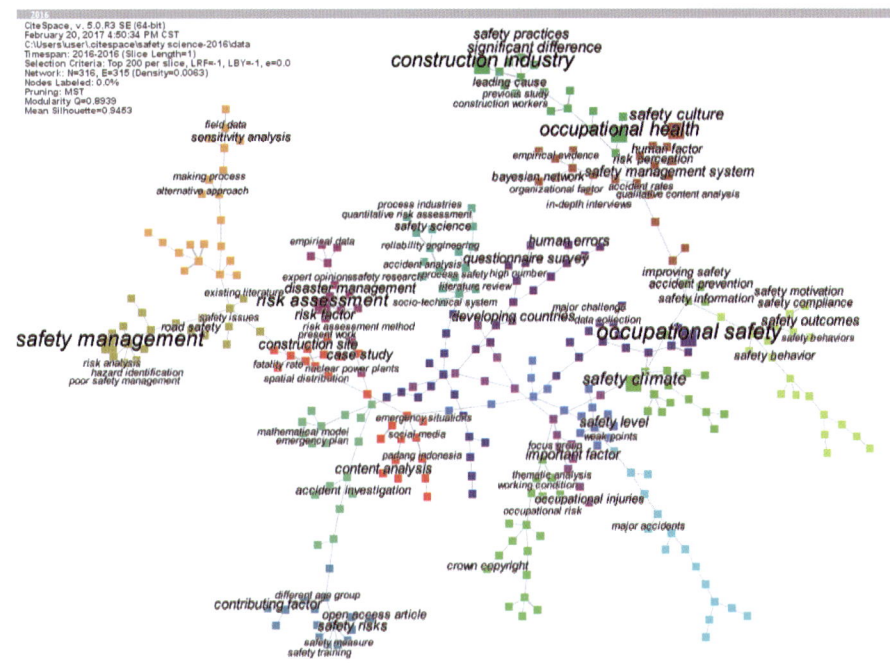

图 6.10　2016 年 Safety Science 的主题分析结果

6.4　领域的共现网络

科学领域共现分析的思路和关键词共词思路基本一致，不同的是科学领域信息抽取的字段是从 Web of Science 文本集中的 SC 字段进行分析的。SC 字段是每个被 Web of Science 收录的期刊文献在被引收录时，WoS 根据其涉及的内容来标引的科学领域名称。

以案例数据 Science mapping 的数据为例进行分析，时间范围为 1980-2016，时间切片（# Years Per Slice）为 2，节点类型 Node Types 选择 Category，点击 GO！运行即可。运行结束后，点击 Visualize 进入可视化界面（图 6.11）。

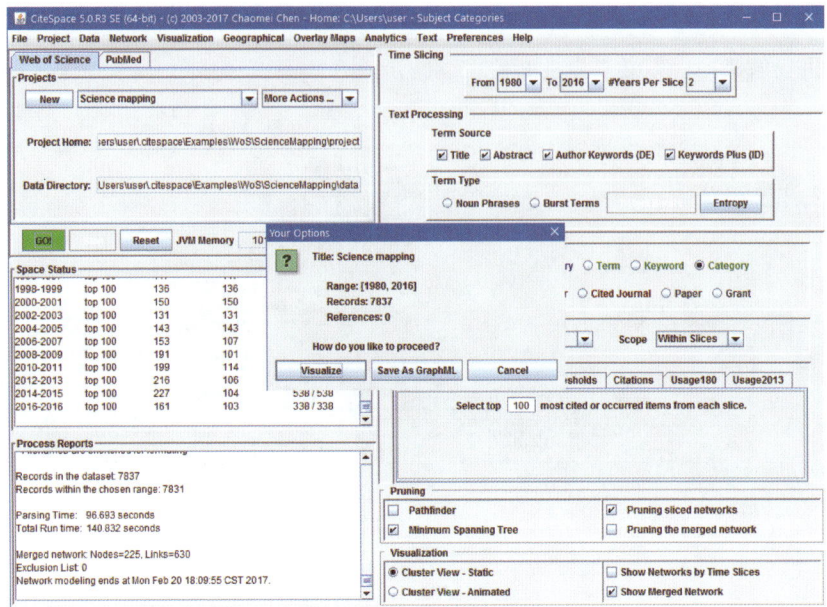

图 6.11　领域共现分析的运行

下面给出大数据研究涉及的领域分布情况，为了显示美观这里将网络线的透明度参数设置为 0，结果如图 6.12 所示。为了得到更加清晰的可视化结果，可以使用 Gephi 打开 Project 文件夹里面的 225.graphml 进行可视化分析（图 6.13）。

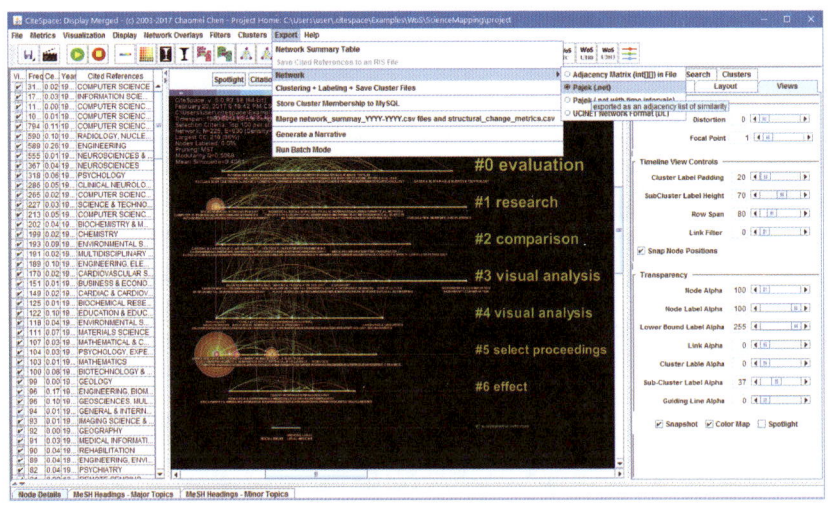

图 6.12　Science mapping 的可视化结果（节点大小=载文量）

第 6 讲 主题和领域共现网络分析

图 6.13 Gephi 中对 CiteSpace 网络的可视化（节点大小 = 载文量）

思考题

（1）什么是共词分析，试回答共词分析的基本过程及原理。

（2）Co-keyword 和 Co-terms 在分析的结果上，你更愿意使用哪个功能，为什么？

（3）你认为通过共词分析能得到哪些结果？这些结果都用在哪类分析上（研究热点、科学结构、研究前沿）？

（4）试从 Scopus 数据库中下载关于核安全方面的论文，并使用 CiteSpace 获取关键词共词和名词术语共现网络，在基本参数相同的情况下进行比较。

（5）通过 Web of Science 分析关于物联网研究的领域分布，并使用 CiteSpace 做出互联网涉及领域之间的关系。

（6）谈谈科学领域共现分析的意义？

CiteSpace：科技文本挖掘及可视化

本章小提示

小提示 6.1：CiteSpace 中共词分析的类型。

CiteSpace 共词分析的方法有两种：一种是直接分析作者的原始关键词和数据库的补充关键词，此时的 Node Types，需要选择 Keyword；另一种是先从数据集的标题、作者关键词、系统补充关键词以及摘要中提取名词性术语，然后选择 Node types 为 Term，对名词性术语进行共词分析（图 6.14）。

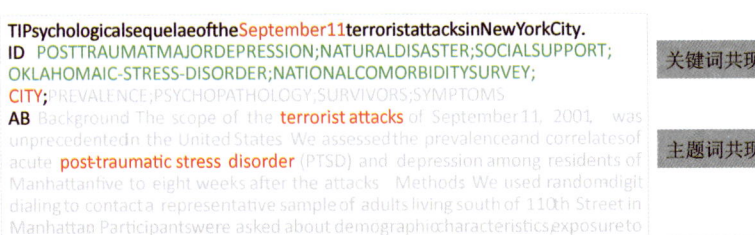

图 6.14　关键词共现与主题共现

这两者的区别在于，前者使用的是数据集中原始的字段；而后者使用的是自然语言处理过程分析后提取的术语。通常，两者分析的结果应该是相差不大的。二者在分析时，即使使用的参数都相同，得到的共词网络在结构上也会存在差异。

小提示 6.2：CiteSpace 主题分析中 POS 的解释。

POS 全称为 part of speech，可以翻译为词类。POS 是一个语言学术语，是一种语言中词的语法分类，是以语法特征（包括句法功能和形态变化）为主要依据、兼顾词汇意义对词进行划分的结果。在 CiteSpace 中使用的 POS 技术为 Stanford NLP Group Part-of-Speech tagger，从 Title，Abstract，Author Keywords（DE）和 Keywords Plus（ID）中提取名词性术语（Noun Phrase），并进一步生成共词网络。斯坦福自然语言处理小组 Part-of-Speech tagger 是免费获取的语言处理工具[1]。

---

❶ 斯坦福自然语言处理. http://nlp.stanford.edu/software/index.shtml

第 6 讲　主题和领域共现网络分析

小提示 6.3：主题词的突发性探测及熵值曲线。

（1）在进行 Burst Detection 的操作后，会在项目文件中产生一个 burst.csv 文件，打开该文件便是突发性术语的列表。

（2）只有当主题网络（Co-term）计算完成后，才能够在 CiteSpace 功能与参数区查看 **Entropy**。本例子的 Entropy 如图 6.15 所示。在得到熵值曲线的同时，在项目文件中得到 relative-term-entropy.csv 和 term-entropy.csv 两个文件。

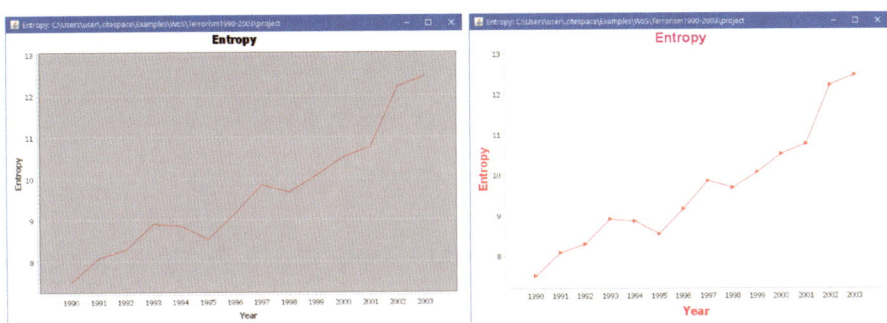

图 6.15　恐怖袭击主题熵曲线编辑前后

在熵曲线图上右击鼠标，可以得到一个对话框，用于保存和对图形进行编辑（图 6.16）。

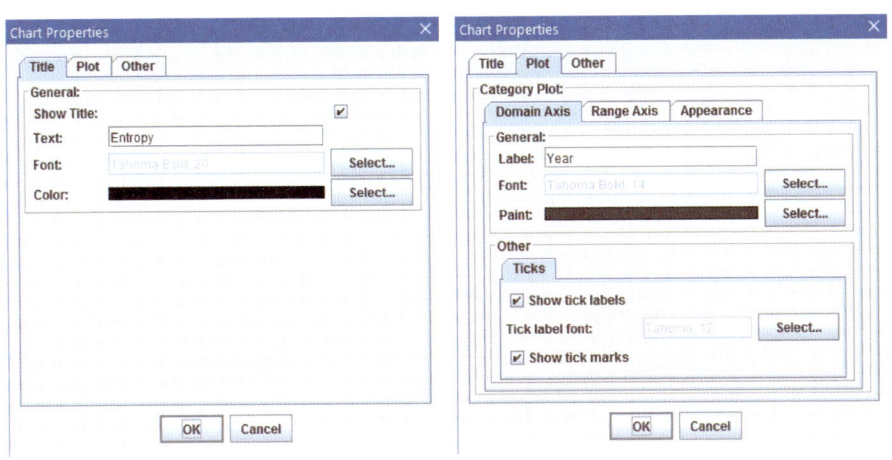

图 6.16　熵曲线图的编辑

211

CiteSpace 中的 Information Entropy（或称 Shannon entropy，译为信息熵）是基于提取的名词性术语计算的。信息熵的概念最早由香农提出（Claude E. Shannon, 1948）。信息熵的计算公式如下：

$$H(X) = -\sum_{i=1}^{n} p(x_i) \log_b p(x_i)$$

式中，$p(x_i)$ 表示 i（$i=1,2,3,\cdots,n$）出现的概率。在这里 b 是对数所使用的底，通常取 2，自然常数 e，或是 10。当 b = 2，熵的单位是 bit（比特）；当 b = e，熵的单位是 nat（纳特）；而当 b = 10，熵的单位是 Hart（哈特）。

小提示 6.4：主题分析中，词汇的合并替换。

在主题的共现分析中（包含原始关键词或名词性术语），要注意词汇的不同形式，如英美写法、单复数、缩写、词性等问题，在分析中需要注意。

在 CiteSpace 中提供了词汇的合并功能。具体步骤为："左键选中节点（例如：Behavior）"→"右键进入节点查看和编辑菜单"→"Add to the Alias list（Primary）"。再按照类似的步骤编辑 Behaviour，"左键选中节点 Behaviour"→"右键进入节点查看和编辑菜单"→"Add to the Alias list（Secondary）"，此时有信息框会提示用户"The Alias will be in effect when you run GO！Next time"。退出可视化界面，在 CiteSpace 功能与参数界面再一次点击"GO"，得到的网络中 Behaviour 与 Behavior 进行了合并，合并后的词汇统一为 Behavior。此时，在该项目的 project 文件夹里面会有一个名称为 citespace.alias 的文件，打开该文件可以看到 Behavior#Behaviour 的内容。如果需要合并大量的相同节点，可以直接按照该格式加入新合并项。

当然这种方法也适用于其他网络节点的合并。例如相同作者的合并、相同参考文献的合并以及相同机构的合并等。

第 7 讲

CiteSpace 高级功能

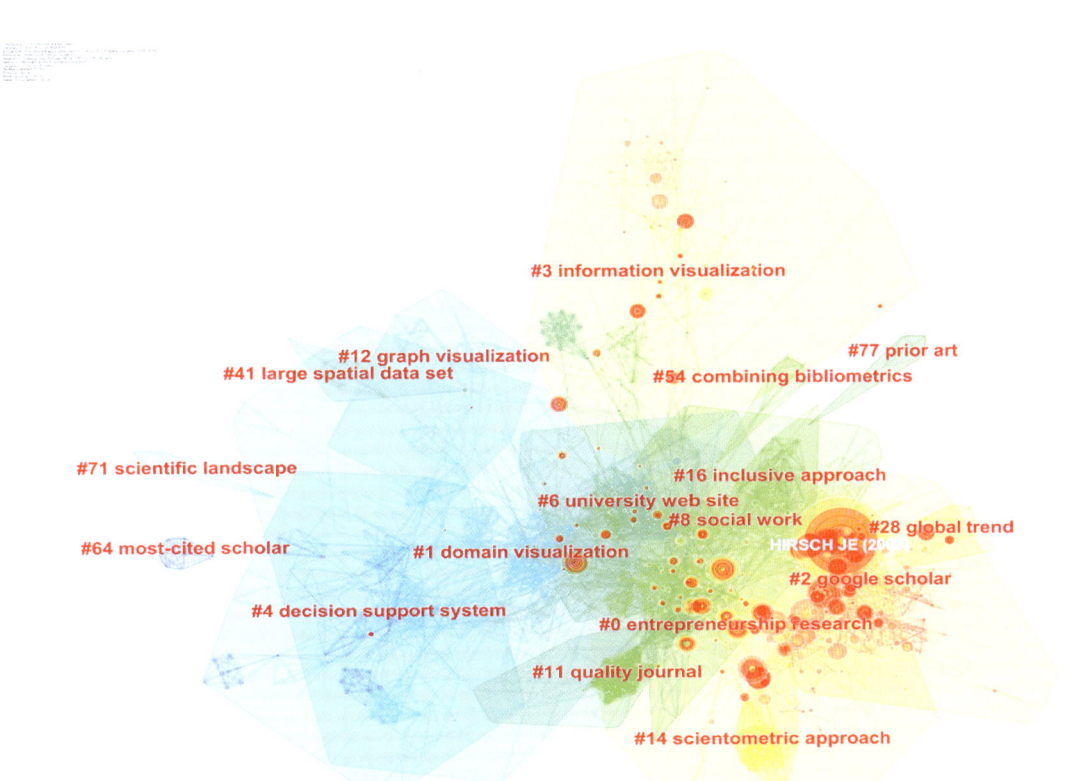

7.1 网络图层的叠加分析

第一步：绘制待叠加网络

将恐怖袭击案例数据时间范围设置为2000~2003年，运行该数据集的文献的共被引网络。在网络可视化窗口中选择菜单Network overlays（图7.1），并进一步点击Save as a Network Layer。CiteSpace会将该图层命名为"network179.layer"（179代表所保存网络中节点的数量）。

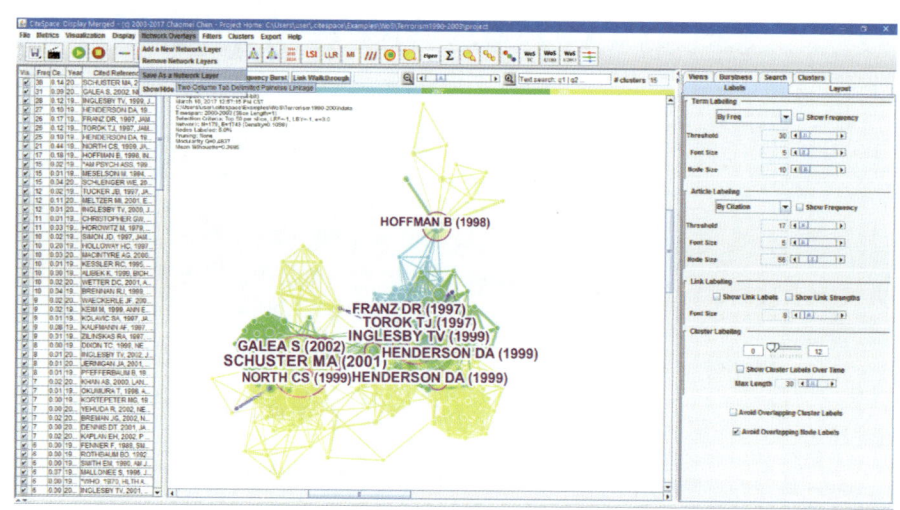

图7.1 待叠加网络

第二步：绘制底图。

将恐怖主义研究的数据的时间切片设置为1990~2003，运行得到叠加网络的底图（图7.2）。

第三步：叠加分析。

按照步骤一运行得到整体网络。然后在Network Overlays菜单下选择Add a New Network Layer（图7.3），并按照提示加载待叠加的网络（图7.4）。

第 7 讲　CiteSpace 高级功能

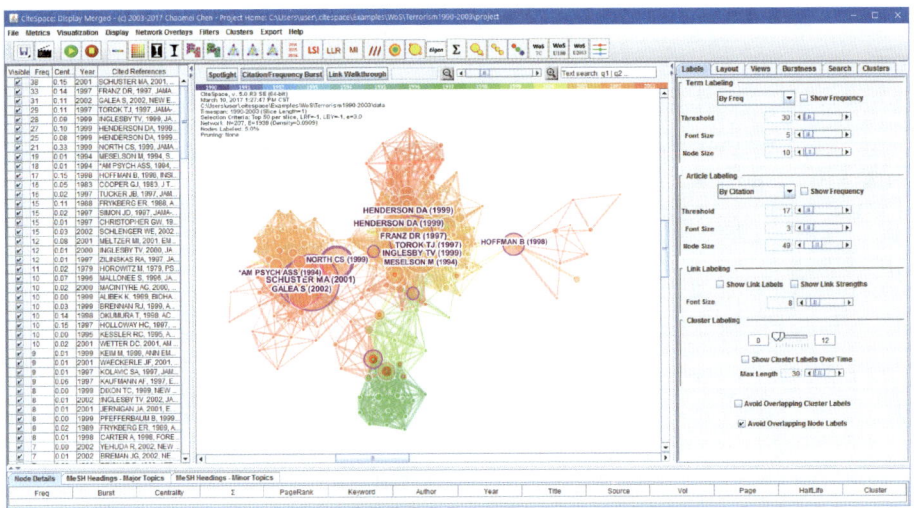

图 7.2　1990~2003 年的共被引网络（底图）

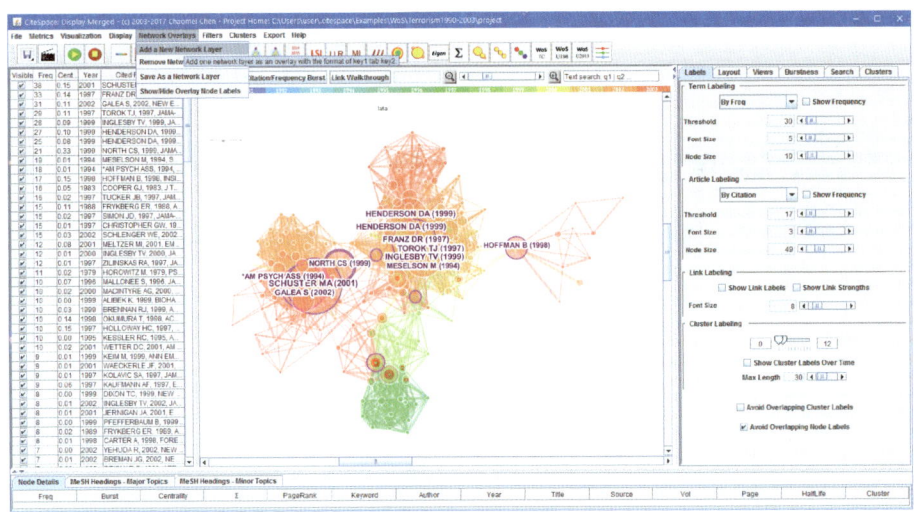

图 7.3　网络叠加功能的选择

完成叠加后，增加的图层会叠加在整体网络上，并显示出所叠加网络的节点标签。叠加图层的标签显示可能会导致网络比较混乱（图 7.5），这时可以在 Network overlays 菜单下选择 Show/Hide Overlay Nodes Labels。此时网络显得比较清晰，叠加图层的共被引连线也清晰可见（红色标示）。为了增加底图和叠加图层的对比性，可以调整图形色彩来淡化底图网络颜色（图7.6）。

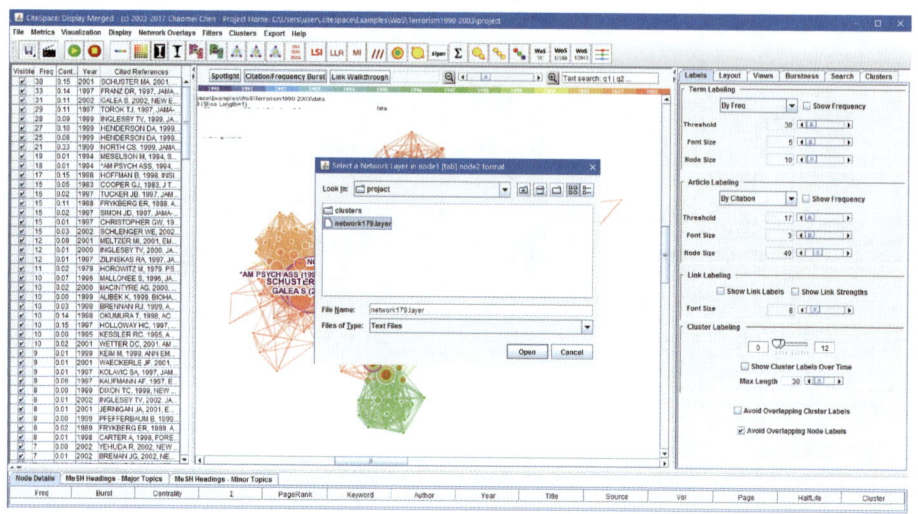

图 7.4　待叠加网络的加载

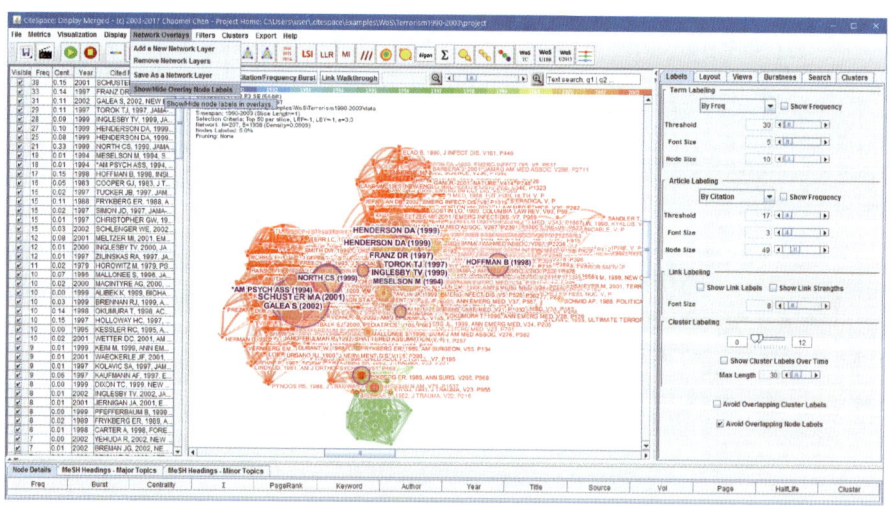

图 7.5　网络加载结果及标签隐藏

第 7 讲　CiteSpace 高级功能

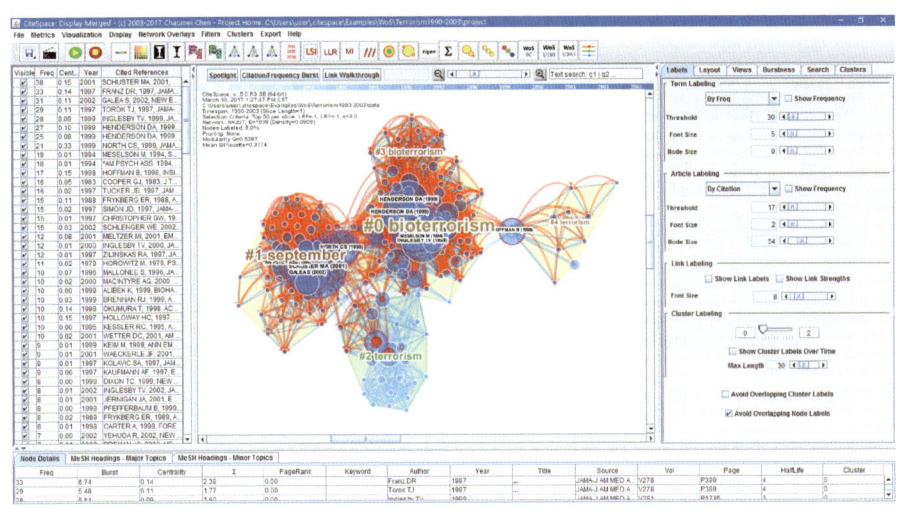

图 7.6　叠加结果的聚类

本部分仅仅是网络双图叠加的一个操作案例，在实际的科学研究中，用户可以根据自己的研究目的来比较和分析网络之间的不同以及联系。

7.2　网络的结构变异分析

结构变异理论（Theory of Structural Variation）是 2012 年陈超美教授发表在 JASIST 期刊上的《结构性变化预测被引次数的效果》一文中提出的科学计量方法。其基本思路是在文献共被引网络结构的基础上，注重施引文献给文献共被引网络带来的变化，来探索一篇或者多篇论文发表后，会对网络整体结构产生多大的影响，以此来探测文献在创新性方面潜在的影响力。

结构变异分析（Structural Variation Analysis – SVA）是基于以下观察：科学发现或创新在很大的程度上都具有一个共性，就是新思维能够容纳原本看似风马牛不相及的观念。换句话说，类似于在不同岛屿之间架起一座新桥梁。第 2 个验证条件就是这座新桥上是否确实吸引，很快变得车水马龙。

在 CiteSpace 进行 SVA 分析的基本过程如图 7.7 所示。

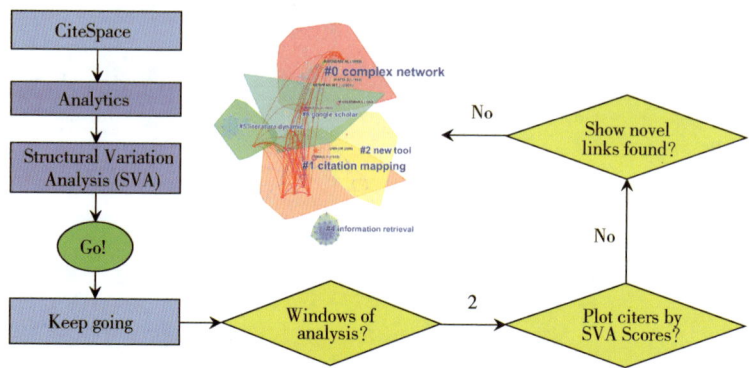

图 7.7　CiteSpace 中 SVA 的分析步骤

第一步：在功能参数区界面中的 Analytics 菜单中选择 Select the Structural Variation Analysis（SVA）功能，开启 SVA 分析功能（图 7.8）。下面的结果，使用案例数据 Science mapping 来进行演示。

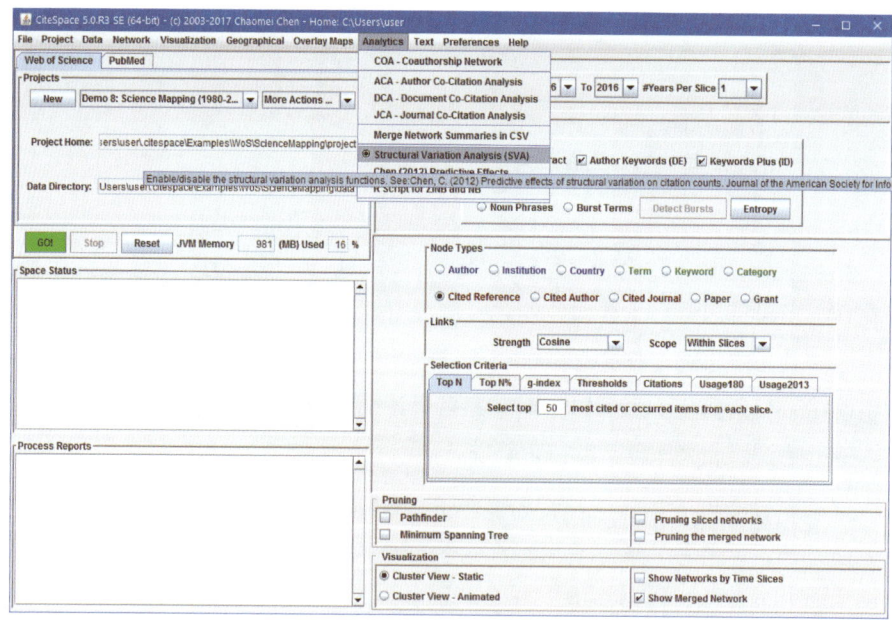

图 7.8　开启 SVA 分析功能

第二步：点击 GO！，进行文献共被引网络的绘制。当文献共被引网络绘制

第 7 讲　CiteSpace 高级功能

结束后，按照提示点击 Keep going（图 7.9）。其他选择需要用到其他特定资源，用户目前应暂时忽略其他选项。

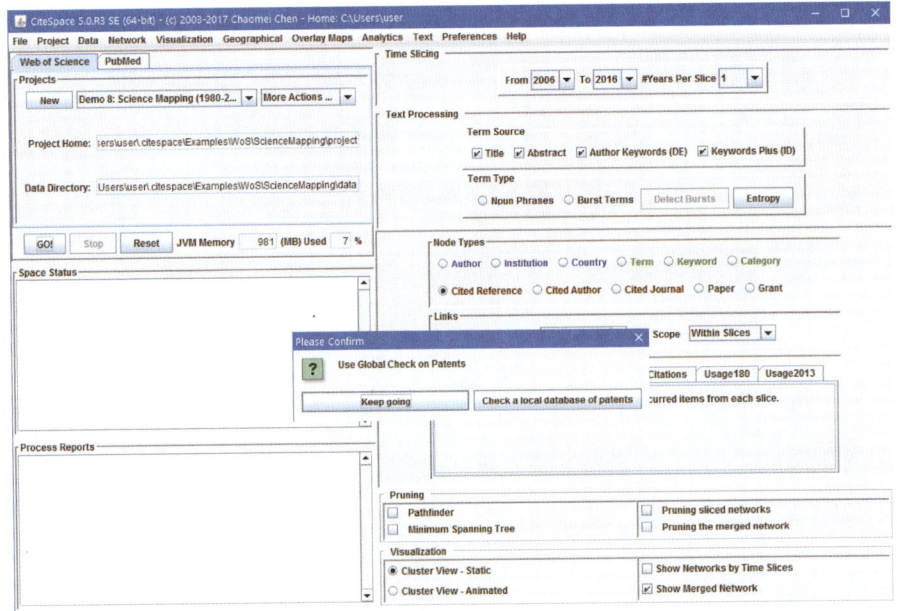

图 7.9　SVA 分析

第三步：接下来会提示"Choose Windows of analysis"。这里提供了两种选择。这些选择的目的类似于生成文献共被引网络时用到的 Look Back Years 的参数。选定的是作为参照网络的跨度，从每年往回追溯 n 年或全部。跨度越大效果越好，但是计算成本也随之增加。在学习初期，建议选择默认值，并点击 OK（图 7.10）。

第四步：选择保存统计结果的内容，这里可以默认点击 ok（图 7.11）。此时会在分析数据的 project 文件夹中生成一个命名为 structural_changes_metrics.csv 的文件，可用于进一步的统计分析。

第五步：相关功能的选择。图 7.12 中左图决定是否生成一幅施引文献的点状分布图，右图决定是否列出所有探测到的新颖的连接。

219

CiteSpace：科技文本挖掘及可视化

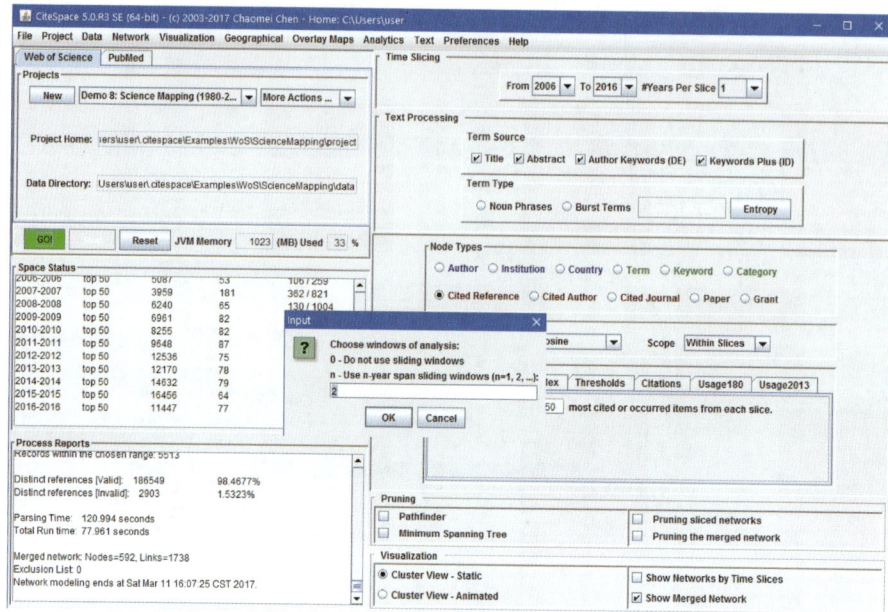

图 7.10　选择分析的窗口

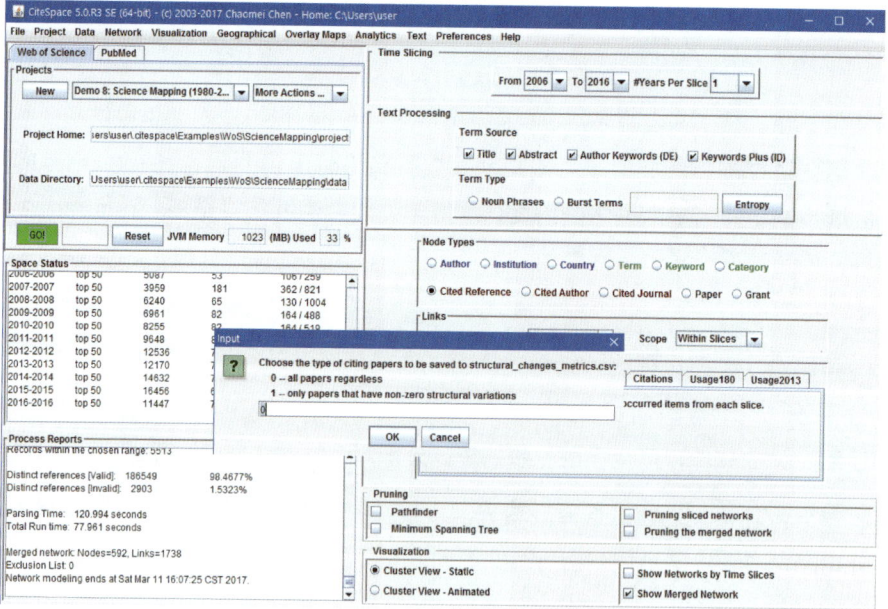

图 7.11　统计分析结果的保存

第 7 讲　CiteSpace 高级功能

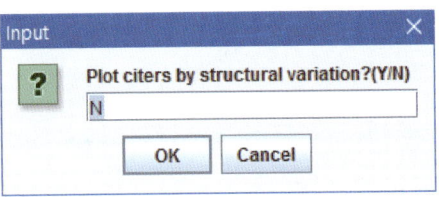 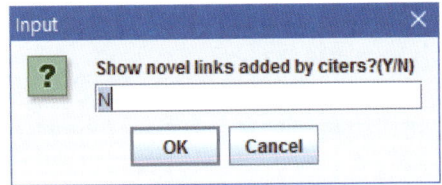

图 7.12　相关功能的选择

第六步：网络的可视化（图 7.13）。

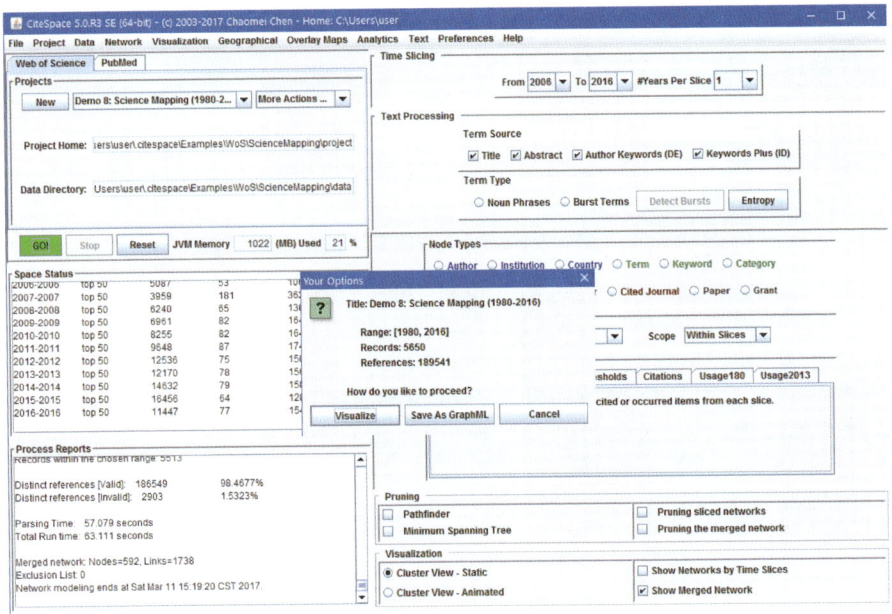

图 7.13　数据的可视化确认

第七步：进入网络可视化界面后，我们会在可视化界面的左侧看到新增加一组施引文献的信息（图 7.14）。可以先后对该网络进行聚类，聚类标签的增加以及可视化的设置（网络聚类后使用关键词来添加标签，网络中节点大小按照 U180 设置，聚类标签设置 color cluster labels by cluster），如图 7.15 所示。

新增施引文献的列表包括了三个反映结构变化的指标，分别为模块变化率（Modularity change rate，MCR），文献列表中表示为 ΔModularity；聚类间连接变化（Cluster Linkage，CL），文献列表中表示为 ΔC-C Linkage；以及中心性

221

分布的变化（ΔCentrality）。每个指标量化了由一篇论文提供的信息引起的基础网络的改变程度。

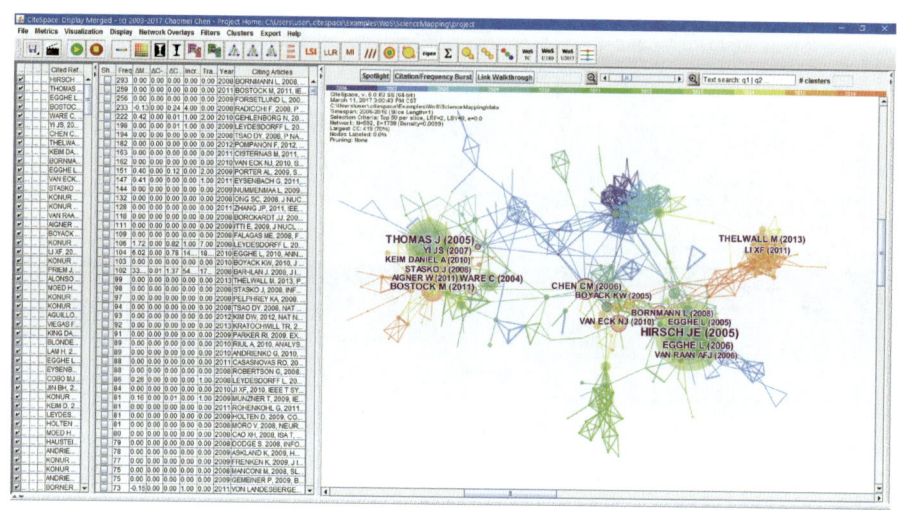

图 7.14　网络的可视化界面

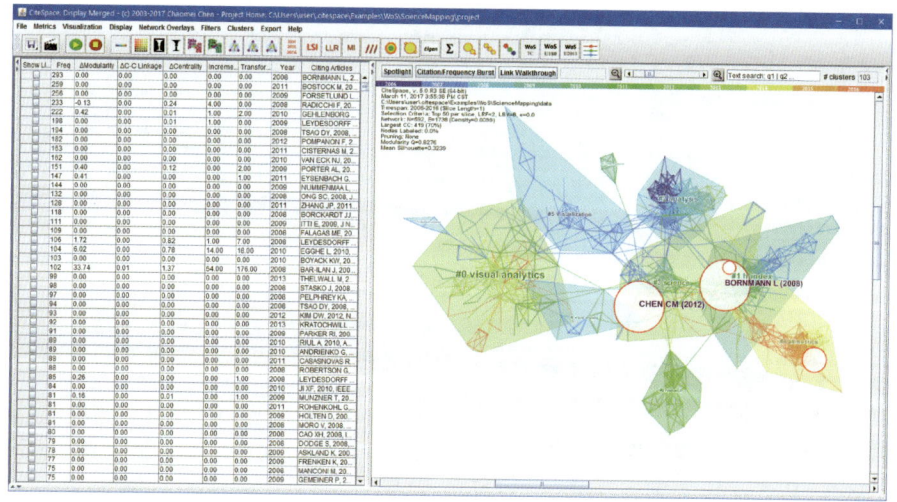

图 7.15　网络的聚类和设置

在施引文献的列表中，可以选择一个或者一组文献，来考察由于这些文献引起的共被引网络的变化。当选中施引文献后，会有红色虚线（新增加连接），粉红色实线(已有连接)以及红色五角星的文献(本身被引达到选择要求的新文献)。在默认情况下,这些连接点的文献标签也会自动显示(图 7.16)。为了使得图形比较简洁,建议隐藏红色的标签(图 7.17)。步骤为:Network overlay Show/Hide Overlay Node Labels,图 7.18 为保存后的结果图形。

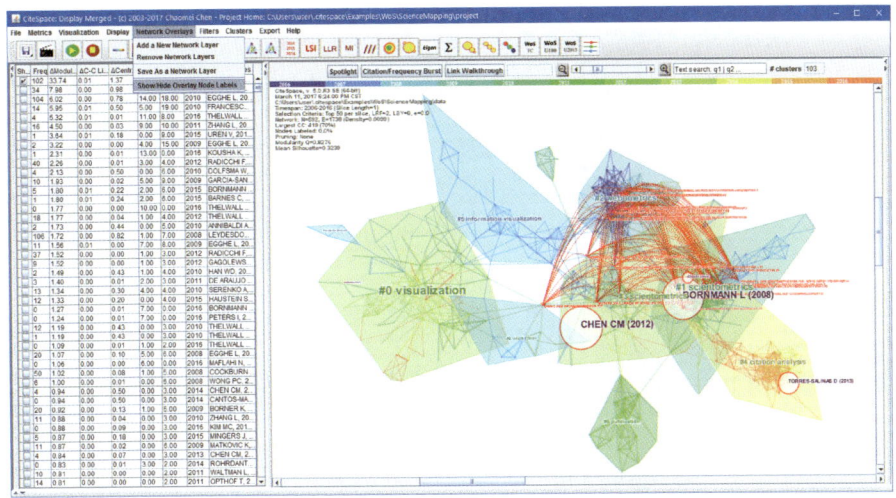

图 7.16　Bar-Ilan J 的论文发表后引起的网络的变化(有标签)

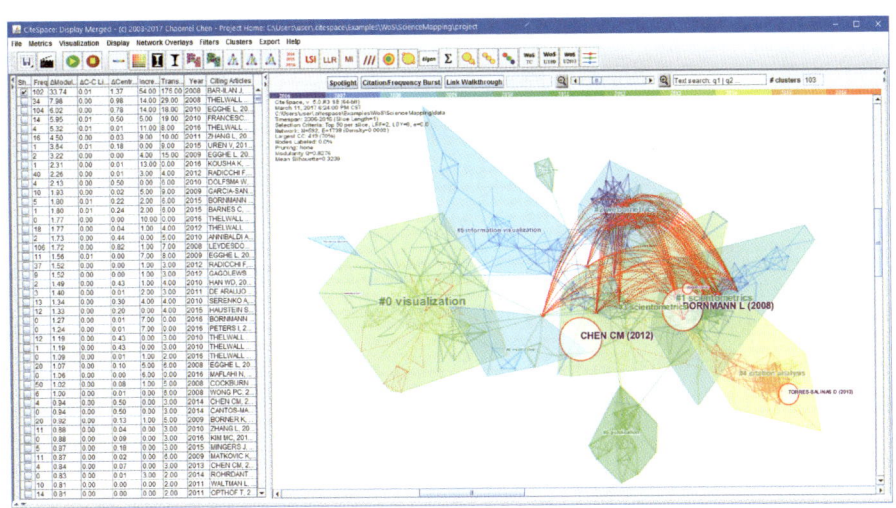

图 7.17　Bar-Ilan J 的论文发表后引起的网络的变化(无标签)

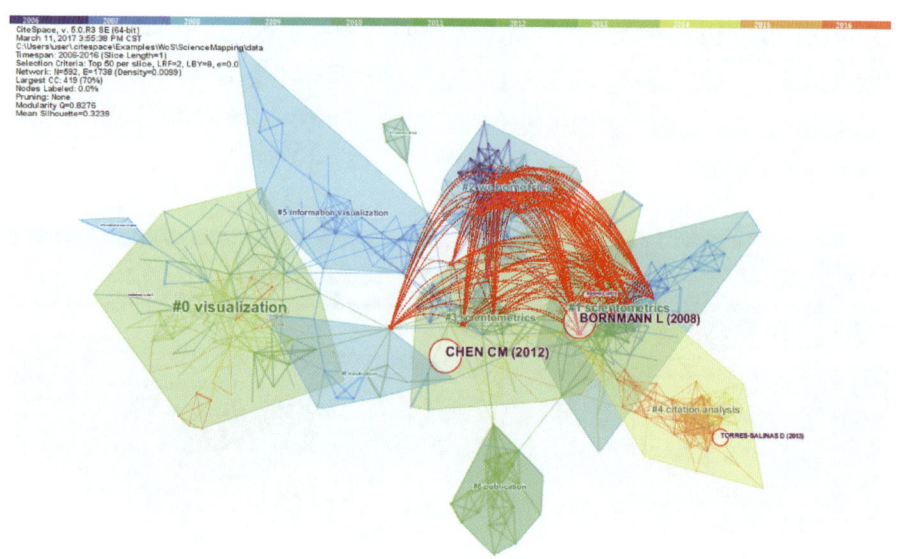

图 7.18　Bar-Ilan J 的论文发表后引起的网络的变化（无标签）

例如：图 7.18 中显示了 Bar-Ilan J 的论文 Informetrics at the beginning of the 21st century - A review 发表后，对整个网络引起的变化。图中实线为已有连接，虚线为新增连接。Bar-Ilan J 论文发表引起网络的模块度变化达到了 $\Delta Modularity=33.741\ 5$，$\Delta C\text{-}C\ Linkage=0.01$，中心性分布变化度为 1.37。这反映了综述性论文更容易构建起文献之间新的连接，是以往知识的高度提炼和集合。

陈超美教授的 3 篇论文发表后，引起网络的变化如图 7.19 所示。其中：A visual analytic study of retracted articles in scientific literature 引起的变化为网络中从聚类 3 到聚类 0 的弧线，Patterns of Connections and Movements in Dual-Map Overlays: A New Method of Publication Portfolio Analysis 则引起形成了聚类 3 和聚类 6 的三角连线。粉色的实线为论文 Emerging trends and new developments in regenerative medicine: a Scientometric update (2000—2014) 发表后引起的变化。新桥梁由红色五星的文献所构建，在本图中为 Emerging trends in regenerative medicine: a Scientometric analysis in CiteSpace。

在 SVA 的分析状态下，也可以使用时间线视图来进行可视化表达，而其自身则属于随后形成的聚类 #4 altmetrics（图 7.20）。

第 7 讲　CiteSpace 高级功能

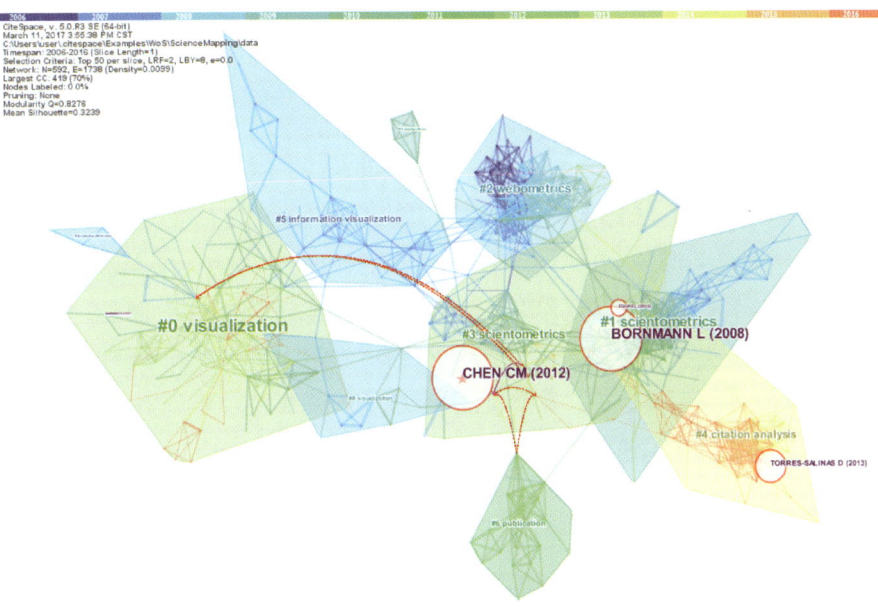

图 7.19　陈超美教授的 3 篇论文发表后引起的网络变化

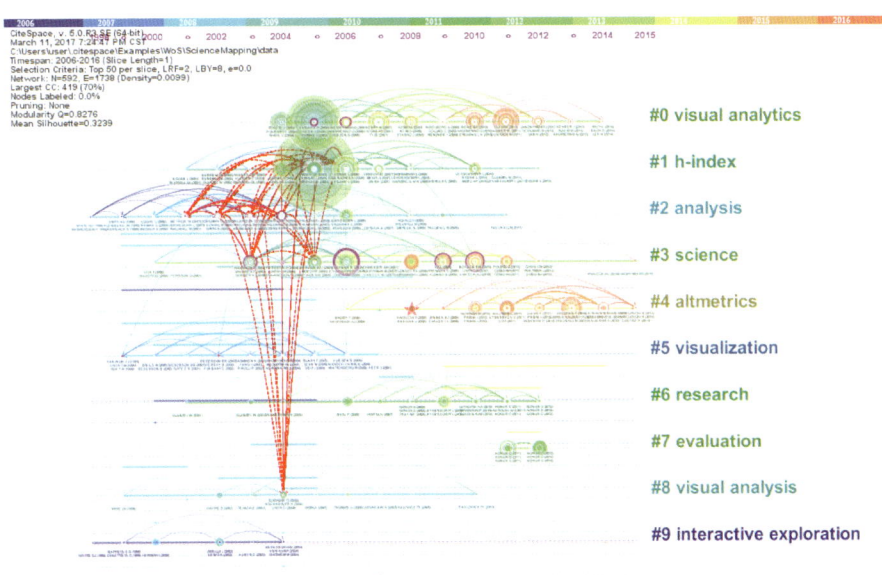

图 7.20　Bar-Ilan J 的论文发表后引起的网络变化的时间线表达

7.3 期刊的双图叠加分析

Overlay Maps 于 2014 年 10 月 27 日嵌入 CiteSpace3.8.R7（64-bit）中，用户只需要下载最新版的 CiteSpace 即可。当前的 Overlay 分析还仅仅支持期刊的双图叠加，专利数据的叠加还没有开放。用户最多能够增加 12 个图层，即 12 个不同的主题数据，来对不同数据进行双图叠加的比较。期刊的双图叠加是显示各学科论文的分布、引文轨迹、重心漂移等信息的新方法[①]。

在 CiteSpace 功能界面菜单 Overlay Maps 中打开期刊叠加功能 JCR Journal Maps（图 7.21）。

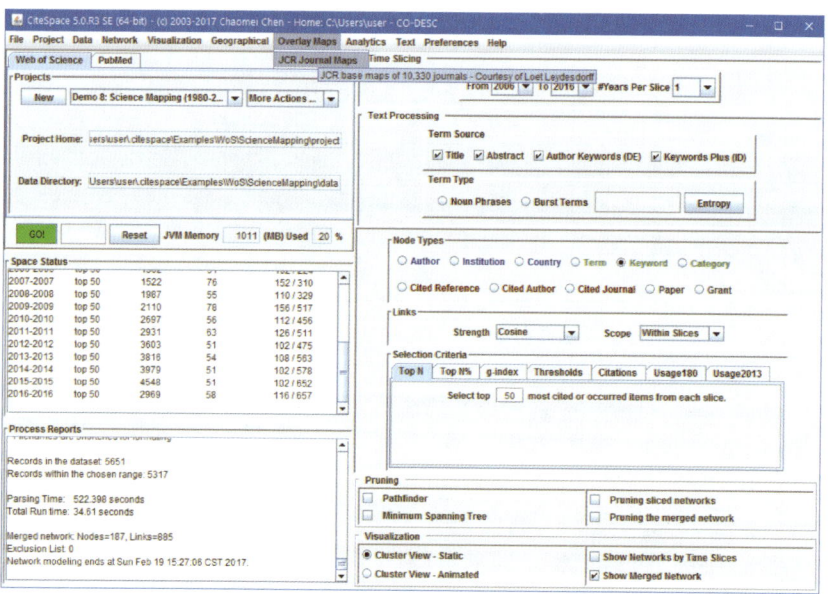

图 7.21 期刊叠加分析功能位置

期刊的双图叠加界面如图 7.22 所示。在期刊的双图叠加中，期刊的聚类命名

---

① Chen, C., Leydesdorff, L. Patterns of connections and movements in dual-map overlays: A new method of publication portfolio analysis. Journal of the American Society for Information Science and Technology, 2014. 65（2）, 334–351.

是使用 LLR 算法，从该类期刊标题中来提取聚类命名。在该界面中，提供对图形的进一步可视化处理。Background，点击此键可以对整个图形的背景进行调整；Filled/Open，点击此键可以将图中的点转换成空心或者实心；BlondelVOS，点击此键可以实现期刊双图聚类方法的切换；Circle/Number，点击此键可以对图中的点转换为聚类编号或者圆圈；Cluster Labels，期刊聚类标签的显示或隐藏；Text Color，聚类标签的颜色；Outline Color，聚类标签边框的颜色；Borders，聚类边界的显示功能；Add Overlay，增加图层分析；View/Edit，查看或编辑图层，可以了解到当前图层叠加的各层情况（如叠加层的 ID、Color、Sources、Targets 以及数据的来源文件 Location）；Clear All，删除所有图层；Color by Cluster，切换双图叠加后的引证连线颜色；Z-Score，对具有显著性的连线类进行合并；Cocitation Links，共被引连线；Citing Paths，引证路径。

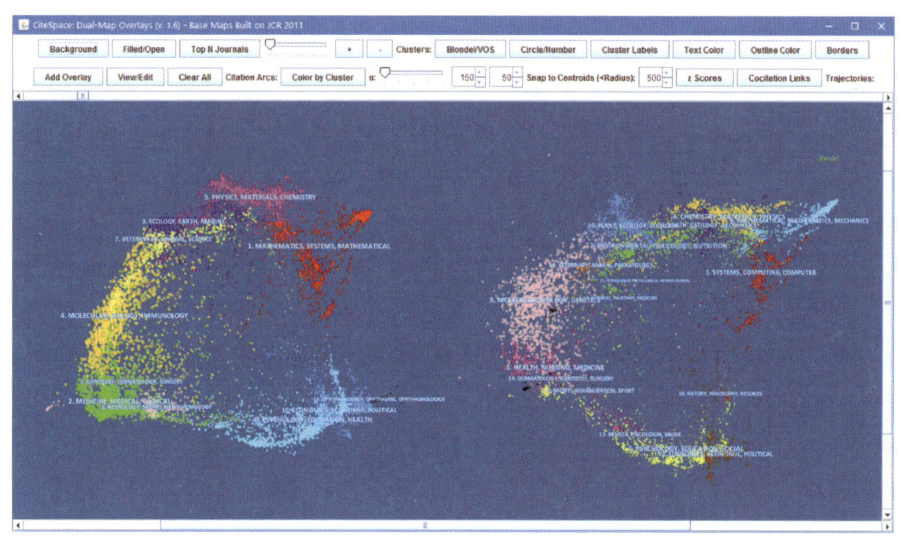

图 7.22　期刊双图叠加分析界面

案例：关于 Science Mapping 研究的文献 Overlay 分析。

从 Web of Science 中检索并下载了 1980~2016 年关于 Science Mapping 的论文 7 837 篇，以此为样本数据来分析 Science mapping 期刊的双图叠加分析。

第一步：点击 Add Overlay，添加关于 Science mapping 的数据。此时会提示选择数据的来源样式。w 代表分析的数据是来自 Web of Science 的数据，p 代表分析的数据是专利（patent）数据。目前期刊的Overlay分析功能还仅仅只有来自WoS数据的期刊叠加分析。因此默认w即可，点击OK进入下一步（图7.23）。

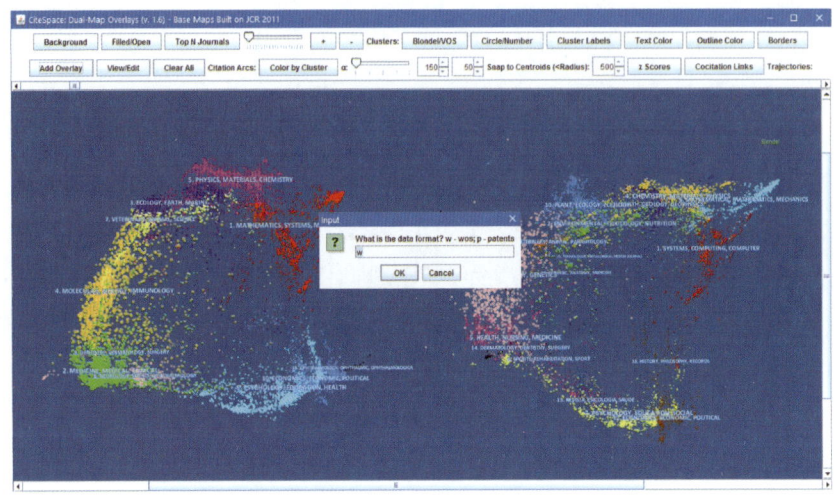

图7.23　关于数据格式选择的提示

第二步：选择要分析的数据。这里的要分析的数据可以直接从之前建立CiteSpace工程的data文件夹中选取。当然用户也可以为期刊Overlay分析专门建立数据文件（图7.24）。

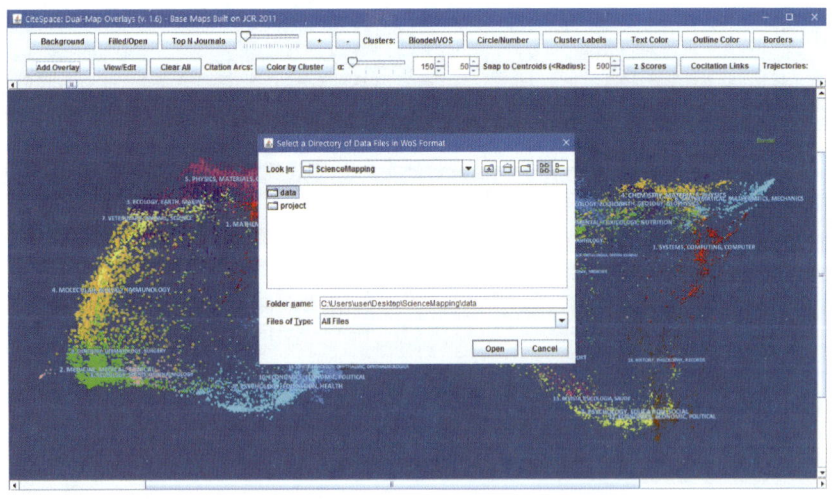

图7.24　所分析数据的选择

第三步：选择当前数据图层的连线颜色，并点击确定（图 7.25）。

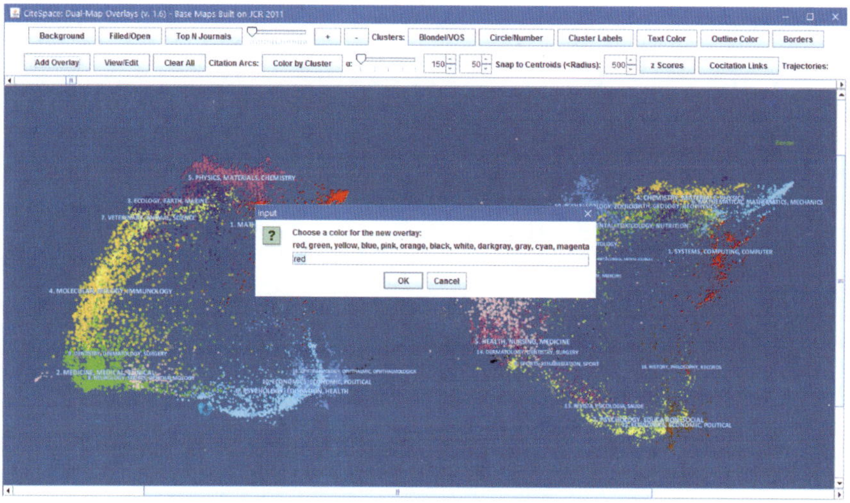

图 7.25 该图层颜色的选择

第四步：得到分析的初步结果。此时如果用户对可视化结果不满意，可以使用一些辅助功能对图形进行简化处理。如可以通过 Z-score 功能来合并连线（如图 7.26 的结果连线合并后为图 7.27）。Z-score 的计算公式如下：

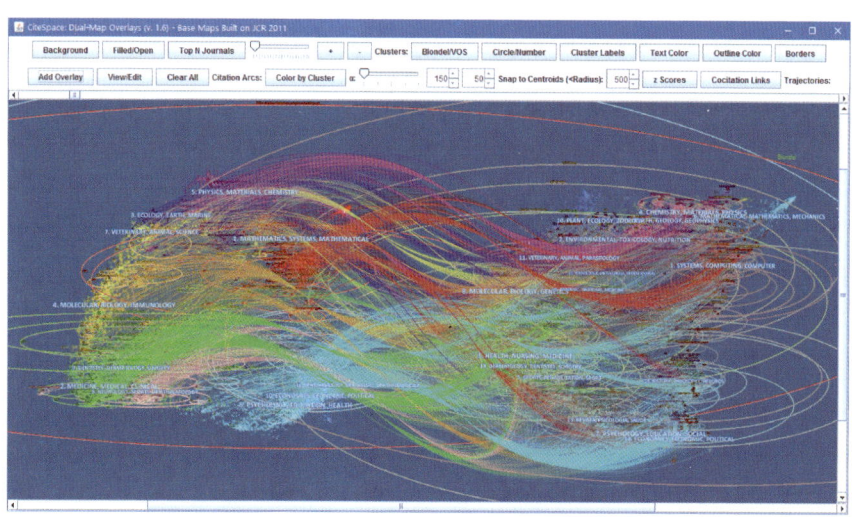

图 7.26 Science mapping 研究的期刊双图叠加结果

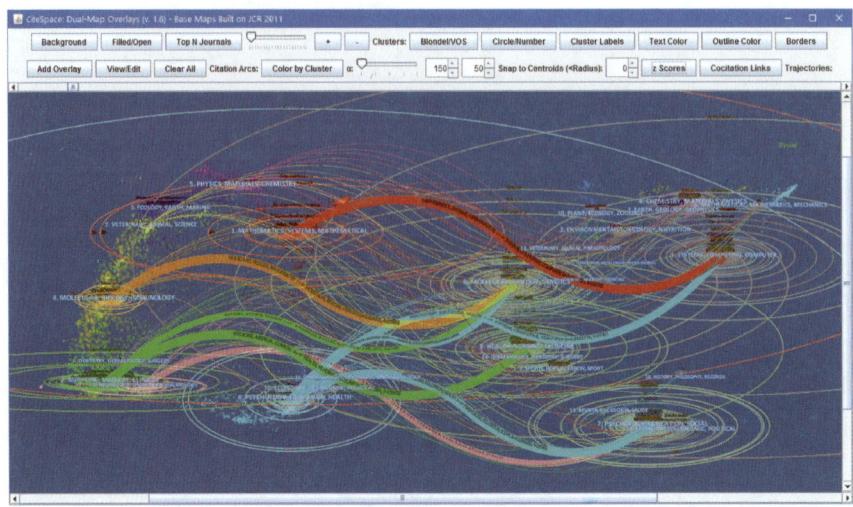

图 7.27　期刊引证连线的合并

$$z = \frac{v-\mu}{\sigma}$$

式中，v 为观测值，μ 为平均数（mean of the population），σ 为标准差（standard deviation）。

通过点击 Color by Cluster 和 Color by Source 来调整连线颜色的显示依据（图 7.28）。此外，用户也可以通过上方的水平滚动条对图形的局部进行放大显示。

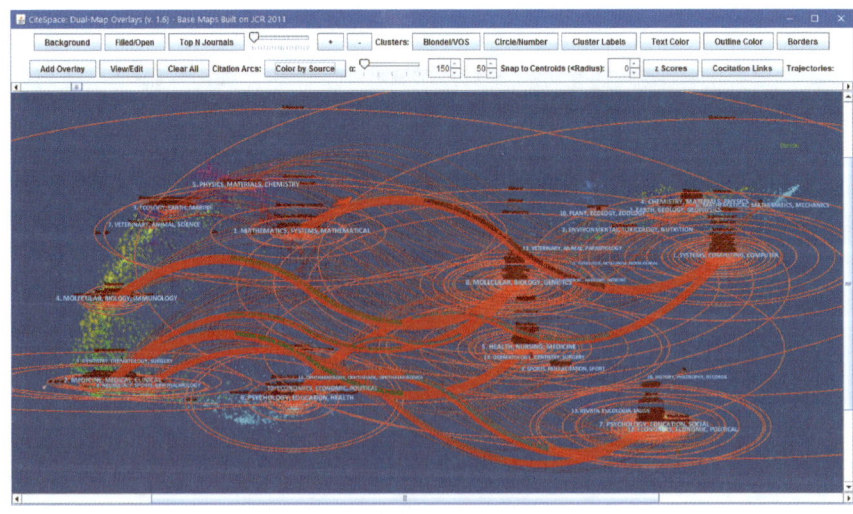

图 7.28　双图叠加结果以红色标注

在期刊的双图叠加结果上,左边是施引图,右边是被引图。曲线为引证连线,完整地展示了引用的来龙去脉。在左侧图中,期刊刊载的论文越多,则椭圆纵轴越长;作者的数量越多,则椭圆的横轴越长。

为了使得图形更加美观和协调。在可视化界面中,可以进一步对图形颜色和显示进行调整。如图 7.29 所示,为国际大数据研究的期刊的双图分析叠加结果。

重复上面步骤可以添加 12 个不同的主题数据,这样使用 Color by cluster 就能统一将相同的图层编辑为相同的颜色。用于比较分析多个数据集。

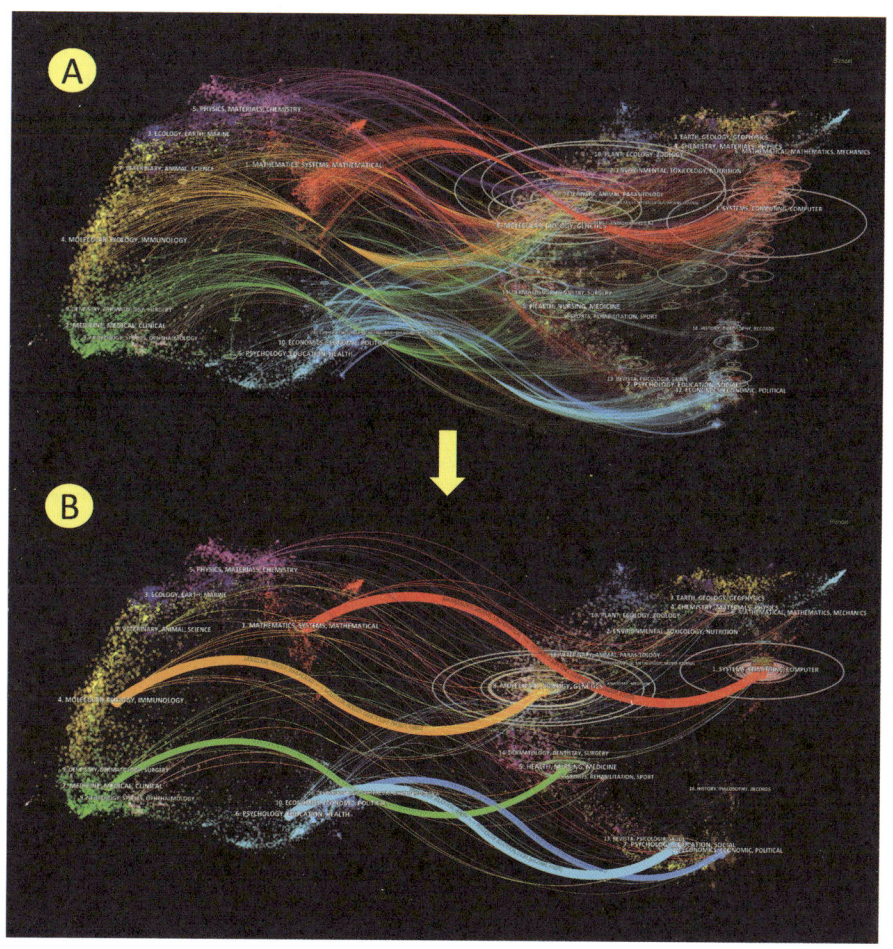

图 7.29 大数据研究的期刊双图叠加

7.4 全文本挖掘及可视化

7.4.1 概念树和谓词树

7.4.1.1 利用 Cut and Paste 功能分析

通过万律中国法律法规双语数据库[①]获取《中华人民共和国安全生产法》英文版全文，并将检索结果下载为 Word/WordPerfect（RTF）格式。

在 CiteSpace 功能与参数区菜单 Text 下选择 Build Concept/Predicate trees（Cut and Paste），将下载的文本全文复制到新窗口中（图7.30）。然后，点击 Process 等待即可得到如图7.31和图7.32所示的结果。

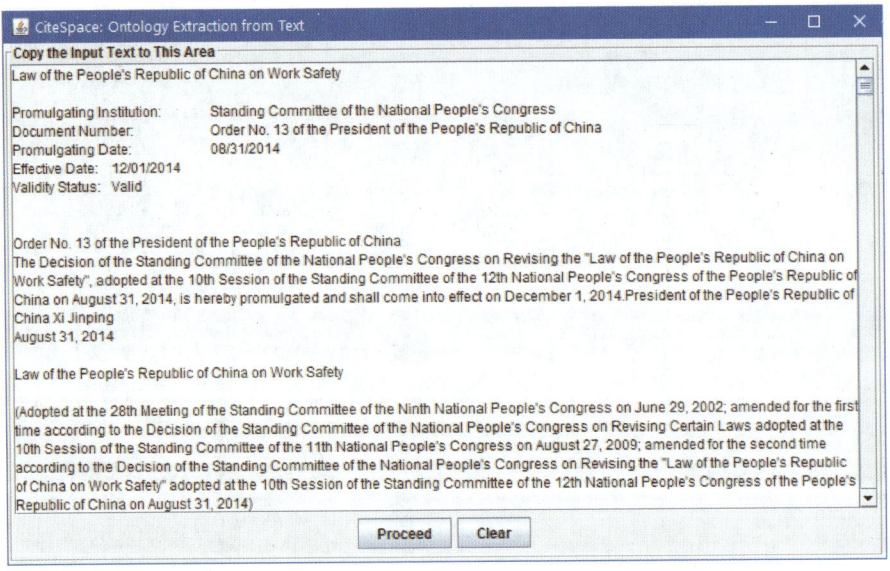

图7.30 分析文本的准备

[①] Westlaw China，http://edu.westlawchina.com/

第7讲　CiteSpace 高级功能

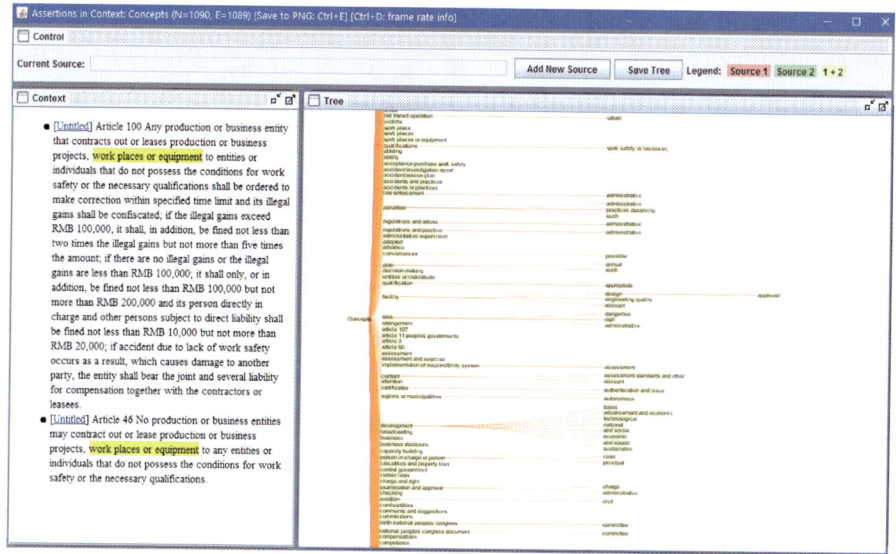

图 7.31　《安全生产法》（英文版）的概念树

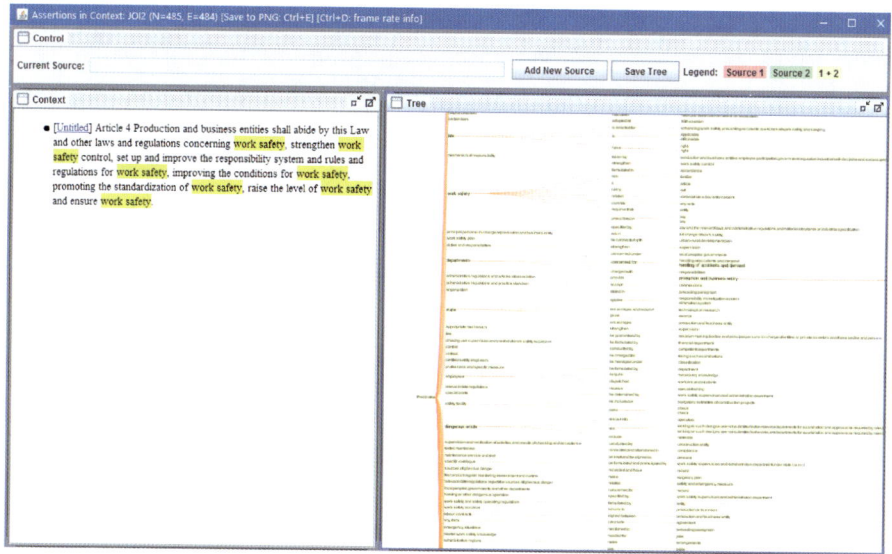

图 7.32　《安全生产法》（英文版）的谓词树

概念树或谓词树的界面，由左右两个窗口组成。左边的窗口用来显示树形图上某个词汇在上下文中的位置,右边的窗口是具体的概念图或谓词图。通过点击某个词汇可以将该词汇定位到树形图的中心;按住鼠标左键,可以任意拖动树形图;按住鼠标右键,鼠标前后移动则可以任意放大或缩小树形图。

7.4.1.2 利用 Full text Files 进行分析

将下载得到的《安全生产法》英文版内容复制到 txt 文本中,命名为 Law of the People's Republic of China on Work Safety.txt。在 Text 菜单中选择 Build Concept/Predicate trees(from full text files),然后按照步骤加载准备好的 txt 文件(图 7.33),得到图 7.34 和图 7.35。

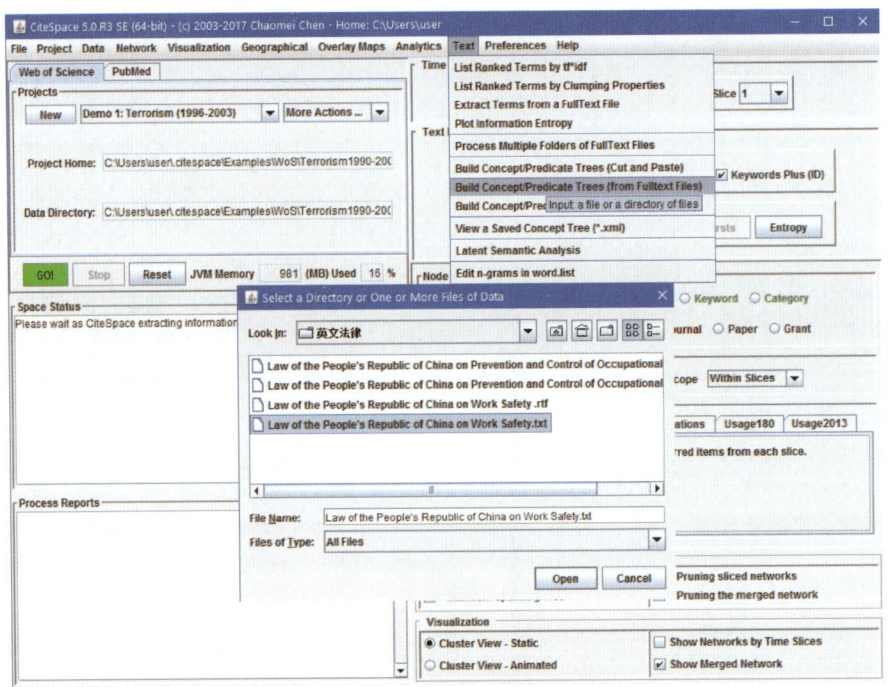

图 7.33　数据的加载

7.4.1.3 利用 WoS Files 进行分析

在 Text 中选择 Build Concept/Predicate trees(from WoS Files),按照提示加载包含有 WoS 的数据文件夹(图 7.36)。对安全科学学者 Hale Andrew 的论文的概念树和谓词树分析如图 7.37 和图 7.38 所示。此外,该功能还可以用于对 CiteSpace 的 project → clusters 文件中的 0.txt 等聚类分割文档进行分析,注意这些文档都为 WoS 格式的，因此分析的时候选择 WoS files。

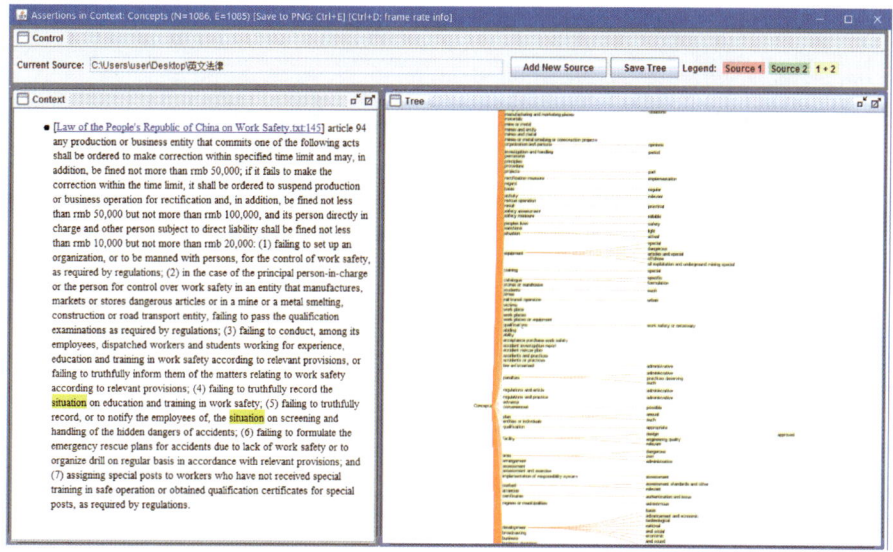

图 7.34　《安全生产法》（英文版）的概念树

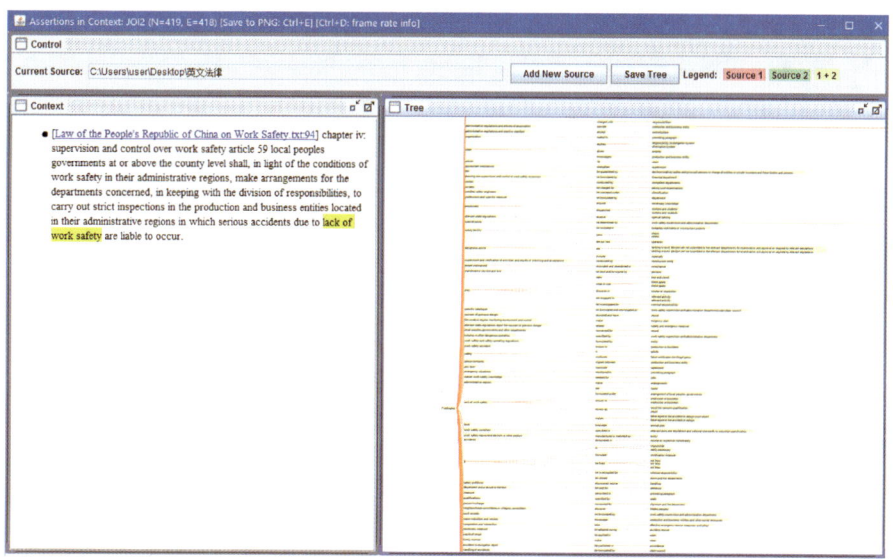

图 7.35　《安全生产法》（英文版）的谓词树

CiteSpace：科技文本挖掘及可视化

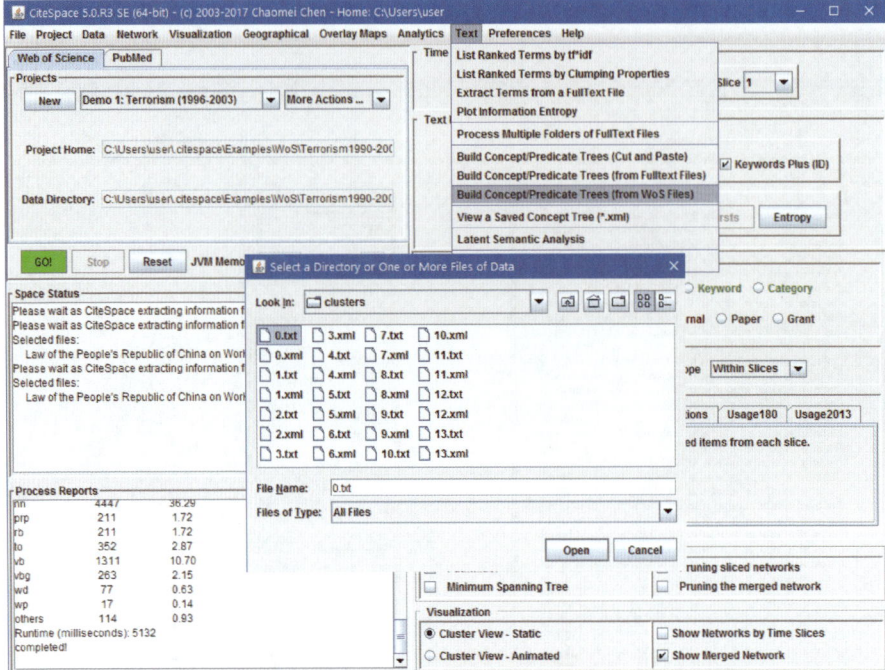

图 7.36　WoS 数据的加载

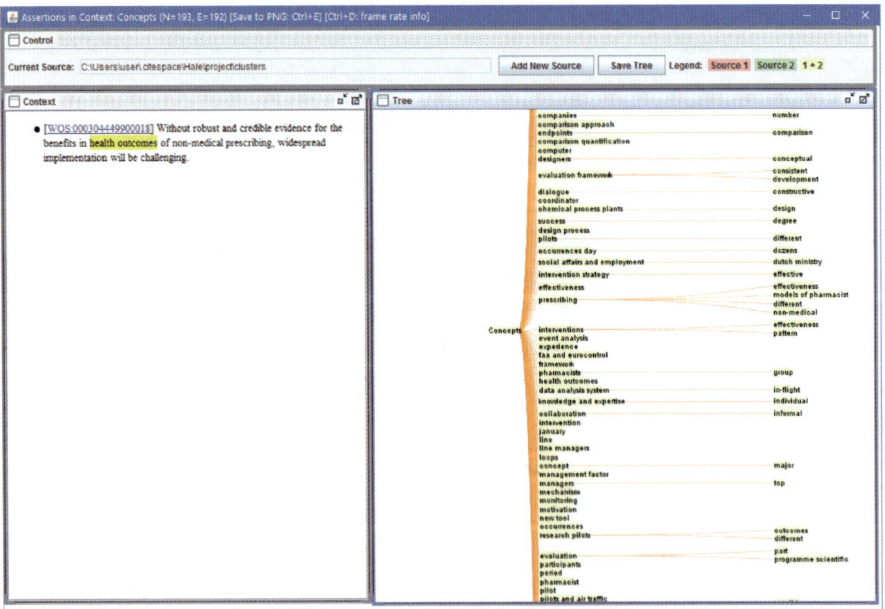

图 7.37　WoS Files 分析概念树

第 7 讲　CiteSpace 高级功能

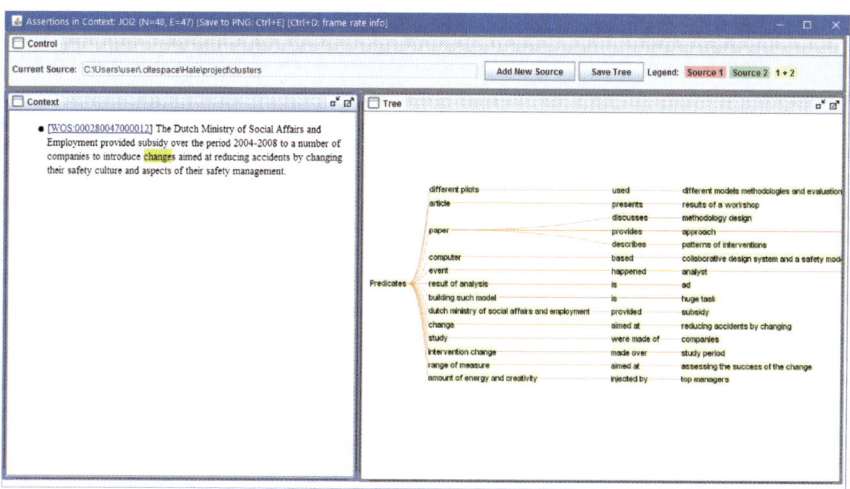

图 7.38　WoS 文本分析的谓词树

7.4.1.4　概念树或谓词树的比较

从万律·中国下载《中华人民共和国职业病防治法》（英文版）即 Law of the People's Republic of China on Prevention and Control of Occupational Diseases，在《安全生产法》的概念树或者谓词树页面中点击 Add New Source，加入《职业病防治法》的文本数据即可（图 7.39）。在两个文本的概念树或者

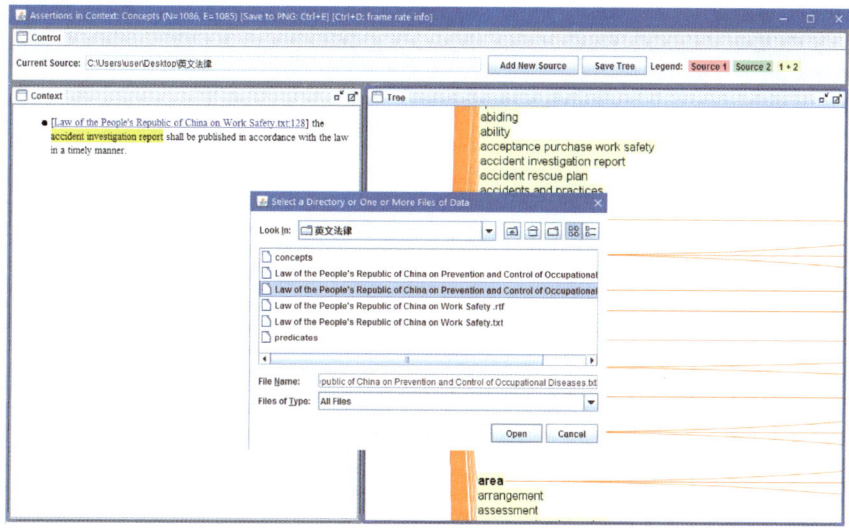

图 7.39　《职业病防治法》数据的加载

谓词树比较图中，分别用红色和绿色来区分不同的文本来源，而用黄色来代表共有的单元（图 7.40）。

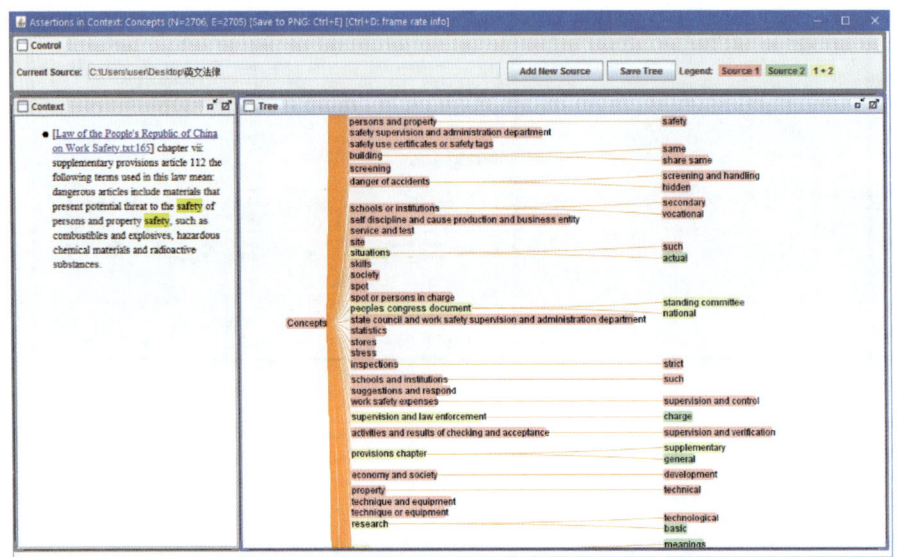

图 7.40　英文版《安全生产法》和《职业病防治法》的比较结果

7.4.2　全文本主题挖掘

选择 Text 中的 Extract terms from a full text file（图 7.41），这里仍然以分析英文版的《安全生产法》为例（仍然为 txt 文档）。当运行完成后，结果直接显示在了 Process Report 窗口（图 7.42），或者在所分析的文档中会生成一个 Excel 格式的结果文件（图 7.43）。

在 Excel 表格中，tf（Term Frequency）表示词频，即词条在文档 d 中出现的频率。idf（Inverse Document Frequency）为逆向文件频率。idf 的主要思想是如果包含词条 t 的文档越少，也就是 n 越小，idf 越大，则说明词条 t 具有很好的类别区分能力。Clumping 是簇的意思，具体的说明参见论文"Clumping properties of content-bearing words"（Bookstein A., Klein, S. T., & Raita T., 1998）。

特别地，如果对某一主题的 Web of Science 数据执行了主题共现分析

第 7 讲　CiteSpace 高级功能

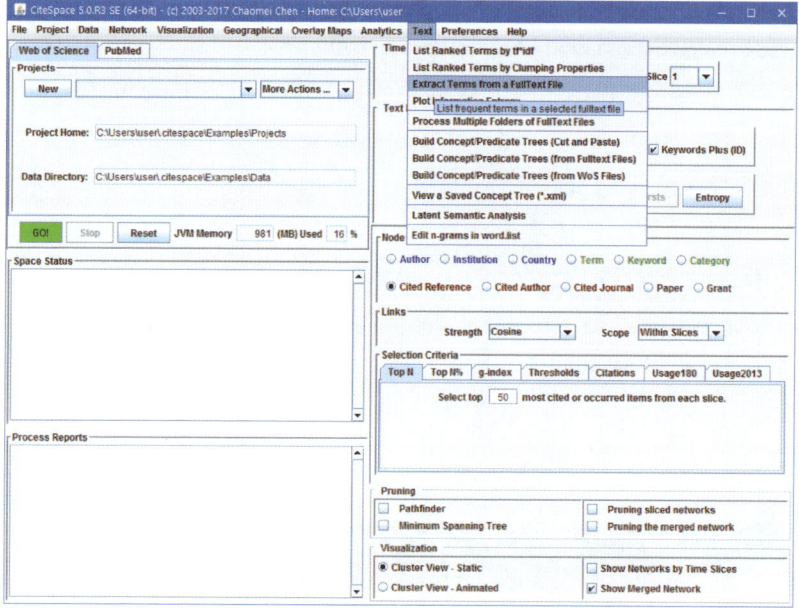

图 7.41　功能的选择

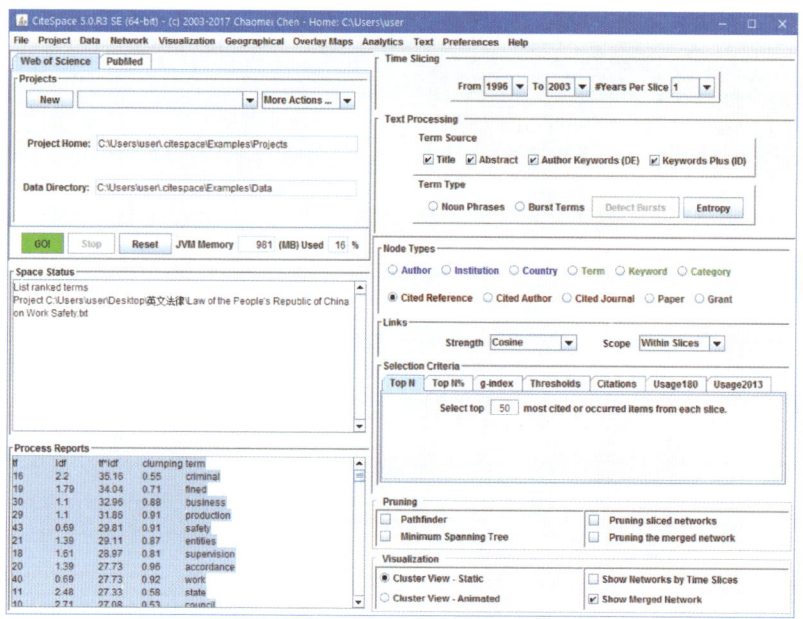

图 7.42　从《安全生产法》（英文版）中提取的主题词

（Co-terms），并生成了主题网络，那么此时可以在CiteSpace的功能参数区Text → List ranked terms by clumping properties（提示为：list frequent terms in the current project）或list ranked terms by clumping properties（list frequent terms in the current project condensation）对这些主题词进行列表提取。如执行完对Scientometrics期刊数据的Noun Phrase及其co-terms过程，点击这里提到的功能会得到terms的列表，得到的主题有bibliometric analysis, impact factor, science citation index, social sciences, citation analysis, international collaboration以及research performance等，tf为项目在相应参数下提取Term的频次（与生成的主题共现中主题的频次一致），如图7.44所示。也可以在project中得到一个命名类似idf_4412.csv的文件，如图7.45所示。

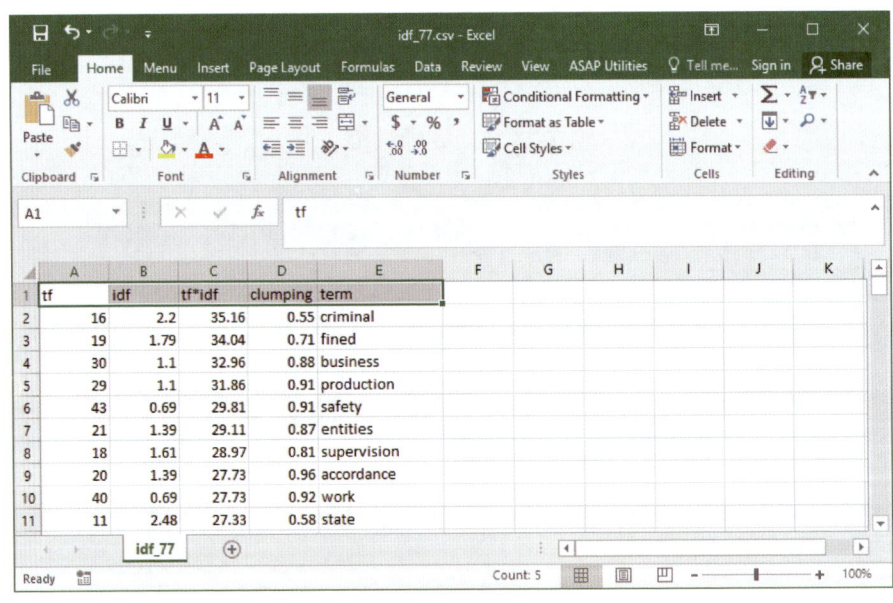

图7.43　从英文版《安全生产法》中提取的主题词

7.4.3　文本潜语义分析

潜语义分析（Latent Semantic Analysis）是一种文本降维方法（Deerwester S., Dumais S. T., Landauer T. K., et al., 1990），功能同样位于CiteSpace

第 7 讲　CiteSpace 高级功能

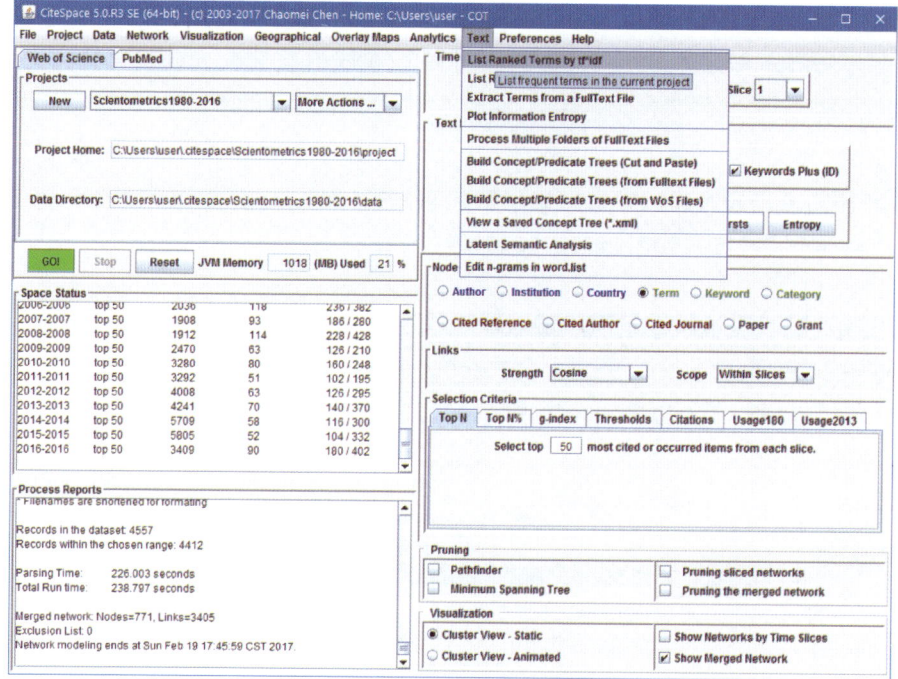

图 7.44　按照 tf*idf 的主题排序

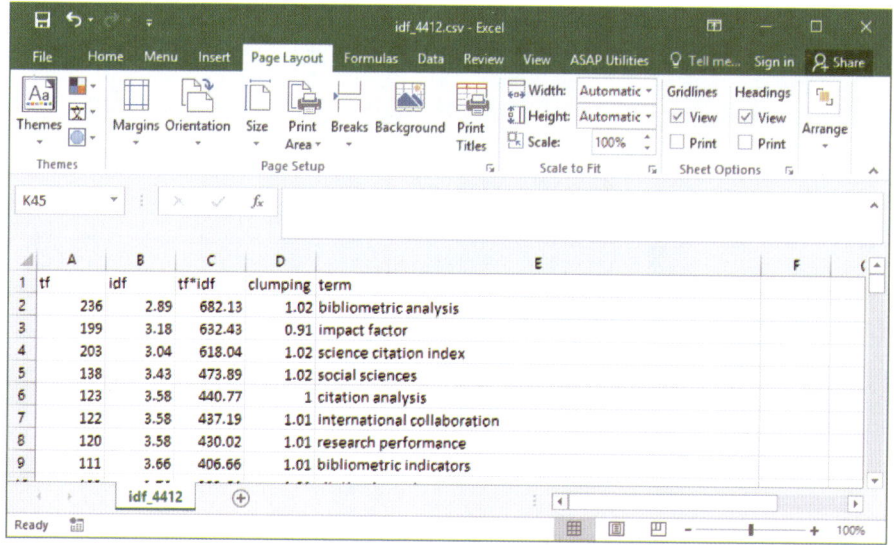

图 7.45　项目文件夹中保存的表格结果

CiteSpace：科技文本挖掘及可视化

功能参数区Text菜单的Latent Semantic Analysis。点击Latent Semantic Analysis后进入潜语义分析界面，此时需要加载数据（图7.46）。本例中共加载了两个文本文件夹，分别为2014年发表在Management Science 和Safety Science上的论文。例如我们加载已经准备的2014年Safety Science的论文数据，步骤为点击Browse，然后找到保存的文件夹（Data type此时要选择为Web of Science），再点击Add to the List。

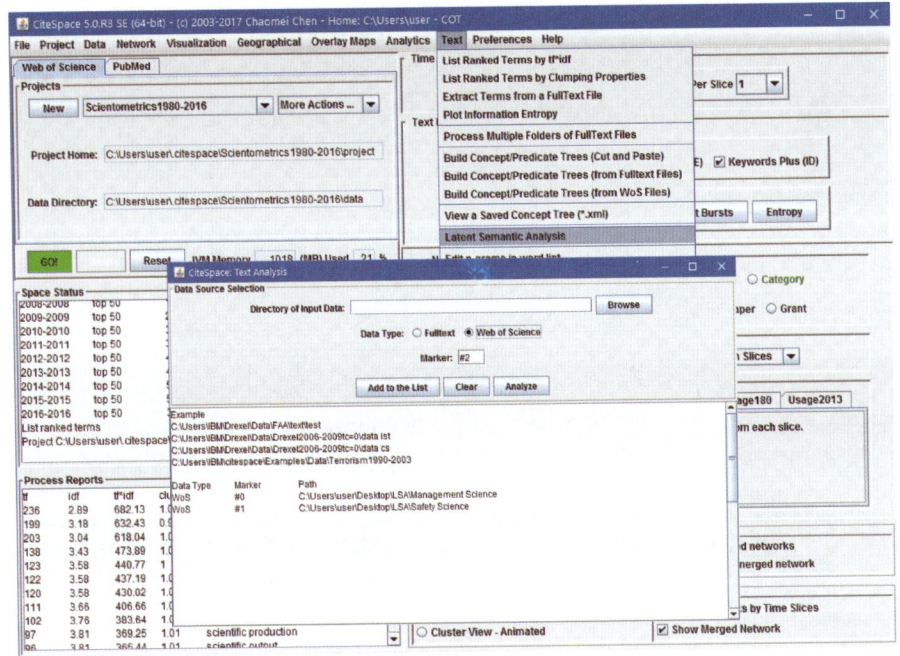

图7.46　潜语义分析界面

当数据加载结束后，点击Analyze，此后只要耐心等待软件的计算结果即可。结束后，窗口中会列出各个维度中排名前5的术语（图7.47）。此时，也会新打开几个窗口，显示各个维度的可视化结果（图7.48）。需要注意的是，使用Latent Semantic Analysis功能时至少要加载两个分析文件。

第 7 讲　CiteSpace 高级功能

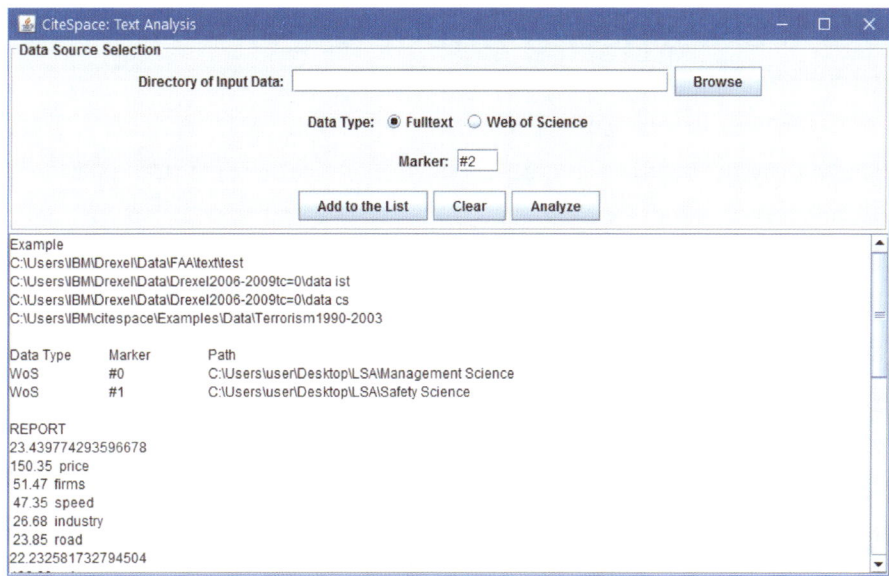

图 7.47　基本结果

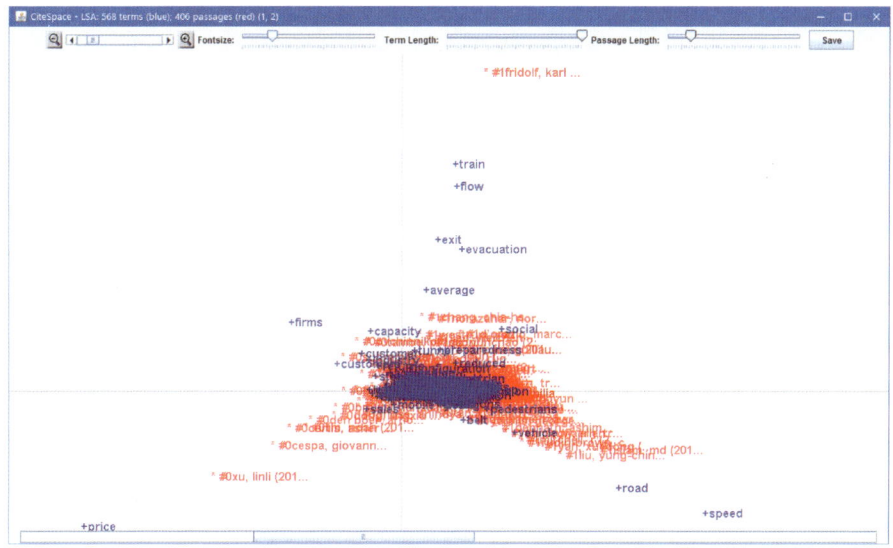

图 7.48　语义空间的可视化

243

7.5 CiteSpace 与 MySQL 结合

为了连接 CiteSpace 与 MySQL 数据库，用户需要在 MySQL 网站上下载数据库安装文件（mysql-installer-community-5.7.10.0）。在安装过程中，按照提示配置用户名和密码。启动 CiteSpace 以后，会在文档文件中生成一个 .CiteSpace 文件夹，如图 7.49 所示。打开文件 MySQL.ini，并输入用户名和密码，这个需要用户正确安装 MySQL 数据库，并将配置的账户名称和密码输入。

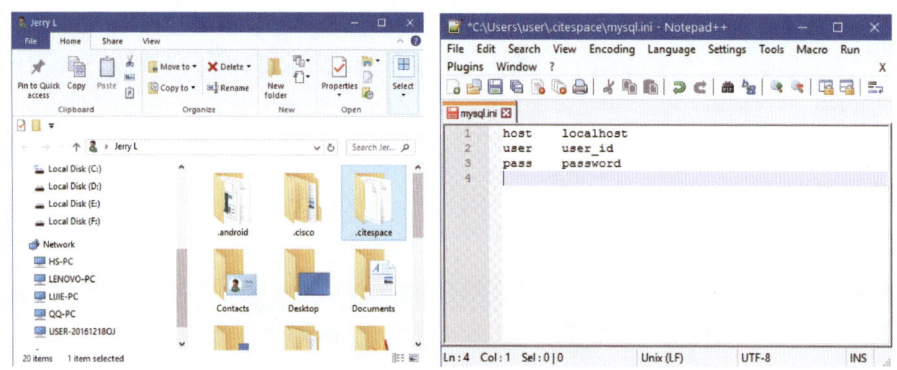

图 7.49 CiteSpace 文件夹及其 MySQL.ini 文件建立

CiteSpace 与外部数据库连接的界面位于功能参数区的 Data 菜单栏 Import/Export 中，如图 7.50 所示。点击菜单栏的 Database，Connect to MySQL 来完成数据库的连接。

点击 input Directory 后的 Browse，来加载 data 路径文件。然后，点击 Import，按照提示输入项目的名称（图 7.51），点击 ok 来将数据导入数据库。

数据导入后，可以在菜单栏的 Project 中选择 Distribution of Records by year，来分析数据的年度分布情况，如图 7.52 所示。

此外，在菜单栏中还可以对单个知识单元、两个知识单元关系矩阵进行统计分析，例如，包含 Most Productive authors/First authors/Institutions/,Most cited authors/references/papers, Most Frequent keywords/phrases 以及 Author × Author，Document × Document，Term × Term 共现矩阵的分析。例如，

第 7 讲　CiteSpace 高级功能

图 7.50　数据处理界面

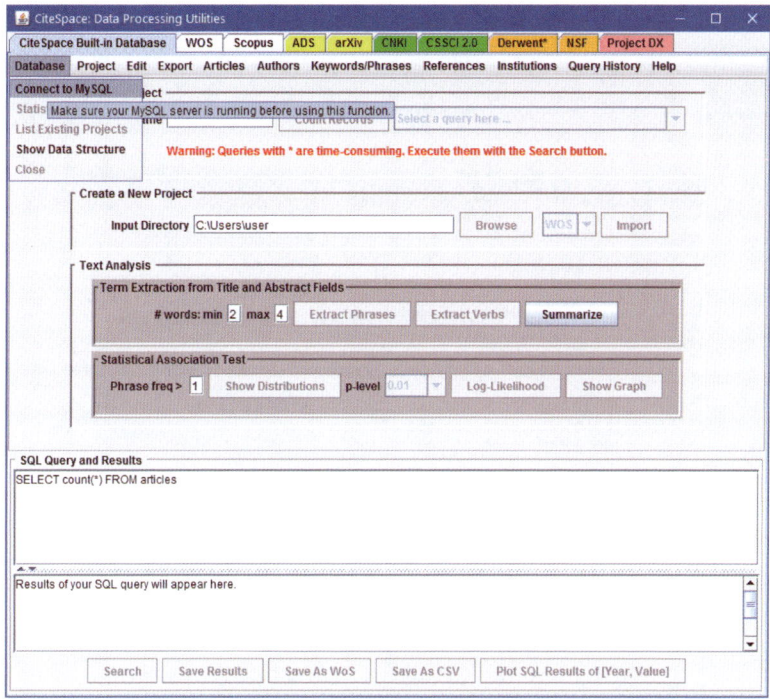

图 7.51　项目的建立

图 7.53 为对高被引作者的列表提取，得到结果后，可以点击页面下的 Save as CSV 格式。图 7.54 为选择 Keyword × Keyword co-occurrence counts 得到的关键词的共现列表，该结果可以导入 BibExcel 软件中进一步进行共词网络的分析。

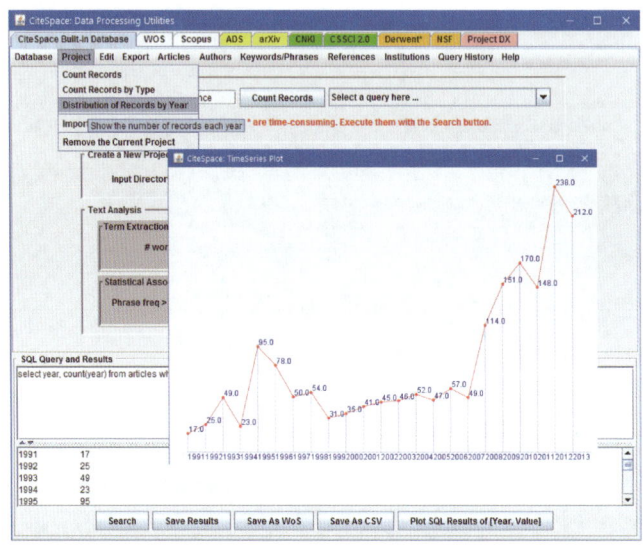

图 7.52　绘制数据的年度分布曲线

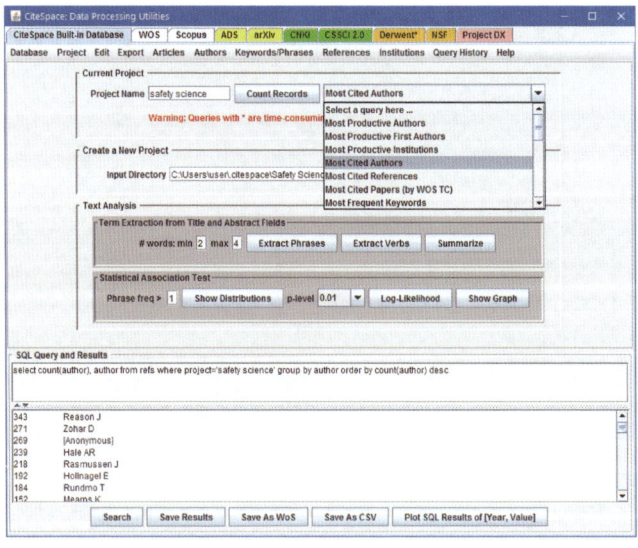

图 7.53　高被引作者的分析

第 7 讲　CiteSpace 高级功能

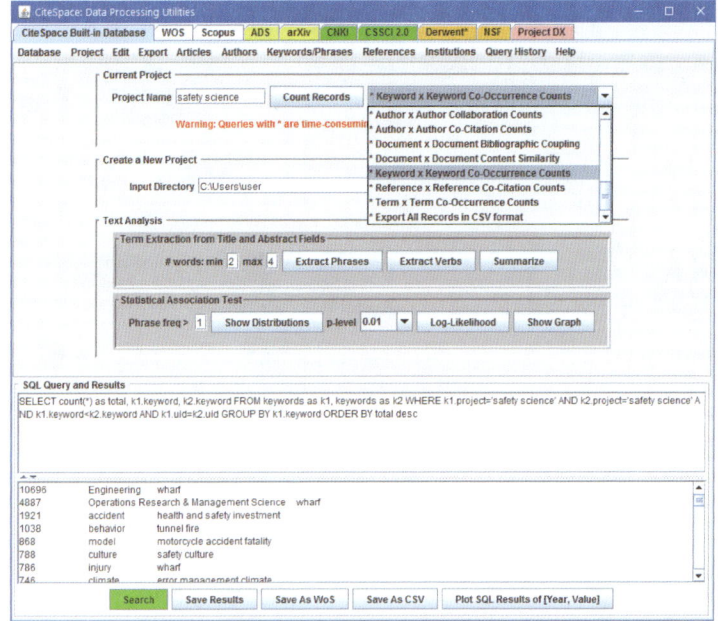

图 7.54　关键词共现列表的提取

7.6　CiteSpace 与外部软件结合

7.6.1　数据预处理与相关可视化软件结合

7.6.1.1　CiteSpace+Carrot2

Carrot2 是一款免费的文档聚类及可视化软件，在 CiteSpace 中专门提供了数据转换功能。即在 CiteSpace 的数据预处理模块中，提供了将 Web of Science 数据转换成 Carrot2 读取和分析的数据功能。此外，Carrot2 还提供了 Bing，News，PubMed 以及 Wiki 等数据的分析功能。具体包含了 K-means，Lingo，Passthrough，STC，By Source 和 By URL 算法。该部分要求用户提前安装 CiteSpace 和 Carrot2 软件[①]。

第一步：数据转换预备工作。

---

❶　Carrot2 免费下载地址 http：//project.carrot2.org/download.html

下载数据后，建立两个文件夹。一个用来存储原始数据，另一个用来保存转换后的数据。然后，打开 CiteSpace 进入 Web of Science 数据预处理的模块。在 CiteSpace 的数据预处理界面中提供了 Remove duplicates（WoS）数据去重，Wos（tab）格式向 WoS 格式的转换，WoS 格式向 Carrot2（XML）和 Jigsaw 的转换（图 7.55）。

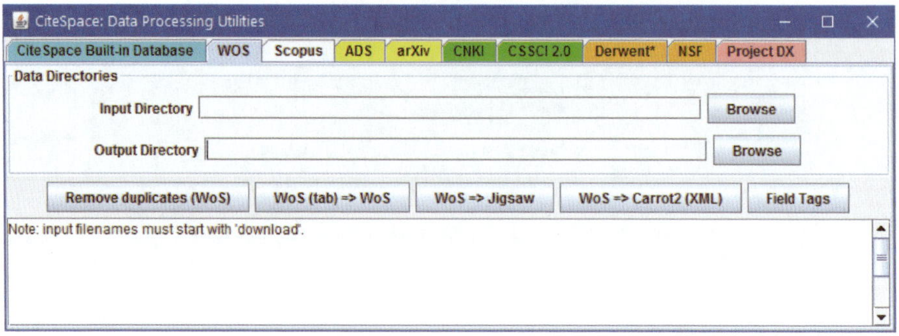

图 7.55 Web of Science 数据预处理模块

下面以分析 Scientometrics 期刊 1978~2014 年论文数据为例进行演示。

第二步：数据转换。

加载相应文件夹下的数据。其中在 Input Directory 中加载原始数据存放的文件夹，Output Directory 中加载转换后数据保存的文件夹（此文件夹为空文件）。加载数据完成后，点击 WoS → Carrot2（XML）即可（图 7.56，图 7.57）。

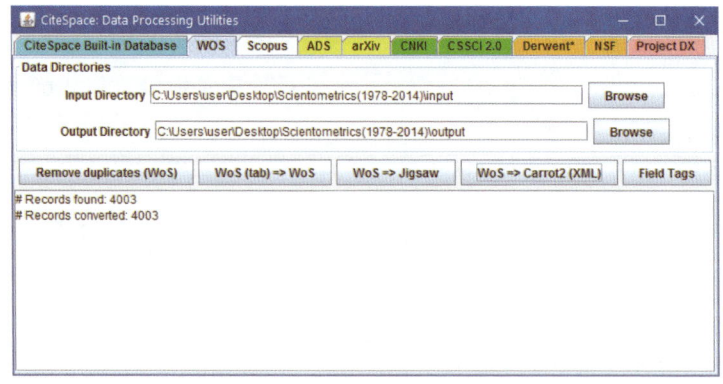

图 7.56 加载数据文件夹

第 7 讲　CiteSpace 高级功能

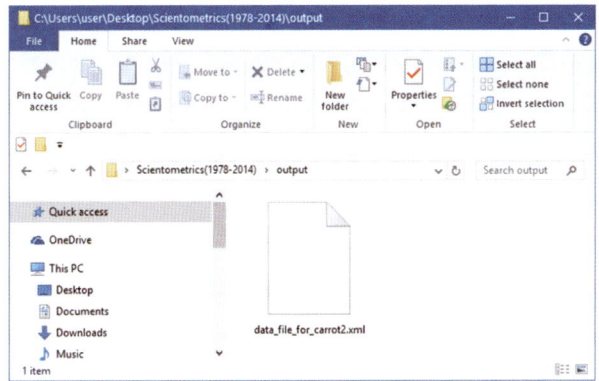

图 7.57　转换后的结果

第三步：分析数据。

下载 Carrot2 后解压文件夹，在文件夹中双击 carrot2-workbench.exe 即可。打开后，在 Source 中选择分析的数据源为 XML，算法可以选择为 Lingo，在 XML resource 文件加载框中加载上一步转换得到的 XML 数据（图 7.58）。数据和算法等准备工作结束后，可以点击"Process"进行分析，得到的结果将显示在页面中。

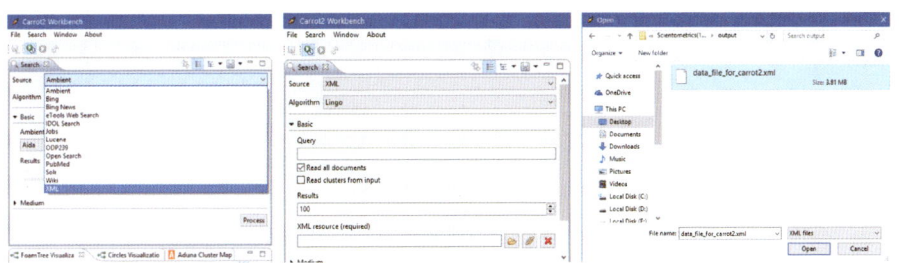

图 7.58　导入 XML 数据到 Carrot2

第四步：分析结果及其展示。

分析的结果如图 7.59 所示，还可以点击功能模块 Circle Visualization（图 7.60）和 Foam Tree Visualization（图 7.61）来对结果进行不同的可视化展示。

7.6.1.2　CiteSpace+Jigsaw

Jigsaw 软件是美国佐治亚理工大学 John Stasko 主持开发的整合了多种批量

249

CiteSpace：科技文本挖掘及可视化

文本研究成果的软件。该软件可以导入 txt，pdf，doc，xls，csv 以及 htm 等多个文件格式。

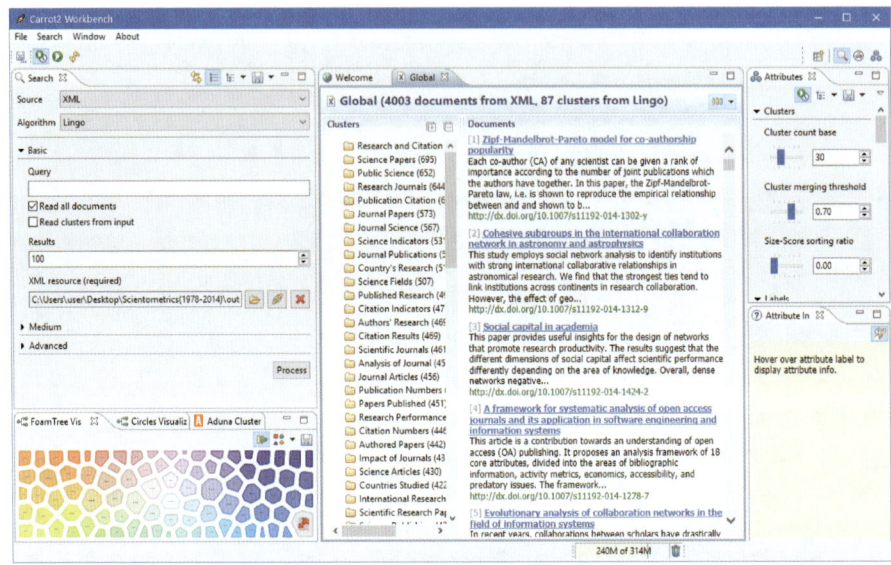

图 7.59 分析结果页面

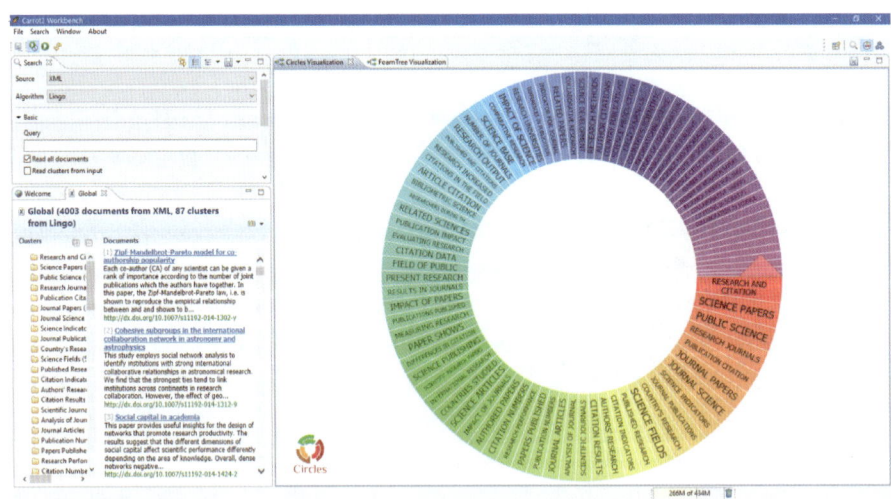

图 7.60 结果的 Circle Visualization 可视化展示

第 7 讲　CiteSpace 高级功能

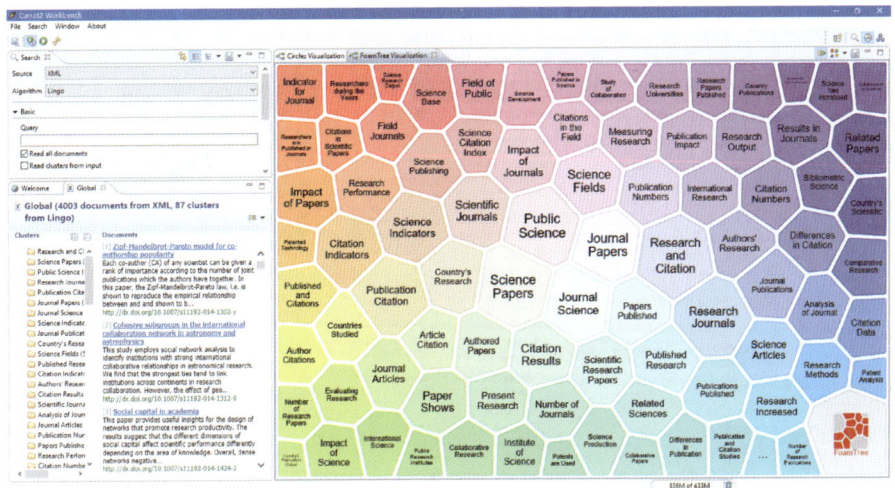

图 7.61　结果的 Foam Tree Visualization 可视化展示

在 Jigsaw 的主页获取该软件[①]，然后按照和上文类似的步骤转换得到 Jigsaw 可以识别和分析的数据（图 7.62）。

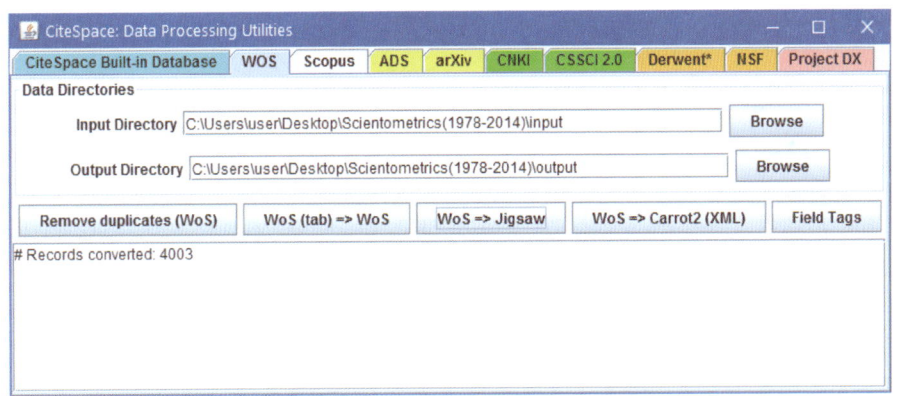

图 7.62　Jigsaw 格式数据的获取

下面重点说明在 Jigsaw 中数据的分析过程。

第一步：软件启动和导入菜单。

下载 Jigsaw 软件包后，解压打开 Jigsaw.bat 即可使用。在软件菜单栏的 File

---

❶ Jigsaw 下载地址：http://www.cc.gatech.edu/gvu/ii/jigsaw/

251

中，可选择 Import 来导入要分析的数据（图 7.63）。

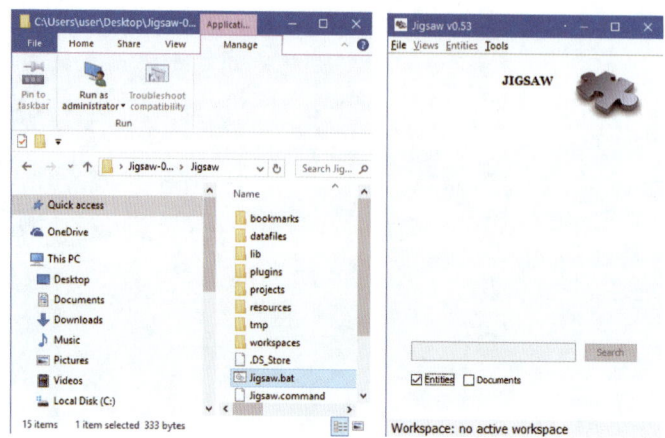

图 7.63　打开 Jigsaw 软件

第二步：数据的导入。

点击 Jigsaw Datafiles 后 Browse 来加载转换后的 jig 格式数据。数据加载后点击 Import，然后再选择 Entity Identification 界面的 Identity，如图 7.64 所示。

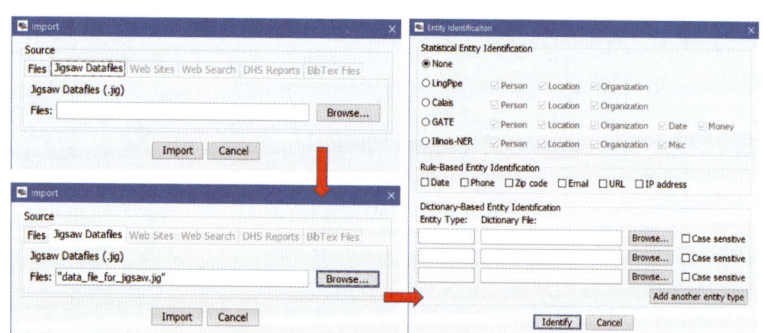

图 7.64　数据的导入过程

第三步：数据基本分布及可视化分析。

等待数据加载结束后，可以得到数据的基本组成。如此处的数据中包含的 Author 数量为 4 726 个，index term 为 5 095 个，journal title 为 1（即 Safety Science），year 的数量为 37 个，如图 7.65 所示。

第 7 讲　CiteSpace 高级功能

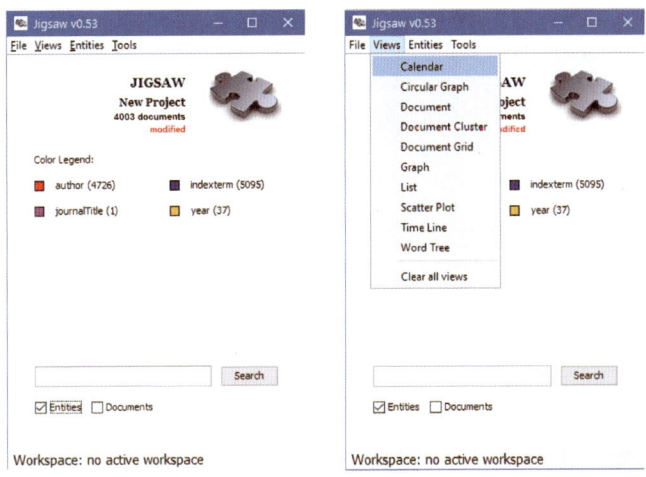

图 7.65　数据的初步结果及其可视化功能

通过菜单栏的 View 可以进一步对数据进行查询和可视化分析。如点击 List 可以对含有的数据单元一个或者多个进行列表查看，也可以对不同知识单元进行关联查看，如图 7.66 所示。此外，还可以对文档的结果使用 document view 和 word tree view 展示（图 7.67，图 7.68）。

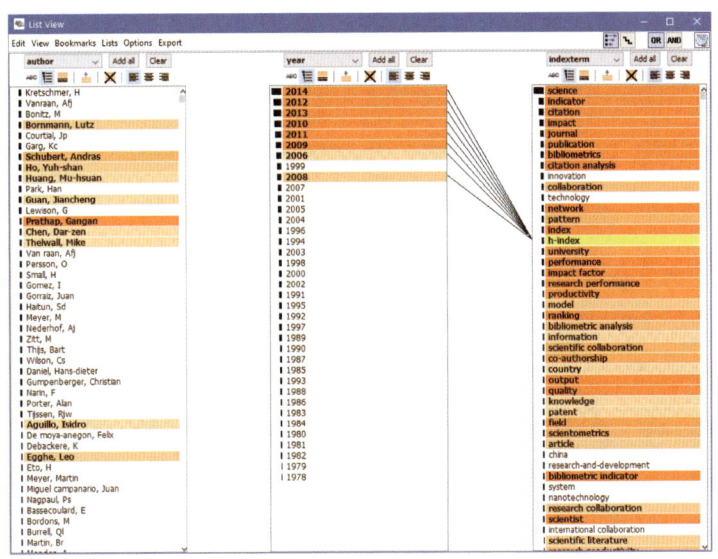

图 7.66　Web of Science 结果的 List view

253

CiteSpace：科技文本挖掘及可视化

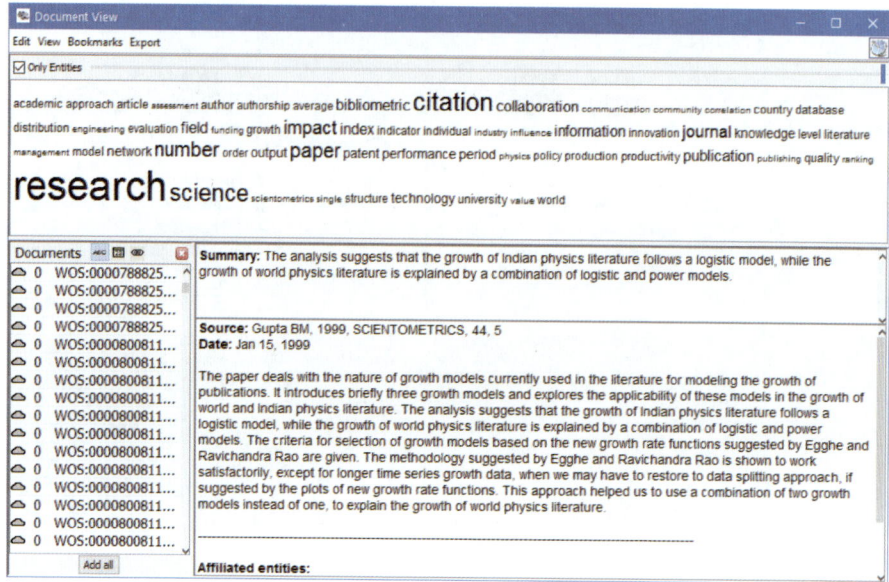

图 7.67　Jigsaw 软件的 document view

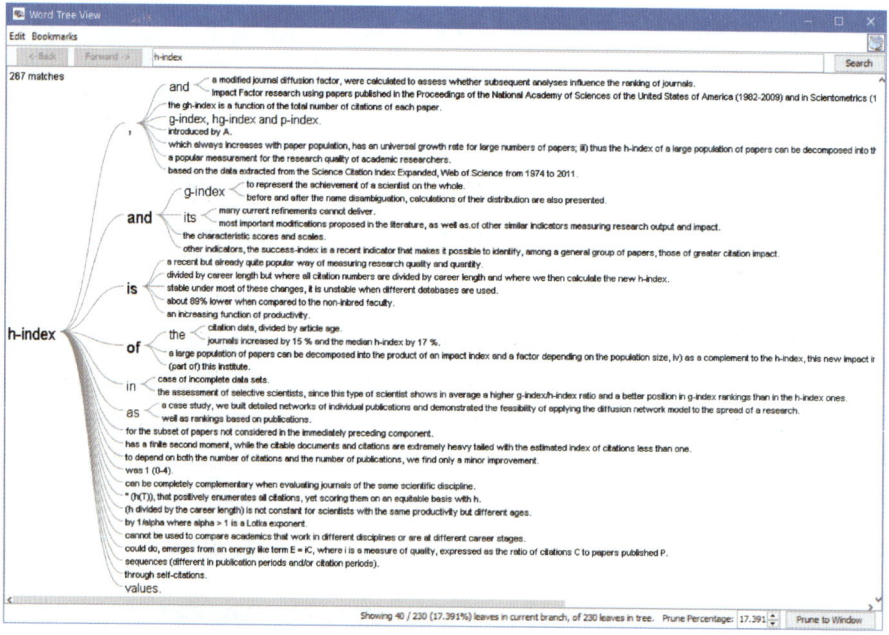

图 7.68　Jigsaw 软件的 Word Tree view

第 7 讲 CiteSpace 高级功能

7.6.2　网络文件与相关可视化软件的结合

7.6.2.1　项目文件夹中的图形文件

当在参数功能区点击"GO!",并执行完数据计算时,软件会提示我们"Visualize"、"Save As GraphML"或 Cancel(图 7.69)。除非点击 Cancel,否则 project 的文件夹中都会出现一个类似 201.graphml 的文件。该文件可以直接通过可视化软件 Gephi 打开进行展示。

图 7.70 中的左图为使用 CiteSpace 得到的文献共被引网络,在图中节点大小显示文献的被引频次,颜色则代表了所属的聚类;连线的颜色代表首次共被引的时间。在图 7.70 的右图中我们使用 Gephi 对 CiteSpace 得到的文献共被引网络进行可视化,节点的大小仍然代表被引用的次数(节点的大小在 Gephi 还可以按照度中心性和中介中心性进行设置),这里的节点和连线也按照时间进行了设置。

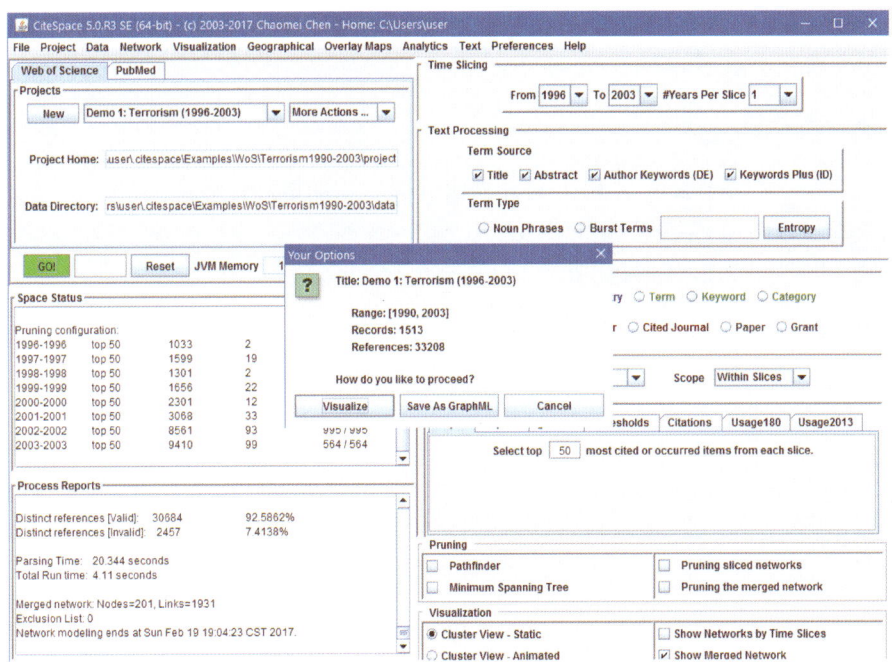

图 7.69　图形文件的产生

CiteSpace：科技文本挖掘及可视化

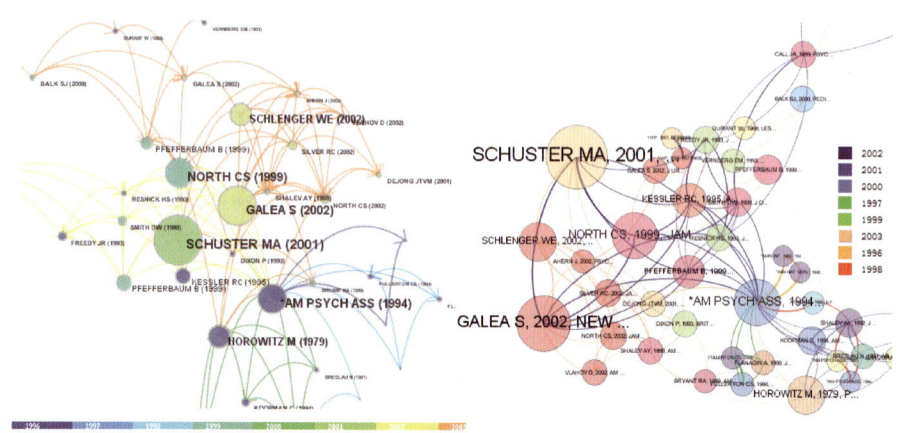

图 7.70　CiteSpace 原始网络与 Gephi 可视化网络的局部比较

7.6.2.2　可视化界面网络文件的导出

这里主要介绍 Netdraw，Pajek，Gephi 以及 VOSviewer 等（表 7.1）对由 CiteSpace 导出的网络文件进行可视化分析的工具。网络软件的导出功能在 CiteSpace 网络可视化界面的 Export 菜单栏中，进入该菜单栏后依次点击 Network → Pajek（.net），保存后的 .net 文件可以使用 Netdraw，Pajek，Gephi 以及 VOSviewer 进行读取及可视化分析。

表 7.1　CiteSpace 网络文件的外部可视化软件

软件名称	应用地址	功能
Netdraw	https://sites.google.com/site/netdrawsoftware/download	网络可视化及计算
Pajek	http://mrvar.fdv.uni-lj.si/pajek/	网络可视化及计算
Gephi	http://gephi.github.io/	网络可视化及计算
VOSviewer	http://www.vosviewer.com/Home	知识图谱绘制及网络可视化
MapEquation	http://www.mapequation.org/	网络可视化

如图 7.71 所示使用 CiteSpace 绘制了安全科学学者 Andrew Hale 的科学合作网络（2002~2013 年），并使用 CiteSpace 对合作网络进行了聚类。

第 7 讲　CiteSpace 高级功能

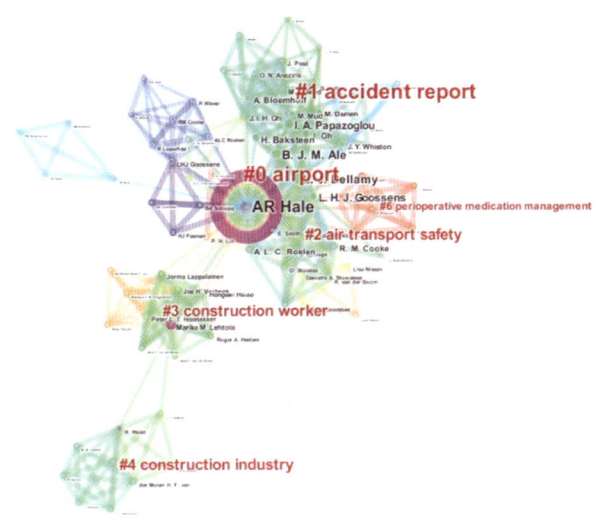

图 7.71　Andrew Hale 教授 2002~2013 年的科研合作最大子网络
注释：这里对不同写法的 AR Hale 姓名进行了合并，其他作者的不同写法在此案例中没有进行处理。

（1）Netdraw 对 .net 文件的可视化步骤。File → Open → Pajek Text File → Network Data，得到的可视化网络如图 7.72 所示。

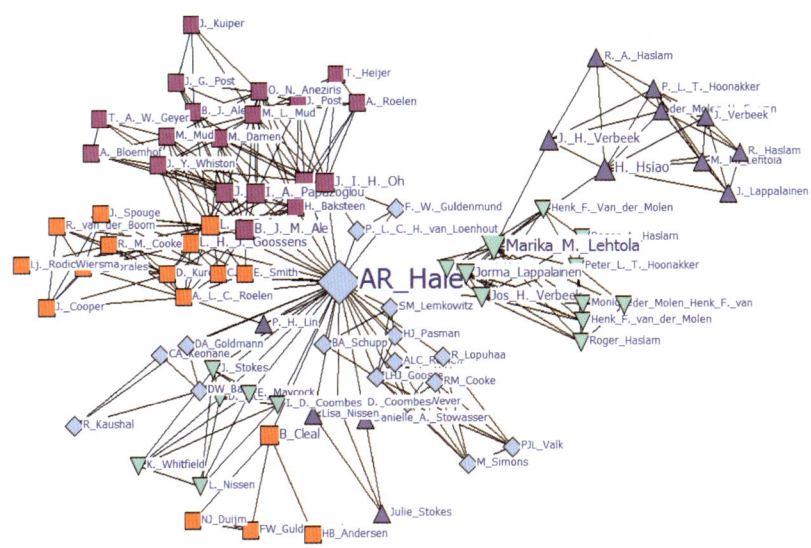

图 7.72　Netdraw 对合作网络的可视化

257

(2)Pajek 对 .net 文件的可视化步骤。File → Network → Read，得到可视化网络如图 7.73 所示。

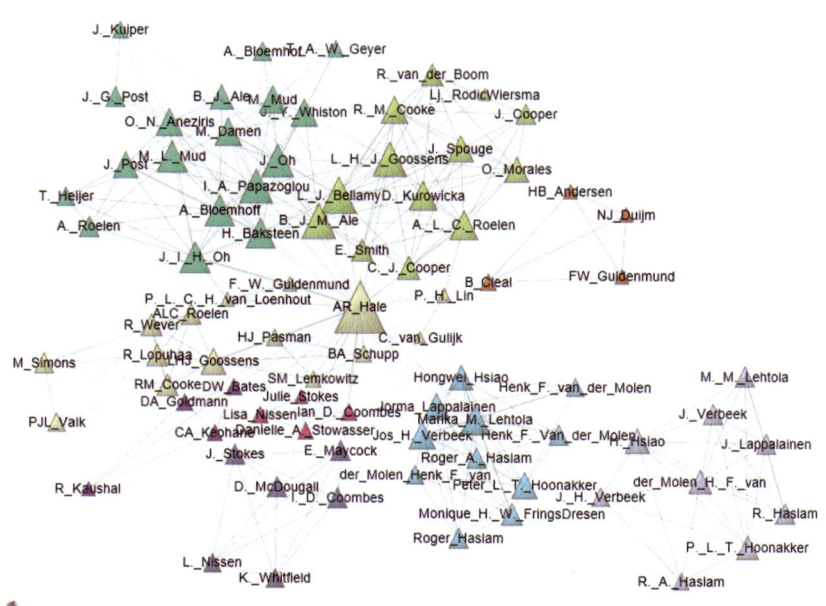

图 7.73　Pajek 对合作网络的可视化

(3)Gephi 对 .net 文件的可视化步骤。File → Open → xxx.Net，得到的可视化网络如图 7.74 所示。

(4)VOSviewer 对 .net 文件的可视化步骤。Create → Create a Map Based On Network → Pajek，得到的可视化网络如图 7.75 所示。

(5)MapEquation 对 .net 文件的可视化步骤。登陆 MapEquation → Load Network → open file…. (for undirected Network) → calculate clusters，得到的可视化网络如图 7.76 所示。

此外，MapEquation 还提供了利用多个网络来进行冲积图的绘制功能。

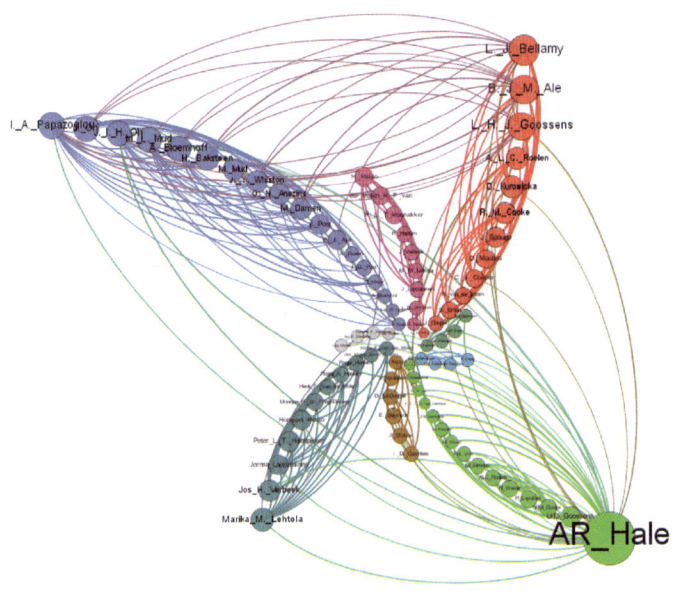

图 7.74　Gephi 对合作网络的可视化

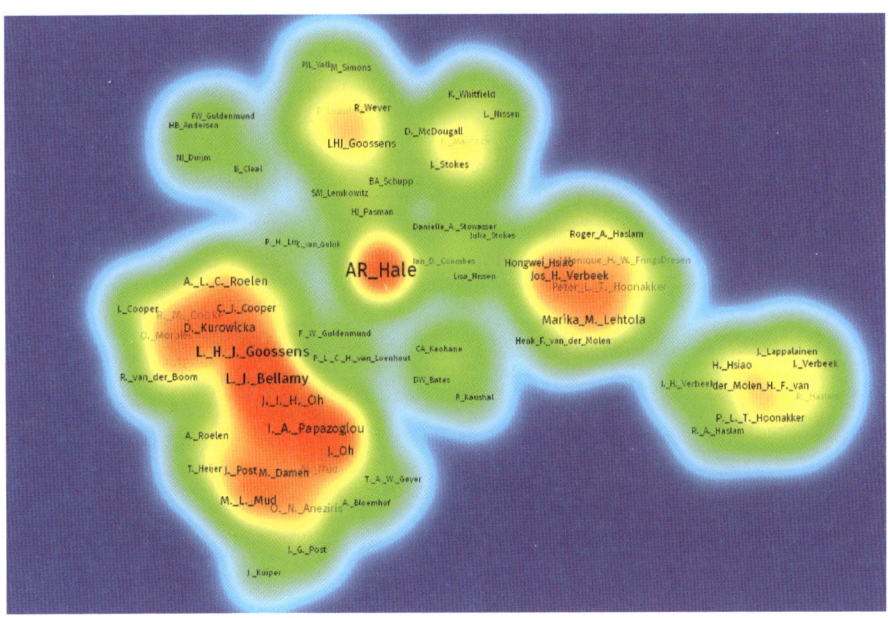

图 7.75　VOSviewer 对合作网络的可视化

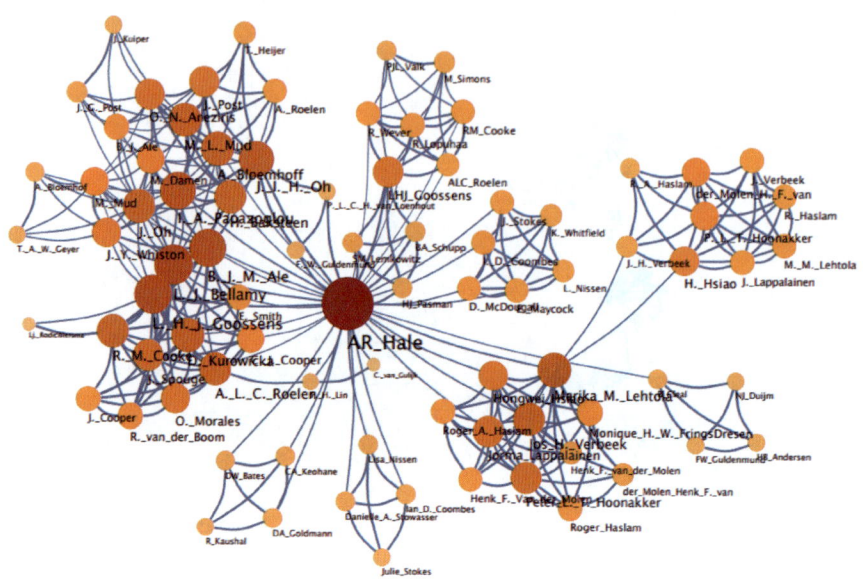

图 7.76　MapEquation 对合作网络的可视化

图 7.77 是通过 CiteSpace 提供的恐怖袭击的案例数据绘制的 1999~2013 年恐怖主义主题网络的研究。在 CiteSpace 中逐年保存生成的主题网络以后（分别保存为 1999.net；2000.net；2001.net；2002.net；2003.net），将网络依次导入 MapEquation 中（用户可尝试 CiteSpace 参数与功能区的 Network 菜单中提供的 Batch Export to pajek.net files 功能，比较一下哪种方式做冲积图更方便）。

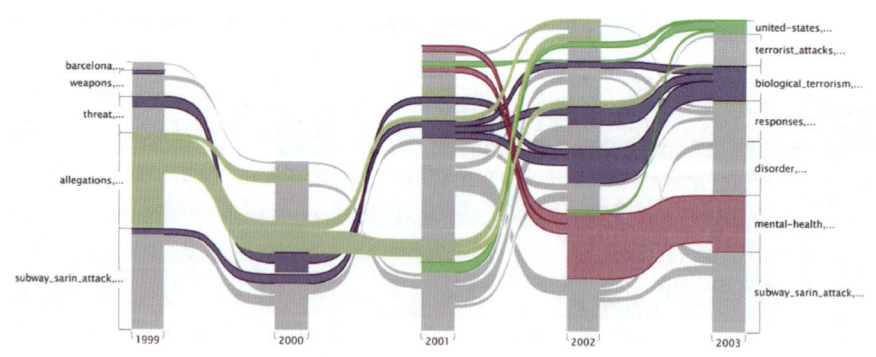

图 7.77　基于恐怖袭击文献的共词网络而生成的冲积图

该种时间线冲积图是 Martin Rosvall 设计的，并提供给用户免费使用。与前面网络可视化不同的是，冲积图的生成需要一系列网络。每个网络对应于演化网络在某个时间上的结构，每个网络被分成若干类。在相邻网络中，对应聚类就形成了一系列视图，展示出某一个聚类随时间的演化。

最后，我们在附录中进一步总结了常见的30余种科学计量和可视化辅助工具，读者可以尝试学习和使用。

思考题

（1）谈谈你对图层叠加分析（Overlay）的认识（目的、意义以及应用前景等）。

（2）从 Web of Science 数据库检索和下载"物联网"、"大数据"、"工业 4.0"和"网联网+"的主题文献，并对它们在同一期刊叠加图上进行比较分析。

（3）利用前面章节下载的火灾数据，试对国际火灾科学杂志进行文献共被引网络的叠加分析。

（4）如果想了解全球埃博拉研究的施引期刊和被引期刊的知识流动，如何利用本章内容进行分析。

（5）尝试对 CiteSpace 生成的网络文件分别使用本章所提到的网络可视化软件进行分析，谈谈各自的优缺点。

（6）试使用 CiteSpace 和 Mapequation 绘制自己专业领域某主题的分时网络图及由这些网络图所分析得到的冲积图。

本章小提示

小提示 7.1：网络可视化的 .net 等文件。

要将 CiteSpace 可视化得到的网络导入其他软件进行分析和可视化，只要能够将 CiteSpace 得到的文件在其他外接软件中读取即可。例如，在分析过程中得到的 graphml 文件可以导入 Gephi 中进行可视化，且网络的信息基本上保留在 CiteSpace 中分析的结果。.net 文件则可以导入常见的网络可视化软件，例如 pajek，netdraw 以及 VOSviewer 中，但需要注意的是，.net 文件在导入时一些参数已经丢失。

小提示 7.2：结构变异分析的三个指标。

在 CiteSpace 的结构变异分析中包含了三个进行网络结构变化评估的指标，分别为 MCR（Modularity Change Rate，模块性变化率）、CL（Cluster Linkage，聚类连接）以及中心性分散度（Centrality Divergence）。

（1）模块性变化率。模块性变化率的含义是指由于文献系统中增加了某一（或一些）论文 a，使得原来的文献系统增加了新的连接，并引起文献网络模块化的变化。例如，在一个文献共被引的基准网络中，节点 n_i 和 n_j 没有连接。当 a 论文在参考文献中同时引用了 n_i 和 n_j，那么将在 n_i 和 n_j 之间会产生一个新的连接，并添加到新的共被引网络中。在一个网络中新添加的连接，会引起网络模块性的变化。这种变化并不是单调的，而是根据连接添加的位置不同而使模块性增加或者降低。

计算公式如下：

$$\mathrm{MCR}(a) = \frac{Q(G_{\mathrm{baseline}}, C) - Q(G_{\mathrm{baseline}} \oplus G_a, C)}{Q(G_{\mathrm{baseline}}, C)} 100$$

式中，G_{baseline} 为基准网络，$G_{\mathrm{baseline}} \oplus G_a$ 是由论文 a 信息更新的基准网络。

$Q(G, C)$ 按照下式计算：

$$Q(G, C) = \frac{1}{2m} \sum_{i,j=0}^{n} \delta(c_i, c_j) \cdot \left(A_{ij} - \frac{\deg(n_i) \cdot \deg(n_i)}{2m} \right)$$

式中，m 是网络 G 边的总数；n 是 G 中节点总数；$\delta(c_i, c_j)$ 为克罗内克增量，若 n_i 和 n_j 术语相同的群集，则 $\delta(c_i, c_j) = 1$，否则 $\delta(c_i, c_j) = 0$，其中 $Q(G, C) \in [-1, 1]$。

（2）聚类连接。聚类连接定义为由所增加的论文 a 所产生的聚类间新连接，将这种状态下的"连接"与之前的进行比较，所产生的区别。

计算公式如下：

$CL(\alpha) = \Delta \text{Linkage}(\alpha) = \text{Linkage}(G_{\text{baseline}} \oplus G_a, C) - \text{Linkage}(G_{\text{baseline}}, C)$

Linkage（$G+\Delta G$）$\geqslant$ Linkage（G），因此 CL 是非负的。

其中，Linkage（G, C）为连接计量指标：

$$\text{Linkage}(G, C) = \frac{\sum_{i \neq j}^{n} \lambda_{ij} e_{ij}}{K}, \quad \lambda_{ij} = \begin{cases} 0, n_i \in c_j \\ 1, n_i \notin c_j \end{cases}$$

λ_{ij} 为边函数，它与 $\delta(c_i, c_j)$ 的定义相反。若一条边穿过不同的聚类，那么 $\lambda_{ij}=1$；对于同一个聚类中的边来说，$\lambda_{ij}=0$。与模块性相反，λ_{ij} 主要是将注意力放在聚类之间的联系上，而不去考虑相同聚类内部的联系。聚类连接这一新的计量指标是所有聚类间连线 e_{ij} 被 K 等分之后的权重总和，K 是网络的聚类总数。

（3）中心性分散度。中心性分散度是根据基准网络节点 v_i 的中介中心性 Cb（v_i）分布的分散度来进行测度。即通过文献 a 所引起的 $Cb(v_i)$ 分布的分散度来进行计算。

计算公式如下：

$$C_{KL}(G_{\text{baseline}}, a) = \sum_{i=0}^{n} p_i \cdot log\left(\frac{p_i}{q_i}\right)$$

式中，$p_i=C_B(v_i, G_{\text{baseline}})$，$q_i=C_B(v_i, G_{\text{updated}})$；对于 $p_i=0$ 或 $q_i=0$ 的节点，为了避免出现的 log（0）情况，将其设置为一个很小的数 10^{-6}。

参考文献

[1] Beaver D, Rosen R. Studies in scientific collaboration: Part I. The professional origins of scientific co-authorship [J]. Scientometrics, 1978, 1(1): 65-84.

[2] Beaver D, Rosen R. Studies in scientific collaboration: Part II. Scientific co-authorship, research productivity and visibility in the French scientific elite, 1799-1830[J]. Scientometrics, 1979, 1(2): 133-149.

[3] Beaver D, Rosen R. Studies in scientific collaboration Part III. Professionalization and the natural history of modern scientific co-authorship [J]. Scientometrics, 1979, 1(3): 231-245.

[4] Brandes U. A Faster Algorithm for Betweenness Centrality [J]. Journal of Mathematical Sociology. 2001: 163-177.

[5] Bohlin, Ludvig, et al. "Community detection and visualization of networks with the map equation framework." Measuring Scholarly Impact. Springer International Publishing, 2014. 3-34.

[6] Bookstein A, Klein S T, Raita T. Clumping properties of content bearing words [J]. Journal of the American Society for Information Science, 1998, 49(2): 102-114.

[7] Boyack, K. W., & Klavans, R. Co-citation analysis, bibliographic coupling and direct citation: Which citation approach represents the research front most accurately? [J]. Journal of the American Society for Information Science and Technology, 2010. 61(12), 2389-2404.

[8] van Raan, Anthony FJ. "Advances in bibliometric analysis: Research performance assessment and science mapping." Bibliometrics. Use and Abuse in the Review of Research Performance 2014: 17-28.

[9] Chen C, Dubin R, Kim M C. Emerging trends and new developments

in regenerative medicine: a scientometric update (2000–2014)[J]. Expert opinion on biological therapy, 2014, 14(9): 1295–1317.

[10] Chen, Chaomei. Thematic maps of 19 iSchools[J]. Proceedings of the American Society for Information Science & Technology, 2008, 45(1): 1–12.

[11] Chen C, Dubin R, Kim M C. Orphan drugs and rare diseases: a scientometric review (2000–2014)[J]. Expert Opinion on Orphan Drugs, 2014, 2(7): 709–724.

[12] Chen C, Leydesdorff L. Patterns of connections and movements in dual-map overlays: A new method of publication portfolio analysis[J]. Journal of the Association for Information Science and Technology, 2014, 65(2): 334–351.

[13] Chen C, Ibekwe-Sanjuan F, Hou J. The structure and dynamics of cocitation clusters: A multiple-perspective cocitation analysis[J]. Journal of the American Society for Information Science & Technology, 2010, 61(7): 1386–1409.

[14] Chen C. CiteSpace II: Detecting and visualizing emerging trends and transient patterns in scientific literature[J]. Journal of the American Society for information Science and Technology, 2006, 57(3): 359–377.

[15] Chen C. Searching for intellectual turning points: Progressive knowledge domain visualization[J]. Proceedings of the National Academy of Sciences, 2004, 101(suppl 1): 5303–5310.

[16] de Solla Price D J. Networks of Scientific Papers[J]. Science, 1965, 149(3683): 510–515.

[17] Dunning T. Accurate methods for the statistics of surprise and coincidence[J]. Computational linguistics, 1993, 19(1): 61–74.

[18] Deerwester S C, Dumais S T, Landauer T K, et al. Indexing by latent semantic analysis[J]. Journal of the American Society for Information

Science, 1990, 41（6）: 391-407.

[19] Egghe L. Theory and Practice of the g-Index [J]. Scientometrics, 2006, 69（1）: 131-152.

[20] Eck N J, Waltman L. How to normalize cooccurrence data? An analysis of some well-known similarity measures [J]. Journal of the American Society for Information Science and Technology, 2009, 60（8）: 1635-1651.

[21] Freeman LC. A Set of Measures of Centrality Based on Betweeness [J]. Sociometry, 1977, 40（1）: 35-41.

[22] He Q. Knowledge Discovery through Co-Word Analysis [J]. Library trends, 1999, 48（1）: 133-159.

[23] Glänzel W, Czerwon H J. A new methodological approach to bibliographic coupling and its application to the national, regional and institutional level [J]. Scientometrics, 1996, 37（2）: 195-221.

[24] Kessler M M. Bibliographic coupling between scientific papers [J]. American documentation, 1963, 14（1）: 10-25.

[25] Kleinberg J. Bursty and Hierarchical Structure in Streams[C]// Proc. the 8th ACM SIGKDD International Conference on Knowledge Discovery and Data Mining, 2002: 373-397.

[26] Kuhn T S. The Structure of Scientific Revolutions [M]. Chicago: University of Chicago Press. 1962.

[27] Katz J S, Martin B R. What is research collaboration? [J]. Research policy, 1997, 26（1）: 1-18.

[28] Leydesdorff, L. and O. Persson, Mapping the geography of science: Distribution patterns and networks of relations among cities and institutes [J]. Journal of the American Society for Information Science and Technology, 2010. 61（8）: 1622-1634.

[29] Leydesdorff, Loet. "Betweenness centrality as an indicator of the interdisciplinarity of scientific journals." [J]. Journal of the American

Society for Information Science and Technology, 58.9（2007）：1303-1319.

[30] Leydesdorff L. A validation study of "LEXIMAPPE" [J]. Scientometrics, 1992, 25（2）：295-312.

[31] Leydesdorff L. Why words and co-words cannot map the development of the sciences [J]. Journal of the American society for information science, 1997, 48（5）：418-427.

[32] Leydesdorff L, Rafols I, Chen C. Interactive overlays of journals and the measurement of interdisciplinarity on the basis of aggregated journal-journal citations [J]. Journal of the American Society for Information Science and Technology, 2013, 64（12）：2573-2586.

[33] Linton C. Freeman：Centrality in social networks：Conceptual clarification [J]. Social Networks, 1979, 1（3）：215–239.

[34] McCain K W. Mapping economics through the journal literature：An experiment in journal cocitation analysis [J]. Journal of the American Society for Information Science, 1991, 42（4）：290-296.

[35] Michel Callon, John Law, Arie Rip. Mapping the Dynamics of Science and Technology：Sociology of Science in the Real World [M]. Macmillan Press, 1986.

[36] Porter A L, Youtie J. Where does nanotechnology belong in the map of science? [J]. Nature Nanotechnology, 2009, 4（9）：534-536.

[37] Rousseeuw P. Silhouettes：a graphical aid to the interpretation and validation of cluster analysis [J]. Journal of Computational & Applied Mathematics, 1987, 20（4）：53-65.

[38] Schvaneveldt R W, Durso F T, Dearholt D W. Network structures in proximity data [J]. The psychology of learning and motivation, 1989, 24：249-284.

[39] Schvaneveldt R W. Pathfinder associative networks：Studies in knowledge organization [M]. Ablex Publishing, 1990.

[40] Small H G. A Co-Citation Model of a Scientific Specialty: A Longitudinal Study of Collagen Research [J]. Social Studies of Science, 1977, (2): 139-166.

[41] Small H. Co-citation in the Scientific Literature: A New Measure of the Relationship between Two Documents. [J]. Journal of the American Society for Information Science, 1973, 24 (4): 265-269.

[42] Shannon, Claude E. A Mathematical Theory of Communication [J]. Bell System Technical Journal, 1948, 27 (3): 379-423.

[43] Liu S, Chen C. The proximity of co-citation [J]. Scientometrics, 2011, 91 (2): 495-511.

[44] Stasko J, Görg C, Liu Z. Jigsaw: supporting investigative analysis through interactive visualization [J]. Information visualization, 2008, 7(2): 118-132.

[45] Stefanowski J, Weiss D. Carrot2 and language properties in web search results clustering [M]//Advances in Web Intelligence. Springer Berlin Heidelberg, 2003: 240-249.

[46] Tijssen R, Van Raan A. Mapping co-word structures: A comparison of multidimensional scaling and LEXIMAPPE [J]. Scientometrics, 1989, 15 (3-4): 283-295.

[47] White, H D. Combining bibliometrics, information retrieval, and relevance theory, part 1: First examples of a synthesis. Journal of the American Society for Information Science and Technology, 2007: 58 (4), 536-559.

[48] White, H D. Combining bibliometrics, information retrieval, and relevance theory, part 2: Some implications for information science. Journal of the American Society for Information Science and Technology, 2007: 58 (4): 583-605.

[49] White H D, Griffith B C. Author cocitation: A literature

measure of intellectual structure [J]. Journal of the American Society for Information Science, 1981, 32（3）: 163-171.

[50] Zhang J, Chen C, Li J. Visualizing the intellectual structure with paper-reference matrices [J]. Visualization and Computer Graphics, IEEE Transactions on, 2009, 15（6）: 1153-1160.

[51] 陈超美. CiteSpace Ⅱ：科学文献中新趋势与新动态的识别与可视化 [J]. 陈悦，侯剑华 等，译. 情报学报，2009, 28（3）: 401-421.

[52] 陈超美. 科学前沿图谱：知识可视化探索 [M]. 陈悦等译. 科学出版社，2014.

[53] 陈超美. 转折点：创造性的本质 [M]. 陈悦等译. 科学出版社，2015.

[54] 陈悦，陈超美，胡志刚等. 引文空间分析原理与应用 [M]. 科学出版社，2014.

[55] 陈悦，陈超美，刘则渊等. CiteSpace 知识图谱的方法论功能 [J]. 科学学研究，2015, 02: 242-253.

[56] 冯璐，冷伏海. 共词分析方法理论进展 [J]. 中国图书馆学报，2006, 32（2）: 88-92.

[57] 刘则渊等. 科学知识图谱方法与应用 [M]. 人民出版社，2008 年.

[58] 李杰，郭晓宏，姜亢等. 安全科学知识图谱的初步研究 [J]. 中国安全科学学报，201, 04: 152-158.

[59] 李杰，郭晓宏，姜亢. 心理学领域疲劳研究的知识网络 [J]. 中国人力资源开发，2014, 03: 17-22+28.

[60] 李杰，郭晓宏. 安全文化研究的科学知识图谱 [J]. 武汉理工大学学报（社会科学版），2014, 04: 525-532.

[61] 李杰等. 安全科学技术信息检索基础 [M]. 北京：首都经济贸易大学出版社，2014

[62] 李杰. 安全科学知识图谱导论 [M]. 北京：化学工业出版社，2015.

[63] 李杰，陈超美. CiteSpace 科技文本挖掘及可视化 [M]. 北京：首都

经济贸易大学出版社，2016.

［64］李杰．科学计量与知识网络分析[M]．北京：首都经济贸易大学出版社，2017.

［65］李杰．科学知识图谱原理及应用[M]．北京：高等教育出版社，2018.

［66］梁立明，武夷山等．科学计量学：理论探索与案例研究[M]．北京：科学出版社，2006.

［67］邱均平，文孝庭，宋艳辉等．知识计量学[M]．北京：科学出版社，2014.

［68］汪小帆，李翔，陈关荣．网络科学导论[M]．北京：高等教育出版社，2012.

［69］尹丽春．科学学引文网络的结构研究[D]．大连：大连理工大学，2006.

附录

附录1 CiteSpace 原理论文

学术论文

Chen, Chaomei. Science Mapping: A Systematic Review of the Literature [J]. Journal of Data and Information Science, 2017. 2(2), 1-39.

Ping Q, He J, Chen C. How Many Ways to Use CiteSpace? A Study of User Interactive Events over 14 Months[J]. Journal of the Association for Information Science & Technology, 2017, 68(5): 1234-1256.

Chen C, Leydesdorff L. Patterns of connections and movements in dual-map overlays: A new method of publication portfolio analysis [J]. Journal of the Association for Information Science and Technology, 2014, 65(2): 334-351.（期刊的双图叠加）

Chen C. Hindsight, insight, and foresight: a multi-level structural variation approach to the study of a scientific field [J]. Technology Analysis & Strategic Management, 2013, 25(6): 619-640.（Cluster Explorer, Concept Trees, Predicate Trees 以及 SVA 分析）

Chen C. Predictive effects of structural variation on citation counts[J]. Journal of the Association for Information Science and Technology, 2012, 63(3): 431-449.（结构变异分析）

Chen C, Ibekwe-SanJuan F, Hou J. The structure and dynamics of cocitation clusters: A multiple-perspective cocitation analysis [J]. Journal of the American Society for Information Science and Technology, 2010, 61(7) 1386-1409.（聚类标签的添加）

Chen C, Song I Y, Yuan X, et al. The thematic and citation landscape of Data and Knowledge Engineering (1985-2007) [J]. Data & Knowledge Engineering, 2008, 67 (2): 234-259.

Chen C. CiteSpace II: Detecting and visualizing emerging trends and transient patterns in scientific literature [J]. Journal of the American Society for information Science and Technology, 2006, 57 (3): 359-377. (CiteSpace I → CiteSpaceII)

Chen C. The centrality of pivotal points in the evolution of scientific networks[C]//Proceedings of the 10th international conference on intelligent user interfaces. ACM, 2005: 98-105. (转折点及网络裁剪)

Chen, Chaomei. Measuring the movement of a research paradigm. Electronic Imaging 2005. International Society for Optics and Photonics, 2005. (EM聚类算法应用)

Chen, Chaomei. Measuring the quality of network visualization. Proceedings of the fifth ACM/IEEE-CS joint conference on Digital libraries. ACM, 2005. (EM聚类算法应用)

Chen C. Searching for intellectual turning points: Progressive knowledge domain visualization [J]. Proceedings of the National Academy of Sciences, 2004, 101 (suppl 1): 5303-5310. (转折点)

Chen C, Morris S. Visualizing evolving networks: minimum spanning trees versus pathfinder networks[C]// Information Visualization, 2003. INFOVIS 2003. IEEE Symposium on. IEEE, 2003: 67-74. (网络剪裁算法)

最近应用

Kim M C, Chen C. A scientometric review of emerging trends and new developments in recommendation systems [J]. Scientometrics, 2015: 1-25.

Chen C, Dubin R, Kim M C. Emerging trends and new developments in regenerative medicine: a scientometric update (2000-2014) [J]. Expert opinion on biological therapy, 2014, 14（9）: 1295-1317.

Chen C, Dubin R, Kim M C. Orphan drugs and rare diseases: a scientometric review（2000-2014）[J]. Expert Opinion on Orphan Drugs, 2014, 2（7）: 709-724.

专著

Chen C. Turning points: The nature of creativity [M]. Springer Science & Business Media, 2012.《转折点：创造性的本质》

Chen C. Mapping scientific frontiers [M]. London, UK: Springer-Verlag, 2003（1st version）; 2013（2nd version）.《科学前沿图谱》

Chen C. The Fitness of Information: Quantitative Assessments of Critical Evidence [M]. John Wiley & Sons, 2014.《信息的适用性：定量评估关键证据》

Chen C. CiteSpace: A Practical Guide for Mapping Scientific Literature[M]. Nova Science Publishers, 2016.《CiteSpace：科学文献图谱实用指南》

附录2　常见科技文本挖掘及可视化软件

编号	软件名称	开发者	功能描述
1	BibeR	Yang Liu 等	文献统计分析及可视化
2	BibExcel	Olle Persson	科学计量与可视化前处理
3	BICOMB	崔雷等	矩阵的提取和统计（中文）
4	Carrot2	Audilio Gonzales 等	辅助文本可视化
5	CiteSpace	Chaomei Chen	科学计量与可视化分析
6	CitNetExplorer	Van Eck, N.J 等	引证网络及可视化
7	CRExplorer	Andreas Thor 等	数据转换及文献谱分析
8	Gephi	——	网络可视化分析
9	GPS Visualizer	——	辅助地理可视化
10	HistCite	Eugene Garfield	科学计量及引证网络
11	HAMMER	Juho Salminen 等	在线可视化分析
12	Jigsaw	John Stasko 团队	辅助文本可视化
13	KnowledgeMatrix Plus	KISTI 机构	科学计量可视化分析
14	Loet Tools	Loet Leydesdorff	科学计量与可视化前处理
15	Mapequation	Daniel Edler 等	网络及演化的可视化
16	MATLAB 语言	Giuseppe Cardillo	科学计量分析
17	Netdraw	Borgatti, S.P	网络可视化分析
18	NodeXL Basic	Cdunne 等	网络可视化分析
19	Pajek	V Batagelj 等	网络可视化分析
20	Publish or Perish	Anne-Wil Harzing	谷歌学术数据采集及分析
21	Python 语言 - BiblioTools	sebgrauwin	科学计量分析

续表

编号	软件名称	开发者	功能描述
22	Python 语言 – metaknowledge	Reid McIlroy-Young 等	科学计量及可视化
23	RPYS i/o	Jordan Comins 等	文献时间谱分析
24	R 语言 – bibliometrix	Massimo Aria 等	科学计量分析
25	R 语言 – CITAN	Marek Gagolewski	科学计量分析
26	SocNetV	Dimitris V. Kalamaras	网络可视化分析
27	SATI	刘启元	矩阵的提取和统计（中文）
28	Scholarometer	Fil Menczer 等	引证分析和影响评价
29	SCI of SCI	Katy Börner 团队	科学计量与可视化分析
30	ScienceScape	Mathieu Jacomy	文献计量及可视化
31	SciMAT	M.J. Cobo, A.G 等	科学计量与可视化分析
32	STICCI.eu	Valentin 等	数据预处理和转换
33	Visone	Ulrik Brandes 等	网络可视化
34	VOSviewer	Van Eck, N.J 等	科学计量与可视化分析
35	WoS2 Pajek	Vladimir Batagelj	网络文件处理
36	WoS Network Tool	ECOOM	合作网络和文献耦合

注释：用户可以通过在搜索引擎中输入软件名称搜索，或到李杰科学网博客获取所有软件的链接 http://blog.sciencenet.cn/u/jerrycueb。

附录 3　Web of Science 数据格式

FN Thomson Reuters Web of Science™

VR 1.0

PT J

AU Chen, CM

AF Chen, CM

TI CiteSpace II: Detecting and visualizing emerging trends and transient patterns in scientific literature

SO JOURNAL OF THE AMERICAN SOCIETY FOR INFORMATION SCIENCE AND TECHNOLOGY

LA English

DT Article

ID TRIASSIC MASS EXTINCTION; DOMAIN VISUALIZATION; TERRORIST ATTACKS;

SCIENCE; PARADIGMS; KNOWLEDGE; NETWORKS; CITY; SEPTEMBER-11; TECHNOLOGY

AB This article describes the latest development of a generic approach to detecting and visualizing emerging trends and transient patterns in scientific literature. The work makes substantial theoretical and methodological contributions to progressive knowledge domain visualization. A specialty is conceptualized and visualized as a time-variant duality between two fundamental concepts in information science: research fronts and intellectual bases. A research front is defined as an emergent and transient grouping of concepts and underlying research issues. The intellectual base of a research front is its citation and co-citation footprint in scientific literature an evolving network of scientific publications cited by research-front concepts. Kleinberg's (2002) burst detection algorithm is adapted to identify emergent research-front concepts. Freeman's (1979) betweenness centrality metric is used to highlight potential pivotal points of paradigm shift over time. Two complementary visualization views are designed and implemented: cluster views and time-zone views. The contributions of the approach are that (a) the nature of an intellectual base is algorithmically and temporally identified by emergent research-front terms, (b) the value of a co-citation cluster is explicitly interpreted in terms of research-front concepts, and (c) visually prominent and algorithmically detected pivotal points substantially reduce the complexity of a visualized network. The modeling and visualization process is implemented in CiteSpace II, a Java application, and applied to the analysis of two research fields: mass extinction (1981-2004) and terrorism (1990-2003). Prominent trends and pivotal points in visualized networks were verified in collaboration with domain experts, who are the authors of pivotal-point articles. Practical implications of the work are discussed. A number of challenges and opportunities for future studies are identified.

C1 Drexel Univ, Coll Informat Sci & Technol, Philadelphia, PA 19104 USA.

RP Drexel Univ, Coll Informat Sci & Technol, 3141 Chestnut St, Philadelphia, PA 19104 USA.

EM chaomei.chen@cis.drexel.edu

RI Chen, Chaomei/A-1252-2007

OI Chen, Chaomei/0000-0001-8584-1041

CR Abt HA, 1998, NATURE, V395, P756, DOI 10.1038/27355

Allan J., 1998, Proceedings of the 21st Annual International ACM SIGIR Conference on Research and Development in Information Retrieval, P37

ALVAREZ LW, 1980, SCIENCE, V208, P1095

Alvarez Walter, 1997, T REX CRATER DOOM

BAK P, 1991, SCI AM, V264, P46

Becker L, 2004, SCIENCE, V304, P1469, DOI 10.1126/science.1093925

Becker L, 2001, SCIENCE, V291, P1530, DOI 10.1126/science.1057243

Boyack KW, 2002, J AM SOC INF SCI TEC, V53, P764, DOI 10.1002/asi.10066

BRAAM RR, 1991, J AM SOC INFORM SCI, V42, P252

Burt R. S., 1992, STRUCTURAL HOLES SOC

BURTON RE, 1960, AM DOC, V11, P18, DOI 10.1002/asi.5090110105

Bush V., 1945, ATLANTIC MONTHLY, V176, P101

CARPENTER MP, 1980, RES MANAGE, V23, P30

Chen C., 2003, P IEEE S INF VIS INF, P67

Chen CM, 2004, P NATL ACAD SCI USA, V101, P5303, DOI 10.1073/pnas.0307513100

Chen CM, 1999, INFORM PROCESS MANAG, V35, P401, DOI 10.1016/S0306-4573(98)00068-5

Chen CM, 2003, J AM SOC INF SCI TEC, V54, P435, DOI 10.1002/asi.10229

Chen CM, 2002, J AM SOC INF SCI TEC, V53, P678, DOI 10.1002/asi.10075

Chen CM, 2001, COMPUTER, V34, P65, DOI 10.1109/2.910895

COOPER GJ, 1983, J TRAUMA, V23, P955, DOI 10.1097/00005373-198311000-00001

ERTEN C, 2003, TR0304 U AR

FREEMAN LC, 1979, SOC NETWORKS, V1, P215, DOI 10.1016/0378-8733(78)90021-7

FRYKBERG ER, 1989, AM SURGEON, V55, P134

Galea S, 2002, NEW ENGL J MED, V346, P982, DOI 10.1056/NEJMsa013404

Garfield E, 2003, J AM SOC INF SCI TEC, V54, P400, DOI 10.1002/asi.10226

Garfield E, 1994, CURRENT CONTENTS SOC, V7, P5

GARFIELD E, 1964, USE CITATION DATA

Girvan M, 2002, P NATL ACAD SCI USA, V99, P7821, DOI 10.1073/pnas.122653799

GRANOVETTER MS, 1973, AM J SOCIOL, V78, P1360, DOI 10.1086/225469

GRIFFITH BC, 1974, SCI STUD, V4, P339, DOI 10.1177/030631277400400402

Havre S, 2002, IEEE T VIS COMPUT GR, V8, P9, DOI 10.1109/2945.981848

Holloway HC, 1997, JAMA-J AM MED ASSOC, V278, P425, DOI 10.1001/jama.278.5.425

KATZ E, 1989, ANN SURG, V209, P484, DOI 10.1097/00000658-198904000-00016

KESSLER MM, 1963, AM DOC, V14, P10, DOI 10.1002/asi.5090140103

Kleinberg J., 2002, P 8 ACM SIGKDD INT C, P91, DOI DOI 10.1145/775047.775061

Kontostathis A., 2003, COMPREHENSIVE SURVEY, P185

Mallonee S, 1996, JAMA-J AM MED ASSOC, V276, P382, DOI 10.1001/jama.276.5.382

Morris SA, 2003, J AM SOC INF SCI TEC, V54, P413, DOI 10.1002/asi.10227

North CS, 1999, JAMA-J AM MED ASSOC, V282, P755, DOI 10.1001/jama.282.8.755

PERSSON O, 1994, J AM SOC INFORM SCI, V45, P31

Popescul A, 2000, IEEE ADVANCES IN DIGITAL LIBRARIES 2000, PROCEEDINGS, P173

PRICE DJD, 1965, SCIENCE, V149, P510

Roy S., 2002, P TEXTM 02 WORKSH 2

SANDLER T, 1983, AM POLIT SCI REV, V77, P36, DOI 10.2307/1956010

Schlenger WE, 2002, JAMA-J AM MED ASSOC, V288, P581, DOI 10.1001/jama.288.5.581

Schuster MA, 2001, NEW ENGL J MED, V345, P1507, DOI 10.1056/NEJM200111153452024

Schvaneveldt R. W., 1990, PATHFINDER ASS NETWO

SMALL H, 1980, J DOC, V36, P183, DOI 10.1108/eb026695

SMALL H, 1974, SCI STUD, V4, P17, DOI 10.1177/030631277400400102

Small H, 1999, J AM SOC INFORM SCI, V50, P799

SMALL H, 1986, J AM SOC INFORM SCI, V37, P97, DOI 10.1002/asi.4630370302

Small H, 2003, J AM SOC INF SCI TEC, V54, P394, DOI 10.1002/asi.10225

Small H, 1999, LIBR TRENDS, V48, P72

SMALL HG, 1977, SOC STUD SCI, V7, P139, DOI 10.1177/030631277700700202

Swan R, 1999, PROCEEDINGS OF THE EIGHTH INTERNATIONAL CONFERENCE ON INFORMATION KNOWLEDGE MANAGEMENT, CIKM'99, P38, DOI 10.1145/319950.319956

SWANSON DR, 1986, LIBR QUART, V56, P103

SWANSON DR, 1989, J AM SOC INFORM SCI, V40, P356

TIJSSEN RJW, 1994, EVALUATION REV, V18, P98, DOI 10.1177/0193841X9401800110

van Raan AFJ, 2000, SCIENTOMETRICS, V47, P347, DOI 10.1023/A:1005647328460

WIGNALL PB, 1992, PALAEOGEOGR PALAEOCL, V93, P21, DOI 10.1016/0031-0182(92)90182-5

WIGNALL PB, 1993, PALAEOGEOGR PALAEOCL, V102, P215, DOI 10.1016/0031-0182(93)90068-T

NR 61

TC 353

Z9 434

U1 80

U2 506

PU WILEY-BLACKWELL

PI HOBOKEN

PA 111 RIVER ST, HOBOKEN 07030-5774, NJ USA

SN 1532-2882

EI 1532-2890

J9 J AM SOC INF SCI TEC

JI J. Am. Soc. Inf. Sci. Technol.

PD FEB 1

PY 2006

VL 57

IS 3

BP 359

EP 377

DI 10.1002/asi.20317

PG 19

WC Computer Science, Information Systems; Information Science & Library Science

SC Computer Science; Information Science & Library Science

GA 006YA

UT WOS: 000234932600008

ER

EF

附录 4　CiteSpace 可视化界面快捷键

编号	功能	功能说明	快捷键
1	Save visualization	保存可视化结果	Ctrl-F11
2	Save as PNG	保存结果为 PNG	Ctrl-7（Numpad）
3	Start	可视化开始	Ctrl-F4
4	Stop	可视化结束	Ctrl-5
5	Background color	背景颜色设置	Ctrl-Page up
6	Black Background	背景为黑色	Ctrl-2
7	White Background	背景为白色	Ctrl-F8
8	Node fill color	节点填充颜色调整	Ctrl-8
9	Node outline color	节点边框颜色调整	Ctrl-9
10	Overlay labels: show/hide	叠加网络标签显示或隐藏	Ctrl-Page up
11	Tree Ring History	节点年轮显示	Ctrl-0
12	Centrality	中介中心性显示	Ctrl-1
13	Eigenvector Centrality	特征向量中心性	Ctrl-2
14	Sigma	Sigma 值显示	Ctrl-3
15	PageRank Score	节点 PageRank 显示	Ctrl-4
16	Uniform size	统一大小节点样式	Ctrl-5
17	Cluster Membership	节点聚类样式显示	Ctrl-6
18	WoS TC	节点按频次显示	Ctrl-7
19	WoS U1	按最近 180 天的使用样式的显示	Ctrl-F6
20	WoS U2	按自 2013 年的使用样式的显示	Ctrl-U
21	Clustering	网络的聚类	Ctrl-F3

附录 5　CiteSpace 在硕士论文中的应用

［1］侯克彧. 跨文化心理适应研究分析 [D]. 西安石油大学，2016.

［2］张芳芳. 学校办学理念的文献计量学分析 [D]. 山东师范大学，2016.

［3］杨乐. 消费者转基因食品认知水平与科普对策研究 [D]. 山西医科大学，2016.

［4］李鑫. 管理科学与工程学科知识图谱构建研究 [D]. 湖北工业大学，2016.

［5］王一. 基于 CiteSpace 的移动图书馆知识图谱构建研究 [D]. 吉林大学，2016.

［6］李洁. 基于 SNA 的馆藏数字资源知识聚合可视化研究 [D]. 吉林大学，2016.

［7］邱悦. 艾灸微循环效应及其 TRPV1 机制 [D]. 南京中医药大学，2016.

［8］王涛. 产品平台领域的知识图谱研究 [D]. 哈尔滨工业大学，2016.

［9］黄小倩. 中国引进全面质量管理的概念与实质耦合性分析 [D]. 华中农业大学，2016.

［10］费益佳. 基于文献计量学的国家社科项目的分析与评价 [D]. 南京大学，2016.

［11］吴文芳. 专科护士培养领域准入指标体系的研究 [D]. 山东大学，2016.

［12］林思杏. 高中英语信息化课堂教学的师生互动研究 [D]. 广西师范大学，2016.

［13］童妙. 社区营造模式下戴家巷社区更新研究 [D]. 重庆大学，2016.

［14］李骁. 基于知识图谱的建筑信息模型知识体系框架研究 [D]. 重庆大学，2016.

［15］王佳丽. 虚拟世界在教与学中的应用研究 [D]. 重庆大学，2016.

[16] 代利峰. 基于文献计量学的我国微灌技术发展阶段和特点分析 [D]. 西北农林科技大学, 2016.

[17] 刘梦丹. 我国档案学研究现状的可视化分析 [D]. 安徽大学, 2016.

[18] 张颖. 基于复杂网络社区挖掘算法的研究与实现 [D]. 吉林农业大学, 2016.

[19] 陈露. 国内外主要农业科研机构作物科学重点研究领域对比分析 [D]. 中国农业科学院, 2016.

[20] 唐海霞. 泛网络环境下健康信息获取途径研究 [D]. 重庆医科大学, 2016.

[21] 肖钰琳. 基于共词分析的微课研究知识图谱分析 [D]. 湖南师范大学, 2016.

[22] 傅雪. 吉林省农业信息化知识图谱的构建与分析 [D]. 吉林农业大学, 2016.

[23] 曹硕. 护理人员信息素养评价指标体系构建 [D]. 华北理工大学, 2016.

[24] 李彩云. 乡村旅游目的地旅游与城市化互动关系研究 [D]. 大连理工大学, 2016.

[25] 袁银池. 用户专利文献阅读兴趣拓扑研究及在主动推送微服务中的应用 [D]. 江苏大学, 2016.

[26] 彭莉. 基于专利地图的工业机器人产业技术研究 [D]. 辽宁大学, 2016.

[27] 刘春雷. 基于专利计量的谷歌与百度创新战略比较研究 [D]. 黑龙江大学, 2016.

[28] 王威茗. 重庆市沙坪坝区公共体育服务现状及问题研究 [D]. 重庆师范大学, 2016.

[29] 薛婷. 孵化企业网络导向、关系匹配与企业绩效研究 [D]. 山西财经大学, 2016.

［30］施维．城市功能集聚与边界识别研究[D]．上海师范大学，2016．

［31］卢长方．黑龙江省抗肿瘤药物专利信息分析[D]．吉林大学，2015．

［32］陈金伟．国际篮球专利技术领域竞争情报的可视化分析[D]．新疆师范大学，2015．

［33］郭津毓．战略规划领域的知识图谱研究[D]．哈尔滨工业大学，2015．

［34］宋璞．实践知识为导向的服务学习研究[D]．云南大学，2015．

［35］史海旺．国际《体育哲学》（JPS）动态的可视化研究（1998-2014）[D]．山东师范大学，2015．

［36］黄月薪．中国人群5-HT_（2A）受体基因T102C与精神失常患者关联性的评价[D]．南方医科大学，2015．

［37］戴领．柔性屏幕技术专利布局研究[D]．湘潭大学，2015．

［38］朱美玲．近十五年来我国高等教育质量研究的可视化分析[D]．西北师范大学，2015．

［39］史纪元．基于CiteSpace Ⅲ输血医学研究领域知识图谱分析[D]．第四军医大学，2015．

［40］韩玉亭．国际智力障碍研究的知识网络结构分析[D]．陕西师范大学，2015．

［41］王金利．基于知识图谱的体育赛事国际研究可视化分析[D]．华中师范大学，2015．

［42］杨筠．图书馆学可视化分析引导的第四军医大学图书馆知识服务评价[D]．第四军医大学，2015．

［43］麻晓杰．国家科技进步奖获奖项目中的科研合作分析[D]．华中师范大学，2015．

［44］段秋月．我国干细胞领域研究状况的计量分析[D]．河南师范大学，2015．

［45］吕晓菲．资源型城市绿色增长能力评价研究[D]．大连理工大学，2015．

[46] 杜羽洁. 《中国图书馆学报》载文变化的文献计量分析 [D]. 河北大学, 2015.

[47] 张雅君. CiteSpace 在光电技术预见计量分析中的应用研究 [D]. 中南民族大学, 2015.

[48] 王小云. 新世纪以来国内外市场营销研究的知识图谱分析 [D]. 华东师范大学, 2015.

[49] 刘玲玲. 中美高等教育研究的比较 [D]. 辽宁师范大学, 2015.

[50] 冯烨. 中国工业重点行业技术进步的节能减排潜力研究 [D]. 北京理工大学, 2015.

[51] 白星星. 中国式管理研究的 Citespace 分析 [D]. 东北财经大学, 2015.

[52] 赵一洁. 基于 CiteSpace 的建筑业职业安全健康研究现状与趋势 [D]. 重庆大学, 2014.

[53] 张月. 电视新闻评论主持人意见领袖作用实证研究 [D]. 大连理工大学, 2014.

[54] 潘德政. 2000 年来国外速度训练研究发展历程分析 [D]. 聊城大学, 2014.

[55] 赵培文. 基于科学知识图谱的我国体育教学评价研究 [D]. 聊城大学, 2014.

[56] 郭颖涛. 21 世纪我国情报学研究知识图谱 [D]. 湘潭大学, 2014.

[57] 王学琴. 我国公共文化服务绩效评估指标体系研究 [D]. 南京大学, 2014.

[58] 汤澈. 基于知识图谱的国际管理学研究进展分析 [D]. 南京大学, 2014.

[59] 段晓敏. 21 世纪以来美国教育管理研究的可视化分析 [D]. 浙江师范大学, 2014.

[60] 李嵬. 鼻咽癌研究的科学知识图谱分析 [D]. 中南大学, 2014.

[61] 桑静. 基于知识图谱的我国农业信息化研究回顾与展望 [D]. 华中师范

大学，2014.

［62］王会杰．评价科学成就的新指标 –h 指数的研究状况分析 [D]. 河南师范大学，2014.

［63］朱宏．基于知识图谱的我国高等教育研究进展可视化分析 [D]. 西北师范大学，2014.

［64］辛刚．国内外电子政务可视化比较研究 [D]. 安徽大学，2014.

［65］翟思卿．近十五年来我国教育评价研究的演进分析 [D]. 河南大学，2014.

［66］杨晨．施引质量差异视角下的科技期刊评价研究 [D]. 安徽财经大学，2014.

［67］苏同华．基于知识图谱的我国政府信息服务研究进展分析 [D]. 福州大学，2014.

［68］刘莹莹．21 世纪以来我国高考研究的热点领域、前沿主题和学术团体分析 [D]. 辽宁师范大学，2014.

［69］方旭．基于 Web of Science 的国际危机管理可视化研究 [D]. 安徽大学，2014.

［70］王倩．企业跨国并购绩效及其影响因素的研究 [D]. 浙江工业大学，2013.

［71］胡力．基于信息共享空间的图书馆协同服务模式研究 [D]. 天津师范大学，2013.

［72］杜文龙．引文分析软件的应用比较分析研究 [D]. 西北大学，2013.

［73］姚嘉文．我国寄生虫病领域国际合作与国际学术影响力的关系初探 [D]. 中国疾病预防控制中心，2013.

［74］孟楷．辽宁劳动力配置与城乡收入差距影响因素研究 [D]. 大连理工大学，2013.

［75］辛伟．知识图谱在军事心理学研究中的应用 [D]. 第四军医大学，2014.

[76] 陈姗. 国内外教学设计研究的可视化比较分析 [D]. 河南师范大学，2013.

[77] 刘健. 国外元数据研究前沿与热点可视化探讨 [D]. 南京大学，2013.

[78] 孙晓宁. 国内知识管理学科体系结构可视化研究 [D]. 安徽大学，2013.

[79] 沈海波. 中国英语学习者习语理解的 ERP 研究 [D]. 大连理工大学，2013.

[80] 张鹏. 我国图书馆联盟研究的知识图谱分析 [D]. 曲阜师范大学，2013.

[81] 周序. 基于 SCI 的视网膜脱离文献计量学分析 [D]. 浙江大学，2013.

[82] 赵佳. 专利视阈下物联网领域知识图谱及产业引导政策研究 [D]. 南京邮电大学，2013.

[83] 满俊麟. 文献信息分析系统的设计与实现 [D]. 大连理工大学，2013.

[84] 阚振. 美国情报学前沿热点的可视化分析 [D]. 苏州大学，2013.

[85] 张斯龙. 科技期刊文献计量中可视化技术的应用研究 [D]. 杭州电子科技大学，2013.

[86] 刘昆. 中国教育经济学研究前沿的知识图谱分析（1980-2010）[D]. 长沙理工大学，2012.

[87] 马璇. 国内外用户信息行为研究对比分析 [D]. 河北大学，2012.

[88] 孙新宇. 基于知识图谱的高等教育科研立项管理研究 [D]. 东北大学，2012.

[89] 刘志强. 基于信息可视化方法的城市规划理论演化研究 [D]. 东北师范大学，2012.

[90] 刘英佳. 国内外脑功能 MRI 领域的文献计量及可视化分析 [D]. 天津医科大学，2012.

[91] 梁洁. 教育技术学 CSSCI 来源期刊的引文网络结构分析 [D]. 山东师范大学，2012.

[92] 张振. 基于知识图谱的海外高层次科技人才引进的岗位测算研究[D]. 山东财经大学，2012.

[93] 袁媛. 国外幼儿教育软件评价机制研究[D]. 河南大学，2012.

[94] 初素秋. 外语学习中的语言迁移研究[D]. 曲阜师范大学，2012.

[95] 陈升远. 幼儿教育软件理论演进与前沿热点可视化研究[D]. 河南大学，2012.

[96] 刘奎盼. 基于文献共被引分析的组织变革的知识图谱研究[D]. 东北财经大学，2011.

[97] 颜廷芳. 组织变革领域机构合作研究的知识图谱分析[D]. 东北财经大学，2011.

[98] 姜阳阳. 基于共词分析的组织变革知识图谱研究[D]. 东北财经大学，2011.

[99] 龙震海. 中国管理理论（TCM）的可视化分析[D]. 东北财经大学，2011.

[100] 孙鲁敏. 组织变革领域的可视化研究[D]. 东北财经大学，2011.

[101] 张建东. 基于知识图谱的国内外知识管理研究领域对比分析[D]. 东北大学，2011.

[102] 张淙. Military Medicine 及相关期刊分析与启示[D]. 中国人民解放军军事医学科学院，2011.

[103] 覃云飞. 《Journal of Sports Sciences》研究动态的识别与可视化研究[D]. 上海体育学院，2011.

[104] 俞宇楠. 研究主题的动态演化及知识流动特性分析[D]. 哈尔滨工业大学，2011.

[105] 严少彪. 基于文献计量学的 HIFU 发展与演进研究[D]. 重庆医科大学，2011.

[106] 李高嵩. JCR 收录中国期刊的国际化计量评价研究[D]. 哈尔滨工业大学，2010.

[107] 陈玉光. 面向中文数据库的学科知识计量及可视化系统研究与实现[D]. 大连理工大学, 2010.

[108] 路春婷. 基于文献计量的科斯与威廉姆森比较分析[D]. 大连理工大学, 2010.

[109] 刘晓婷. 肿瘤疫苗领域的信息分析[D]. 中国协和医科大学, 2010.

[110] 董立平. 两种信息可视化工具在学科知识领域应用的比较研究——人胚胎干细胞文献分析[D]. 中国医科大学, 2010.

[111] 杨莹. 国内外机器人研究领域的知识计量[D]. 大连理工大学, 2009.

[112] 杨虹. 基于知识图谱的知识管理研究进展[D]. 大连理工大学, 2008.

[113] 许侃. 基于CSSCI的管理学引文可视化研究[D]. 大连理工大学, 2008.

[114] 侯剑华. 工商管理学科主干理论的演进[D]. 大连理工大学, 2008.

[115] 李淑丽. 信息可视化工具的比较研究[D]. 黑龙江大学, 2006.

附录 6　CiteSpace 英文应用成果

注释：主要包含 SCI 和 SSCI 论文。

Andre C D S, Pinto A L, Matias M, et al. Bibliometric analysis of the scientific journal Transinformacao[J]. PROFESIONAL DE LA INFORMACION, 2014, 23（4）: 433-442.

Chen C, Dubin R, Kim M C. Emerging trends and new developments in regenerative medicine: a scientometric update （2000-2014）[J]. Expert opinion on biological therapy, 2014, 14（9）: 1295-1317.

Chen C, Dubin R, Kim M C. Orphan drugs and rare diseases: a scientometric review （2000-2014）[J]. Expert Opinion on Orphan Drugs, 2014, 2（7）: 709-724.

Chen C, Hu Z, Liu S, et al. Emerging trends in regenerative medicine: a scientometric analysis in CiteSpace[J]. Expert opinion on biological therapy, 2012, 12（5）: 593-608.

Chen D, Liu Z, Luo Z H, et al. Bibliometric and visualized analysis of emergy research[J]. Ecological Engineering, 2016, 90: 285-293.

Chen K, Guan J. A bibliometric investigation of research performance in emerging nanobiopharmaceuticals[J]. Journal of informetrics, 2011, 5（2）: 233-247.

Chen Q Q, Zhang J B, Huo Y. A study on research hot-spots and frontiers of agricultural science and technology innovation – visualization analysis based on the Citespace III[J]. Agricultural Economics-Zemedelska Ekonomika, 2016, 62（9）: 429-445.

Fang Y Q. Visualizing the structure and the evolving of digital medicine: a scientometrics review[J]. Scientometrics, 2015, 105（1）: 5-21.

Feng F, Zhang L, Du Y, et al. Visualization and quantitative study in bibliographic databases: A case in the field of university-industry cooperation[J]. Journal of Informetrics, 2015, 9（1）: 118-134.

Gao J, Ding K, Teng L, et al. Hybrid documents co-citation analysis: making sense of the interaction between science and technology in technology diffusion[J]. Scientometrics, 2012, 93（2）: 459-471.

Gao Y, Qu B, Shen Y, et al. Bibliometric profile of neurogenic bladder in the literature: a 20-year bibliometric analysis[J]. Neural Regeneration Research, 2015, 10（5）: 797.

Garnett A, Whiteley L, Piwowar H, et al. Neuroethics and fMRI: mapping a fledgling relationship[J]. PloS one, 2011, 6（4）: e18537.

Hosseini S, Barker K, Ramirez-Marquez J E. A Review of Definitions and Measures of System Resilience[J]. Reliability Engineering & System Safety, 2015.

Hu Y, Sun J, Li W, et al. A scientometric study of global electric vehicle research[J]. Scientometrics, 2014, 98（2）: 1269-1282.

Kim M C, Chen C. A scientometric review of emerging trends and new developments in recommendation systems[J]. Scientometrics, 2015: 1-25.

Li R. Hot spots and future directions of research on the neuroprotective effects of nimodipine[J]. Neural regeneration research, 2014, 9（21）: 1933.

Liu G, Jiang R, Jin Y. Sciatic nerve injury repair: a visualized analysis of research fronts and development trends[J]. Neural regeneration research, 2014, 9（18）: 1716.

Liu G. Visualization of patents and papers in terahertz technology: a comparative study[J]. Scientometrics, 2013, 94（3）: 1037-1056.

Liu S, Chen C. The proximity of co-citation[J]. Scientometrics, 2011, 91（2）: 495-511.

Liu Z, Yin Y, Liu W, et al. Visualizing the intellectual structure and evolution of innovation systems research: a bibliometric analysis[J]. Scientometrics, 2015, 103（1）: 135-158.

Ma F C, Lyu P H, Yao Q, et al. Publication trends and knowledge maps of global translational medicine research[J]. Scientometrics, 2014, 98（1）: 221-246.

Morar M, Agachi P S. Review: Important contributions in development and improvement of the heat integration techniques[J]. Computers & chemical engineering, 2010, 34（8）: 1171-1179.

Niazi M, Hussain A. Agent-based computing from multi-agent systems to agent-based models: a visual survey[J]. Scientometrics, 2011, 89（2）: 479-499.

Niu B, Hong S, Yuan J, et al. Global trends in sediment-related research in earth science during 1992‐2011: a bibliometric analysis[J]. Scientometrics, 2014, 98（1）: 511-529.

Pardo A D I. Analysis of the Social Network in Serial Publications: representation in the Journal of Documentation[J]. Investigación bibliotecológica, 2009, 23（48）: 13-32.

Pinto A L, Gonzales-Aguilar A. Visibility of studies in social network analysis in South America: Its evolution and metrics from 1990 to 2013[J]. Transinformação, 2014, 26（3）: 253-267.

Pu B, Qiu Y J. A Bibliometric Analysis on Urbanization Research From 1984 To 2013[J]. Open House International, 2015, 40（3）: 37-43.

Qian G. Scientometric sorting by importance for literatures on life cycle assessments and some related methodological discussions[J]. The International Journal of Life Cycle Assessment, 2014, 19（7）: 1462-1467.

Qian G. Scientometrics Analysis on the Intellectual Structure of the Research Field of Bioenergy[J]. Journal of Biobased Materials and Bioenergy, 2013, 7（2）: 305-308.

Qian G. Scientometrics analysis on the research field of Wenchuan earthquake[J]. Disaster advances, 2012, 5(4): 704-707.

Ruan J H, Chan F T S, Zhu F W, et al. A Visualization Review of Cloud Computing Algorithms in the Last Decade[J]. Sustainability, 2016, 8(10).

She J, Zhang X, Wang W, et al. Mapping the Impact of Social Media and Mobile Internet on Chinese Academia's Performance: A Case on Telemedicine Research 2005-2013[J]. Journal of Universal Computer Science, 2014, 20(15): 2005-2015.

Song J B, Zhang H L, Dong W L. A review of emerging trends in global PPP research: analysis and visualization[J]. Scientometrics, 2016, 107(3): 1111-1147.

Taşkın Z, Aydinoglu A U. Collaborative interdisciplinary astrobiology research: a bibliometric study of the NASA Astrobiology Institute[J]. Scientometrics, 2015, 103(3): 1003-1022.

Vasudevan R K, Ziatdinov M, Chen C, et al. Analysis of citation networks as a new tool for scientific research[J]. Mrs Bulletin, 2016, 41(12): 1009-1015.

Wang X L, Nathwani J, Wu C Y. Visualization of International Energy Policy Research[J]. Energies, 2016, 9(2).

Wang X, Li R, Ren S, et al. Collaboration network and pattern analysis: case study of dye-sensitized solar cells[J]. Scientometrics, 2014, 98(3): 1745-1762.

Wei F, Grubesic T H, Bishop B W. Exploring the GIS Knowledge Domain Using CiteSpace[J]. The Professional Geographer, 2015 (ahead-of-print): 1-11.

Wolfram D. The Power to Influence: An Informetric Analysis of the Works of Hope Olson[J]. Knowledge Organization, 2016, 43(5): 331-337.

Wu Y, Duan Z. Analysis on evolution and research focus in psychiatry field[J]. BMC psychiatry, 2015, 15（1）: 105.

Wu Y, Duan Z. Visualization analysis of author collaborations in schizophrenia research[J]. BMC psychiatry, 2015, 15（1）: 27.

Xie P. Study of international anticancer research trends via co-word and document co-citation visualization analysis[J]. Scientometrics, 2015, 105（1）: 611-622.

Yin Z Y, Chen D Y, Li B F. Global Regulatory T-Cell Research from 2000 to 2015: A Bibliometric Analysis[J]. Plos One, 2016, 11（9）.

Yu D J, Li D F, Merigo J M, et al. Mapping development of linguistic decision making studies[J]. Journal of Intelligent & Fuzzy Systems, 2016, 30（5）: 2727-2736.

Yu D J, Liao H C. Visualization and quantitative research on intuitionistic fuzzy studies[J]. Journal of Intelligent & Fuzzy Systems, 2016, 30（6）: 3653-3663.

Yu D J. A scientometrics review on aggregation operator research[J]. Scientometrics, 2015, 105（1）: 115-133.

Yuan X, Zhang X, Chen C, et al. Seeking information with an information visualization system: a study of cognitive styles[J]. Information Research: An International Electronic Journal, 2011, 16（4）: n4.

Zhang X, Chen H, Wang W G, et al. What is the role of IT in innovation? A bibliometric analysis of research development in IT innovation[J]. Behaviour & Information Technology, 2016, 35（12）: 1130-1143.

Zhang X, Gao Y, Yan X D, et al. From e-learning to social-learning: Mapping development of studies on social media-supported knowledge management[J]. Computers in Human Behavior, 2015, 51: 803-811.

Zhang X, Tang T, Zhao Z, et al. Visualization analysis of research frontiers and trends in nerve regeneration and osseoperception in the repair of tooth loss[J]. Neural regeneration research, 2014, 9（22）: 2013.

Zhang X, Wang W G, De Pablos P O, et al. Mapping development of social media research through different disciplines: Collaborative learning in management and computer science[J]. Computers in Human Behavior, 2015, 51: 1142-1153.

Zhao R, Wang J. Visualizing the research on pervasive and ubiquitous computing[J]. Scientometrics, 2010, 86(3): 593-612.

Zhu H, Wei H N. Think globally and act locally: Voices of Chinese human geographers in the international arena[J]. Journal of Geographical Sciences, 2016, 26(8): 1001-1018.

后　记（第一版）

　　CiteSpace 自免费开放使用以来，在国内外得到了广泛的应用。特别是大连理工大学刘则渊教授等策划建立的大连理工大学 WISE 实验室，为 CiteSpace 及其科学知识图谱理论、方法以及应用做了主要的工作和贡献。截至 2015 年 9 月 21 日，中文文献中已经有 100 余篇硕士和博士论文和超过 600 余篇期刊论文在研究中使用了 CiteSpace，且主要以应用实践为主。用户在陈超美教授博客中提出了共计 1 700 余条关于 CiteSpace 使用的问题，其中大多数问题得到了解答。当然，这些问题还不包含一些用户通过 E-mail 及其他方式的提问。

　　一方面我们为 CiteSpace 能够在国内研究中的普遍应用感到高兴，另一方面从用户的使用效果来看，CiteSpace 的功能并没有完全被用户充分理解和运用。这就激发了我们撰写一本 CiteSpace 的实用性教程的想法。在整合目前已经发布的 CiteSpace 中英文指南、PPT 学习资料，特别是用户提出的 1 700 余条问题的基础上，我们在 2015 年 6 月开始启动了该书的撰写工作，并力求在书中将 CiteSpace 的基本原理、方法尽可能以最简单直观的方式呈现给读者。

　　本书共包含了四篇 8 讲内容：

　　第一篇：软件简介与数据准备，包含第 1 讲和第 2 讲。在该篇中读者可以详细地了解关于 CiteSpace 的使用情况和存在的问题以及如何从常用的数据库中下载 CiteSpace 可以分析的数据的详细过程（包含 CNKI，CSSSCI，Web of Science 以及 Scopus 等）。

　　第二篇：软件界面功能及原理介绍，为第 3 讲内容。该部分是本书的核心部分，全面详实地对 CiteSpace 软件界面以及包含的功能进行介绍。

　　第三篇：软件功能模块详解及案例，包含第 4 至第 8 讲。该篇对 CiteSpace 包含的文献知识单元分析功能（文献网络、合作网络、共现网络等）进行了详细的介绍。

　　第四篇：参考文献及学习资料。该部分包含了本书引证的参考文献、典型的

CiteSpace：科技文本挖掘及可视化

CiteSpace 应用成果、常见数据库的数据格式、常用的其他软件列表及其教程中涉及的案例数据分享列表。

从用户的角度考虑，我们特别注重以下几个方面：

（1）既包含了对常用 CiteSpace 功能的详细介绍，也包含了 CiteSpace 一些有价值但尚未引起大多数用户注意的功能。

（2）全书不仅仅介绍了 CiteSpace 相关功能的使用过程，而且在重要过程下面都增加了"小提示"。读者会发现"小提示"可以帮助大家提高对 CiteSpace 原理的理解、图形的优化以及提高使用 CiteSpace 的灵活性。

（3）本书基本上整合了用户使用 Citespace 中常见的问题，用户可以在书中找到大多数学习和使用软件过程中遇到的困难和如何解决这些困难的办法。

在进行书稿撰写以及后期的修改中，我们要特别感谢隗合佳对书稿的三次校对，她在校对中不仅发现了原稿中的一些笔误，而且从读者的角度就如何组织和撰写相关章节提供了非常有价值的建议。感谢大连理工大学刘则渊教授和中国科学技术发展战略研究院武夷山研究员在本书完成之际给予的支持和为本书所做的序言。感谢首都经济贸易大学安全与环境工程学院郭晓宏教授、王勇毅教授等在书稿撰写和出版中的帮助。感谢首都经济贸易大学出版社杨玲老师对出版该书提供的一系列帮助。感谢大连理工大学 WISE 实验室为 CiteSpace 在我国的推广和应用所分享的大量学习资料和培训机会。

随着 CiteSpace 功能的不断完善和增加，笔者也会不定期地更新本书的附加学习材料，并分享于博客之上（http://blog.sciencenet.cn/u/ChaomeiChen），供大家免费学习。最后，为了便于沟通和记录重要的问题，我们鼓励用户首先选用科学网络留言板的形式来发布 CiteSpace 学习中存在的问题以及对软件提出的意见和建议。

著 者

2015 年 10 月

后　记（第二版）

目前 CiteSpace 作为进行科技文本计量和可视化的基本工具，在国内外应用广泛①。无论是图书情报学领域本身，还是其他学科领域的研究，借助 CiteSpace 取得的研究成果越来越受到关注和认可。2017 年 6 月，谷歌学术新公布了自 2006 年以来各个领域的经典论文，在图书馆与信息科学领域 CiteSpace II 的这篇英文论文被引 1 660 次排名第二②，在本书作者陈超美教授所发表论文中被引排名第一。

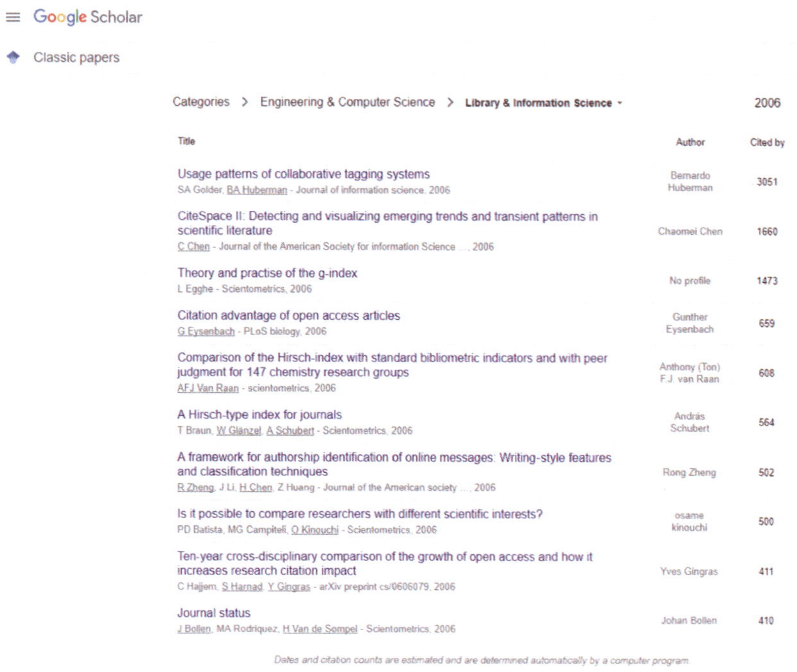

Google Scholar

Classic papers

Categories > Engineering & Computer Science > Library & Information Science ▾　　2006

Title	Author	Cited by
Usage patterns of collaborative tagging systems SA Golder, BA Huberman - Journal of information science, 2006	Bernardo Huberman	3051
CiteSpace II: Detecting and visualizing emerging trends and transient patterns in scientific literature C Chen - Journal of the American Society for information Science ..., 2006	Chaomei Chen	1660
Theory and practise of the g-index L Egghe - Scientometrics, 2006	No profile	1473
Citation advantage of open access articles G Eysenbach - PLoS biology, 2006	Gunther Eysenbach	659
Comparison of the Hirsch-index with standard bibliometric indicators and with peer judgment for 147 chemistry research groups AFJ Van Raan - scientometrics, 2006	Anthony (Ton) F.J. van Raan	608
A Hirsch-type index for journals T Braun, W Glänzel, A Schubert - Scientometrics, 2006	András Schubert	564
A framework for authorship identification of online messages: Writing-style features and classification techniques R Zheng, J Li, H Chen, Z Huang - Journal of the American society ..., 2006	Rong Zheng	502
Is it possible to compare researchers with different scientific interests? PD Batista, MG Campiteli, O Kinouchi - Scientometrics, 2006	osame kinouchi	500
Ten-year cross-disciplinary comparison of the growth of open access and how it increases research citation impact C Hajjem, S Harnad, Y Gingras - arXiv preprint cs/0606079, 2006	Yves Gingras	411
Journal status J Bollen, MA Rodriquez, H Van de Sompel - Scientometrics, 2006	Johan Bollen	410

Dates and citation counts are estimated and are determined automatically by a computer program.

图 1　谷歌学术图书馆与信息科学分类中的经典论文，CiteSpace II 的论文排名第二

---

❶ Ping, Q., He, J., & Chen, C. How many ways to use CiteSpace? A study of user interactive events over 14 months. Journal of the Association for Information Science and Technology, 2017, 68(5):1234–1256.

❷ 这并没有包括这篇论文的中文版的 345 次被引。

CiteSpace：科技文本挖掘及可视化

过去两年我们以 CiteSpace 3.8 和 CiteSpace 3.9 为例对软件进行了系统的说明，2016~2017 年在北京举办了 4 届"CiteSpace 科技文本挖掘及知识发现"讲习班（包含一次"CSSS 科学计量暑期学校"和一次"科学知识前沿图谱与实践研讨会"）。2017 年 6 月，我们专门在高等教育出版社录制了关于 CiteSpace 与科学知识图谱的慕课。开办了"科学知识图谱学习社区"微信公众号和多个 QQ 群，分享和解答了大量用户在 CiteSpace 和知识图谱方面的问题。在帮助国内外用户学习 CiteSpace 进行科学研究的过程中，一定程度上也促使我们进一步优化和改进软件。自 CiteSpace 进入 4.0 以后，新增了多项功能。

这些新的功能主要有：

（1）数据更新。增加了对 Web of Science 数据库子库的俄文 RSCI、韩文 KJD 以及中文 CSCD 数据的分析功能。在 CiteSpace 的案例数据集中，补充了 WoS 格式的 Scientometrics, CiteSpace Landmarks 和 Science mapping 数据，并以 Science mapping 为案例撰写了综述论文[1]。补充了 Scopus、CSCD、CNKI、CSSCI 格式的案例数据。

（2）功能参数区。将软件使用的最小分辨率修改为 1024×768。在功能参数区中，增加 SVA 结构变异分析功能。新增加了基于 g 指数，Usage180 和 Usage 2013 的节点提取方法。使用公式 e for Top N={v|f(v)>=min(f(top(N), e)}，对依据 Top N 进行节点提取的方法进行优化。

（3）可视化界面。在可视化界面中，增加了只显示最大子网络或显示前 k 个最大子网络的功能；增加了 View 快捷标签，用于对图形进行可视化调节；将聚类标签的提取方法由 TF*IDF 修改为 LSI；在可视化界面增加了显示所有算法标签功能。

第二版的书稿主要针对以上更新的内容进行了说明，并对第一版中的案例图进行了完善。需要特别说明的是，考虑到目前应用 CiteSpace 的论文已经达到了千余篇，本书也没有必要使用案例进行说明，因此第二版中删除了原第一版中的第八讲案例分析。第二版的另一个变化就是，考虑到小提示穿插在正文中影响用户学习的连贯性，因此在第二版中将小提示统一放在了每一讲的末尾。我们期待

---

[1] Chen, Chaomei. Science Mapping: A Systematic Review of the Literature. Journal of Data and Information Science, 2017. 2(2), 1–39.

后记

经过更新的指南，能为广大科学计量和知识可视化的用户提供更大的帮助。

无论第一版还是第二版，这里要特别感谢隗合佳女士、薛晓红编辑，感谢她们在出版过程中的帮助和大量的校对工作，提出很多有价值的意见和建议。最后还要感谢李京哲编辑、刘光阳博士、李彬彬博士等知识图谱爱好者，感谢他们共同协助维护了科学知识图谱社区。

期待新版能使更多的读者受益。

著　者

2017 年 4 月